275934

D1693007

Im Rheinbogen.
Landleben und Brauch. Alltagsgeschichte im Gebiet des früheren Amtes Lank

Im Rheinbogen

Schriftenreihe des Heimatkreises Lank
Beiträge zur Lanker und Meerbuscher Geschichte
Band 6

Meerbusch 1998

Landleben und Brauch
Alltagsgeschichte im Gebiet des früheren Amtes Lank

Im Auftrag des Heimatkreises Lank e. V.

herausgegeben von

Peter Dohms

Meerbusch 1998

Herausgeber: Heimatkreis Lank e. V. Verein für Heimatkunde und

Geschichte des ehemaligen Amtes Lank

Layout: Thomas Vährmann

Fotos: Vorderes Umschlagbild: Spielende Kinder auf dem Lanker

Markt, Gemälde von Sebastian Stolp, Christina und

Eugenia Kindel/Meerbusch, 1990

Hinteres Umschlagbild: Handarbeitende Bäuerinnen an der

Viehweide am Brockhof- bzw. Grindweg in Ilverich, um 1900

ISBN 3-930042-05-3

Vorwort

Gewöhnlich bilden herausragende Ereignisse oder Persönlichkeiten den Mittelpunkt historischer Schilderungen. In diesem Buch soll der Ansatz ein anderer sein: Leitthema ist das alltägliche Leben. Natürlich ist es ein Geschichtswerk, das sich mit der Vergangenheit beschäftigt, im Vordergrund stehen diesmal jedoch die Arbeit, die Sorgen, die Bräuche, das Feiern und auch das Sterben der bäuerlichen Bevölkerung.

Bis zur Mitte dieses Jahrhunderts bildete die Landwirtschaft die Lebensgrundlage für den größten Teil der Bevölkerung. Selbst Handwerker und Händler waren von der Landwirtschaft abhängig und arbeiteten nebenher als Bauern. Bis heute ist dieser einst dominierende Wirtschaftszweig – von einigen Höfen abgesehen – verschwunden. Mit der ständigen Zunahme einer zugewanderten und nicht mehr an Traditionen gebundenen Einwohnerschaft verloren auch die einmal selbstverständlichen Sitten und Bräuche an Bedeutung.

Diesem Alltagsleben, das noch in der Erinnerung der Älteren fortlebt, sind die meisten Beiträge gewidmet. Die bäuerliche Tradition manifestiert sich aber auch in den vielen stattlichen und immer noch das Ortsbild bestimmenden Bauernhöfen, deren Geschichte kurz beschrieben wird.

Unser Dank gilt den Autoren dieses sechsten Bandes unserer Reihe „Im Rheinbogen", aber auch den Herren B. Davids, W. Illbruck, K. J. Schmitz, W. Spoerle und W. Winkes sowie vielen anderen Helfern für Ihre Korrekturen und Hinweise. Ganz besonders zu Dank verpflichtet sind wir aber Herrn Staatsarchivdirektor Dr. Peter Dohms für die Vermittlung der Autoren und die Redaktion des Buches. Auch seiner Frau Wiltrud sei für vielfältige Hilfe bei der Koordination gedankt.

Wir wünschen unseren Lesern eine kurzweilige Lektüre.

Heimatkreis Lank e. V.

Franz-Josef Radmacher   Karl-Josef Schmitz
Vorsitzender   Geschäftsführer

Willi Illbruck
Schatzmeister

Inhalt

II. Brauch

C. Exkurs

Einführung

Von Peter Dohms

Alltagsgeschichte und Mentalität, Landleben und Brauch stellen wesentliche, wenn nicht die wesentlichsten Elemente menschlichen Wirkens dar. Dies ist heute unter Historikern unbestritten, war aber nicht immer so: Bestimmten noch im 19. und weit in das 20. Jahrhundert hinein die „Haupt- und Staatsaktionen", Fürsten, Kriege und Verträge die historische Forschung und demzufolge unser Geschichtsbild, so vollzog sich in den letzten Jahrzehnten ein Wandel der Fragestellung: Die menschliche Gesellschaft an sich rückte stärker ins Zentrum historischen Interesses. Gegenstand der Forschung ist heute in besonderem Maße das „Subjekt" der Geschichte, der Mensch in seinem Denken und Fühlen, in seinem persönlichen Werdegang und seinen alltäglichen, spontanen oder in Tradition und Brauch eingebundenen Lebensäußerungen.

Von Männern wie Wilhelm Beeser, Franz-Josef Forsen, Heinrich Küppers, Karl Münks, Franz-Josef Radmacher, Karl Schmalbach und Addo Winkels, die 1971 den Heimatkreis Lank gründeten, ist dieser Pendelschlag historischen Fragens und Arbeitens sicherlich kaum oder gar nicht registriert worden. Dies ist nicht verwunderlich, da sich das, was die genannten Mitglieder jenes siebenköpfigen Gründungskomitees bewegte, ohnehin seit jeher aus einem gesunden und gewachsenen Menschenverständnis heraus ergab. Hierin liegt wohl auch begründet, daß der Heimatkreis Lank in den inzwischen 27 Jahren seines Bestehens so erfolgreich wirken konnte. Es waren nämlich keineswegs die „ewig Gestrigen", die sich – wie es der Vorsitzende Franz-Josef Radmacher in seiner Rede zum 25jährigen Bestehen des Heimatkreises formulierte – „für Natur- und Landschaftsschutz, Denkmalschutz, Erhaltung des Ortsbildes, Planungsänderungen, Beachtung historischer Zusammenhänge", vor allem aber auch für den Erhalt von Mundart und Brauch, von „Denkmälern, Urkunden und mündlichen Zeugnissen" einsetzten.

Der Heimatkreis Lank hat den Traditionsverlusten, die sich aus der unvermeidlichen Modernisierung der Lebensverhältnisse und den angeblichen oder wirklichen kommunalpolitischen Notwendigkeiten ergaben, auf mancherlei, bisweilen auch unbequeme Weise Einhalt geboten. Aufgrund seiner vielfältigen und weitgehend ehrenamtlichen Aktivitäten wurde Erhaltenswertes gerettet und ein Fundus von Überlieferung und Wissen bereitgestellt, auf den heute der Alltags- und mentalitätsgeschichtlich eingestellte Historiker und der mit dieser Thematik seit jeher vertrautere Volkskundler mit Gewinn zurückgreifen kann. Dieses Sammlungsgut stellt eine wertvolle Ergänzung der Materialien dar, die in den einschlägigen zentralen und lokalen Archiven verwahrt werden und in volkskundlich ausgerichteten Instituten, nicht zuletzt dem Amt für rheinische Landeskunde des Landschaftsverbandes Rheinland in Bonn, aufgrund von Umfragen und Erhebungen in den letzten Jahren entstanden sind.

Jede Überlieferung bedarf, soll sie einer interessierten Öffentlichkeit zugänglich gemacht werden, der Bearbeitung des wertenden und darstellenden Forschers. Vor einigen Jahren faßte ich den Entschluß, einige wichtige Aspekte zum Landleben und Brauch der Bevölkerung unserer engeren Umgebung im Rahmen des 6. Bandes der Reihe „Im Rheinbogen" publik zu machen. Nachdem ich damit beim Vorsitzenden und den verantwortlichen Gremien des Heimatkreises auf offene Ohren gestoßen war, bemühte ich mich um geeignete Autorinnen und Autoren. Die für dieses Buch gewonnenen Verfasser ordnen sich drei Gruppen zu: Es handelt sich einmal um frühere und jetzige Mitarbeiter des Nordrhein-Westfälischen Hauptstaatsarchivs in Düsseldorf, die die mehr historischen Aspekte bearbeitet haben, sodann um wissenschaftliche Volkskundler des erwähnten Bonner Amtes, von denen die Bereiche von Brauch und Alltagsleben zur Darstellung gebracht wurden. Hinzu kamen einige einheimische Forscherinnen und Forscher, die sich seit Jahren auf bestimmten Gebieten der für unsere Region typischen Lebensverhältnisse ein ausgeprägtes Fachwissen erworben haben. Einen Sonderfall stellt Elke Hertel dar, die in Hamburg lebt. Sie hat als Teilnehmerin der vom Heimatkreis 1996 veranstalteten Missouri-Reise Eindrücke gewonnen, die sie aus dem Blickwinkel der ihr vertrauten Frauengeschichte verarbeitet hat.

Die Themenstellung der einzelnen Beiträge trägt der Erkenntnis Rechnung, daß Lebensgewohnheiten und Bräuche einer ländlichen Region im Niederrheingebiet wie allenthalben von den wirtschaftlichen und sozialen Bedingungen der Landwirtschaft geprägt sind. Maßgebliches Gestaltungsprinzip mittelalterlicher und frühneuzeitlicher Lebensverhältnisse war die Grundherrschaft. Als Inhaber der Grundherrschaft Lank hielt das auf der rechten Rheinseite gelegene Stift Kaiserswerth (heute Stadt Düsseldorf) alle entscheidenden Rechts- und Machtbefugnisse in Händen. Dennoch bildete, wie ich in meinem an den Anfang gestellten Beitrag über das „mittelalterliche Lank" gezeigt habe, dieses „grundherrschaftliche Gehäuse" doch auch den Rahmen, in dem die Lanker Bauern erstmals ein gemeinschaftliches Bewußtsein entwickeln und auch, wie eine Urkunde von 1202 deutlich zeigt, bemerkenswerte Rechte erringen konnten. Die seit dem Mittelalter vorgegebenen „Dorfstrukturen" haben, wie von Thomas Becker und Claudia Beckers-Dohlen herausgearbeitet wurde, nicht nur die Landwirtschaft, den Ackerbau und die Viehzucht in den frühneuzeitlichen Jahrhunderten entscheidend geprägt. Sie bildeten auch den Hin-

10

tergrund einer besonderen bäuerlichen Lebensweise und Festkultur sowie einer von bestimmten „Sorgen und Nöten" geprägten Mentalität.

Einschneidende Veränderungen erfuhren Bauernwirtschaft und Landleben im Gefolge der Französischen Revolution und der durch sie in Gang gesetzten Umwälzungen und Reformen. Im Ergebnis haben sie Verhältnisse geschaffen, die bis in die Gegenwart fortwirken. Diese Tatsache und der Umstand, daß nunmehr die Quellen reicher fließen, ermöglichten eine stärkere Auffächerung der in den folgenden Beiträgen dargestellten Bereiche zur Alltagsgeschichte des 19. und 20. Jahrhunderts. Sie wurden thematisch unter zwei tragende Gesichtspunkte zusammengefaßt: Einem mehr den grundlegenden Lebensbedingungen gewidmeten Unterkapitel „Bauernwirtschaft und Landleben" schließt sich unter dem Titel „Brauch" ein Abschnitt an, der den wichtigsten Phasen im menschlichen Lebensrhythmus sowie ausgewählten Bereichen im bäuerlichen Alltag gewidmet ist.

Volker Banse beschreibt die Geschichte der Landwirtschaft im Rahmen der aufkommenden Industrialisierung und unter den politisch-wirtschaftlichen Wechselfällen in preußischer Zeit, in der Zeit der Weltkriege und des Dritten Reiches sowie schließlich in der Nachkriegszeit bis zur Gegenwart. Siedlungsstruktur, Typologie, Standortbedingungen und Wirtschaft der heimischen Bauernhöfe stellt Franz-Josef Radmacher dar. Er bietet in einem umfänglichen Anhang eine materialreiche Übersicht der Höfe in den Gemeinden des früheren Amtes Lank. Anette Gebauer-Berlinghof wendet sich dem Leben der Frauen zu, deren oft hartes Schicksal bislang wenig beachtet wurde, wenngleich es für den reibungslosen Ablauf der Bauernwirtschaft und den Fortbestand der Höfe oft ausschlaggebend war. Mehr im Schatten der Geschichte lebten auch die Knechte, Mägde und Dienstboten im alten Amt Lank. Mit wenig Rechten ausgestattet und eingebunden in die ländliche Hoffamilie waren sie, wie Wiltrud Dohms nicht zuletzt anhand der Lanker Gemeindeakten dargelegt hat, auf Gedeih und Verderb den Wohltaten, aber auch den Schikanen ihrer bäuerlichen „Herrschaften" ausgesetzt.

Den Reigen der dem ländlichen „Brauch" gewidmeten Beiträge eröffnet Ayten Fadel mit einer Studie über die Spielwelt der Kinder, die in Meerbusch und darüber hinaus gerade in den letzten Jahrzehnten einem stärkeren Wandel unterworfen ist. Dasselbe gilt für die Hochzeitsbräuche, die Alois Döring in ihrer mannigfachen Vielfalt beim Kennenlernen der Ehepartner sowie bei der Gestaltung von Brautkleid, Hochzeitszug und -schmuck beschrieben hat. Den Abschluß der dem Lebensrhythmus gewidmeten Beiträge bilden die Ausführungen von Addo Winkels, die die althergebrachten und in jüngerer Zeit vielfach modifizierten Sitten und Gebräuche beim Sterben, Tod und Begräbnis zum

Gegenstand haben. Wie man im Rheinland aß und „was die Lanker daraus machten", beschreibt Berthold Heizmann in seinen Betrachtungen der Nahrungsgewohnheiten im Gebiet des alten Amtes Lank. Dort spielten seit jeher das Schlachtfest, die Kirmes, aber auch das Fasten eine wichtige Rolle im Jahreslauf. Entstehung und Geschichte des nicht zuletzt von den Nationalsozialisten instrumentalisierten Erntedankfestes skizziert Alois Döring. Dabei widmet er auch dem Erntebrauch und Erntedank in Lank und am Niederrhein sein besonderes Augenmerk.

Den Abschluß des Buches bildet eine historische Studie aus der Feder von Elke Hertel. Sie ist dem Leben und Schicksal der Frauen gewidmet, deren Familien im vorigen Jahrhundert aus dem Raum Meerbusch/Krefeld nach Missouri ausgewandert sind. Hierbei geht es auch um die Frage, ob und inwieweit sich die Vorstellungen und Lebensweise der ländlichen Bevölkerung unseres Gebietes den Bedingungen und der Kultur der Neuen Welt angepaßt und gewandelt haben.

Es ist nicht zuletzt das Verdienst von Wiltrud Dohms, Wilhelmine (Minchen) Kleutges/Nierst und Karl-Josef Schmitz/Ilverich, daß die in diesem Buch gebotenen Ausführungen und Erkenntnisse durch eine großzügige Bebilderung zusätzlich illustriert und dokumentiert werden konnten. Verwandt wurden alte, heute selten gewordene Fotografien von Menschen, Gebäuden und Geräten. In einigen Fällen handelt es sich um die Wiedergabe von Gemälden, die verschiedene, u. a. an der Düsseldofer Kunstakademie tätig gewesene Maler angefertigt und gleichsam als Entgelt für Speise und Trank den heimischen Bauern und Gastwirten überlassen haben. Die bildlichen Motive sind auf diese Weise dem Vergessen entrissen und bleiben so der Nachwelt erhalten.

Abkürzungen und technische Hinweise

ha	Hektar
NW HStA	Nordrhein-Westfälisches Hauptstaatsarchiv, Düsseldorf
RhWb	Rheinisches Wörterbuch
RWZ	Rheinisch-Westfälische Zeitschrift für Volkskunde
StadtA	Stadtarchiv

Einige von einzelnen Autoren zusätzlich verwandte Abkürzungen sind jeweils am Ende des betreffenden Beitrags aufgelöst.

Die aus den Quellen und der Literatur entnommenen Zitate sind im Hinblick auf Groß- und Kleinschreibung sowie Interpunktion normalisiert und in Anführungszeichen gesetzt. Die Belegangaben folgen in runden Klammern. Wortumstellungen und erläuternde Zusätze im Zitat sind durch eckige Klammern kenntlich gemacht.

A. Das Ancien régime

Grundherrschaft, Bauern und gemeindliche Anfänge im mittelalterlichen Lank

Von Peter Dohms

Am 7. Dezember 1359 trafen das Stift Kaiserswerth (heute Stadt Düsseldorf) und der dortige Kanoniker Andreas von Werden, der für das Stift die Pfarrseelsorge in Lank versah, eine bemerkenswerte Vereinbarung: Andreas sollte trotz der von einem Mitkanoniker erhobenen Ansprüche einstweilen ungestört im Besitz der einträglichen Lanker Pfarrrechte verbleiben, im übrigen aber seine Lanker Pfarrkinder in der Predigt und in der Beichte zur Zahlung der üblichen Abgaben an das Kaiserswerther Stiftskapitel anhalten.

So tröstlich der hier bezeugte Umstand einer in Lank offensichtlich regelmäßig gehaltenen Predigt und Beichte ist, so dürfte allerdings die Selbstverständlichkeit erstaunen, mit der in mittelalterlicher Zeit geistliche und weltliche Dinge miteinander vermischt wurden – ein Umstand, der heute schier undenkbar wäre und – sollte derartiges vorfallen – erhebliche politische und rechtliche Konsequenzen nach sich ziehen würde. Da die Moral der mittelalterlichen Gläubigen sicherlich nicht schlechter war als die heutiger Menschen, können wir der Vereinbarung von 1359 nur gerecht werden, wenn wir uns die völlig andersartigen Vorstellungen und Rechtsverhältnisse früherer Zeiten vor Augen führen: Die uns geläufige Trennung von geistlichem Amt und weltlichen Rechtsansprüchen war dem mittelalterlichen Menschen zunächst fremd. Sie rief allerdings die zunehmende Kritik der römisch-rechtlich geprägten päpstlichen Hierarchie hervor, die in der im Investiturstreit gipfelnden Reformbewegung die bis dahin sehr weitreichenden Rechte weltlicher Herrschaftsträger maßgeblich einzudämmen vermochte. Für unseren Zusammenhang ist hierbei von besonderem Interesse, daß die Geistlichen an den „Eigenkirchen", die weltlichen Herren gehörten, fortan nur noch mit Zustimmung des zuständigen Bischofs eingesetzt werden konnten. Eine Ausnahme machte man allerdings bei kirchlichen Inhabern von Eigenkirchen, indem man diese dem geistlichen Institut „inkorporierte", also einverleibte und das Kloster oder Stift als „ständigen" Pfarrer einsetzte, für den ein dafür vorgesehener Geistlicher gleichsam stellvertretend die Seelsorgerechte wahrnahm. Dieses traf auch auf das Stift Kaiserswerth zu, dem man „seit alters", wie es in einer Urkunde von 1313 heißt, die Pfarrei Lank „mit vollem Recht […] inkorporiert" hatte. (Pfarrarchiv St. Stephanus, Meerbusch-Lank, Urkunde vom 22. August 1913) Daß mit dem Rechtsinstitut der „Inkorporation" die angestrebte Trennung der geistlichen und weltlichen Befugnisse nur halbherzig durchgesetzt worden war, zeigt uns die erwähnte Vereinbarung von 1359 aufs vortrefflichste.

Grundherrschaft

Ob es dem reichen und mächtigen Kanonikerstift Kaiserswerth bei der Betreuung der Lanker Pfarrstelle mehr um das Seelenheil der dortigen Bauern oder um deren Einkünfte ging, können wir nicht entscheiden. Sicher ist, daß sich die Kaiserswerther Kanoniker oft und ausgiebig um die Zuweisung der Lanker Pfarrstelle und vor allem der damit verbundenen beträchtlichen Zehnteinnahmen gestritten haben und dabei auch den Gerichtsweg nicht scheuten. Die Pfarrei Lank war Teil eines ansehnlichen Komplexes von Rechten und Einkünften, den das Stift Kaiserswerth sein eigen nannte und den wir heute mit dem Begriff der „Grundherrschaft" zu umschreiben pflegen. Grundherrschaften waren im Mittelalter so verbreitet, daß von ihnen – zumindest in unseren geographischen Breiten – die weitaus meisten Bauern erfaßt wurden. An ihrer Spitze stand ein Grundherr, der fast uneingeschränkt über abhängiges Land und die auf diesem sitzenden Bauern verfügte und der neben den „grundherrlichen" Rechten in seinem Bereich „die Gebietshoheit und in militärischer wie rechtlicher Hinsicht mehr oder weniger weitreichende Machtbefugnisse [hatte]." (Le Goff, S. 145) Rein wirtschaftlich funktionierte das System der Grundherrschaft in der Weise, daß der Grundherr selbst einen großen Hof, den sog. Fronhof, in eigener Person oder durch einen Meier (villicus) bewirtschaftete, während er eine mehr oder weniger große Anzahl kleiner Hofstellen, der sog. Hufen, an die von ihm abhängigen Bauern, die sog. Hörigen, gegen einen bestimmten, zunächst an die Person gebundenen Zins ausgab. Die Arbeiten auf dem Fronhof verrichteten Mägde und Knechte sowie die abhängigen Bauern, die bestimmte, im Jahresrhythmus anfallende Frondienste leisteten.

Was nun die Lanker Grundherrschaft angeht, so ist es nach Lage der Quellen wahrscheinlich, daß „der Vorgang der Einverleibung Lanks durch Kaiserswerth [...] bald nach 1190 vonstatten gegangen sein muß". (Dohms 1994, S. 51) Von wem das Stift die Grundherrschaft Lank erworben hat, ist ungewiß, da eine über diesen Akt ausgestellte Urkunde fehlt. Es spricht alles dafür, daß die Grundherrschaft Lank sehr alt war. Hierauf deuten einmal die auf dem Fronhof „in großer Menge" gefundenen „römischen Gefäße und Krüge", die bis ins 9. Jahrhundert zurückreichende bauliche Substanz der als grundherrliche Eigenkirche entstandenen Lanker Pfarrkirche, die überaus große Ausdehnung des in Kapellengemeinden gegliederten Kirchspiels sowie das Alter der örtlichen Patrozinien, insbesondere das des hl. Stephanus, dessen Verehrung bereits in der Spätantike eingesetzt hatte. Für unseren Zusammenhang ist von besonderem Interesse, daß der Besitzkomplex von Kirche und Fronhof auf einer hochwasserfreien Anhöhe und – was wichtiger ist – am Ortsrand der späteren Gemeinde Lank lag und liegt. Wir können daraus folgern, daß das oben skizzierte grundherrliche System in Lank bereits lange bestand, als sich das spätere Weichbild des Dorfes entwickelte.

Angesichts des offenkundigen Alters des Lanker Wirtschafts- und Kirchenzentrums ist es bemerkenswert, daß die Grundherrschaft Lank in den schriftlichen Quellen erstmals im Jahre 1202 faßbar ist. Die in diesem Jahr einsetzende urkundliche Überlieferung des Stiftes Kaiserswerth zeigt, daß die von ihr übernommene Grundherrschaft auch in den folgenden Jahrhunderten für die Entwicklung von Dorf und bäuerlicher Gemeinschaft die maßgebliche Rechts- und Organisationsform blieb. Daß nun aber die in Lank ansässigen Bauern gegenüber ihrem bedeutenden geistlichen Grundherren keineswegs in völliger Abhängigkeit und Machtlosigkeit verharrten, belegt jene Urkunde von 1202. Sie hat für die Entwicklung und Ausbildung der später erst faßbaren Gemeinde Lank geradezu konstitutive Bedeutung. Es liegt daher die Vermutung nahe, daß es eben der – urkundlich sonst nicht bezeugte – Erwerb der Grundherrschaft Lank durch das Stift Kaiserswerth war, der Veranlassung bot, die beide Seiten – das Stift und die Lanker Bauernschaft – betreffenden Angelegenheiten grundsätzlich und vertraglich festzuhalten. Der Historiker Peter Blickle, der sich in den letzten Jahren intensiv mit den Fragen der bäuerlichen Gemeindebildung in den Dörfern des Mittelalters und der Frühen Neuzeit befaßt hat, hat – vor allem mit Blick auf Süddeutschland und die Schweiz – darauf hingewiesen, daß im Spätmittelalter zwischen Grundherren und Untertanen des öfteren – und in ähnlicher Weise wie in Lank – grundlegende Rechte in regelrechten Verträgen ausgehandelt und festgehalten wurden. Es bliebe im Hinblick auf die in dieser Hinsicht noch wenig erforschten Dörfer des Rheinlandes zu untersuchen, ob jene von Blickle ausgemachten, von ihm sogenannten „Agrarverfassungsverträge" auch sonst in unseren Gegenden stärker verbreitet waren.

Unmittelbare Veranlassung der 1202 getroffenen Regelung war ein Streit, der, wie der urkundliche Text eingangs mitteilt, damals zwischen dem Kaiserswerther Stiftskapitel und den Lanker „Pfarreingesessenen" (parrochiani) bzw. „Hofleuten" (homines) „wegen der Berechtigung und Gewohnheit der Erhebung des Zehnten der Stiftskanoniker in der Pfarrei (parochia) Lank" bestand. Der Zehnt stellte, wie die häufigen urkundlichen Zeugnisse und vor allem die erwähnten Streitigkeiten unter den Stiftskanonikern erkennen lassen, einen beachtlichen Besitztitel des Stiftes dar und bildete, wie angedeutet wurde, über Jahrhunderte hin einen mit dem Fronhof „zusammenhängenden Besitzkomplex". (Dohms 1994, S. 54) Im einzelnen wurde zwischen den genannten Parteien

Folgendes vereinbart: Der Schultheiß des Stifts Kaiserswerth, also der Mann, der vor Ort die Aufgaben und Rechte des Stiftes wahrnahm und obendrein den Fronhof bewirtschaftete, sollte als Zehntgeschworenen (iuratus), d. h. als Eintreiber der Zehntabgaben, aus der Genossenschaft (familia) der zum Fronhof gehörigen Bauern einen auswählen und der Pfarrei (parochia) vorschlagen. Wenn er dieser genehm sei, sollte er vor dem Priester und der Pfarrei einen Eid schwören, daß er den Zehnten gerecht erheben werde. Wenn der Schultheiß aber jemanden benenne, gegen den die Pfarrei berechtigte Einwände erheben könne, solle er einen anderen benennen. Wenn nun der Zehntgeschworene befindet, daß jemand den Kleinen Zehnt an Hühnern, Gänsen, Schweinen und anderem Vieh nicht oder nicht in ausreichendem Maße abliefert, solle diesem keine Widerspruchsmöglichkeit offenstehen, der Beschuldigte solle vielmehr gehalten sein, dem Schultheißen eine Geldstrafe von 20 Denaren zu zahlen. Dasselbe gilt für den Großen Zehnten an Getreide bei Strafe von 5 Schilling. Wenn nicht der Zehntgeschworene, sondern der, der auf dem Feld den Zehnten einsammelt, jemanden der unzulänglichen Zehntabgabe bezichtigt, solle dieser den fehlenden Zehnt und eine zusätzliche Strafe von 20 Denaren zahlen – es sei denn, daß er einen Eideshelfer für seine Unschuld beibringt. Wenn der Schultheiß einen Teil des Zehnten verpachten will, möge er im Hinblick auf die Zahlung der Pacht für ausreichende Sicherung sorgen. Sollte jemand der Nichtzahlung der Pacht bezichtigt werden, so muß er zum Beweis seiner Unschuld drei Eideshelfer beibringen; andernfalls muß er die ausstehende Pacht samt einer Strafe von 20 Denaren zahlen. Wenn aber der Zehntgeschworene einen entsprechenden Vorwurf erhebt, solle dem Beschuldigten keine Widerspruchsmöglichkeit offenstehen. Grundsätzlich sollen die Rückstände vor Sonnenuntergang an dem Tage gezahlt werden, an dem entsprechende Vorwürfe erhoben wurden. Die Zahlung der Geldstrafen hat binnen 14 Tagen zu erfolgen.

Soweit die 1202 schriftlich niedergelegte „Ordnung" (ordinatio). Welchen Stellenwert sie im Bewußtsein der vertragschließenden Parteien hatte, mag die Tatsache verdeutlichen, daß die Urkunde vom Domdekan und Erzdiakon des Erzstifts Köln sowie den Vorstehern und hohen Amtspersonen der Kölner Klöster und Stifte ausgefertigt wurde, die allesamt – 20 an der Zahl – auch als Zeugen am Ende dieser komplizierten lateinischen Urkunde genannt werden. Als weitere Zeugen werden sechs Stiftspersonen aufgeführt, die – was bei dem Scholaster und Kellner ausdrücklich gesagt ist – dem Kaiserswerther Stiftskapitel angehören. Schließlich bezeugen diese Urkunden der damals als „pastor" in Lank tätige Kaiserswerther Kanoniker Hermann und der dort tätige „Vikar" (vicarius) Gregor, außerdem als „Laien" (laici) sieben namentlich genannte

Männer „und andere", die wohl als Vertreter der eingangs genannten „Hoffamilie" fungierten.

Die umständliche Sorgfalt, die die Urkunde von 1202 auf die Erhebung des
Lanker Zehnten verwendet, zeigt ebenso wie die erwähnten Streitigkeiten, daß
es sich hier „um die ertragreichste Abgabe des Mittelalters" handelt. Wichtiger
als diese Erkenntnis ist aber für unseren Zusammenhang, daß die Regelung
dieser für die Lanker Bauernschaft bedeutsamen Angelegenheit alle gesellschaftlichen und wirtschaftlichen Kräfte und Faktoren ins Benehmen zog, die
für unser Gebiet von Bedeutung waren: das Stift Kaiserswerth als Grundherrn
von Lank, die zu dieser Grundherrschaft gehörigen, abhängigen Bauern als
„Vertragspartner" des Stifts und den für das Stift tätigen Schultheiß, der im
Einvernehmen mit den Lanker Bauern den Zehntgeschworenen benennt. Gleichsam nebenbei entnehmen wir dem urkundlichen Text, daß die Wahrnehmung
des Amtes des für Kaiserswerth tätigen Schultheißen „an die Zustimmung der
[Lanker] Hoffamilie" (de consilio familie curtis) geknüpft war – ein Tatbestand,
für den uns – dies gilt übrigens auch für die Mitspracherechte bei der Ernennung des Zehntgeschworenen – sonst kein weiteres schriftliches Zeugnis
vorliegt. Neben dieser Bestimmung ist schließlich von besonderer Bedeutung,
daß um 1202 die Lanker Bauern mit sieben namentlich genannten männlichen
Vertretern und Zeugen erstmals in anschaulicher Konkretheit als eine „Gemeinschaft" gegenübertreten, die handelnd die eigenen Geschicke mitgestaltet. Mit
einiger Berechtigung können wir insofern sagen, daß jene „Gemeinde" Lank,
die bis zur Gründung der Stadt Meerbusch im Jahre 1970 als selbständiges
kommunales Gebilde bestanden hat, 1202, also annähernd 700 Jahre früher, in
ihren ersten Anfängen faßbar wird.

Die 1202 getroffenen Vereinbarungen warfen einige Fragen auf: Wie lassen
sich die alles in allem sehr beachtlichen Mitspracherechte der Lanker Bauern
mit der im allgemeinen sehr starken Stellung des Grundherren, in unserem Falle:
des Stiftes Kaiserswerth vereinbaren? Ist die Tatsache, daß diese Rechte –
soweit wir sehen – später nicht mehr artikuliert wurden, auf mögliche Verluste
einer Überlieferung zurückzuführen, die allenthalben in den Jahrhunderten des
Mittelalters noch überaus dürftig ist und – was Lank betrifft – fast ausschließlich auf einige Dutzend Urkunden des grundherrlichen Stiftes Kaiserswerth
beschränkt ist? Wenn hier jedoch nicht von bestimmten überlieferungs-
bedingten Besonderheiten und Zufällen auszugehen ist, so ist zu fragen, ob
die starke Beteiligung der Lanker Bauern an ihren grundherrlichen und folglich
gemeinschaftlichen Geschicken aus älterer Zeit überkommen ist oder aber die
vermutlich kurz vorher vollzogene Übernahme der Grundherrschaft Lank durch
Kaiserswerth und eine damit möglicherweise verbundene Schwächung der

„Herrschaft" von den Lanker Hintersassen genutzt wurde, um Rechte auszuweiten, die später wieder beschnitten wurden.

Doch greifen wir der Entwicklung nicht vor. Versuchen wir vielmehr, das Gefüge der Lanker Grundherrschaft ein wenig zu skizzieren und das Zusammenspiel der hier beteiligten Instanzen und Kräfte offenzulegen. Als das Stift vermutlich gegen Ende des 13. Jahrhunderts den Lanker Fronhof und den damit zusammenhängenden Besitzkomplex übernahm, befand sich das System der im Frühmittelalter entstandenen Grundherrschaft in einer tiefen Krise. Die Grundherrschaft war, wie angedeutet, in den voraufgegangenen Jahrhunderten die maßgebliche, dem Eigenbedarf der Menschen genügende agrarische Wirtschaftsform; sie verlor jedoch an Bedeutung infolge der durch den Bevölkerungsanstieg erzwungenen Urbanisierung der Gesellschaft, die ihrerseits die Gewerbewirtschaft und den Handel förderte und insofern neue Formen des Güteraustausches und der Versorgung ermöglichte. Hinzu kam, daß die in den Städten übliche verbesserte Rechtsstellung der Menschen in der Weise konkurrierend auf die herkömmliche grundherrliche Hofesverfassung einwirkte, daß die Grundherren ihre bislang fron- und abgabepflichtigen, minderfreien oder unfreien Hörigen in die volle persönliche Freiheit aufsteigen lassen mußten. „Das hatte Konsequenzen. Die ursprünglich auf der Person liegenden Pflichten und Lasten verdinglichten sich und hafteten fortan am Boden. Der Hörige gewann an dem hofesabhängigen Bauerngut, auf dem er saß, ein mehr oder weniger eingeschränktes Erbrecht, teilweise sogar die volle Verfügungsgewalt, die durch das grundherrliche Konsensrecht praktisch kaum gemindert war." (Janssen, S. 105)

Als mit der wichtigen Urkunde von 1202 die auf Lank Bezug nehmende Kaiserswerther Urkundenüberlieferung einsetzte, war der im vorigen skizzierte Prozeß der Umwandlung der Grundherrschaft im wesentlichen abgeschlossen. Daß die Verpachtung inzwischen die einzige Form der Landvergabe durch das grundherrliche Stift geworden war, belegen die vier Pachtverträge, die uns bis zum Jahre 1500, also bis zum Ende des Mittelalters, erhalten geblieben sind und hier kurz aufgeführt seien.

Im Jahre 1271 empfängt Otto genannt von Bockum (de Bukhem) der Sohn von Gottschalk (Godescalcus), des früheren Meiers (villicus) des Stiftes Kaiserswerth, von eben diesem Stift ein Hofgut in Bockum in der Pfarre Lank (predium [...] situm in Bukhem in parochia Lanke; vgl. hierzu Dohms 1986, S. 31 ff.) und stellt mit Zustimmung seiner Ehefrau und seiner Kinder 20 im Bereich des Hammbruchs (Hambruke) gelegene Morgen als Pfand. Als Pacht soll Otto von all diesen Gütern, also dem Hofgut wie auch den 20 Pfandmorgen, jährlich an St. Martin 28 Malter Roggen zahlen. Die Pächter unterwerfen sich der Gerichtsbarkeit (iurisdictio) des Stiftes in der Weise, daß sie exkommuniziert werden können, wenn sie die Pacht nicht termingerecht zahlen. Sofern die Pächter sich sechs Wochen ununterbrochen im Zustand der Exkommunikation befinden, sollen alle genannten Güter freies Eigentum des Stiftes werden, unbeschadet der Tatsache, daß die Verpflichtung zur Pachtzahlung aufrecht erhalten bleibt.

Die Eheleute Abelo und Frederunis pachten 1311 vom Stift Kaiserswerth den Hof genannt Walsheim (Waylseym) in Ilverich mit allem Zubehör und Rechten „gegen die jährliche und erbliche Pacht" von 4 Mark Kölner Denaren, zahlbar an St. Martin. Wenn die Pächter die Pacht bis Weihnachten nicht zahlen, sollen Hof und Güter an das Stift zurückfallen. Auch sollen die Pächter die dem Fronhof von Lank und anderen geschuldeten „alten Zinse" und sonstige auf den Pachtgütern lastenden Gerichts- und andere Abgaben zahlen und den Gerichtstagen (iudiciis et tractatibus) des Fronhofs zu Lank wie die übrigen Hiemannen (hygemanni) beiwohnen. Für den Fall, daß die Eheleute mehrere Erben haben, dürfen die Pachtgüter nicht geteilt werden; sie sollen sich vielmehr auf einen Erben einigen. Wenn aber die Erben sich darüber nicht einigen können, so sollen die Stiftsherren einen Erben auswählen. Die Pächter verpflichten sich auch, auf eigene Kosten innerhalb von zwei Jahren Haus und Scheune auf dem Hof zu errichten. Für den Fall, daß Feinde des Stiftes Kaiserswerth den Hof zerstören oder berauben, übernehmen die Pächter den Schaden unter der Voraussetzung, daß die Stiftsherren die Übeltäter vor Gericht belangen; anderenfalls haben die Stiftsherren für den Schaden aufzukommen.

1322 überträgt das Stift Kaiserswerth den Eheleuten Amplonius Schäfer und Beatrix von Strathum sowie ihren Erben Güter „nach Erbrecht" gegen die jährliche Abgabe von 2 Mark gängiger Denare, die je zur Hälfte binnen Monatsfrist an St. Remigius und St. Martin fällig sind. Die Pächter setzen 6 Morgen zum Pfand. Bei Nichtzahlung der Abgaben wird über die Eheleute oder ihre Erben die Exkommunikation verhängt. Nach Ablauf einer zweimonatigen Exkommunikation fällt das verpfändete Land zur freien Verfügung an das Stift.

Die Eheleute Heinrich genannt Bungart und Katharina empfangen vom Stift Kaiserswerth in demselben Jahr (1322) 2½ zum Fronhof gehörige Morgen Akkerland bei Lank, genannt Molenacker, „nach Erbrecht" für 3½ Schilling, die jährlich an St. Martin binnen einer Frist von 15 Tagen zu zahlen sind. Zur Sicherheit verpfänden die Eheleute dem Stift einen Morgen Ackerland im „Schurfvelt". Bei Nichtzahlung der Pacht fallen alle genannten Güter zur freien Verfügung an das Stift.

Die hier vorgestellten Pachturkunden machen deutlich, daß sich die Rechtsstellung der ehemals mehr oder weniger unfreien Hörigen in unserem Raum wie allenthalben erheblich verbessert hatte: Wie sehr sich die zur Lanker Fronhofgemeinschaft gehörigen Bauern gegenüber ihren geistlichen Grundherren als fast gleichberechtigte Vertragspartner empfinden mochten, verdeutlicht nichts so sehr wie die Tatsache, daß zwei der vier Pachtbriefe von den bäuerlichen Pächtern und nur die beiden anderen Urkunden vom grundherrlichen Stift ausgestellt wurden. In der Vertragssache selbst war es vor allem das in allen vier Urkunden zugrundegelegte Erbrecht, welches den Bauern eine gewisse existentielle Sicherheit verschaffte und sie vor grundherrlicher Willkür schützte. Allerdings sollte man nach wie vor die Stellung des Stiftes nicht unterschätzen. Hier ist vor allem auf die Konsequenz und Rigorosität jener Bestimmungen zu verweisen, die in den Pachtverträgen zur Sicherung der grundherrlichen Ansprüche und Rechte, insbesondere der regelmäßigen Pachtzahlungen enthalten sind. Für den Fall, daß der Pächter seinen Verpflichtungen nicht nachkam, bekam er die geballte Kraft der einem geistlichen Grundherrn zu Gebote stehenden Macht- und Disziplinierungsmittel zu spüren: Er wurde exkommuniziert, d. h. mit dem Kirchenbann belegt und ging darüber hinaus aller Pacht- und Pfandgüter verlustig. Daß es sich hierbei nicht etwa nur um theoretische Floskeln handelt, belegt eine Urkunde aus dem Jahre 1280: Damals erstattete das Stift auf Bitten des Ritters Heinrich von Rade und – so der Urkundentext – „vor allem Gott zu Gefallen" den mit Heinrich verwandten Kindern des Otto von Bockum (Bucheym) 10 Morgen Land zurück. Dieses Land gehörte zu jenen 20 Morgen, welche Otto, wie wir sahen, im Jahre 1271 zur Sicherung der Pachtzahlung dem Stift verpfändet hatte, dann aber, „weil genannter Otto die schuldige Pacht nicht gezahlt hatte", an das Stift gefallen waren; die „restlichen" 10 Morgen Land behielt Kaiserswerth „zur Abgeltung von Schulden und Schäden" endgültig ein.

Vor allem dieser Vorgang zeigt, daß sich die ehemals auf den Bauern persönlich liegenden Abhängigkeiten und Lasten verdinglicht hatten und ein Schadensausgleich für nicht eingehaltene vertragliche Verpflichtungen auf rein schuldrechtlichem Wege erfolgte. Dennoch hatte das Stift seine grundherrlichen Rechte nicht etwa aufgegeben, wie gelegentliche Formulierungen in den Urkunden zeigen. So erwarb Kaiserswerth 1230 auf dem Wege des Tausches eine Rodung „im Wald Issel bei Meer", die ihr Voreigentümer, ein Richter Hermann von Ilverich, „der Gewalt und dem Eigentum der Kaiserswerther Kirche vermittels des Bannes und der ihr geschuldeten Gerichtsbarkeit unterwarf". (Vgl. hierzu unten S. 31) Der „Gerichtsbarkeit" des Stiftes unterwarf sich, wie wir hörten, 1271 ausdrücklich auch der Hofpächter Otto genannt von Bockum.

Daß das Stift seine Rechte und Befugnisse auch gegenüber der in seinem Auftrag in Lank tätigen Amtsperson zum Ausdruck brachte, läßt ein Weistum erkennen, das 1392 die „Pfarrsenioren" (seniores parochiani) von Lank ausstellten. Dort ist erwähnt, daß ein gewisser, inzwischen verstorbener Gerhard von Issum den Kaiserswerther Fronhof in Lank „gegen eine bestimmte Pacht" besaß und auf diesem Hof „in Vertretung, im Namen und kraft der Autorität sowie mit Zustimmung und Willen der Herren, des Dekans und Kapitels [von Kaiserswerth] als Amtmann und Schultheiß residierte".

Ob das Stift Ende des 14. Jahrhunderts eine besondere Veranlassung hatte, die ihm am Lanker Fronhof zustehenden Rechte in dieser deutlichen Form zu betonen, wissen wir nicht. Immerhin war von den angedeuteten Veränderungen im System der Grundherrschaft allenthalben auch der zentrale Fronhof, der, wie wir sahen, im Auftrag des Grundherrn von einem Meier mit Hilfe der von den Hörigen zu leistenden Frondienste bewirtschaftet wurde, betroffen: Die Frondienste wurden vielfach in feste Geldzinse umgewandelt; der Fronhof selbst wurde entweder als Ganzes an den Meier verpachtet, oder aber der Meier wurde gänzlich ausgeschaltet und das eigenbewirtschaftete Land des Grundherrn in Pacht ausgegeben. Vielfach begegnete man damit den Bestrebungen der Meier, ihre Stellung gegenüber den Grundherrn zu verbessern und diesen den Fronhof auf dem Erbwege zu entfremden. Ob derartiges auch die auf dem Lanker Fronhof sitzenden Meier versucht hatten, wissen wir nicht. Zwar wird der Fronhof als Hebestelle und überhaupt zentraler Ort der Grundherrschaft Lank in den Quellen recht häufig genannt, jedoch gibt es keine Urkunden, die etwa die Vergabe oder Verpachtung des Fronhofes selbst zum Gegenstand gehabt hätten. Eher beiläufig entnehmen wir jener oben wiedergegebenen Formulierung von 1392, daß damals der Fronhof gegen einen festen Zins an den dort residierenden Kaiserswerther Amtmann und Schultheiß verpachtet war. Daß das Stift Kaiserswerth die Eigenbewirtschaftung bereits lange vorher aufgegeben hatte, könnte eher indirekt jener oben erwähnten Bestimmung des Pachtbriefes von 1311 zu entnehmen sein, wonach die ehemaligen Hofpächter auch zur Zahlung der dem Fronhof geschuldeten „alten Zinse" und damit jener erwähnten festen Abgabe verpflichtet wurden, mit denen möglicherweise die alten, inzwischen abgeschafften Frondienste abgelöst worden waren. Wie sehr der Fronhof im Laufe der Jahrhunderte seine in mittelalterlicher Zeit erworbene Stellung als zentraler Herrenhof und Mittelpunkt des Hofrechtsverbandes eingebüßt hatte, mag eine Urkunde des Jahres 1682 verdeutlichen, derzufolge das Stift zur Abtragung von Schulden ein Kapital von 250 Talern aufnahm und dafür den „Stiftshof zu Lank" verpfändete, um nicht zu sagen: zum Pfandobjekt degradierte. Der Hof dürfte damals – vermutlich gegen den halben Jahresertrag – verpachtet gewesen sein; immerhin wissen wir, daß er noch Ende des 19. Jahrhunderts den Namen „Halfes-Hof" trug.

Dieser war Teil eines Gebäudekomplexes, den man, wie wir Ende des 19. Jahrhunderts erfahren, in alter Zeit als „Burg" bezeichnet hatte, worin die für Lank hervorragende Stellung des grundherrschaftlichen Fronhofs recht schön zum Ausdruck kommt. Dort saß allerdings kein adliger Herr, vielmehr als Vertreter des geistlichen Grundherrn Kaiserswerth ein „Schultheiß". Dieser ist 1202 zum ersten Mal bezeugt und war, wie die vielen Erwähnungen in den Quellen zeigen, über Jahrhunderte hin die lokale Autorität in Lank schlechthin. Wie sehr man das Amt des „Schultheißen des Fronhofs von Lank" als Institution empfand, zeigen gelegentliche Zeugnisse aus dem 15. Jahrhundert, wenn etwa von der „Schultheißerei zu Lank" (1415) oder vom „Fronhof und Amt zu Lank" die Rede ist. Der Schultheiß scheint – zumindest zeitweilig, etwa im Jahre 1392 (vgl. oben S. 25) – in ein und derselben Person den Fronhof bewirtschaftet und mancherlei Funktionen grundherrlicher Aufsicht und Verwaltung wahrgenommen zu haben, wie sie für Kaiserswerth vor Ort zu erledigen waren. So organisierte und beaufsichtigte er die Erhebung der wichtigen Zehnteinnahmen (1202, 1347), gab seine Zustimmung oder Genehmigung zu den im Namen des Kaiserswerther Stiftes vorgenommenen Landerwerbungen, Besitzwechseln und Verpachtungen (1230, 1271, 1280, 1311) und überwachte die in Lank von seiten des Stifts getätigten Geldgeschäfte (1460). Daß bei all diesen Gelegenheiten das Stift Kaiserswerth als eine Art Oberinstanz darauf bedacht war, die Machtbefugnisse des vermutlich seit langem in Lank tätigen Schultheißen zu kontrollieren und notfalls einzudämmen, liegt auf der Hand. (Vgl. hierzu Dohms 1994, S. 55 ff.)

Besondere Erwähnung verdient eine Notariatsurkunde aus dem Jahre 1392: Auf Befragen des Ritters Hermann von Issum, eines Erben des „Lanker Busches", stellten damals die „Pfarrsenioren" von Lank fest, daß der „Schultheiß oder Beamte des Hofes in Lank, der gemeinhin Fronhof genannt wird", stets der „Holzgraf" des Stiftes Kaiserswerth ist und daß der (verstorbene) Gerhard von Issum als Inhaber (Pächter) des Fronhofes auch im Besitz von Nutzungsrechten am genannten Busch war. (Vgl. hierzu S. 45 f.) – Die hier in knapper Form wiedergegebene Urkunde von 1392 ist der einzige mittelalterliche Quellenbeleg für das allenthalben und somit auch für die Lanker Gemarkung anzunehmende Vorhandensein einer „Gemeinheit", „Mark" oder „Allmende", d. h. jenes – vorwiegend aus Wald bestehenden – Gebietes, das von der bäuerlichen Markgenossenschaft gemeinsam benutzt wurde. Art und Berechtigungen seiner Nutzung, die den Markgenossen obliegenden Pflichten und ggf. die Festsetzung von Strafe bei Markfrevel waren Gegenstand regelmäßiger Versamm-

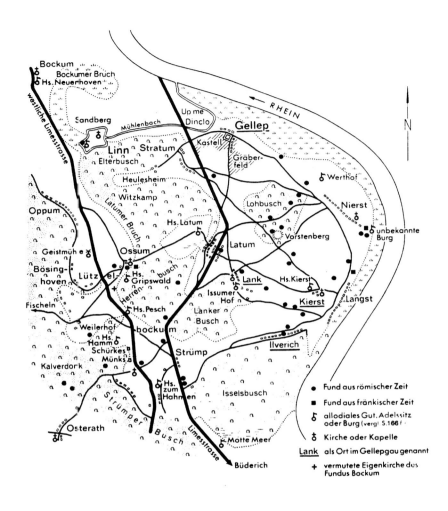

Bockum
Bockumer Bruch
Hs. Neuerhoven

westliche Limesstrasse

Sandberg
Mühlenbach

Up me
Dinclo

RHEIN

N

Linn Stratum
Elterbusch

Kastell

Gräber-
feld

Gellep

Heulesheim

Werthof

Witzkamp

Lohbusch

Nierst

Oppum

Latumer Bruch

Hs. Latum

Vorstenberg

unbekannte
Burg

Geistmüh e

Ossum

Latum

Bösing-
hoven

Lützel

Hs.
Gripswald
Herren busch

Lank

Hs. Kierst

Fischeln

Hs. Pesch

Issumer
Hof

Kierst

Langst

Weilerhof
Hs.
Hamm
Schürkes
Münks

bockum

Lanker
Busch

Ilverich

Kalverdork

Strümp

Osterath

Hs.
zum
Hahmen

Isselsbusch

Strümper Busch

Limesstrasse

Motte Meer

Büderich

● Fund aus römischer Zeit

■ Fund aus fränkischer Zeit

♂ allodiales Gut. Adelssitz
  oder Burg (vergl S.166 f·

♀ Kirche oder Kapelle

Lank als Ort im Gellepgau genannt

+ vermutete Eigenkirche des
  Fundus Bockum

*Abb. 1: Mittelalterliche Siedlungslage und Verkehrserschließung im Raum Lank
(nach Kaiser 1979, S. 167)*

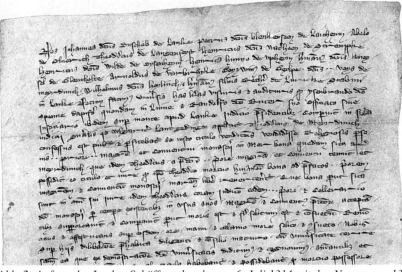

Abb. 2: Anfang der Lanker Schöffenurkunde vom 6. Juli 1314 mit den Namen von 13 „Schöffen in Lank" (NW HStA, Kloster Meer, Urkunde 91)

Abb. 3: Weilerhof in Bösinghoven, um 1980

Abb. 4: Weyergrafhof in Nierst, vor 1920

Abb. 5: Scheune des Hofes Schrörs in Lank, Webergasse, um 1979

Abb. 6: Einfuhr der Ernte bei Bauer Gather-Birgels in Nierst, um 1900 (Gemälde von Adolf Lins)

Abb. 7: Kuhstall des ehem. Wimmershofes in Nierst, um 1908 (Gemälde von Adolf Lins)

lungen der Markgenossen, an deren Spitze der „Obermärker", „Waldgraf" oder „Holzgraf" stand. Die Tatsache, daß dieses Amt 1392 mit dem Lanker Fronhof verbunden war, ist ein eindeutiger Hinweis darauf, daß dem Stift Kaiserswerth als Besitzer dieses Hofes zumindest ein Teil der Lanker „Mark" gehörte. (Vgl. hierzu unten, S. 54 ff.) Hierfür könnte auch das bereits erwähnte, 1230 überlieferte Zeugnis sprechen, wonach der Kaiserswerther Kirche das Land im Bereich der Grundherrschaft und des Fronhofes Lank „vermittels des Bannes und der ihr geschuldeten Gerechtigkeit" unterworfen war. Unter „Bann" verstand man das vom Grundherrn seit dem 10./11. Jahrhundert verstärkt wahrgenommene Recht, zu gebieten und zu verbieten; daneben wurde mit diesem Begriff auch das Gebiet, in dem der Bann ausgeübt wurde, selbst benannt; er konnte im Hinblick auf die in der Allmende ausgeübte Banngewalt auch den Flur- und Waldzwang bezeichnen, dem sich die Mitglieder der bäuerlichen Gemeinschaft zu unterwerfen hatten. In Anbetracht der Bedeutung, die die Allmende im Rahmen der bäuerlichen Fronhofgenossenschaft gerade auch unter dem Gesichtspunkt des gemeinschaftlichen Handelns und Bewirtschaftens spielte, ist es bedauerlich, daß wir über die dem Stift zustehenden Rechte und die von den zugehörigen Bauern ausgeübten gemeinschaftlichen Nutzungsaktivitäten aus den mittelalterlichen Quellen so wenig erfahren.

Der Begriff oder das Amt des „Meiers", dessen lateinische Form „villicus" der Grundherrschaft (= „Villikation") den Namen gegeben hat, begegnet in den Lanker Quellen für den Inhaber des Fronhofs auffallend selten, nämlich nur in zwei Urkunden aus den Jahren 1271 und 1280. Bemerkenswert ist, daß in der jüngeren dieser beiden Urkunden neben dem Meier, der zusammen mit der Hofgemeinschaft (familia) und dem Gericht (iudicium) das Rechtsgeschäft vollzieht, unter den Zeugen als „Schultheiß" ein Gerhard von Halen genannt wird. Zumindest damals waren demnach die für den grundherrlichen Fronhof typischen beiden Funktionen eines größeren landwirtschaftlichen Betriebs einerseits, eines grundherrlichen Hebe- und Verwaltungszentrums andererseits auf zwei verschiedene Amtsträger verteilt. Nach allem Gesagten ist davon auszugehen, daß beide Ämter aus arbeitspraktischen Gründen in der Person des vorher und noch lange nachher bezeugten „Schultheißen" wiedervereinigt wurden. Der Schultheiß hatte „in seiner Doppelfunktion als Vertrauensmann der Herrschaft und als Repräsentant der Dorfgemeinde" vor Ort ein besonderes Gewicht, zumal bei seiner Bestellung, wie die wichtige Urkunde 1202 erkennen läßt, die Lanker Bauern ein Wort mitzureden hatten. Diese Berechtigung war 1182 in der sog. Charte von Beaumont formuliert worden, in der wichtige gemeindliche Kompetenzen verankert worden waren und die als Vorbild „von mehr als 500 Orten vornehmlich im deutsch-französischen Grenzgebiet übernommen wurde." (Droege, S. 201) Daß das 1202 bezeugte Mitspracherecht bei der Bestellung des Lanker Schultheißen in keiner späteren Quelle mehr auftaucht, könnte auf Überlieferungslücken zurückzuführen sein oder aber mit der Ausweitung von Gerichts- und Verwaltungskompetenzen – wenn nicht des Grundherrn – so doch des Landesherrn, des Erzbischofs und Kurfürsten von Köln, zusammenhängen.

Gerichtsverhältnisse

So oft der auf dem Fronhof zu Lank residierende Schultheiß in den auf die Grundherrschaft Lank Bezug nehmenden Urkunden des Stiftes Kaiserswerth genannt wird, handelt es sich um Rechtsgeschäfte, die die Grundherrschaft bzw. den dortigen Fronhofverband betreffen. Von daher ist anzunehmen, daß der Lanker Schultheiß die ihm „von Haus aus zukommenden […] gerichtlichen Funktionen" (Bader 1962, S. 298 f.) vornehmlich als Vorsitzender des „Hofgerichts" ausgeübt hat. Ob und inwieweit er – vor allem in spätmittelalterlicher Zeit – auch am örtlichen „Schöffengericht" tätig war, soll hier zunächst nur als Frage formuliert werden. Hofgerichte waren in früh- und hochmittelalterlicher Zeit auf den Grundherrschaften des Rheinlandes und darüber hinaus zur Wahrnehmung der Interessen der Fronhofverbände entstanden. Die regelmäßig stattfindenden Gerichtstage, die sog. Hofgedinge, wurden „aus vereideten (geschworenen), von bestimmten Höfen stammenden hofhörigen Leuten, den Laten oder Hyen [= Hiemannen], und den Inhabern der größeren Hoflehen gebildet". (Preuß, S. 162) Wie wir der Urkunde von 1311 entnehmen, waren ausdrücklich auch erbliche Hofpächter und insofern freie Bauern gehalten, „wie die übrigen Hiemannen" an den „Gerichtstagen und Beratungen" (iudicia et tractatus) teilzunehmen. Gegenstand der Beratungen waren die zum Hofverband gehörigen Hofstätten und Ländereien (einschließlich der Erbpachtgüter) samt den daran hängenden Besitzrechten, Dienstleistungen und Pachtzahlungen. Die Anzahl der Hiemannen betrug wie bei den Schöffengerichten meist sieben. Sie schworen – wenn wir die Verhältnisse des dem Kölner Stift St. Gereon gehörenden Fronhofes in Büderich zum Vergleich heranziehen dürfen –, „dem Grund- und Lehnsherrn […] treu und hold zu sein, [ihn] vor Argem zu bewahren und das Beste zu erstreben, ihren Schöffendienst fleißig und treu zu versehen, das Ding – gebotenes wie ungebotenes – zu besuchen, die Parteien in der Güte zu hören und das Recht und Urteil gemeinschaftlich zu suchen". (Ebd.) Wer in Lank zu diesem Kreis der geschworenen Hofgerichtslaten oder Hiemannen gehörte, ist – von den 1311 genannten Eheleuten Abelo und Frederunis abgesehen – nicht bekannt.

Würde man auf das im Mittelalter sich etablierende Rechtssystem moderne Kategorien anwenden, so könnte man als die den Hofgerichten übergeordnete „Instanz" die Schöffen- oder Landgerichte ansehen. Soweit die Quellen erkennen lassen, war das Niederstift, d. h. der nördliche Teil des Erzstifts Köln, wozu Lank seit dem 14. Jahrhundert gehörte, von einem Netz von Landgerichten überzogen. Ihnen stand die Hohe Gerichtsbarkeit oder Blutgerichtsbarkeit und damit das Recht zu, bei schweren Straftaten über Leben und Tod zu richten; sie waren zuständig für die Aburteilung von Verbrechen gegen das Eigentum wie Diebstahl und Raub, gegen Leib und Leben wie schwere Körperverletzung, Totschlag, Mord und Notzucht. Jeder mit diesen Kompetenzen ausgestattete Dingstuhl verfügte über eine eigene Gerichtsstätte mit Pfählen, Rad und Galgen. Im Normalfall oblag den Landgerichten auch die Zivilrechtspflege, insbesondere die freiwillige Gerichtsbarkeit, wozu Rentenbelastungen, Auflassungen sowie das Erben und Vererben gehörten. Die entsprechenden Rechtshandlungen wurden dabei teils vom gesamten Gericht, teils von zwei oder drei Schöffen unter Hinzuziehung des Gerichtsschreibers wahrgenommen.

Die Schöffen- oder Landgerichte tagten unter dem Vorsitz eines vom Landesherrn bestellten Richters in Gegenwart von Schöffen, deren Anzahl sich meist auf sieben beschränkte. Sie rekrutierten sich durch Zuwahl möglichst flächendeckend aus den Kirchspielen, die zum jeweiligen Gerichtsbezirk gehörten. Besonders vermerkt sei, daß das Schöffenamt vielfach an bestimmte Höfe gebunden und somit nahezu erblich war.

Wie wir den sporadischen, auf unseren Raum Bezug nehmenden Quellen entnehmen können, ist auch „spätestens in der zweiten Hälfte des 13. Jahrhunderts […] das Gebiet des [ursprünglich klevischen], späteren kurkölnischen Amtes Linn [zu dem das Kirchspiel Lank gehörte] von einem Netz geographisch fest umrissener Landgerichtsbezirke überzogen und wird von Richtern und einem Drosten des Grafen von Kleve im Sinne des landrechtlichen Flächenprinzips verwaltet". (Kaiser 1979, S. 198) Erste Anhaltspunkte einer „jurisdiktionellen Distriktierung im Linner Raum" (ebd.) liefert eine Urkunde des Stiftes Kaiserswerth von 1230, derzufolge ein Richter (iudex) Hermann von Ilverich, der offensichtlich zum Lanker Fronhofverband gehörte, Land des Stiftes Kaiserswerth gegen Grundstücke des Klosters Meer eintauschte. Zwischen 1270 und 1307 werden dann in den Quellen Landgerichte in den Kirchspielen Fischeln, Bockum (beide Stadt Krefeld), Lank und Willich faßbar, die mit der Kompetenz der Hochgerichtsbarkeit ausgestattet sind und denen vom Klever Grafen eingesetzte Richter (iudices) vorstehen. In diese Zeit fallen auch die Anfänge eines übergreifenden, das gesamte Amt Linn umfassenden „Landgedings": Ein „Vorläufer" dieser erst zu Beginn des 14. Jahrhunderts konkret benannten Einrichtung ist nun jenes Kollegium von 18 Landschöffen des Linner Amtsbereichs, das am 1. Oktober 1270 „unter dem Vorsitz des Wilhelmus genannt Stalhut, Richter des Grafen von Kleve, den Verkauf von Gütern beim Büdericher Meerhof zwischen Johann vandir Merre [von der Meer] und dessen Sohn Heinrich einerseits, dem Stift Meer andererseits bekräftigt". (Kaiser 1979, S. 196) Den in den Zunamen enthaltenen Herkunftsbezeichnungen der Schöffen ist zu entnehmen, daß fünf aus dem Kirchspiel Büderich und zwei „aus den südlich Büderich gelegenen Niehl und Ober- bzw. Niederkassel" stammen, während ein Theoderich von Langst (Langenseist), ein Theoderich von Oppum (Ophem) und ein Gottfried von Hamm (Hamme) im Kirchspiel Lank und seiner näheren Umgebung beheimatet waren. Erstmals ausdrückliche Erwähnung findet das „Landgeding" als „allgemeines Gericht" (in figura iudicii generalis, quod vulgariter lantgedinge appellatur) am 6. Juli 1314; an diesem Tage wurden vor insgesamt 13 namentlich genannten „Schöffen in Lank" (scabini in Lanke) Güter bei „Meyrdunch" an das Kloster Meer aufgelassen. Die darüber ausgestellte Urkunde, die heute im Bestand des Klosters Meer im Nordrhein-Westfälischen Hauptstaatsarchiv in Düsseldorf liegt, wurde vom Linner Drosten und Vorsitzenden des Gerichts, Wolter von Vosheim, besiegelt. Das Gericht tagte damals „auf dem Berge bei Lank" (super monte apud Lanke). „Ließe sich nachweisen, daß das Landgeding noch im 14. Jahrhundert nur auf dem Berg bei Lank tagte, so wäre damit die Bedeutung Lanks für das Land Linn unterstrichen. Bei dem Berg dürfte es sich um den auf dem Meßtischblatt eingetragenen Vorsten-Berg am Wege von Stratum nach Langst und zwischen Lank und Nierst gehandelt haben, mit 38,5 m der höchste Punkt dieser Gegend." (Rotthoff 1971, S.122) Die hohe Anzahl der Lanker Schöffen ist im übrigen ein wichtiges Indiz für das Vorhandensein eines autonomen Lanker Kirchspielgerichtes.

An die „Tradition der 18 Landschöffen aus dem Jahre 1270" (Kaiser 1979, S. 215) knüpft eine weitere Urkunde aus dem Jahre 1314 an (NW HStA, Kloster Meer, Urkunde 94); der damals, am 21. Oktober, beurkundete Rechtsakt betrifft die Übertragung von Ländereien im Ilvericher Feld im Kirchspiel Lank, die unter dem Vorsitz eines Richters Johann genannt vom Hof (de Curia) nunmehr 10 Linner Landschöffen (scabini terre de Lynne) vornehmen. Sie "[entstammen] ziemlich gleichmäßig den verschiedenen Kirchspielen und Siedlungsgemeinschaften" des klevischen Amtes Linn. Fünf von ihnen kamen aus dem Kirchspiel Lank, wie die Herkunftsbezeichnungen Ossum, Strümp, Ilverich, Lank und Latum erkennen lassen, je einer aus Bockum, Oppum (beide Stadt Krefeld) und Osterath, die anderen vermutlich aus den nicht näher faßbaren Kirchspielen Büderich, Heerdt oder Fischeln. Auch hier wird das Gewicht erkennbar, das damals das Kirchspiel Lank in jenem klevischen Hoheitsbezirk innehatte. Der Vollständigkeit halber sei vermerkt, daß drei der in den genannten Urkunden von 1314 genannten Lanker Schöffen im gleichen Jahr einen Landverkauf an das Stift Kaiserswerth als Zeugen bekräftigen; in derselben Funktion treten zwei weitere, bislang nicht genannte Zeugen anläßlich einer 1322 vom erwähnten Stift vorgenommenen Verpachtung auf.

Zeugnisse zur Gerichtsverfassung des Amtes Linn und des Kirchspiels Lank werden im Spätmittelalter spärlicher. Spätestens mit dem endgültigen Anfall des Amtes Linn an Kurköln im Jahre 1392 ist das Linner Landgeding weggefallen; seine Aufgaben gingen an das neu geschaffene, für Strafsachen zuständige „Kurfürstliche freie Schwertgericht von Stadt und Amt Linn" über. „Untergerichte auf Kirchspielsebene hielten sich in Lank mindestens bis ins 16. Jahrhundert, bis ins 17. Jahrhundert in Willich und Büderich-Heerdt. Sie wurden jedoch während der kurkölnischen Zeit vom Linner Schwertgericht auf Akte freiwilliger Gerichtsbarkeit zurückgedrängt und endgültig im späten 17. Jahrhundert der Aufsicht der Linner Beamten unterworfen." (Kaiser 1979, S. 216)

Fronhofverband, Kirchspiel, Honschaften

„Die grundherrliche Verfassung mit ihren Diensten und Abgaben" stellte, wie Robert von Friedeburg (1994, S. 66) festgestellt hat, für die Entwicklung der mittelalterlichen Gemeinden „die wichtigste agrarhistorische Rahmenbedingung" dar. Dies gilt auch für Lank, wo als ältester faßbarer Personenverband die zum grundherrschaftlichen Fronhof gehörige bäuerliche Genossenschaft, die in den Urkunden sog. „familia", faßbar ist. Die zum Lanker Fronhof gehörigen Bauern sind als solche erstmals in der mehrfach erwähnten, wichtigen Urkunde von 1202 genannt. Wenn sie damals, wie wir sahen, ganz erhebliche Rechte bei der Benennung von Schultheiß und Zehntgeschworenen wahrnahmen, so ist zu fragen, ob die 1202 für Lank bezeugte Mitsprache der bäuerlichen Hofgenossen letztendlich aus der seit dem 12. Jahrhundert einsetzenden Auflösung des althergebrachten Villikationssystems resultierte. Der Fronhof war nun, wie angedeutet wurde, nicht mehr das grundherrliche Oberzentrum der in großer persönlicher Abhängigkeit wirtschaftenden grundhörigen Bauern, fungierte vielmehr als Sammelstelle für bäuerliche Zins- und Zehntleistungen bzw. als Dingstätte für die Hofgerichtssitzungen der Hofgenossen. „Der tiefgreifende Wandel im bäuerlichen Leistungskatalog von schweren Frondienstpflichten zu überwiegenden Natural- und Geldabgaben stärkte die Selbständigkeit der Bauernbetriebe und machte sie freier für die wachsenden Aufgaben im Rahmen der Dorfwirtschaft und Dorfgemeinschaft." (Rösener 1986, S. 63) Wenn sich, wie allenthalben zu beobachten ist, aus der Umwandlung der alten Hofgenossenschaft wichtige Ansätze zur Entwicklung einer „neuen Dorfgemeinde" ergaben, so ist diese „allmähliche Schwerpunktverlagerung" (ebd., S. 64) für Lank schwer nachzuvollziehen. Dies dürfte in erster Linie an der Besonderheit und Lückenhaftigkeit der Überlieferung liegen: Zum einen setzen die Zeugnisse, die uns über den Lanker Fronhofverband informieren, wie gesagt, erst mit dem Jahre 1202 und damit zu einem Zeitpunkt ein, als der Prozeß der „Auflösung des (alten) Villikationssystems" bereits in vollem Gang war. Zum anderen handelt es sich hierbei fast ausnahmslos um Urkunden des „zuständigen" Grundherrn und Stiftes Kaiserswerth; daß gerade in diesen Schriftstücken eher hofrechtliche Funktionen und weniger „gemeindliche", den grundherrlichen Rahmen überschreitende Entwicklungen und Aktivitäten dokumentiert sind, liegt auf der Hand. Was nun den hofrechtlichen Zusammenhang betrifft, so ist zu registrieren, daß die Lanker Hofgenossenschaft (familia) in den Jahren 1230 und 1280 neben dem Schultheiß als zustimmende Instanz bei der Beurkundung von Besitzveränderungen genannt und 1311 das regelmäßig tagende Hofgericht als Empfänger der „alten Zinse" und der üblichen Besitzwechselabgaben genannt wird. Wenn nach 1311 die „Hoffamilie" in den Kaiserswerther Urkunden bis zum Ende des Mittelalters nicht mehr genannt und offensichtlich bei Besitzwechseln und Landvergaben nicht mehr hinzugezogen wird, könnte dies – was hier mit aller Vorsicht gesagt sei – ein Hinweis darauf sein, daß entsprechende Ansprüche und Rechte außer Brauch gekommen waren. Immerhin treten in den Kaiserswerther Urkunden des 14. Jahrhunderts bei den grundherrlichen Rechtsgeschäften als Zeugen und Siegler neben dem Schultheiß gelegentlich der „Leutepriester" (plebanus) von Lank, die „Schöffen von Lank" (vgl. oben S. 34) sowie der „Amtmann" (officiatus) von Linn auf.

Die Grundherrschaft Lank war für die ihr zugehörigen Bauern über die engeren hofrechtlichen Belange hinaus auch insofern von nicht zu unterschätzender und nachhaltiger Bedeutung, als zu ihr jene Kirche gehörte, deren Einzugsbereich und späterer Pfarrbezirk bis heute ein maßgeblicher Faktor im gemeindlichen Gefüge unserer Region war und ist. Diese Kirche reicht, was wir aufgrund der eingehenden Forschungen von Hans Kaiser und Guido Rotthof als unzweifelhaften Tatbestand ansehen können (vgl. oben S. 18), in ihren Anfängen in die frühmittelalterliche Zeit zurück und war wohl seit langem Bestandteil der Grundherrschaft Lank. Daß Kirche und Grundherrschaft Lank gleichsam zwei Seiten derselben Medaille waren, bezeugte über Jahrhunderte hin in sinnfälliger Anschaulichkeit auch die Nachbarschaft von Fronhofgebäude und Kirchenbau – ein Sachverhalt, der heute – infolge denkmalpflegerischer Unachtsamkeiten der jüngsten Vergangenheit – leider nurmehr vage dokumentiert werden kann. – Die mittelalterliche Dorfkirche war nicht nur ein wichtiger Faktor des „nach Abrundung seiner Rechte [strebenden] Ortsherren" (Bader 1962, S. 187), sie war auch für die ihr zugeordneten mittelalterlichen Gläubiger Zentrum einer nicht zu unterschätzenden „Leistungs- und Kultgemeinschaft". (Spieß, S. 405) Hier ist zum einen an die regelmäßig zu leistenden kirchlichen Abgaben sowie die Verpflichtungen zu denken, die sich für die Gläubiger nicht zuletzt aus dem Erhalt des Kirchbaus ergaben. Zum anderen ist darauf hinzuweisen, daß die Kirche die Christen zum Gottesdienst, zum Empfang der Sakramente und nicht zuletzt zur Beerdigung der Toten vereinte. Wie sehr die Lanker Pfarrangehörigen die ihnen obliegenden finanziellen Verpflichtungen ernst nahmen, zeigt die Tatsache, daß sie, nachweislich seit dem 14. Jahrhundert, vor allem zur Tilgung der Kirchbaulasten ein „Sondervermögen", die sog. „Kirchenfabrik", bildeten, die sich aus Zinsleistungen und frommen Stiftungen speiste. Aus der den Gläubigen obliegenden Mitverantwortung ergaben sich nicht nur Pflichten und Belastungen, sondern auch Rechte und Ansprüche. Als Beispiel sei hier auf eine Altarstiftung von 1313 verwiesen; ihren Bedingungen ist zu entnehmen, daß der aus der Stiftung dotierte Altarpriester vor dem (Kaiserswerther) Pastor, dem Pleban und den Pfarreingesessenen einen Eid zu schwören hatte und letztere bei Vakanz zusammen mit dem Pleban binnen sechs Wochen einen für den Altardienst geeigneten priesterlichen Nachfolger dem zuständigen Kaiserswerther „Kantor" vorschlagen sollten. Aufgrund derartiger Verpflichtungen, Rechte und Befugnisse war die Gestaltungs- und Organisationskraft der Gemeinschaft der zur Pfarrei Lank gehörigen Gläubigen nicht wenig gefordert, und so ist es nur natürlich, daß sich irgendwann ein Gremium konstituierte, das sich im Auftrag aller Gläubigen in besonderer Weise mit den Angelegenheiten der Pfarrgemeinde befaßte; es sind dies die bereits erwähnten, 1392 erstmals bezeugten vier „seniores parochiani", an deren Stelle später die sog. „Kirchmeister" treten.

Der in der Urkunde von 1392 verwandte Begriff der „parochiani" begegnet in derselben Form und Wortbedeutung erstmals in der wichtigen Urkunde von 1202. Er wurde hier für die in derselben Urkunde genannten „homines", also die zum Fronhof Lank gehörigen „Hofleute" gebraucht – ein Sachverhalt, der anschaulich belegt, daß die Gruppe der zum Fronhof gehörigen Bauern mit der der Pfarrangehörigen identisch war. Wer diese Leute im einzelnen waren, wissen wir nicht. Den einzigen Anhaltspunkt liefern in dieser Hinsicht die Namen der aus der „Hoffamilie" rekrutierten Zeugen in verschiedenen Urkunden des 13. und beginnenden 14. Jahrhunderts. Besondere Erwähnung verdient hier jener 1230 zwischen dem Stift Kaiserswerth und dem Richter Hermann von Ilverich vereinbarte Landtausch: Die hierüber ausgestellte Urkunde führt neben dem Lanker Schultheißen Gottschalk (Godscalcus) als Zeugen „unter anderen" 28 namentlich genannte Männer auf, die, wie die lokalisierenden Zunamen erkennen lassen, ortsansässig waren; es dürfte sich hierbei um die „Familie unseres [d. h. des Stiftes Kaiserswerth] Hofes in Lank" handeln, die, wie der Kontext der Urkunde ausweist, „bei dem Tauschgeschäft zugegen war und ihm zugestimmt hat". (Kelleter, Nr. 39) Die Urkunde von 1230 liefert uns einen wertvollen, weil vergleichsweise frühen Anhaltspunkt für den zahlenmäßigen Umfang der Lanker „Hoffamilie": Wenn wir davon ausgehen, daß es sich bei jenen 28 männlichen Zeugen um Haushaltsvorstände handelt und wir bei bäuerlichen Haushalten jener Zeit von mindestens sechs Personen pro Haushalt ausgehen müssen, würde sich der Kreis der dem Lanker Fronhof zugehörigen Eingesessenen auf mindestens ca. 170 Personen belaufen, die sich den erwähnten Nachnamen zufolge auf das erst später genauer faßbare Kirchspiel Lank (vgl. unten S. 40) verteilten. – Zur Vermeidung von Mißverständnissen sei hier gesagt, daß jener Lanker Hofverband nur einen Bruchteil der Einwohnerschaft umfaßte. Auch wenn dieser Verband vergleichsweise groß war, sollte nicht außer acht gelassen werden, daß unseren Raum auch andere Hofgenossenschaften sowie die Inhaber unabhängiger, freier Bauerngüter und schließlich geistliche und adlige Personen bevölkerten. Wie viele Menschen in mittelalterlicher Zeit in unserem Kirchspiel ansässig waren, wissen wir nicht. Konkrete Angaben liegen uns erst seit dem 16. Jahrhundert vor: So lebten 1577 in den Orten Lank/Latum, Strümp, Ossum/Bösinghoven, Ilverich, Langst/Kierst und Nierst etwa 165 Grundbesitzer; dieselben Gemeinden zählten 1669/70 263 Häuser, was etwa 1.500 Einwohnern, d. h. einem Vielfachen der Personenzahl des Lanker Fronhofverbandes aus dem 13. Jahrhundert entspricht.

Wie die Besitzverzeichnisse und Urbare der früh- und hochmittelalterlichen Grundherrschaften im deutsch-französischen Raum erkennen lassen, „[waren] die bäuerlichen Verbände und Gruppen, die innerhalb der Hörigenverbände [...] in Erscheinung treten, [...] keine homogenen Genossenschaften gleichgestellter Personen", vielmehr haben wir von „beträchtlichen Unterschieden zwischen freien und unfreien Bauern, zwischen bessergestellten Zinsbauern und den beinahe rechtlosen Leibeigenen" auszugehen. (Rösener 1986, S. 203 ff.) Wenngleich in den Quellen des 11. und 12. Jahrhunderts die geburtsständischen Unterscheidungen zwischen Freien und Unfreien merklich zurücktreten, läßt sich jedoch auch für die Folgezeit eine starke Gliederung der bäuerlichen Bevölkerung registrieren; sie erfolgt nun allerdings nicht mehr vorwiegend nach rechtlichen Kriterien, sondern nach sozialen und beruflichen Merkmalen. So gilt für das Spätmittelalter allenthalben, was Hans Kaiser (1979, S. 261) für eine dem Amt Linn benachbarte Region, nämlich das Kempener Land, aufgrund eingehender Forschungen herausgearbeitet hat: „Die alten Hofesverbände verlieren ihre integrierende Kraft, die grundherrlichen Verpflichtungen ihrer Insassen lösen sich von der Person und werden verdinglicht. Vor allem aber verwischt sich ihr persönlicher Rechtsstatus; ‚unfreie' Leibeigene und ‚minderfreie' Kurmudleute unterscheiden sich nur noch durch die Höhe der grundherrlichen Abgaben vor allem im Todesfalle. Mit dem Verschwinden auch der formalen Leibeigenschaft ist seit dem 15. Jahrhundert die persönliche Freiheit der abhängigen Leute nicht mehr in Frage gestellt; wenn sie mit der Entrichtung symbolkräftiger Abgaben die Oberherrschaft des Grundherrn persönlich anerkennen, hat dieser keine Gewalt über sie. Nicht mehr die Zugehörigkeit zu einer bestimmten ständischen Gruppe ist nun noch entscheidend; in der bäuerlichen Bevölkerung bestimmen fortan Umfang und Wert des Besitzes das soziale Ansehen und das Gewicht politischer Mitsprache." In der Praxis bedeutete dies, daß wir im Spätmittelalter „in den meisten Dörfern auf eine dünne bäuerliche Oberschicht stoßen, die innerhalb der dörflichen Gesellschaft eine Führungsstellung einnimmt". (Rösener 1986, S. 213)

Wie sich die rechtlich-sozialen Verhältnisse der Lanker Bauern in den mittelalterlichen Jahrhunderten im einzelnen gestalteten, wissen wir nicht. Wir können jedoch auch hier davon ausgehen, daß sich die persönliche Rechtstellung der grundhörigen Bauern im Laufe der Jahrhunderte erheblich verbessert hat und seit dem 13. Jahrhundert Besitz und Reichtum zur bestimmenden gesellschaftlich politischen Größe geworden waren. Welche Familien damals im Kirchenspiel Lank den Ton angaben, ist ebenfalls nicht bekannt. Ziehen wir die allgemeinen Verhältnisse zu Rate, so müssen wir davon ausgehen, daß in Lank – wie andernorts – die Schöffen zu den Eingesessenen zählten, die nicht zuletzt aufgrund ihres ländlichen Besitzes zur „Oberschicht" bzw. zur „politischen Führungsschicht" (Weber, Bl. 3) zählten. Vergleichen wir nun die für das 13. und beginnende 14. Jahrhundert bezeugten Schöffennamen (vgl. oben S. 34) mit den Namen der aus der „Hoffamilie" rekrutierten Zeugen, so müssen wir allerdings feststellen, daß beide Gruppen im wesentlichen nicht deckungsgleich waren. Eine Ausnahme stellt 1230 in gewisser Hinsicht der zum Lanker Fronhofverband gehörende Richter Hermann von Ilverich sowie der 1314 bezeugte Schöffe Abelo von Ilverich dar. Dieser war vermutlich mit jenem Pächter identisch, der 1311 vom Stift Kaiserswerth einen Hof in Ilverich in Pacht nahm (vgl. oben S. 23, 32). Bei aller Vorsicht könnte man daraus folgern, daß die Pächter des Lanker Fronhofs innerhalb der Dorfgemeinschaft – zumindest um 1300 – nicht jene „Führungsrolle" und „Sonderstellung" innehatten, die sie sonst „in der niederrheinischen Landwirtschaft des späten Mittelalters und der Neuzeit" einnahmen. (Irsigler, S. 296)

Wie die lokalisierenden Zunamen der urkundlich bezeugten, zum Lanker Fronhof gehörenden Bauern sowie die Lagebezeichnungen der grundherrlichen Güter in den Urkunden des 13. und beginnenden 14. Jahrhunderts erkennen lassen, dehnte sich die Lanker Grundherrschaft über ein vergleichsweise großes Gebiet aus; es war im Osten vom Rhein und im Norden, Westen und Süden von Wald- und Buschgelände umschlossen und von einem „Flickteppich" (Kaiser 1979, S. 249) von Klein- und Kleinstsiedlungen überzogen, die sich – eine geographische Eigentümlichkeit des Rheinuferlandes – auf den überschwemmungsfreien Erhebungen gebildet hatten. Die Bauern der Grundherrschaft Lank fühlten sich auch über die vergleichsweise weiten Entfernungen des in weiten Teilen unwegsamen, von Bruch- und Buschländerei durchzogenen Geländes einem von Kirche und Fronhof gebildeten religiösen, rechtlichen und wirtschaftlichen Zentrum zugehörig. Dies belegt die mehrfach erwähnte Urkunde von 1202 insofern, als hier, wie erwähnt, die „Hofleute" von Lank gleichzeitig „Pfarreingesessene" genannt werden. Wenngleich sich diese Gruppe – mittelalterlichen Vorstellungen entsprechend – zunächst durchaus als „Personenverband" verstand, setzt sich im Laufe der Zeit die heutigem Organisations- und Verwaltungsdenken selbstverständliche Gliederung nach Gebietseinheiten durch. Maßgebliche „Basiseinheiten" wurden die nach Siedlungszusammenhängen gegliederten „Nachbarschaften", die sich „zu dem politisch bedeutenderen Kirchspiel" formierten, „das sich spätestens seit dem 14. Jahrhundert als die kommunalpolitische Bühne schlechthin etabliert hatte". (Weber, Bl. 2) Seit dem 14. Jahrhundert wird in den Quellen auch das „Kirchspiel" Lank als solches benannt; es gliederte sich zunächst – nämlich 1392 – in sieben „Honschaften", die später in sechs (Anfang des 17. Jahrhunderts) bzw. fünf (1655) Honschaften zusammengefaßt wurden. (Vgl. hierzu unten, S. 45) Bei diesen Honschaften handelte es sich um gemeindliche Bezirke auf unterster Ebene, die sich vermutlich aus nachbarschaftlicher Kooperation entwickelt hatten und – wie Kaiser (1979, S. 254) für den nahegelegenen Kempener Bereich herausgearbeitet hat – der seit dem 14. Jahrhundert einsetzenden Überlieferung zufolge „zunächst und vor allem landesherrliche Steuer- und Dienstgemeinden" waren. Bezeichnend für die Größe des dem heutigen Pfarrsprengel entsprechenden Gebietes des Kirchspiels Lank ist, daß es ein halbes Dutzend Honschaften umfaßte, wogegen beispielsweise die Kirchspiele bzw. Pfarreien Büderich und Osterath nur je eine Honschaft bildeten. Daß die starke Zergliederung des Lanker Siedlungsraumes der Ausbildung gemeindlicher Instanzen und Gremien durchaus auch förderlich sein konnte, belegt eine Verfügung, die der kurkölnische Offizial Peter von Walenburg 1654 im Rahmen einer Visitation für die Pfarrei erlassen hatte: Demnach sollten in dieser Pfarrei für die Verwaltung aller Kirchen-, Armen- und Gemeindeangelegenheiten „vereidete Deputierte" angestellt werden, was der hohe Kirchenbeamte folgendermaßen begründete: „Indem es beschwerlich und überlestig ist, in dieser großen Pfarre in Kirchensachen nach erforderter Notdurft alle und jede Pfarrkinder zusammenzurufen, so ist es für ratsamer befunden worden, daß aus der Gemeinde imgleichen zwölf Deputierte gestellt werden und ihren Eid ablegen, insachen der Kirchen, Vikarie und Gemeinden alles treulich und nutzbarlich zu verrichten." (Zitiert nach: Looz, S. 239) Die Ernennung der Deputierten sollte den Vorstellungen des Visitators entsprechend durch den jeweiligen Pastor auf Vorschlag der Gemeinde erfolgen. Dies zeigt zum einen die mehrfach angesprochene Bedeutung, die dem Pfarrer im Kontext der Gemeindeangelegenheiten zukam. Zum anderen wird sichtbar, daß die Gemeinde Lank bei der Bestellung ihrer Vertretungsorgane auch dann ein Wort mitzureden hatte, wenn „deren Tätigkeit", wie Kaiser (1979, S. 254) zu Recht feststellt, „sich im wesentlichen auf die Festlegung und Erhebung der landesherrlichen Steuern und Abgaben [beschränkte]".

*

Bilanzieren wir abschließend das Geschehen und die Zustände im engeren Siedlungsraum Lank, soweit es die überaus dürftige Quellenlage zuläßt: Die dem Stift Kaiserswerth gehörende, offenkundig sehr alte Grundherrschaft Lank und das damit gegebene System von Diensten und Abgaben bildete seit dem Frühmittelalter jenen verfassungsrechtlichen „Rahmen", innerhalb dessen die zugehörigen Bauern das Bewußtsein enger Zusammengehörigkeit entwickeln konnten. Seit dem 12. Jahrhundert bot dann, was nicht einer gewissen Ironie entbehrt, die allenthalben zu beobachtende „Auflösung" der überkommenen grundherrschaftlichen Strukturen ihrerseits die Voraussetzung dafür, daß die im grundherrschaftlichen „Gehäuse", nicht zuletzt im regelmäßig tagenden Hofgericht „zusammengeschweißten" Bauern sich ihrer Eigenständigkeit bewußt wurden. Sie erlangten, wie es für Lank jene Urkunde von 1202 erkennen läßt, nicht unwesentliche Mitspracherechte bei der Bestellung des Schultheißen sowie des Zehntgeschworenen. In der Folgezeit ist für unseren Raum eine stärkere Konzentrierung vor allem administrativer Befugnisse durch die regionalen und überregionalen Machtträger erkennbar: Einerseits wird der auf dem Fronhof als Vertreter des grundherrlichen Stiftes residierende Schultheiß zur Verwaltungsinstanz schlechthin, wie es Formulierungen wie „Schultheißerei zu Lank" sowie „Fronhof und Amt zu Lank" in schöner Deutlichkeit zeigen. Andererseits wird – gleichsam auf territorialstaatlicher Ebene – das seit dem 13. Jahrhundert faßbare ältere klevische Land- und Schöffengericht zu Linn, in dem Lank eine wichtige Rolle spielte, von übergreifenden Instanzen des seit dem 14. Jahrhundert „zuständigen" Landesherrn von Kurköln absorbiert. Parallel hierzu erfährt die als Personenverband in die Geschichte eingetretene Lanker Hofgenossenschaft eine Organisation und Aufgliederung nach dem Flächenprinzip: Wir haben es fortan mit einem festumgrenzten Kirchspiel zu tun, das – seiner ungewöhnlichen Größe entsprechend – in mehrere Honschaften gegliedert ist. Bemerkenswert ist, daß für das Kirchspiel Lank seit der Mitte des 17. Jahrhunderts aufgrund landesherrlicher Weisung Deputierte tätig werden, an deren Bestellung sowohl der Pastor wie auch die Gemeinde beteiligt sind. Inwieweit in dieser Zeit die Gemeinde Lank ein eher autonomes Gebilde oder aber nurmehr noch die unterste Organisationsstufe des landesherrlichen Regierungs- und Verwaltungsapparates war, bleibt einer sorgfältigen Sichtung der frühneuzeitlichen Quellen vorbehalten.

Quellen:

Pfarrarchiv St. Stephanus, Meerbusch-Lank (deponiert in der Regionalbücherei „Schatzkiste" des Bistums Aachen in Krefeld, Dionysiusplatz 24)

  Urkunde vom 22. August 1313

Nordrhein-Westfälisches Hauptstaatsarchiv, Düsseldorf

  Kloster Meer, Urkunde 91

Literatur:

K. S. Bader, Das mittelalterliche Dorf als Friedens- und Rechtsbereich, Weimar 1957

K. S. Bader, Dorfgenossenschaft und Dorfgemeinde, Köln/Graz 1962

P. Blickle, Deutsche Untertanen. Ein Widerspruch, München 1981

P. Blickle, Grundherrschaft und Agrarverfassungsvertrag, in: Patze, 1983, S. 241-261

P. Blickle (Hg.), Landgemeinde und Stadtgemeinde in Mitteleuropa. Ein struktureller Vergleich (Historische Zeitschrift, Beihefte N. F., hg. von L. Gall, Bd. 13), München 1991

P. Blickle, Begriffsverfremdung. Über den Umgang mit dem wissenschaftlichen Ordnungsbegriff Kommunalismus, Zeitschrift für Historische Forschung 22 (1995), S. 247-253

H. Conrad, Deutsche Rechtsgeschichte. Ein Lehrbuch, Bd. I: Frühzeit und Mittelalter, 2. Aufl. Karlsruhe 1962

P. Dohms, Lobberich. Geschichte einer niederrheinischen Gemeinde von den Anfängen bis zur Gegenwart (Schriftenreihe des Kreises Viersen 33), Kevelaer 1981

P. Dohms, Die ältesten Urkunden von Ossum-Bösinghoven …, in: Wo die Zeit stehenblieb, 1986, S. 24-43

G. Droege, Gemeindliche Selbstverwaltung und Grundherrschaft, in: K. G. A. Jeserich/ H. Pohl/G.-Ch. von Unruh (Hg.), Deutsche Verwaltungsgeschichte 1. Vom Spätmittelalter bis zum Ende des Reiches, Stuttgart 1983, S. 193-213

R. von Friedeburg, „Kommunalismus" und „Republikanismus" in der Frühen Neuzeit? Überlegungen zur politischen Mobilisierung sozialdifferenzierter ländlicher Gemeinden unter agrar- und sozialhistorischem Blickwinkel, Zeitschrift für Historische Forschung 1 (1994), S. 65-91

H. Gabel, Ländliche Gesellschaft und lokale Verfassungsentwicklungen zwischen Maas und Niederrhein im 17. und 18. Jahrhundert, in: J. Peters (Hg.), Gutsherrschaft als soziales Modell. Vergleichende Betrachtungen zur Funktionsweise frühneuzeitlicher Agrargesellschaften, München 1995, S. 241-259

H. Gabel, Widerstand und Kooperation. Studien zur politischen Kultur rheinischer und maasländischer Kleinterritorien (1648-1794) (Frühneuzeit-Studien, Bd. 2), Tübingen 1995

Fr. Irsigler, Die Auflösung der Villikationsverfassung und der Übergang zum Zeitpartsystem im Nahbereich niederrheinischer Städte während des 13./14. Jahrhunderts, in: Patze, 1983, S. 295-310

H. Kaiser, Die Willicher Honschaften. II. Formen ihrer Selbstverwaltung, Heimatbuch des Kreises Kempen-Krefeld 1973, S. 254-261

H. Kaiser, Tausendjähriges Lank. Bemerkungen zur Frühgeschichte des Kirchspiels Lank, in: Heimatbuch Lank-Latum, hg. zum 500jährigen Bestehen der St. Sebastianus-Schützenbruderschaft Lank-Latum in Zusammenarbeit mit dem heimatkundlichen Arbeitskreis Lank-Latum, Meerbusch 1975, S. 37-48

D. Kastner (Bearb.), Das Troisdorfer Schöffenbuch, Köln 1997

H. Kelleter, Urkundenbuch des Stiftes Kaiserswerth, Bonn 1904

J. Le Goff, Der Mensch des Mittelalters, Frankfurt/M. 1996

S. Lorenz, Kaiserswerth im Mittelalter. Genese, Struktur und Organisation königlicher Herrschaft am Niederrhein (Studia humaniora, Bd. 23), Düsseldorf 1993

H. Patze (Hg.), Die Grundherrschaft im späten Mittelalter I (Vorträge und Forschungen, hg. vom Konstanzer Arbeitskreis für mittelalterliche Geschichte, Bd. XXVII), Sigmaringen 1983

Chr. Reinicke, Bibliographie zur rheinischen Agrargeschichte 500-1800, Trier 1985

Chr. Reinicke, Agrarkonjunktur und technisch-organisatorische Innovationen auf dem Agrarsektor im Spiegel niederrheinischer Pachtverträge 1200-1600 (Rheinisches Archiv 123), Köln/Wien 1989

W. Rösener, Bauern im Mittelalter, München 1986

W. Rösener, Agrarwirtschaft, Agrarverfassung und ländliche Gesellschaft im Mittelalter (Enzyklopädie deutscher Geschichte, Bd. 13), München 1992

W. Rösener (Hg.), Grundherrschaft und bäuerliche Gesellschaft im Hochmittelalter (Veröffentlichungen des Max-Planck-Instituts für Geschichte 115), Göttingen 1995

G.-Rotthoff, Die älteste Urkunde der Stadt Linn von 1314, Die Heimat (Krefeld) 42 (1971), S. 41

G. Rotthoff, Das Land Linn in Meerer Urkunden, Die Heimat (Krefeld) 42 (1971), S. 121-122

G. Rotthoff, Christliche Anfänge im Raum Krefeld und Entwicklung der Pfarre und des Klosters Krefeld bis zur Reformation, in: Katholisches Krefeld, hg. von E. Bungartz, Krefeld 1974, S. 19-43

G. Rotthoff, Studien zur mittelalterlichen Geschichte im Raum Krefeld, Rheinische Vierteljahresblätter 41 (1977), S. 1-39

G. Rotthoff, Lank im Mittelalter, Lanker Heimatblätter, 3. Mappe, Lank 1982, S. 187 f., 218-222, 250-254

G. Rotthoff, Gerichtswesen und Rechtsordnungen, in: Kurköln, Land unter dem Krummstab, 1985, S. 257-264

G. Schulte, Das Mittelalter (bis 1400), in: Dohms 1991, S. 87-106

K.-H. Spiess, Bäuerliche Gesellschaft und Dorfentwicklung im Hochmittelalter, in: Rösener 1995, S. 384-412

F. Steinbach, Ursprung und Wesen der Landgemeinde nach rheinischen Quellen, in: F. Petry/G. Droege (Hg.), Collectanea Franz Steinbach. Aufsätze und Abhandlungen zur Verfassungs-, Sozial- und Wirtschaftsgeschichte, geschichtlichen Landeskunde und Kulturraumforschung, Bonn 1967, S. 559-594 (Erstdruck in: Arbeitsgemeinschaft für Forschung des Landes Nordrhein-Westfalen [Geisteswissenschaften], H. 87, Köln 1960, S. 5-54)

A. Verhulst, Aspekte der Grundherrschaftsentwicklung des Hochmittelalters aus westeuropäischer Perspektive, in: Rösener 1995, S. 16-30

P. K. Weber, Organisation und Politik ländlicher Gemeinden im nördlichen Rheinland vor 1800. Ein ortsgeschichtlicher Befund, maschinenschr. Pulheim-Brauweiler 1997

E. Wisplinghoff, Bäuerliches Leben am Niederrhein im Rahmen der Benediktinischen Grundherrschaft, in: W. Janssen/D. Lohrmann (Hg.), villa – curtis – grangia. Landwirtschaft zwischen Loire und Rhein von der Römerzeit zum Hochmittelalter (Beihefte der Francia, Bd. 11), München 1983, S. 149-163

H. Wunder, Die bäuerliche Gemeinde in Deutschland, Göttingen 1986

Vgl. außerdem die Übersicht der mehrfach benutzten Literatur: Nr. 2, 5, 6, 7, 13, 14, 18, 21. Die im Text verwandten Quellenzitate entstammen, sofern nichts anderes vermerkt ist, dem Urkundenbuch von H. Kelleter. Für die kritische Durchsicht des Manuskripts danke ich Herrn Dr. Peter Karl Weber/Pulheim-Brauweiler.

Lanker Landleben in der frühen Neuzeit

Von Thomas Becker und Claudia Beckers-Dohlen

Das Landleben in Lank in den Jahrhunderten vor der französischen Revolution, welche auch bei uns am Rhein die alte Ordnung umstürzte, hatte seine Eigenheiten. Aber natürlich lebten die Lanker nicht in einem isolierten Raum, der sie von anderen rheinischen Dörfern abhob. Vieles, was wir heute von Lank nicht mehr wissen, läßt sich an anderer Stelle belegen, so das Essen und Trinken, das Arbeiten und Wohnen etc. Wir haben dieser Tatsache im folgenden Rechnung getragen und uns bemüht, ein möglichst buntes Bild des Alltagslebens in Lank zu zeichnen, auch wenn wir nicht immer Quellen aus Lank selbst dafür gefunden haben.

Seit dem späten Mittelalter gehörte Lank zum kurkölnischen Niederstift. Das bedeutet, es war Teil des weltlichen Herrschaftsgebietes des Erzbischofs von Köln, der als „rheinischer Herzog" nicht nur die geistliche, sondern auch die weltliche Macht in Händen hielt. Sein weltliches Territorium war allerdings viel kleiner als seine ausgedehnte Erzdiözese. Im Unterschied zu dieser bezeichnete man das weltliche Kurfürstentum als „Erzstift" und teilte dessen rheinischen Teil in Ober- und Niederstift ein. Untergliedert war dieses Fürstentum seit dem 13. Jahrhundert in sogenannte „Ämter". Lank lag im Amt Linn, das zusammen mit dem Amt Uerdingen von der Festung Linn aus verwaltet wurde. Innerhalb des Amtes Linn-Uerdingen befanden sich drei Kirchspiele (Pfarreien), und zwar Büderich, Lank und Osterath. Ein solches Kirchspiel bestand aber häufig nicht nur aus einer Siedlung, sondern faßte mehrere Dörfer und „Honschaften" zusammen. In einem Bericht aus dem Jahre 1655 erfahren wir: „Das Kirspel Lank besteht in fünf Honschaften, und ist das Dorf Lank, die Pfarrkirche mit Latum eine Honschaft, eine Stunde von Linn gelegen, Strümp eine Honnschaft, eine Stunde von Linn gelegen. In diesem Kirspel sind absonderlich drei Kapellen, deren eine zu Ossum, St. Pancratius Kapelle, die andere zu Strümp, St. Vedasti et Amandi, die dritte zu Kirst, St. Martini Kapelle." (Looz-Corswarem, S. 171) Die Honschaften Gellep/Stratum, Ossum/Bösinghoven und Ilverich fehlen in der Aufzählung. Auch Rittersitze befanden sich auf dem Gebiet des Kirchspiels, und zwar die Häuser Gripswald, Pesch und Latum.

Dorfstrukturen

Der rheinische Bauernstand hatte seine Lage seit dem Hochmittelalter allgemein verbessert, die Fronhofswirtschaft (Villikationsverfassung) war weitgehend von der freieren Betriebsform der Rentengrundherrschaft verdrängt worden, auch wenn formal die alte Agrarverfassung „versteinerte" und sich als Organisationsprinzip bis ins Spätmittelalter hinein erhielt. (Vgl. oben S. 18 ff.) Die Lanker Bauern waren persönlich frei. Die meisten von ihnen bewirtschafteten eigenen Grund und Boden. Daneben gab es im Dorf die „Halfen" genannten Pächter, die aber keineswegs eine schlechtere ökonomische Stellung einnahmen. Der Halbbau (d. h. die Abgabe der halben Ernte) hatte im Mittelalter eine Rationalisierung und Versachlichung des Verhältnisses zwischen Grundherrn und Pächter mit sich gebracht, denn er verteilte das Risiko auf beide Seiten und schuf zugleich Anreize für die Ausdehnung der Produktion. Bereits seit dem Hochmittelalter war der Halbbau mehr und mehr durch eine fixe Pachtsumme ersetzt worden. Außerdem setzte sich im Rheinland das System der Zeitpacht immer mehr durch, vor allem dort, wo ehemalige grundherrliche Fronhöfe nicht mehr in Eigenregie geführt wurden. Die Pachtverträge wiesen im Rheinland eine große zeitliche Bandbreite auf, sie konnten für 6, 12, 24, 30, 40, 60 Jahre, auf Lebenszeit, aber auch für zwei oder drei Generationen gelten. In Lank und Umgebung lag die Zeitpacht in der Regel bei 12 Jahren. Natürlich gab es nicht nur die großen Pächter ganzer Höfe. Auch die Kleinbauern mit Eigenbesitz schlossen solche Pachtverträge ab. So lesen wir z. B. in einer Urkunde aus dem Jahr 1737, daß der Wirt Johann Willes, dessen Gasthaus auf der Straße nach Uerdingen lag, vom Neusser Oberkloster 2 Morgen Land am Nierssenweg beim Hof des Stiftes Kaiserswerth „zu Hullesheim im Feld zwischen Lank, der Heerstraße und Gellep" für eine jährliche Zahlung von 10 Faß Roggen gepachtet hatte. (NW HStA, Neuss, Oberkloster, Akten 21) Das Hinzupachten dürfte sogar die Regel gewesen sein, aber es hob den grundsätzlichen Unterschied zwischen „Bauern" und „Pächtern" nicht auf. Denn weil der auf Pacht vergebene Hof in seinem Umfang an Anbaufläche stets gleich blieb bzw. höchstens noch durch Zukauf wuchs, waren die Halfen den Vollbauern mit Eigenbesitz überlegen, die bei jedem Erbfall mit dem Problem der Verkleinerung der Hofstellen durch die Regelung der Realerbteilung (s. unten) zu kämpfen hatten. Neben den Pächtern und den Eigentümern gab es als dritte Gruppe von Dorfbewohnern noch die landlose Schicht, also das Gesinde, die Tagelöhner und die nicht von regelmäßiger Arbeit lebenden Armen. Diese unterbäuerliche Schicht wuchs durch die Verschlechterung der Lebensbedingungen im 16. Jahrhundert in ganz Europa an, aber während sie z. B. in Spanien zu einer Proletarisierung der Landbevölkerung bis zu 80% führte, erreichte diese im Rheinland nicht mehr als 30%. Die Ursache hierfür ist die schon erwähnte Verteilung. Nur die großen Höfe der Halfen bzw. der Grundherren verfügten über eine größere Anzahl an Personal. Die meisten Kleinbauern bewirtschafteten ihr Gut als Familienbetrieb. Da die Halfenhöfe die größten im Ort waren, kamen die Pächter – nach den Adeligen – in der sozialen Hierarchie des

Dorfes an oberster Stelle. Die für sie auch gebräuchliche Bezeichnung „dicke Bauern" spricht für sich. Sie hatten oft obrigkeitliche Funktionen inne. So war der Halfe des Fronhofes in Büderich zugleich Schultheiß, d. h. er stand als vom Kurfürsten eingesetzter Richter dem Schöffengericht der Gemeinde vor. Im Jahre 1762 wird der Halfe des Lanker Ismerhofes, Wilhelm Weyers, als Dorfvorsteher bezeichnet. Auch darunter dürfte ein Schultheiß zu verstehen sein.

Die Hofstellen der eigenbesitzenden Bauern waren im Rheinland sehr klein. Die Ursache hierfür lag in dem Prinzip der Realteilung begründet, die eine ständige Verringerung des Besitzes zur Folge hatte: Die Realteilung ging von dem Grundsatz aus, daß bei einem Erbfall alle Kinder gleichberechtigt sind; nicht der älteste Sohn erbte also allein den Hof, wie es im sogenannten Anerbenrecht der Fall ist, sondern der Besitz wurde zwischen den Nachkommen beiderlei Geschlechts aufgeteilt. Bestandsaufnahmen der Besitzverteilung für das gesamte Amt Linn zu Steuerzwecken aus den Jahren 1577, 1599 und 1669/70 ergaben eine Spanne von 1 bis 36 Morgen Eigenland, jedoch eine durchschnittliche Größe von höchstens 10 Morgen pro bäuerlichem Landbesitzer. Bei der Steuerdeskription von 1669 kam die Gemeinde Lank/Latum auf 517 Morgen bäuerlichen Gesamtbesitz an Ackerland, dazu noch 65 Morgen Grund und Garten. Das sind durchschnittlich nur acht Morgen pro Hof. Adlige oder Pächter größerer Höfe (Halfen) verfügten über wesentlich mehr Grund und Boden, woraus sie ihre Einkünfte ziehen konnten (im Schnitt etwa 80 Morgen).

Die aus der Realteilung resultierende Zersplitterung der Besitzverhältnisse brachte es mit sich, daß seit dem Spätmittelalter die landbesitzenden reicheren Bauern zunehmenden Einfluß auf die Selbstverwaltung ihrer gemeindlichen Angelegenheiten gewannen. Große Höfe waren einmal die adeligen Besitzungen – im Lanker Gerichtsbezirk das Haus Latum, der Brüggerhof, der Ahrerhof, der Lippenhof (heute auch Lipperhof) und der Blinkenhof. Der Borsbacherhof gehörte dem Ritterorden der Malteser, lag also gewissermaßen auf der Grenze zwischen einem adeligen und einem geistlichen Gut. Die Güter der Kirche und der geistlichen Gemeinschaften machten in den Dörfern in der Regel den Löwenanteil der großen Pachthöfe aus. Größter Grundbesitzer im Raum des heutigen Meerbusch war das Kloster Meer, das alleine in der näheren Umgebung 1112 Morgen Ackerland besaß. In Büderich, Strümp, Ilverich oder Nierst gehörten ihm große Pachthöfe. In Latum war der Erzbischof mit dem 146 Morgen großen Nauenhof begütert, ansonsten fehlten in unserem Gebiet die großen Stifte und Klöster, ausgenommen das Neusser Quirinus-Stift mit seinen Besitzungen in Langst sowie das Kaiserswerther Suitbertus-Stift. Dieses nahm als seit dem 12. Jahrhundert bezeugter Grundherr und Besitzer der Lanker Pfarrkirche und des dortigen Fronhofes eine besondere Rechtsstellung ein. Im Kirchdorf selbst fehlten also die Pachthöfe anderer großer Stifte und Klöster, die sich in der unmittelbaren Umgebung so oft finden. Allerdings war die Kirche nicht nur durch diese Pachthöfe als Eigentümerin von Ländereien vertreten. Es gab schließlich auch noch den kleineren Grundbesitz der Pfarrer, Kapläne, Altäre und der Kirchenfabrik. Die Altäre waren mit Einkünften aus Äckern und Wiesen dotiert, die demjenigen Geistlichen zukamen, der an ihnen den Gottesdienst versah. Daher nannte man die Kapläne auch zuweilen „Altaristen". Seelenmessen und fromme Stiftungen erhöhten diese Einkünfte. Unter „Kirchenfabrik" sind die Besitzungen zu verstehen, deren Einkünfte für das Gebäude der Kirche und für den Gottesdienst dienten (z. B. Öl für die Lampen, liturgische Gewänder, Lohn für das Sauberhalten der Kirche). Der Pfarrer von Lank verfügte über 76 Morgen, wovon fünf zur Kirche und 17 zur Vikarie gehörten. In Osterath standen dem Pastorat nur 36 Morgen zur Verfügung. Die Pachteinkünfte aus diesen Äckern konnten die Bedürfnisse der Kirche aber noch nicht befriedigen. Hinzu kamen noch die Zehntabgaben, von denen ein nicht geringer Teil an das Kaiserswerther Stift floß, das rechtlich gesehen der „wahre Pfarrer" (pastor verus) der Gemeinde Lank war (vgl. oben S. 17), und die verschiedenen Abgaben für den Küster, das Glockenläuten, die Weihehandlungen, den Schulunterricht, den Unterhalt des Kirchturms etc. Alles das geschah in Naturalien, die von den Bauern erzeugt worden waren.

Siedlungsgeographisch gesehen lag Lank auf einer Grenzlinie, die sich auch im Erscheinungsbild des Dorfes bemerkbar machte. Quer durch das Gebiet des heutigen Meerbusch verlief die Grenze zwischen Hofsiedlungsgebiet und Dorfsiedlungsgebiet. Darunter sind die beiden wesentlichen Siedlungsformen zu verstehen, die das Bild Mitteleuropas prägten. Das für die Mittelgebirgsregionen und ihre Ausläufer typische Dorfsiedlungsgebiet zeigt eine Gestalt eng beieinander stehender Gebäude, die sich zu Straßenzügen formieren. Gerade im Rheinland geschah dies in der Form des „Straßendorfes", das sich entlang einer Hauptachse hinzog. Eine Siedlungserweiterung durch Querstraßen war nicht nötig, sie ergab sich allenfalls aus schon bestehenden Wegen zu anderen Orten. Die Häuser selbst waren klein, die Wirtschaftsgebäude mit dem Haupthaus durch Mauern zu einer Gesamtanlage verbunden. Nördlich dieser Gebiete, in den Weiten der niederdeutschen Tiefebene, lagen Streusiedlungen mit großen Einzelgehöften, deren Bauweise sich stark von der südlichen abhob. In Lank haben wir beides, wie das für ein Grenzgebiet nicht überraschend ist. So finden wir noch heute in der Parzellierung und in alten Fachwerkhäusern Zeugnisse für die beiden Bauformen, wenn auch die wichtigsten meist der Spitzhacke oder den Zeitläuften zum Opfer gefallen sind.

Diese kulturelle Grenzlage wird auch durch andere Phänomene gekennzeichnet, nicht zuletzt durch die Sprache. Lank liegt im Einzugsbereich der „Benrather Linie", die das Hochdeutsche vom Niederdeutschen trennt. Das südlich gesprochene Ripuarisch ist eine „fränkische" Mundart (Rhein- bzw. Moselfränkisch), das nördliche Niederdeutsch ist dem Kulturraum der mittelalterlichen Sachsen zuzurechnen (was natürlich nicht mit den Dialekten der heutigen Franken und Sachsen zu verwechseln ist). Genauso wie die Sprachen schieden sich auch die Rechtsauffassungen, denn wir stoßen wieder auf eine Grenze, und zwar zwischen fränkischem und sächsischem Rechtskreis. Das ist von unmittelbarer Bedeutung für die Hausformen, denn im fränkischen Rechtskreis, zu dem das Rheinland gehörte, war wie gesagt die Realteilung bei Erbschaften vorgesehen. Im sächsischen Rechtskreis galt das Anerbenrecht, bei dem nur der älteste Sohn alles erbte. Dies erklärt nun auch den Unterschied in den Hausformen: Das niederdeutsche Hallenhaus ist ein großer Hof, der nicht nur Platz läßt für eine bäuerliche Kleinfamilie, sondern von vorne herein eine ganze Anzahl von Knechten und Mägden unterbringen kann. Die Hofstellen in den rheinischen Straßendörfern waren dagegen klein, es lebten selten mehr als vier bis fünf Personen auf einem Hof zusammen, wie uns die Steuerrollen und Kommunikantenzahlen verraten.

Das eigentliche Straßendorf Lank erstreckte sich entlang der Hauptstraße und entsprach dem typischen Bild des rheinischen Dorfes. Ursprünglich bestand es aus Gehöften, die in den allerersten Besiedlungsphasen des Mittelalters auf abgeteilten Parzellen locker zusammengestanden hatten. Es handelte sich durchgehend um Fachwerkbauten, die in der Regel dem sogenannten „mitteldeutschen Typ" zugehörten: einraumtiefe Häuser, die der alten Form des nordwesteuropäischen Längshallenhauses folgten. Alle wesentlichen sozialen und kommunikativen Funktionen des Zusammenlebens spielten sich in ein und demselben Raum ab. Das Haupthaus stand im rechten Winkel bzw. parallel zu den Nebengebäuden, die auf diese Weise ein Viereck markierten, dessen offene Seite häufig durch eine Bruchsteinmauer mit Hoftor abgeschlossen wurde. Die Tür des Haupthauses lag in der Regel unter der Traufe zum Hof hin, während der Giebel zur Straße wies. Variationen des beschriebenen Häusertyps, deren es viele gibt, ändern selten das Grundprinzip des traufenständigen Eingangs, doch erweitern sie den Wohnraum durch Anbau oder Aufstockung zum Anderthalb-, Zweiraum- oder Winkelhaus. Ganz anders der Einzelhof. Diese großen und stattlichen Gehöfte entsprachen als Bautyp dem niederdeutschen Hallenhaus. Alle wichtigen Nutzungen, vor allem also Stall, Scheune und Wohnung, waren unter einem Dach zusammengefaßt. Wie in den Hausformen des südlichen Rheinlandes und der Eifel war das tragende Gerüst ein Querbindegefüge aus zwei Ständerreihen. Doch diese mit Bundbalken versehenen Reihen bildeten hier nicht die Außenwände des Hauses, denn ihnen waren beiderseits „Kübbungen" angeschlossen, so wie die Seitenschiffe in einer Kirche. Über diese zusätzlichen Räume wurde das Dach an beiden Seiten verlängert und nach unten gezogen, ebenso am Giebel. Auf der einen Giebelseite befand sich ein breites Tor, durch das der Erntewagen in das „Mittelschiff" fahren konnte. Dort lag der Stall- und Scheunenteil, wobei in den „Kübbungen" die Ställe untergebracht waren und der Zwischenboden des Mittelteiles (die „Deele") als Scheune diente. Die andere Seite des Giebels nutzte man als Wohnbereich, der meist viel weniger Raum einnahm als der Stall. Der Nachteil dieser Bauweise bestand in seiner mangelnden Flexibilität. Die kleinräumigeren Höfe der Mittelgebirge mit ihren Winkelhäusern konnten sich den jeweiligen Gegebenheiten besser anpassen als die mächtigen Gebilde der Tiefebene. Der Wohnkomfort und die Raumausnutzung waren jedoch in diesen Hallenhäusern erheblich höher, schon allein deswegen, weil sich hier im Innern mehr Kammern einrichten ließen. Gerade im Grenzgebiet wurden diese Möglichkeiten jedoch in geringerem Maße genutzt als es möglich gewesen wäre. So finden wir hier auch bei den Hallenhäusern einraumtiefe Wohnbereiche und Kübbungen, die nicht von innen her zugänglich waren. Wie es scheint, ist in der frühen Neuzeit zunächst einmal das äußere Konstruktionsprinzip übernommen worden, bevor man die gesamten technischen und innenarchitektonischen Verbesserungen rezipierte. Einen typischen Einzelhof in Hallenbauweise finden wir im Ismerhof zu Lank, dessen Geschichte von Addo Winkels geschildert worden ist.

Einen Dorfplatz oder Anger gab es in rheinischen Dörfern in der Regel nicht. Auch im Grundriß des alten Dorfes Lank vermissen wir ihn. Der Sammelpunkt für die Dorfbewohner befand sich daher vermutlich vor der Kirche in der Mitte der Straßenachse, was bei der allgemeinen Anlage der Kirchenbezirke bedeutete, daß man sich auf dem Friedhof versammelte. Der Versammlungsort für die Männer war das Wirtshaus, das oft als Straußwirtschaft neben der Landwirtschaft betrieben wurde, wie wir ja schon in der Pachturkunde des Wirtes Johann Willes gesehen haben. Seine unmittelbare Nähe zur Kirche als Zentrum des Ortes führte immer wieder zu Querelen und kirchlichen Gegenmaßnahmen. Den Kommunikationsort für die Frauen stellten die Brunnen dar, von denen es mehrere gab, die sich jeweils im Besitz von Nachbarschaften befanden. Als weiterer Begegnungsort außer dem Brunnen ist der Gemeinschaftsbackofen, zu dem die Frauen des Ortes ihre fertig bereiteten Brotlaibe trugen, zu nennen. Am Niederrhein waren die Aufgaben für das Brotbakken klar verteilt: Die Männer heizten den Ofen mit Buchenscheiten an und prüften seine Hitze: Wenn man für die Länge eines Vaterunsers die Hand hineinhalten konnte, war die Temperatur richtig. Der Ofen wurde dann gefüllt, wobei das letzte Brot ein Kreuzzeichen eingeritzt bekam.

Daß diese wenigen Orte ausreichten, um den Zusammenhalt unter der gesamten Dorfbevölkerung aufrechtzuerhalten, liegt an der geringen Zahl der Dorfbewohner. Bei einer Steuerschätzung im Jahr 1669/70 wurden in Lank nur 65 Haushaltungen gezählt. In Büderich waren es 98, in Strümp 37, in Ilverich 24, in der Horschaft Langst-Kierst 35, in Ossum und Bösinghoven 29, in Osterath 75 und in Nierst 73. Ein typischer rheinischer Kleinbauernhof wurde von 4-6 Personen bewohnt, wobei die hohe Kindersterblichkeit natürlich dazu beitrug, daß dieser statistische Wert bezüglich der Gesamtzahl der Familienmitglieder etwas täuscht. Die großen Höfe beschäftigten allerdings etliche Knechte und Mägde. Damit dürfte die Einwohnerzahl Lanks bei 65 Haushaltungen Ende des 17. Jahrhunderts bei ca. 450 Personen gelegen haben, die von Büderich bei 650 und die von Ilverich bei 150, um ein paar Vergleichszahlen zu nennen.

Ackerbau

Wie in den meisten Dörfern im Raum Meerbusch dominierte auch in Lank die Agrarwirtschaft die Erwerbstätigkeit der Einwohner in der frühen Neuzeit. Handwerkliche Produktionsstätten oder gar frühe Industriezweige wie die Eisenverhüttung, die anhand einiger Flurnamen wie „Iserbrandshött" bei Büderich vermutet wurde, lassen sich nicht nachweisen. Entsprechend stand für die Menschen das Land selbst und seine Nutzung im Vordergrund, bildete es doch mehr oder weniger die Basis für ihren Lebensunterhalt. Welche Früchte auf den Feldern angebaut wurden, hing damals genau wie heute von der Bodenqualität ab. In Lank und Umgebung trifft man meist auf fruchtbaren Alluvialboden, der durchweg für alle Pflanzenarten geeignet ist. Die Felder wurden in dreijährigem Wechsel mit Sommer- und Wintergetreide bestellt beziehungsweise brach liegen gelassen. Dazu teilte man die gesamte Dorfflur in drei ungefähr gleich große Felder ein, die im Rheinland „Gewanne" (lat. Cultura) genannt wurden. Normalerweise bezeichnet „Gewann" einfach ein viereckiges Flurstück. Die Gewanne wurden mit einem Lattenzaun umgeben, um die Felder vor Wildtieren zu schützen. Das Uerdinger Weistum von 1454 verbietet, diese Zäune niederzulegen, solange noch drei Bauern innerhalb des Gewannblockes ihre Felder nicht abgeerntet haben. Daran schon kann man sehen, daß der hier praktizierte Flurzwang nicht ohne Konflikte ablief. Daß trotz der eher bescheidenen Morgenzahlen der einzelnen Höfe die Menschen ihr Auskommen fanden, liegt an der Fruchtbarkeit der rheinischen Böden. Nach den Untersuchungen von Wilhelm Janssen für das Nachbaramt Hülchrath wurden pro Morgen ca. 3-4 Malter Winterfrucht, ca. 5 Malter Hafer und ebensoviel Buchweizen erzielt. Für heutige Begriffe sind das geradezu lächerliche Erträge, aber in alter Zeit lagen sie über dem Ertragsdurchschnitt des übrigen Deutschland. Einige Orte wie Ossum und Gellep hatten mit der hohen Sandbeimischung ihrer Böden zu kämpfen. Doch die Regel war das nicht.

Als Hauptgetreidesorten sind Hafer, Gerste, Roggen, Weizen und Buchweizen zu nennen, wobei Hafer nur im Sommer, die anderen vier auch als Wintervariante in der kalten Jahreszeit gediehen. Daneben pflanzte man außerdem noch Erbsen, Rüben und etwas seltener auch Wicken. Das Brachland diente wie die Gemeindeweiden, Büsche und Wälder der Viehzucht. Bezüglich der Arbeitstechniken und des Einsatzes von Maschinen in der Landwirtschaft lassen sich die gesamte frühe Neuzeit hindurch bis ins ausgehende 19. Jahrhundert hinein keine wesentlichen Änderungen gegenüber dem Mittelalter ausmachen. Man bestellte die Felder mit von Ochsen oder Pferden gezogenen Pflügen, lockerte während der Wachstumsphase den Boden mit einer Art Hacke auf, schnitt das Getreide mit einer Sense oder einer kleineren Sichel und drosch es mit hölzernen Schlegeln. Die rheinische Sense, die seit dem Hochmittelalter die Sichel abgelöst hatte, wurde nur mit einem Arm geschwungen und hatte einen dementsprechend kurzen Stiel. Sie hieß „Sichte" oder „Sicht", in Länker Platt wird daraus „der Seejt". Fotos beweisen den Einsatz dieses Erntegerätes noch im 20. Jahrhundert. Wie bei der Sichel blieb der andere Arm frei, um die geschnittenen Halme zu bündeln. Neben Gabeln, Spaten und Schaufeln finden sich ansonsten kaum archäologische Überreste für Ackergeräte und Werkzeuge, die den Bauern die Feldarbeit erleichtert hätten.

Waldnutzung

Büsche und Wälder stellten neben dem Ackerland die zweite große Stütze der Lanker Landwirtschaft dar. Die Karten zeigen ein breites Band eines hauptsächlich aus Eichen und Buchen bestehenden Hochwaldes, der von den angrenzenden Dörfern gemäß ihrer Besitzanteile in mehrfacher Hinsicht genutzt wurde: Zunächst wäre die Verwendung der Bäume selbst als Bau- und Nutzholz zu nennen. Wie im Mittelalter wurden auch in der frühen Neuzeit die meisten Wohngebäude nicht aus Stein errichtet, sondern als Holzkonstruktion (z. B. Fachwerk), und selbst bei Steinhäusern benötigte man für den kompletten Dachstuhl in erster Linie Balken und Bretter. Ställe, Scheunen, Umzäunungen etc. bestanden gänzlich aus Holz, ebenso die meisten Haushaltsgegenstände und -geräte wie Truhen, Schränke, Betten, Tische, Stühle, Butterfässer oder Eimer. Harthölzer wie Eiche und Buche fanden entsprechend als Bau- und Nutzholz bevorzugt Verwendung. Für diese Dinge unbrauchbares Material wie z. B. Dürr- oder Abfallholz, von Wind oder Wild abgebrochene

Äste oder auch die sogenannten Weichhölzer wie Erle, Birke und Weide wurden als Brennholz gesammelt. Eine weitere Nutzung des Waldes in seiner Gesamtheit bestand in der Schweinemast. Die Fütterung der Tiere im Stall war nicht erschwinglich, denn die ohnehin schon geringen Felderträge reichten gerade zum Eigenbedarf. Durch den Verkauf eventueller Überschüsse mußten nicht selbst zu produzierende Gegenstände oder Lebensmittel finanziert werden. Für Tierfutter blieb da nichts mehr übrig. Die Schweine fanden statt dessen ihre Nahrung im Wald, vornehmlich in Bucheckern und Eicheln.

Im Laufe der Neuzeit nahm mit der steigenden Bevölkerungszahl auch die Belastung des Waldes, in erster Linie durch den erhöhten Verbrauch an Holz, aber auch durch Verbiß und andere durch die Mast verursachte Schäden langsam aber stetig zu. Da dem Rohstoff Holz jedoch eine derart existentielle Bedeutung für die dörfliche Bevölkerung zukam, mußte der Erhalt des Waldes und seiner Bestände gesichert bleiben. Das Mittelalter kannte weitestgehend noch keine Einschränkungen der Waldnutzung für den Eigenbedarf. Bäume waren in ausreichender Zahl vorhanden, die Besiedelung verhältnismäßig dünn. Die langsame Veränderung der Gegebenheiten durfte aber nicht zu einer Übernutzung führen, immerhin war man nur sehr begrenzt in der Lage, die abgeschlagenen Bestände systematisch wieder aufzuforsten, sondern mußte auf eine natürliche Ergänzung durch Nachwachsen warten. Um einer zu starken Beanspruchung entgegenzuwirken, versuchte man, die Nutzung des Waldes zu reglementieren. Bereits aus dem ausgehenden 15. Jahrhundert sind Holzweistümer überliefert, die unerlaubten Holzschlag mit Strafen belegen. Etwa 50 Jahre später begegnen uns die ersten sogenannten Buschordnungen, die bestimmten Personen mit Wohnstätte in der Waldmark (den Busch- oder Salerben) deren Nutzung räumlich begrenzt gestatten. Daneben konnten auch nicht in der Waldmark Wohnende, die Unerben, eigene Nutzungsanteile (Gewalten) erwerben. Der Wert solcher Gewalten richtete sich jeweils nach der Mastertragslage sowie nach Menge und Qualität der Holzbestände. So veranschlagte die Steuer-Deskription von 1577 eine Gewalt im Isselbusch mit 200 Reichstalern, im Strümper Busch dagegen nur mit 50 Reichstalern. Die Inhaber dieser Nutzungsrechte entstammten durchweg allen sozialen Schichten – kirchliche Institutionen, die Pfarrer selbst, Adlige, Bürger, einfache Bauern und auch die Schützenbruderschaften – so daß bei der Vergabe offensichtlich nicht ständisch differenziert wurde. Im Lanker Busch lassen sich neben den Nutzungsanteilen der Bauern und Bürger eineinhalb Gewalten für den Erzbischof von Köln, vier für das Stift Kaiserswerth, drei für die Komtur der Johanniter zu Duisburg und eine Gewalt für das Kloster Meer nachweisen. Die Rechte und Pflichten der Gewalteninhaber, der Buscherben, wurden ab dem 16. Jahrhundert in den sogenannten Forst- oder Buschordnungen schriftlich fixiert. So findet sich heute noch im Düsseldorfer Hauptstaatsarchiv die Akte „Buschordnung des Lanker Busches 1716-1790". (NW HStA, Kurköln IV 743/744) Diese Ordnungen regelten beispielsweise, daß beim Abholzen eines bestimmten Gebietes an anderer Stelle neue Bäume angepflanzt werden mußten. Andere befaßten sich mit der Bestrafung von Verbrechen wie dem Holzfrevel, womit unter anderem das unerlaubte Fällen junger Bäume, das Schneiden von Ästen über den Eigenbedarf an Brennholz hinaus oder der Verkauf von Bauholz gemeint waren. Die meisten Buschordnungen wurden von den Erben selbst ausgearbeitet. Ihre Einhaltung überwachte seit dem 16. Jahrhundert das meist jährlich zusammentretende Holzgedings oder Waldgericht, das Klagen bearbeitete, Übertretungen der Ordnungen bestrafte und in Streitfragen zugunsten der einen oder anderen Seite entschied. Das Strafmaß war normalerweise finanzieller Natur – die zu entrichtende Summe teilten die übrigen Erben der Gemeinschaft und der sprechende Holzgraf, manchmal auch der Erzbischof von Köln untereinander auf. Interessanterweise differenzieren die Buschordnungen häufig zwischen den Rechten der Sal- und denen der Unerben. So befreit beispielsweise die Ordnung des benachbarten Kirchspiels Büderich die Salerben von den Abgaben für die Schweinemast, die Unerben hingegen nicht. Des weiteren gestattet sie den Salerben das Mergelgraben, verbietet es den Unerben jedoch bei Androhung einer Strafe von drei Albus pro Karren Schlick. Das weist auf einen unterschiedlichen Rechtsstatus der beiden Gruppen hin, dessen Ursachen sicherlich in der sozialen Herkunft zu suchen sind. Auch an anderer Stelle traten innerhalb der Walderbengenossenschaften im Laufe der Zeit Bevorzugungen auf, zum Beispiel bei der Mast. So durfte in Büderich das Stift St. Gereon ein Schwein mehr gegenüber den anderen Erben in den Wald treiben, die Äbtissin des Klosters Meer sogar dreißig. Bezüglich der Verwaltung lassen sich ähnliche Tendenzen ablesen, etwa an der Besetzung der Positionen innerhalb der Genossenschaft vornehmlich durch Adlige trotz deren zahlenmäßiger Minderheit.

Die Gemeinschaften der Buscherben der einzelnen Gebiete waren jeweils relativ hierarchisch strukturiert. Neben den bereits erwähnten Verwaltungspositionen existierte das Amt des sprechenden Holzgrafen, welcher der Gemeinschaft vorstand und die Schutz- und Gerichtsgewalt in Händen hielt. Der schweigende Holzgraf fungierte als sein Stellvertreter bzw. bei Gericht als Beisitzer. Meist handelte es sich auch hier um Adlige oder Personen von hohem geistlichen Rang. Gegen Ende des 16. Jahrhunderts sind beispielsweise die Äbtissin zu Meer als sprechende Holzgräfin (wie im übrigen in der Mehrzahl der Meerbuscher Erbengemeinschaften), der Dechant und das Kapitel zu Kaiserswerth sowie ein Hartmann von Aß zu Kierst als schweigende Holzgrafen über die Issel nachweisbar, für Lank schon seit 1392 allein das Stift

Abb. 8: Ehem. Levenhof („Kletschen") in Ilverich, 1974. Der Hof wurde 1977 abgerissen.

Abb. 9: Ehem. Fachwerkhaus (zwischen dem Münks- und dem Ismer-Hof in Ilverich, nach 1945 (Gemälde von Jakob Wirtz)

Abb. 10: Geschwister Lemmen aus Lank-Latum, Mittelstraße, präsentieren ihre Pferde, um 1930.

Abb. 11: Schmied Anton Wenders aus Lank-Latum mit Gesellen beim Beschlagen eines Pferdes, um 1935

Abb. 12: Kühe auf einer Ilvericher Weide, 1982

Abb. 13: Karren mit Kuh und Ziege, Kind Peter Schroers, um 1935

Kaiserswerth. Oft scheint das Holzgrafenamt mit bestimmten Höfen verbunden gewesen zu sein, im Fall von Lank entsprechend mit dem Fronhof des Stifts. Ein weiteres wichtiges Amt innerhalb der Verwaltungsstrukturen der Buscherbengemeinschaften war das des Försters. Er fungierte als Vertreter des Holzgrafen und erfüllte als solcher dessen eigentlichen Aufgabenbereich. So überwachte er die Einhaltung der Verordnungen über das Fällen von Bäumen oder das Sammeln von Brennholz und natürlich die Beachtung der Mastregelungen. Auch bestimmte er in den meisten Büschen die Stellen, an denen die „Seile", d. h. die Gehege für die nächtliche Schweinemast im Wald, angelegt werden durften, kassierte die Mastgelder und hatte das Recht, diejenigen Tiere, die unerlaubt zur Fütterung eingetrieben worden waren, nach einer Frist von einem dreitägigen Aufenthalt im sogenannten „Schutzhof" zu verkaufen und den Erlös für die entstandenen Unkosten zu verwenden. Ab dem 17. Jahrhundert bildete sich in Kurköln das Amt des Forst- und Jägermeisters bei der Hofkammer in Bonn heraus, das den Förstern der einzelnen Bezirke als Oberaufsicht vorstand. Außerdem war es den Holzgrafen übergeordnet. Von den kurkölnischen Waldförstern erstellte Berichte über die Büsche im Amt Linn geben Aufschluß über den Zustand des Waldes, seine Nutzung und die Regelungen der Buscherben im 17. und 18. Jahrhundert. Hier tauchen dann auch erste konkrete Vorschläge zur systematischeren Aufforstung auf, wie etwa das Pflanzen schnell wachsender Baumsorten, eine Einschränkung der Viehtriften, die Übernahme der Kosten der Neubepflanzung durch die Nutzungsberechtigten selbst und eine stärkere Kontrolle der Holzschlagberechtigungen. Der oberste Landesherr, der Erzbischof von Köln, besaß nicht in allen Büschen Einfluß auf die Verwaltung der Buschgemeinschaften. Johann Wilhelm Gerlatz, ein Kellner zu Linn, erklärte 1613 in einem Bericht, daß der Erzbischof bei Beratschlagungen und Beschlüssen nicht berücksichtigt werde, da diese nur von den Salerben geführt und getroffen würden und der Erzbischof kein Salerbe sei. Demnach handelte es sich bei den Erbengemeinschaften um eine genossenschaftliche Selbstverwaltung ohne landesherrlichen Einfluß, auch wenn dieser Landesherr durchaus als Inhaber von Holzgewalten in den einzelnen Büschen begegnet. Vielleicht spielt hierbei auch die Tatsache eine Rolle, daß der Erzbischof selbst zwar de jure die Gewalten besaß, ihre Nutzung jedoch meist durch Stellvertreter ausgeführt wurde. In den Büschen von Oppum, Bösinghoven und Strümp lag die Sache anders, da er hier gesalter Erbe war und die Rechte des Holzgrafen ausübte. Auch in der Issel wird sein Einfluß in der Buschordnung deutlich, vornehmlich an der verhältnismäßig straffen Organisation und natürlich an der Einleitung, die ihn als Auftraggeber nennt.

Auch wenn die gründlich durchdachten Regelungen der Buschordnungen, die Gerichte und Strafen und nicht zuletzt die in Grundzügen hierarchische Gliederung der Erbengemeinschaften ein gewisses Maß an Strenge und Ordnung vermuten lassen, sollte dies jedoch nicht darüber hinwegtäuschen, daß die Waldgenossenschaften durchaus gesellige Züge annehmen konnten. Es existieren Verträge zwischen den Buscherben und dem Kloster Meer, die versuchen, Beschwerden folgender Art entgegenzuwirken: Die Zusammenkünfte der Genossenschaften gingen meist mit ausgiebigem Essen und Trinken vonstatten, was natürlich finanziert sein wollte. Dazu schlug man (unerlaubt) Holz in den eigenen Gewalten, welches dann verkauft wurde, um den Erlös für die „gelagere" zu verwenden. Solchen Mißbrauch des Waldes versuchte beispielsweise der Vertrag von 1533 zwischen der Frauenmeisterin von Meer, Adelheid von Wolffkulen, und allen Büdericher Buscherben einzudämmen, indem er „das Vertzeren und Setzen up dem busche" nur noch bei Anwesenheit des Holzgrafen und der gemeinen Erben gestattete. (NW HStA, Kloster Meer, Urkunde 184) Das Fällen von Bäumen bzw. deren Verkauf durfte nur mit ihrem Einverständnis erfolgen. Daß diese Vereinbarung nicht allzu konsequent eingehalten wurde, läßt sich aus den diversen Wiederholungsverträgen schließen, die in den kommenden Jahrzehnten immer wieder neu aufgesetzt wurden.

Mit den frühesten Anfängen der Industrialisierung scheint die Landwirtschaft gegenüber der Waldnutzung etwas mehr an Bedeutung gewonnen zu haben. Man ging dazu über, die Büsche zu privatisieren und zu roden, um ihre Fläche für den Ackerbau nutzbar zu machen. Besonders das Kloster Meer zeigte laut diverser Quellen ein gesteigertes Interesse, seine Agrarwirtschaft auszubauen. Anfänglich unerlaubtes Abholzen zu diesen Zwecken wurde im Nachhinein doch toleriert, ja die zu rodende Fläche noch per Erlaubnis vergrößert. Ursachen für diese Umorientierung mögen in einer gesteigerten Verwendung von Stein und Metall anstelle von Holz als Bau- und Werkstoffe, aber auch im allmählichen Übergang von der ausschließlichen Mast zur Stallhaltung mit Zufütterung zu suchen sein.

Viehzucht

Im Hinblick auf den Nahrungsmittelbedarf können wir im Raum Meerbusch im wesentlichen von Selbstversorgern ausgehen. Die Verhältnisse des Getreides und der anderen Feldfrüchte lassen sich ebenso auf die Viehwirtschaft übertragen. So mästete beispielsweise nahezu jeder Haushalt ein oder mehrere Schweine übers Jahr im Wald, um sie zum Spätherbst zu schlachten. Das Fleisch wurde durch Pökeln, Räuchern oder Einkochen haltbar gemacht oder bei Überschuß verkauft, die Haut gegerbt und als Leder zu Kleidungsstücken, Schuhen, Taschen, Pferdezubehör oder ähnlichem weiterverarbeitet. Eine andere Funktion als die Deckung des Fleisch- und Lederbedarfs erfüllten die Schweine – anders als alle übrigen Nutztiere – jedoch nicht, weshalb sie bei Erreichen des erwünschten Gewichtes sobald wie möglich geschlachtet wurden. Kühe hingegen wurden zu mehreren Zwecken gehalten. Zunächst waren sie natürlich (neben dem Fleisch bei ihrer Schlachtung) Milchlieferanten. Was nicht getrunken wurde, verarbeitete man zu Käse, Buttermilch etc. oder verkaufte es weiter. Ochsen dienten auf dem Feld als Zugtiere, die beim Bestellen der Äcker den Bauern die Arbeit erleichterten. Auch Pferde wurden in der Landwirtschaft als Zugtiere eingesetzt, immerhin konnten sie größere Lasten bewältigen als Kühe, waren jedoch in der Anschaffung teurer. Ihr Fleisch wurde zum Teil auch verzehrt, jedoch nicht so gewohnheitsmäßig, daß man sie als Schlachtvieh bezeichnen könnte. Die Milch der Stuten, die gefohlt hatten, galt als Heilmittel gegen diverse Krankheiten und wurde teuer gehandelt. Schafe lieferten zusätzlich zu ihrer Milch auch Wolle, etwa für Kleidung, Decken und Ähnliches. Bei der Schlachtung nutzte man neben dem Fleisch auch den Talg – als Brennmaterial für Lampen, aber auch als Hausmedizin. Hinsichtlich der Milch und des Fleisches sind Ziegen mit den Schafen vergleichbar, jedoch tritt hier an die Stelle der Wolle das weiche, teure Ziegenleder, das in Adelskreisen oder generell bei finanziell gut gestellten Personen gegenüber dem normalen Schweinsleder gesteigerten Absatz fand. Zuletzt sei noch auf das Geflügel wie Enten, Gänse, Hühner und Puten verwiesen, das im Frühling bzw. Sommer (im Falle der Hühner im Prinzip das ganze Jahr über) mit seinen Eiern, im Winter mit seinem Fleisch den Speisezettel der Bevölkerung anreicherte.

Die Fütterung dieses Nutzviehs erfolgte, wie bereits erwähnt, ausschließlich über Weide, Trift und Mast. Die Buschordnungen der einzelnen Gebiete trafen auch für diesen Bereich ausführliche Regelungen, da es sich ja um das Vieh der Erben selbst bzw. um ihre Gewalten handelte. Die Büdericher Ordnung von 1568 erlaubte beispielsweise lediglich die Schaftrift, und auch dies nur zwischen März und November in einem begrenzten Bereich. In einer der übrigen Gewalten des Büdericher Busches, dem sogenannten „Hohen Busch", durften weder Pferde, noch Kühe oder Schafe geweidet werden, damit Verbiß- und andere Schäden den Wald nicht zu arg beanspruchen konnten. Auch in diesem Punkt differenzieren die Ordnungen wieder zwischen den Gesalten und den Unerben. So verbietet die Bösinghovener Buschordnung ausdrücklich die Weitergabe der Mastberechtigung an Unerben, wohl damit bei schlechten Ecker- und Eichelerträgen die Mast für die Salerben immer noch ausreichend blieb. Außerdem mußte eine vierzehntägige Frist vor Einfriedung und Brandmarkung der Schweine eingehalten werden, um für das laufende Jahr eine Eckermast erwerben zu können.

Die Ernährung

Die Erwähnung der diversen Viehsorten führt uns zu der Frage, wie sich die Ernährung der Bevölkerung überhaupt zusammensetzte. Zunächst einmal können wir annehmen, daß zu Beginn des 16. Jahrhunderts der Fleischkonsum auf dem Lande noch in mittelalterlicher Weise ganz beträchtlich war. Der geschätzte Jahresverbrauch lag mit 100 Kilo pro Kopf um 40% höher als der des heutigen Bundesbürgers. Man aß allerdings alles, was an einem Tier überhaupt genießbar war: Kopf, Füße, Augen, Innereien usw. Auch war die Palette des verzehrbaren Getiers und Geflügels größer als heute. So aß man junge Stare, Auerhähne, Wildgänse, Rheinenten, Reiher oder Störche („…da brat' mir einer einen Storch!" ist heute nur noch eine Redensart, doch im 16. Jahrhundert konnte es gut als Aufforderung verstanden werden). Schon in den Carmina Burana findet sich ja das Klagelied des gebratenen Schwanes. Auch Hasen und anderes Kleinwild, dessen ein Bauer auf seinen Feldern habhaft werden konnte, ergänzten den Speisezettel. Dazu gab es dann Gemüse: „Wenn der Bauer einen Hasen fanget, kocht er ihn mit Rüben" heißt es in einem Buch aus dem Jahre 1598. (Becker 1992/93, S. 163) Wichtigster Fleischlieferant aber war das Schwein.

Man sollte sich dennoch darüber klar sein, daß sich der so hohe Fleischanteil des Mittelalters nicht gleichmäßig auf das Jahr verteilen ließ. Wenn die Schlachtzeit nahte, konnte man Würste und Schinken, Braten und Pasteten in Fülle erwarten. Wenn das Frühjahr kam, war dagegen Mangel angesagt. Dann leerten sich Keller und Speisekammer, und es war noch weit bis zur nächsten Ernte. „Wenn mer singe Jott heiliger Jeiss, ist die Nut am allermeiss" sagte man damals in der Kölner Bucht. Ob der Spruch auch so oder ähnlich in Lank bekannt war, wissen wir nicht, aber die Erfahrung des knappen Speisezettels dürfte die gleiche gewesen sein. Als Gemüse fanden neben den verschiedenen Arten von Rüben vor allem diverse Kohlsorten Verwendung. Zu den Festtagen gab es viel Fleisch und wenig Beigemüse, an normalen Arbeitstagen lag der pflanzliche Anteil weitaus höher, und das Fleisch wurde zumeist mitgekocht oder untergemengt. Die allgemeine Teuerung des 16. Jahrhunderts brachte einen Rückgang des Fleischverzehrs mit sich, der den Anteil an Blatt- und Wurzelgemüse bis gegen Ende des 17. Jahrhunderts immer größer werden ließ.

Von weitaus höherer Bedeutung als alle übrigen Nahrungsmittel war das Getreide. Dabei handelte es sich, wie schon gesagt, vor allem um Roggen und in zweiter Linie um Weizen. Roggenbrot, mit Sauerteig aus grob geschrotetem Korn hergestellt, bildete die Ernährungsgrundlage für Bauern und einfache Bürger. Dieses Brot hatte eine so harte Kruste, daß es mit einem speziellen Messer geschnitten wurde, dessen überlanger Griff erlaubte, den ganzen Arm zur Verbesserung der Hebelwirkung einzusetzen. Auch hier finden wir Lank wieder auf einer Kulturgrenze: Südlich unserer schon vielbeschworenen Linie, die in etwa mit der Sprachgrenze zusammenfällt, wurde das Roggenbrot aus „gebeuteltem", d. h. ausgesiebtem Mehl gebacken, wobei Schalen und Kleiereste entfernt wurden. Das nannte man „Schwarzbrot". Weiter nördlich kannte man auch „Schwarzbrot", beutelte das Mehl jedoch nicht, sondern schrotete das Korn. Dieses grobe und kräftige Backerzeugnis hieß dann weiter südlich „Pärdsbruot" – Pferdebrot! Von den Niederlanden aus verbreitete sich im 16. Jahrhundert die Sitte, Scheiben dieses Schwarzbrotes mit Butter zu bestreichen und als Beilage zu den Mahlzeiten zu sich zu nehmen. Gerade am Niederrhein verwendete man aber auch verdickten Obst- oder Rübensirup als Brotbelag. Solches Apfel- oder Rübenkraut mußte erst einmal mit Muskelkraft aus den Früchten gepreßt werden, bevor man es durch Kochen eindicken und haltbar machen konnte. Eine solche Krautpresse aus dem Jahre 1716 ist noch 1988 in Langst auf dem Hof von Deichgräf Hilgers entdeckt worden. Außer seiner Verwendung als Mehl für das Brotbacken fand Getreide als Grundstoff für die Herstellung von Grütze oder Brei Verwendung – als warme Hafer-, Gersten- oder Buchweizengrütze zum Frühstück, als herzhafte Beilage zur Hauptmahlzeit oder gesüßt (Hirsebrei) zur Abrundung eines festlichen Essens. Erst die Verbreitung des Kaffees hat für die Verdrängung des Getreidebreis am Frühstückstisch gesorgt, doch scheint dieser sich heutzutage unter der Bezeichnung „Müsli" sein Reich zurückzuerobern.

Getreide in seiner verarbeiteten Form als Brot hatte in der Ernährung eine zentrale Stellung. Die hohe Bedeutung des Brotes kommt auch in den sogenannten „Gebildebroten" zum Ausdruck, die für besondere Festtage gebacken wurden. Derartiges Festtagsgebäck bestand im Gegensatz zum Alltagsbrot aus Weizen, welcher meistens zu einem Hefeteig verarbeitet und dann zu besonderen „Gebilden" geformt wurde. Die dazu nötige Hefe gewann man beim Bierbrauen. Anlässe für derartige Brote waren Neujahr, Fastnacht, Ostern, die Heiligenfeste Martin und Nikolaus oder Weihnachten. Einige dieser Traditionen bestehen bis heute fort. Allerdings war für die Kinder schon der Backtag für diese Gelegenheiten ein eigener Festtag, denn da gab es die „Miken". Das waren „Teilchen" aus Teigresten, mit Obst gefüllt und heutigen Apfeltaschen vergleichbar. „Morje Möller Mathis, mahl mich mi Möhl, mi Motte mot morje mi Mühn Mecke make" heißt es in einem Kinderlied aus Krefeld. Das am Niederrhein bevorzugte Neujahrsbackwerk war (und ist) die Brezel, wobei der Jahresbeginn natürlich erst nach 1691 durch Verordnung des Papstes Innozenz XII. auf den 1. Januar fiel. Neujahrsgebildbrote konnten also im 16. und 17. Jahrhundert durchaus auch mit Nikolaus-, Weihnachts- oder Dreikönigsbroten zusammenfallen. Gemeinsam ist allen zum Jahresbeginn gebackenen (und in der Regel verschenkten) Broten die Bedeutung des Glücksbringens und der Bezug auf alte Vegetationsriten, die Hoffnung also auf eine gute neue Ernte. Die heute zur Weihnachtszeit so weit verbreiteten Spekulatius gab es in der frühen Neuzeit am Rhein noch nicht, wohl aber schätzte man zu Weihnachten oder Nikolaus Brote in Form von Gestalten. „Hirzen" (für „Hirsche") waren als Tiergestalten vor allem an der Ahr verbreitet. Am Niederrhein buk man lieber Teigmännchen. Man nannte sie „Bukmann", „Klasmann", „Pitterkerl" oder eben wie heute „Weckmann".

Mühlen

Die Rolle des Getreides als Ernährungsgrundlage war im Mittelalter und in der frühen Neuzeit sicherlich noch bedeutender als in unserer heutigen Zeit. Entsprechend sorgfältig verfuhren die Menschen mit allem, was mit seiner Produktion und Weiterverarbeitung zusammenhing. Besonderes Augenmerk richtete man auf das Mahlen. Das Recht, eine Mühle zu betreiben, hatte nur der Landesherr inne, d. h., es handelte sich um ein Hoheitsregal. Der Landesherr konnte dieses Privileg natürlich verpachten, was er normalerweise auch tat. Die zumeist gutsituierten Pächter gaben den eigentlichen Mühlenbetrieb in der Regel wiederum an einfache Müller weiter. Jedes Regal beinhaltete für seinen Inhaber Einnahmen, die im Falle der Mühlen beachtlich ausfallen konnten. Immerhin war jeder Einwohner eines bestimmten Gebietes dazu verpflichtet, sein Getreide in der diesem Gebiet zugehörigen Mühle (= „Bannmühle") und nirgends sonst mahlen zu lassen und pro Sack Korn eine Gebühr, den sogenannten Molter, meist in Form von Getreide oder Mehl an den Müller zu entrichten. Dieser zahlte dem Pächter wiederum eine Art „Untermiete" und der Pächter dem Landesherrn die vereinbarten Abgaben. Die Höhe des Einkommens pro Mühle richtete sich also nach der Größe ihres Einzugsgebietes, dem „Mühlenbann". Diesem Bann waren die Adligen und Geistlichen ebenso wie die einfachen Bauern unterworfen. Bis 1752 fiel für die Lanker Bevölkerung das Mahlen in die Zuständigkeit der Oppumer Geismühle, was jedoch angesichts der Verkehrswege häufig unbeachtet blieb. So mußte beispielsweise der Amtmann den Lanker Pfarrer Mettman, der sein Getreide 1730 zu einer anderen Mühle brachte, für diese Ordnungswidrigkeit bestrafen, indem er dessen Karren und Pferd bis auf weiteres beschlagnahmte. Bereits 1667 hatten die Lanker beim Erzbischof um das Recht gebeten, eine eigene Mühle in ihrem Kirchspiel bauen zu dürfen, da die für sie zuständige zu weit bzw. zu schlecht zu erreichen sei. 1720 konnten sie einen ersten kleinen Erfolg verzeichnen, als ihnen die Wassermühle zu Linn als Alternative gewährt wurde. 30 Jahre später erteilte ihnen der Kurfürst dann auch die Genehmigung zum Bau ihrer eigenen Mühle, die 1752 auf dem Heidberg in Betrieb genommen werden konnte. Von ihrer Bannverpflichtung gegenüber der Oppumer Geis- oder der Linner Wassermühle waren die Lanker damit befreit.

Die Jagd

Wie das Mahlen blieb auch in der vorindustriellen Zeit die Jagd ein hoheitliches Regal. Das heißt, das Recht zu jagen besaß lediglich der Landesfürst, im Falle des Meerbuscher Raumes bzw. Lanks also der Kölner Kurfürst. Die Jagd im Lanker Gebiet wurde geschätzt. In der „Geschichte der Pfarreien des Dekanates Crefeld" heißt es: „Es gab im Kurstaate kaum so ein reiches Jagdrevier wie das hiesige, und die Kurfürsten, besonders diejenigen aus dem baierischen Hause (1583-1761) kamen alljährlich hierher zur Jagd." (Lefranc/ Lentzen, S. 296) Das will etwas heißen, denn die Wittelsbacher Kurfürst-Erzbischöfe waren trotz ihres geistlichen Standes große Jäger und hatten in ihren Territorien wildreiche Jagdgebiete wie das Sauerland oder eigens zur Parforcejagd hergerichtete Waldungen wie den Kottenforst bei Bonn zur Verfügung. Der Kurfürst mußte auch nicht immer selber jagen, denn er konnte sein Regal an den jeweiligen Waldgrafen oder an andere Beauftragte weitergeben, so daß schon recht früh der ansässige Adel sowie das Kloster Meer die Jagdgerechtigkeit in Händen hielten. Die Bauern und Walderben selbst durften allerdings in ihren eigenen Gebieten kein Wild erlegen. Dadurch blieb diese Art der Waldnutzung für die einfache Bevölkerung ohne große Bedeutung, und wenn überhaupt, dann in negativer Hinsicht: Die scharfe Bestrafung der Wilderei als Waldfrevel führte dazu, daß das Wild überhand nahm. Um Aussaat und Ernte überhaupt gegen Wildschäden schützen zu können, wurden für teures Geld Feldhüter angestellt, die durch Klappern oder Rasseln Wild und Vögel zu verscheuchen hatten. Noch hilfloser waren die Bauern bei der Jagd selber. Dabei nahmen die Herrschaften keine Rücksicht auf eventuelle Schäden, die sie selbst oder das gehetzte Hoch- und Niederwild verursachten. Damit nicht genug mußten die Dörfer für die Dauer der Jagd Männer, Hunde und Transportgelegenheiten stellen, die dann bei der Arbeit auf dem Hof und auf den Feldern fehlten. Und eine solche Jagd war keine Wochenend-Veranstaltung. Als 1653 der Kurfürst-Erzbischof Max Heinrich von Wittelsbach zum Jagen ins Kirchspiel Lank kam, blieb er dazu vom 26. September bis zum 10. November auf Schloß Linn. Zunächst begann es mit der Sauhetze, der die Kleintier- und Fuchsjagd folgten. Um Hirsche zu jagen, kam der Fürst am 28. November von Kaiserswerth aus extra noch einmal zurück. Die Verwüstungen dieser jährlich wiederkehrenden Jagdvergnügungen kann man sich vorstellen. Außer einer Beschwerde beim Amtmann hatten die Lanker keine Möglichkeit, sich dagegen zu wehren. Entsprechend häufig sind in den Quellen der frühen Neuzeit solche eingereichten Klagen zu finden, wie etwa 1758 die des Lanker Pfarrers Johann Wilhelm Jacobs, daß „[…] unter der Regierung des höchst sel. Sr. Churfürstlichen Durchlaucht Clementis Augusti das so sehr vermehrte Wildprät nit nur die mit großen Kösten von den Wildhirten bewahrt werden müssende Felder, sondern auch die Waldungen verwüstete, besonders der an den kurfürstlichen sogenannten Herrenbusch anschließenden Kirchenwehm in seinen jungen Schoßen und Bäumen ungemein beschädigt wird und würde, indem ganz nechst dabei ein Salzleck angelegt ware, wo das Wild sich immer versammelte und aufheilt, die jungen Bäume abschälte und den Ausschuß der Stauden und Pflanzen abbisse […] .“ (Looz-Corswarem, S. 203) Als die Beschwerden zu sehr überhand nahmen, erließ der Kurfürst 1770 eine Verordnung über die Genehmigung der Verpachtung der hohen und kleinen Jagdgerechtigkeit für das Amt Linn mit je einem Pächter pro Kirchspiel. Die Vorsteher der Kirchspiele übernahmen für die Gemeinde die Pacht, die aus dem Erlös der gejagten Tiere bestritten werden sollte. Mehr als ein Pächter, der wiederum zwei Jäger zur Ausübung der Jagd bestimmen konnte, war nicht gestattet, damit das Wild nicht so sehr dezimiert wurde, daß dem Kurfürsten selbst für seine Jagden zu wenig übrig blieb. Pfarrer Jacobs hatte gar nicht erst so lange gewartet. Schon 1758 hatte er mit Einwilligung des Kaiserswerther Kapitels den Wittbusch, der zur Kirchenfabrik gehörte, für 1500 Reichstaler, angelegt zu jährlich 3% Zinsen, an den Freiherrn von Hoesch zu Pesch verkauft.

Feiern und Feste

Das Landleben des 16. und 17. Jahrhunderts bestand natürlich nicht nur aus der Sorge um den täglichen Lebensunterhalt, sondern war naturgegebenermaßen auch durch Spiele, gesellige Vergnügungen und Feste gekennzeichnet. Zur Spiel- und Feierkultur gehörten die sonntäglichen Vergnügungen des Armbrust- oder Büchsenschießens, des Tanzens, Kegelns, Ball- oder Kartenspielens, aber auch alle Darbietungen von „verkehrter Welt“, also Mummenschanz und Schauspiel an St. Martin, Dreikönig, Fastnacht, bei Prozessionen oder Wallfahrten etc. Zu diesen und anderen in der Öffentlichkeit stattfindenden und für alle offenen Veranstaltungen kamen noch die privaten Feste hinzu, also Hochzeiten, Taufen und Begräbnisse, ohne daß Charakter und Teilnehmerkreis wesentlich differiert hätten. Das Leben spielte sich nun einmal nicht in verschiedenen, voneinander getrennten Sphären ab, etwa dem öffentlichen und dem privaten Bereich oder der Arbeitswelt und der Freizeitwelt. Der Begriff der Arbeit, wie wir ihn kennen, entwickelte sich erst im Verlauf der Neuzeit. In ihren ersten Jahrhunderten sah man Arbeit und „Freizeit" noch als eine Einheit an, wobei die Arbeitswelt den Rahmen abgab für Geselligkeiten und Vergnügungen. Arbeit und Freizeit waren nicht von einander getrennt, beide, Feste bzw. Spiele und Arbeit bestimmten den Alltag des Volkes ebenso wie die enge Verbindung von Kirche und Welt. Gerade die Taufe gehört zu diesen mit weltlichem Brauchtum verbundenen kirchlichen Festanlässen. Im Moselland war dies eine reine Angelegenheit der Frauen, d. h. der Nachbarinnen, von der alle Männer ausdrücklich ausgeschlossen waren. Im Rheinland hatte sich dagegen eine Mischform entwickelt, denn es gab einerseits die Taufe, an der die Verwandten sowie wichtige Persönlichkeiten des Ortes beteiligt waren, und auf der anderen Seite eine Feier der Nachbarinnen, die sich mit der Aussegnung der Wöchnerin verband. Martin Költer hat in seiner „Geschichte von Langst-Kierst" noch 1949 davon berichtet, daß „die Nächstnachbarinnen […] gleich der Patin die Wöchnerin besuchen, Gebäck, Zucker oder Kaffee mitbringen, und falls es notwendig ist, Hilfe leisten. […] Die Nächstnachbarinnen begleiten auch die Wöchnerin, wenn sie ausgesegnet wird". Die Nächstnachbarschaft bezog sich im Rheinland in der Regel auf die beiden Häuser zur Rechten und zur Linken. Dem lustigen Treiben wollten die Kölner Diözesanstatuten des Jahres 1662 entgegensteuern. Sie verboten einmal ausdrücklich Trinkgelage bei der Tauffeier und zum anderen jeglichen Aufwand bei der Feier der Reinigung der Wöchnerin, einem heute zu Recht in Vergessenheit geratenen Ritus zur Wiederaufnahme der Wöchnerin in den Kreis der Kirchengemeinde. In diesen Zusammenhang gehört natürlich auch die nachdrückliche Beschränkung der Taufpaten auf zwei Personen. Überaus streng wird in einem Lanker Visitationsbericht von 1698 darauf hingewiesen, daß nicht mehr als ein Mann und eine Frau zugelassen werden dürfen. Die Zuwiderhandlung wird mit der enorm hohen Strafe von zwei Goldgulden belegt. Schwierigkeiten gab es auch mit dem Pfingstfest. Im Jahre 1665 erging im Namen des Erzbischofs Max Heinrich eine Verordnung, die bemängelte, „daß hin und wieder in hiesigem Unserem Ertzstifft von den jungen Leuthen, Knechten und Mägden anstellende May-, Pfingst- und Fastnachtsspiel und dabei frühe und späth vorgehendes Fressen und Sauffen, auch Tanzen und Springen, Jautzen und unzüchtige Gesäng und waß sonsten dabei für Untugent undt Anreitzung verübt wirdt, ernstlich verbotten" worden war, daß sich jedoch ärgerlicherweise niemand an die ergangenen Verbote halte. Das scheint auch in Lank weiterhin so gewesen zu sein. Pfingsten war, wie uns der Text des Edikts verrät, schon seit alter Zeit in der Festkultur des Volkes mit ausgelassenem Treiben verbunden. Im Edikt heißt es, daß die Knechte „des Tags aber mit Sacksspfeiffen und anderem Spiel, die Fuck (wie sie es nennen) jagen", was auf ein wildes Lärmspektakel hindeutet. Ebenso ärgerlich war für die Obrigkeit, daß „die Knechte und Mägde an den heyl. Pfingstfeyrtägen sich in den Wirtzhäusern versamblen, die Mägde die Kost, die Knechte aber den Trank beytragen und dabei biß an den hellen Morgen allerhandt Muthwillen thuen". (Archiv der Erzdiözese Köln, Bestand „Altes Erzbistum" E-Ca IV, 6) Ob das auch in Lank geschehen ist, wissen wir nicht. Aber im Jahre 1725 gab der Lanker Pfarrer Wilhelm Franz Mettman erbost zu Protokoll, daß am Pfingsttage in den übrigen Ortschaften des Kirchspiels, vor allem in Nierst, die Leute noch während der Feier des Hochamtes zusammen mit ihren Kindern die Kneipen und Gasthäuser aufsuchten.

Sorgen und Nöte

Die Erwähnung von Feiern und Festen soll nicht darüber hinwegtäuschen, daß das Leben im Ancien régime auch alles andere als idyllisch sein konnte. Naturkatastrophen, Kriege, Hunger und Seuchen bedrohten die Menschen. Mißernten aufgrund von Dürreperioden, zu starken Regenfällen, Sturm- und Hagelschäden oder Kälteeinbrüchen verursachten nicht selten Teuerungen und Hungersnöte. Da Dünger nicht oder nur in kleinen Mengen eingesetzt wurde, reichten die im Normalfall schon geringen Einkünfte in solchen Ausnahmesituationen nicht einmal mehr zum Eigenbedarf, d. h. als Saatgut und zum Verzehr. In den Quellen schlägt sich das etwa als Bitten der Pächter, die Abgaben zu senken, nieder. Die schlimmste Gefahr aber drohte vom Rhein. Für 1602 und 1608 haben wir Zeugnisse von katastrophalen Hochwassern, die den Deich zwischen Heerdt und Lank unterspülten. Aber auch für die anderen Jahrzehnte des 17. und 18. Jahrhunderts liegen genügend Zeugnisse für Hochwässer vor, die fast jedes Jahrzehnt einmal auftraten. Im Jahr 1770 kam das Hochwasser am 29. November. Pfarrer Jacobs hat im Kirchenbuch aufgezeichnet, welches Schicksal den Halbwinner des Ismerhofes ereilte. Dieser hatte, als von der Kirchenglocke die Warnung erscholl, gerade noch Zeit, seine Pferde schwimmend durch die Strömung nach Ilverich bringen zu können. Jacobs kommentiert: „N. B. das alte Wort aller alten bis dato! O! wann der Teich durchbricht, so haben wir zu Lanck und Pesch noch 24 Stunden Zeit, unsere sachen zu salviren, ist den 29ten Novbr. unwahr worden und hat Schüz auch Issmer zu Lanck betrogen, als welche um 7 uhren abends noch ruhig assen und hiernach erst anfangen wollten zu arbeiten, indem beide ihre Pferde gegen den reissenden Strohm an kaum nahr Ilverich an Baak haben salviren können, wo sie 3 Täg bleiben musten". (Winkels 1993, S. 88)

Politische Konflikte wie der Dreißigjährige Krieg im 17. oder der Siebenjährige Krieg im 18. Jahrhundert bedingten durch die Zerstörung der Ernten und die Verwüstung der Felder einen drastischen Anstieg der Getreidepreise, die

Französischen Revolutionskriege im ausgehenden 18. Jahrhundert sogar eine ernste Hungersnot. Infolgedessen kam es immer wieder zur Aufgabe der Höfe und Wüstungen. Besonders schlimm wirkte sich der sogenannte „Hessenkrieg" in den letzten Jahren des Dreißigjährigen Krieges aus. Hessische Truppen stießen gegen den Niederrhein vor, weil die Gebiete links des Rheins bisher vom Krieg weitgehend verschont geblieben waren und daher als Winterquartiere lockten. Am 14. Januar 1642 besetzten sie zusammen mit ihren französischen Verbündeten Uerdingen, und wenige Stunden darauf waren sie auch in Lank. Rundum brannten die Schlösser und Kirchen: Haus Latum, Kloster Meer, die Pfarrkirche von Osterath. Drei Tage später kam es auf der Heide bei St. Tönis zur Schlacht, bei der die Kaiserlichen verloren und völlig aufgerieben wurden. Nun gehörte das Land den Hessen. Den Schrecken dieser Tage beschreibt der Pfarrer von Glehn, der in sein Kirchenbuch notierte: „In diesen angsthafften Zeiten sind wir auff Liedtbergh beiander versamblet gewesen gleich zur Zeit der Zerstörung von Jerusalem; in kurtzer Zeit gestorben auff Leidtbergh bey viertehalb thausend [3500] Menschen; alle Örter ligen, Garten und Baumgarten ligen voller Thodten." Und der Pfarrer von Osterath, der sich 1642 aus dem Dach seiner brennenden Kirche an den Glockenseilen herabgelassen hatte, notierte: „Anno 1642 und 1643 weilen die Leut wegen Kriegsüberfallung und Verderbung theils verlaufen, theils verstorben und also nichts gesähet noch geerntet, ist keine Rechnung gehalten worden." (Becker 1996, S. 147)

Neben Überschwemmungen, Hunger und Krieg waren Mensch und Tier auch von Krankheit bedroht. Karl Schmalbach hat 1982 in einem kleinen Beitrag die Aufzeichnungen des mitteilungsfreudigen Lanker Pfarrers Jacobs bezüglich der Geissel der Viehseuchen zusammengetragen. Danach sind in den wenigen Jahren zwischen 1768 und 1775 insgesamt dreimal Seuchenwellen über Lank hinweggegangen. "N. B. des Schlechten- und Issmer Hoffs Ställe seynd aber gantz befreyet geblieben zwischen allen angestochenen, von da ist nach Kirst geschlichen und dort alles Vieh außerhalb gar weniger getödtet [...] von dort nahr Lanck, allwo schier auch alles crepiret". Die Gegenmaßnahmen, die der Pfarrer als einzige schildert, waren religiöser Natur: „3 Processionen nahr Linn wegen der viehseuchen" schreibt er beispielsweise 1775.

In ihrer Not suchten die Menschen ihre Hilfe aber nicht nur in der Religion, sondern genauso in der Magie. Eine Beschreibung des Alltagslebens einer Landgemeinde im Alten Reich wäre daher unvollständig ohne den Hinweis auf die Magiegläubigkeit der Menschen. Man lebte mit einem magischen Weltbild, das alle Lebensbereiche durchdrang. So hat es auch in Lank die zauberkundigen Männer und Frauen gegeben, die einem bei Liebeskummer, Krankheiten und

Angst vor einer ungewissen Zukunft helfen konnten. Gern wüßten wir mehr von ihnen, aber die Quellen schweigen hier. Lediglich eine gewisse Konkurrenz zwischen den magischen Volkspraktiken und der Auffassung der kirchlichen Instanzen können wir erkennen. In einem Visitationsbericht aus dem Jahr 1698 ist nämlich zu lesen, daß der Pfarrer dazu angehalten wird, seine Schäflein davor zu bewahren, abergläubische Praktiken anzuwenden. Insbesondere sollen sie die magischen Segnungen („Benedictiones") der Frauen meiden. Wie wenig ihm dies jedoch hinreichend gelungen sein dürfte, läßt sich an den häufigen Wiederholungen solcher Ermahnungen nur zu deutlich ablesen.

Quellen:

Nordrhein-Westfälisches Hauptstaatsarchiv, Düsseldorf

Kurkölr II, 1154, 2709, 2710

Kurkölr IV, 743/744

Kloster Meer, Urkunden 184, 200

Neuss, Oberkloster, Akten 21

Archiv der Erzdiözese Köln

Bestand „Alte Christianitäten", Dek. Neuss, Generalia 5, Ortsakten Lank 2

Bestand „Altes Erzbistum", E-Ca IV, 6

Literatur:

Th. P. Becker, Leben im rheinischen Dorf. Alltagsimpressionen aus dem Ahrgau-Dekanat im 17. Jahrhundert, Heimatblätter des Rhein-Sieg-Kreises 60/61 (1992/93), S. 155-170

Th. P. Becker, „Solch Brennen, Plündern, Raufen ..." – Frühe Neuzeit, in: Dohms 1996, S. 137-152

J. Bendermacher, Dorfformen im Rheinland, Köln 1971

E. Ennen, Besitz- und Sozialstruktur rheinischer Dörfer der südlichen Kölner Bucht, vornehmlich nach den Steuerrollen von 1664, in: E. Ennen/G. Wiegelmann (Hg.), Festschrift für Matthias Zender, Bonn 1972, S. 179-189, hier S. 180

W. Föhl, Buschordnung des Amtes Linn, Die Heimat (Krefeld) 27, 1956, S. 50-65

V. Henn, Zur Lage der rheinischen Landwirtschaft im 16. bis 18. Jahrhundert, Zeitschrift für Agrargeschichte und Agrarsoziologie 21 (1973), S. 173-188

M. Költer, Geschichte von Langst-Kierst, o. O. 1949 (unveröffentlichtes Manuskript im Besitz des Archivs des Heimatkreises Lank-Latum)

J. Fr. Lefranc/J. P. Lentzen, Geschichte der Pfarreien des Dekanates Crefeld (Geschichte der Pfarreien der Erzdiözese Köln 8), M. Gladbach 1889

F. Nießen, Brot und Brotbacken am Niederrhein, Die Heimat. Krefelder Jahrbuch 54 (1978), S. 53

G. Rotthoff, Urkundenbuch der Stadt und des Amtes Uerdingen, Uerdingen 1968

K. Schmalbach, Viehseuchen im 18. Jahrhundert, Lanker Heimatblätter, 3. Mappe, Lank 1982, S. 38-41

I. Schnelling-Reinicke, „geschwind die hohe meeß gelesen". Kirchliches Leben in Lank im 18. Jahrhundert, in: Dohms 1994, S. 97-114

F. Steinbach, Die rheinischen Agrarverhältnisse, in: F. Petri/G. Droege (Hg.), Collecteanea Franz Steinbach, Bonn 1967, S. 409-433

G. Wiegelmann, Alltags- und Festspeisen. Wandel und gegenwärtige Stellung, Marburg 1967

J. M. Zender, Das Kölnische „Niederland" in Gestalt und Sonderart seines Volkslebens, Rheinische Vierteljahrsblätter 36 (1972), S. 249-280

Vgl. außerdem die Übersicht der mehrfach benutzten Literatur: Nr. 2, 6, 7, 8, 13, 18, 21, 29.

B. Das 19. und 20. Jahrhundert

I. Bauernwirtschaft und Landleben

Geschichte der Landwirtschaft am Niederrhein im 19. und 20. Jahrhundert unter besonderer Berücksichtigung des Stadtgebietes von Meerbusch

Von Volkher Banse

Allgemeiner Überblick

Es ist ein schwieriges Unterfangen, einen geschichtlichen Abriß über die Landwirtschaft am Niederrhein in den letzten beiden Jahrhunderten zu erstellen. Unter dem Stichwort Landwirtschaft hatten und haben Historiker immer etwas zu berichten. Wir lesen von Bauernkriegen und Bauernaufständen aus politischen und konfessionellen Motiven, auch rechtliche Fragen wie Gutsverfassung und Leibeigenschaft werden angesprochen, aber der Wirtschaftszweig Landwirtschaft, der den Alltag der Masse der Bevölkerung bestimmt, ist nur beiläufig erwähnt. Erst in jüngster Zeit sieht sich der Geschichtswissenschaftler verpflichtet, den sozialen Verhältnissen einen Stellenwert einzuräumen.

Wer aber hofft, etwas über das Leben auf dem Lande am Niederrhein des vorigen Jahrhunderts zu finden, würde enttäuscht, wenn nicht der Leiter der Landwirtschaftlichen Lehranstalt Hohenheim (Stadt Stuttgart), Johann-Nepomuk von Schwerz, als 77jähriger im Auftrag des preußischen Innenministers 1836 über die landwirtschaftlichen Verhältnisse der königlichen Provinzen Westfalen und Rheinland einen Bericht verfaßt hätte. Sein Buch dient heute noch in der einschlägigen Literatur als Quelle für die frühpreußische Zeit im ländlichen Raum der beiden Landschaften.

Das 19. Jahrhundert ist jene Epoche, die in der Geschichte als Beginn der Agrarrevolution angesehen wird. In dieser Zeit werden neue Anbaumethoden entwickelt, die Viehhaltung intensiviert, die Bedeutung der Düngung erkannt und durch planmäßige Fruchtfolge die Dreifelderwirtschaft abgelöst. Von Schwerz bestätigt, daß alle diese Neuerungen theoretisch bekannt sind, doch in der Praxis sich noch nicht durchgesetzt hätten. Bis Anfang der 50er Jahre dieses Jahrhunderts ist in der Landwirtschaft von den drei Produktionsfaktoren Boden, Arbeit und Kapital – abgesehen vom Boden, der unvermehrbar ist – das Kapital im Minimum, d. h. das Geld ist knapp und teuer. Als schließlich auch die Arbeitskräfte immer teurer werden, setzt eine Mechanisierung ein, die die Zahl der Landarbeiter verringert und das Arbeitspferd verdrängt. Erst nach der Verschiebung der beiden Produktionsfaktoren Boden und Arbeit kann von einer Agrarrevolution gesprochen werden, und es bleibt unbestritten, daß die Landwirtschaft nach dem Zweiten Weltkrieg eine Dynamik entwickelte, wie sie kein anderer Wirtschaftszweig aufzuweisen hat. Im Baugewerbe wird dagegen teilweise heute noch wie in prähistorischer Zeit Stein auf Stein von Hand gemauert.

Daß die sprunghaften Veränderungen oft zu Fehlinvestitionen verleitet haben, hat besonders im Düngerbereich zu irreversiblen Bodenveränderungen geführt (Belastung der Struktur und des Grundwassers). Leider haben häufig die Berater der landwirtschaftlichen Organisationen im Sinne der Produktionssteigerung möglichst hohe Gaben von künstlichem Dünger und Pflanzenschutzmitteln empfohlen. Durch dieses Überangebot von chemischen Mitteln sind nicht nur Umweltschäden entstanden, sondern ist auch aus Unkenntnis das Gesetz des Bonner Universitätsprofessors Theodor Brinkmann (1877-1951) vom abnehmenden Ertragszuwachs nicht beachtet worden. Brinkmann hat in einer Formel bewiesen, daß eine Gabe Dünger in geometrischer Progression (1 2 4 8) nur eine arithmetische Progression (1 2 3 4) des Ertrages zuläßt. Überproduktionen in den Bereichen Fleisch, Milch, Getreide, Zuckerrüben haben bei den Vertretern der Landwirtschaft und der Kommission in Brüssel einen mentalen Umkehrprozeß eingeleitet.

Schlagworte wie ökologischer Anbau und artgerechte Viehhaltung passen in die Landschaft, werden teilweise politisch hochstilisiert und verunsichern oft den Konsumenten. Es ist bestimmt zu begrüßen, daß die hemmungslose Sucht nach Ertragssteigerung gebremst ist; aber die Vorstellung, daß ein rein ökologisch geführter Landbau die Menschheit ernähren könnte, ist irreal und würde der Warnung des englischen Nationalökonomen Thomas Robert Malthus (1766-1834), daß beim Anwachsen der Weltbevölkerung die Menschen verhungern müßten, neue Impulse vermitteln.

Auch in Meerbusch ist die Landwirtschaft dem Entwicklungstrend gefolgt. Der linke Niederrhein gilt bis zu Beginn des Zweiten Weltkriegs als rückständiger, rein landwirtschaftlicher Raum. Ob diese Beurteilung den Preußen, die den Brückenbau über den Rhein verhindert haben sollen, anzulasten ist, sei dahingestellt. Sicher ist, daß der ländliche Raum des linken Niederrheins kaum vom Sog der Städte beeinflußt wird und einen in sich geschlossenen Naturraum bietet. Es ist erstaunlich, daß noch Anfang der 50er Jahre dieses Jahrhunderts in Strümp Menschen leben, die nie mit der Eisen- oder Straßenbahn gefahren sind und Düsseldorf nur nach dem Hörensagen gekannt haben. Die Theorien des Nationalökonomen Johann-Heinrich von Thünen (1783-1834) über die Beziehungen zwischen Landwirtschaft und Volkswirtschaft treffen im großen und ganzen auf das Stadtgebiet nicht zu. Thünen hat nachzuweisen versucht, daß die Entfernung vom Produktionsstandort zum Verbraucherzentrum für das Bodennutzungssystem von maßgeblichem Einfluß ist. Diese Erkenntnis läßt sich – abgesehen von Büderich – auf Meerbusch nicht anwenden, denn sonst wäre die Landwirtschaft im Dreieck von Düsseldorf/Neuss/Krefeld von einer intensiveren landwirtschaftlichen und gärtnerischen Nutzung geprägt gewesen.

Der Dornröschenschlaf wird in den 50er Jahren durch den Baulandboom abrupt unterbrochen. Obwohl mehr als 80% der Gebiete der Stadt Meerbusch der Land- und Forstwirtschaft sowie den Brach-, Bruch- und Gewässerflächen zuzuordnen sind, hat die Landwirtschaft ihre dominierende Stellung längst verloren. Noch vor 50 Jahren bestimmen den dörflichen Alltag die landwirtschaftlichen Klein- und Nebenbetriebe. Es soll in dieser Zeit Bürgermeister gegeben haben, die bemüht waren, das Niveau in den Volksschulklassen möglichst niedrig zu halten, damit zur Wahrung der Rentabilität den mittelgroßen bis größeren landwirtschaftlichen Betrieben eine ausreichende Zahl von Landarbeitern als billige Arbeitskräfte zur Verfügung stand. Aber der strukturelle Umwandlungsprozeß ist nicht aufzuhalten. Landwirtschaftliche Nebenerwerbsbetriebe und kleinere Vollerwerbsstellen verschwinden. Flächen werden verkauft oder verpachtet an mittel- bis großbäuerliche Betriebe oder bleiben unbestellt liegen, so daß Meerbusch trotz der Zunahme von Gewerbegebieten eine Stadt von Auspendlern geworden ist.

Wenn diese Ausführungen im 19. Jahrhundert beginnen sollen, muß die Zeit der Besetzung durch die französischen Revolutionstruppen als erste Epoche betrachtet werden. Die ursprüngliche Absicht, die Preußenzeit bis zur Gründung des Kaiserreichs als eigenen Zeitraum zu behandeln, ist fallengelassen worden, da die Verwaltungskompetenz der Preußen bis zum Beginn des Ersten Weltkriegs maßgeblich blieb. Obwohl das Jahr 1914 besonders im Hinblick auf die familiären Belange zweifellos eine Zäsur bildet, sind leider die Quellenangaben über die Kriegsjahre so dürftig, daß auch dieser Zeitraum dem Kapitel über die vorangehende Epoche zugeschlagen wird. Es schließen die Abschnitte über die Weimarer Republik und das Dritte Reich an. Die Ausführungen enden mit dem Kapitel über die Nachkriegszeit, das bis in die Gegenwart fortgeführt wird.

Die „Franzosenzeit" (1794-1814)

Wie in jedem Geschichtsbuch steht, gilt der Sturm auf die Bastille am 14. Juli 1789 als der Beginn der französischen Revolution. Die Erörterung der Frage, ob die vorrevolutionäre Zeit in Frankreich, die zur Auflösung des Ancien régime geführt hat, als Anlaufphase einzustufen ist, würde den Rahmen dieser Untersuchung sprengen. Sicherlich hat der Sturm auf die Bastille die Masse mobilisiert und eine Bewegung ausgelöst, die die nationalen Grenzen übersprang und anderen Völkern die lang ersehnte Befreiung vom Absolutismus zu bescheren schien. Um so entsetzter sind unsere Niederrheiner, als sie sich statt der erwarteten Befreiungsarmee kriegerisch eingesetzten Truppen gegenübersehen. So vermerkt der Büdericher Pastor Christian in seinem Tagebuch, daß die im Oktober 1794 von Neuss anrückenden Franzosen den Wanheimer Hof geplündert haben. In den folgenden Jahren soll noch viel mehr requiriert worden sein. Das besetzte Land muß die Truppen versorgen und ernähren. Vieh, Feldfrüchte, Wagen, Pferde werden beschlagnahmt. 1797 ist Osterath durch finanzielle Verpflichtungen mit über 1800 Franc verschuldet.

In dieser angespannten Situation wird die Lage im selben Jahr durch die verheerende Rheinüberschwemmung fast hoffnungslos. Ilverich steht fast unter Wasser, von 600 Morgen landwirtschaftlicher Nutzfläche sind 475 überspült. Teile von 40 Wohn- und Wirtschaftsgebäuden stürzen ein, und große Mengen der Vorräte werden von den Fluten des Hochwassers weggeschwemmt oder durch Verfaulen vernichtet. Zur materiellen Not kommt die hygienische in Gestalt der Ruhr, an der viele Menschen sterben. Alle Hilferufe der betroffenen Gemeinden an die Bezirksverwaltung in Bonn bewirken nichts. Im Gegenteil: Den Gemeinden wird gedroht, daß bei Nichterfüllung der festgesetzten Kontributionen mit Exekutionen zu rechnen sei.

Erst als für die Franzosen klar ist, daß unser Raum nicht als Durchgangsgebiet kriegerischer Handlungen zu betrachten und ein ausgepowertes Land den Besatzern wenig hilfreich ist, wird die Höhe der Abgabe der wirtschaftlichen Situation des jeweiligen Ortes angepaßt. Eine wirksame Verbesserung tritt jedoch erst mit Beginn der heraufziehenden Ära Napoleons und der 1799 gebildeten Konsularregierung ein, so daß nicht wenige Einwohner von Meerbusch per Unterschrift für den Anschluß an Frankreich votieren.

Wie in den vorhergehenden Jahrhunderten wird die Wirtschaft unserer Heimat auch in der Franzosenzeit von der Landwirtschaft bestimmt. Handwerk und Handel sind am Alltagsgeschehen nur sekundär beteiligt. Sonderkulturen werden nicht angebaut, verschwindend gering ist die Ernte von Tabakblättern, und Raps als Ölfrucht deckt nicht einmal den eigenen Bedarf. Da durch die

Kontinentalsperre die Importe von Rohrzucker unterbunden werden, fordert die Regierung durch ein in Frankreich entwickeltes Verfahren den Anbau von Zuckerrüben. Doch das nach Planvorgabe anvisierte Soll wird im hiesigen Raum erst in der preußischen Zeit erreicht. Im Arrondissement Krefeld können statt der festgesetzten Fläche von 1300 ha in den Jahren 1812 und 1813 nur ein knappes Fünftel durchgesetzt werden. Die nächstgelegenen Zuckerraffinerien liegen – von Nierst abgesehen – in Neuss und Uerdingen. Der Samen wird aus Frankreich bezogen.

Aus militärischen Gründen zeigen die Franzosen ein besonderes Interesse an der Weiterentwicklung der Pferdezucht. Es handelt sich fast ausschließlich um Kaltblütler aus ursprünglich holländischen und belgischen Rassen, aus denen später das Rheinische Kaltblutpferd gezüchtet wird. Auch in der Landwirtschaft sind die Pferde unentbehrlich. Nicht zu vergessen ist auch der Transport und die Feldarbeit durch Ochsen- oder Kuhanspannung. In ganz kleinen Betrieben muß die tierische Kraft durch menschliche ersetzt werden. In den Notstandsgebieten der Eifel und im Bergischen Land ist bis zum Anfang der 30er Jahre des 20. Jahrhunderts die Pferdeanspannung nicht vorherrschend, und man liest in älteren landwirtschaftlichen Lehrbüchern, daß Kühe im Arbeitseinsatz eine höhere Milchleistung erzielen als beim reinen Weidegang. An den Gebrauch des Dampfpfluges denkt noch keiner; der wird erst in der 2. Hälfte des vorigen Jahrhunderts erfunden. Selbst der altbekannte Göpel löst erst vor 150 Jahren auf den Großbetrieben den Dreschflegel ab. Es muß fast von einer Rückständigkeit der Landwirtschaft gesprochen werden, denn im deutschen Bergbau ist der Göpelbetrieb bereits seit 1495 bekannt.

Die wichtigste Voraussetzung für die gewünschte Verbesserung der Pferdezucht bildet die Futtergrundlage. Da in Büderich und Osterath der Boden dem Ackerbau vorbehalten ist, liegen in den Rheingemeinden die Verhältnisse günstiger. Angesichts der schwierigen Ernährungsverhältnisse ist die Kartoffel für den menschlichen Genuß ein so bedeutsames Nahrungsmittel geworden, daß zwangsläufig die Schweinehaltung rückläufig wird. Großes Interesse zeigen die Franzosen an der Wollerzeugung; sie dient der Fabrikation von Uniformen, was die Ausweitung der Schafhaltung zur Folge hat. Da Schafe extensiv genutzt werden, bilden sie keine Konkurrenz zu den übrigen landwirtschaftlichen Betriebszweigen und können, ohne daß die Produktion der Wolle Schaden leidet, auf nicht zu feuchten Ödlandflächen weiden. Wie in früheren Jahrhunderten behält die Rindviehhaltung in den reinen Grünlandregionen der Rheingemeinden ihre dominierende Stellung. Nach Abzug der Franzosen wird im hiesigen Bezirk die Schafzucht nur noch in ganz geringem Maße betrieben.

Nur ein gut ausgebautes Verkehrsnetz, wie es im ländlichen Raum von Meerbusch fehlt, ist Voraussetzung für eine florierende Wirtschaft, und das beeinträchtigt auch unsere Landwirtschaft in ihren Absatzmöglichkeiten. Einzelhöfe bilden neben Kirchen und Kapellen die markanten Punkte in der Landschaft. Höfe mit verschiedenen Rechtsformen liegen verstreut in den Gemarkungen. Das seit alters unabhängige Allodgut bewohnt, bewirtschaftet, vererbt der Eigentümer selbst. Bis zur Säkularisation kennen wir außerdem Lehnsgüter, die von Eigentümern verpachtet werden; im hiesigen Raum sind Kloster Meer, das Stift Kaiserswerth und als Landesherr der Erzbischof von Köln zu nennen. Infolge der Eingliederung des linksrheinischen Gebietes in den französischen Staatsverband werden bis 1802 die Güter und Ländereien des ehemaligen Landesherrn, des Adels und der Kirche enteignet. Dem Landesherrn gehörten der Hoxhof in Büderich, der Herbertzhof in Ossum sowie Rheinwiesen in Langst. Aus dem Eigentum des Stiftes Kaiserswerth stammten der Issumer- und der Fronhof in Lank. Der größte Grundbesitzer war mit seinen vielen Höfen und forstwirtschaftlichen Flächen, wozu auch die Meerhöfe zählen, bis zur Säkularisation das Kloster Meer. Die Domänendirektion verwaltet den enteigneten Besitz. Da sich der französische Staat ständig in Geldverlegenheit befindet, betreibt er den Verkauf des enteigneten Besitzes. Vom Verkauf ausgeschlossen sind lediglich Betriebe, die für Dotationen an verdienstvolle Persönlichkeiten reserviert sind. Diese Anwesen werden in der Preußenzeit an Private übereignet.

Haus Meer in Büderich erwerben die Gebrüder Isaac und Friedrich von der Leyen. Für viele Bewirtschafter des kirchlichen Besitzes kommt es zu einer Umwandlung von Pacht in Eigentum. 28 ha des Strümper Kirchenlandes sollen enteignet werden. In dieser Zeit wird unter der von Napoleon eingeführten Verwaltungsreform Strümp innerhalb des Arrondissments Krefeld zur Mairie erhoben und ist nicht mehr der Verwaltung von Lank unterstellt. Wilhelm Cames wird Vorsteher des nunmehr selbständigen Ortes, erwirbt den bisher vom Kloster Meer gepachteten Meerhof und weiß zu verhindern, daß das vorerwähnte Kirchenland säkularisiert wird, indem er verbindlich erklärt, es handele sich bei den Flächen nicht um Kirchenland, sondern um Besitz des Schulfonds.

Sicherlich bringt die Zeit der Besatzung keine nachhaltige Verbesserung für die Landwirtschaft. Die Bestellung erfolgt noch vielfach nach der althergebrachten Dreifelderwirtschaft, und auch in der Technik kann von einer Schubkraft noch nicht die Rede sein. Unseren rheinischen Bauern kommt die Mentalität der französischen Verwaltung entgegen. Der Flurzwang bleibt unangetastet. Diese Bestimmung nötigt die Bauern, ihre Grundstücke nach dem in der Gemeinde bestehenden Wirtschaftssystem zu bestellen, die gemeinschaftliche

Brachweide zuzulassen und die Überfahrt zu gestatten, was den Übergang in andere Fruchtfolgen, insbesondere den Anbau einer neuen Pflanze, verhindert. Dieser Komplex wird im nächsten Kapitel zeigen, wie schwer es den Preußen gemacht wird, Zusammenlegungen im Rahmen eines Flurbereinigungsverfahrens am Niederrhein durchzusetzen.

Die mittelalterliche Grundherrschaft hat sich zwar noch nicht aufgelöst, aber in unserer Region schon lange vor dem Einmarsch der Franzosen ihre herrschaftliche Komponente zugunsten einer großbäuerlichen Freiheit und Eigenverantwortung eingebüßt. Das zumindest faktische Verfügungsrecht über den Grund und Boden führt durch die von der Französischen Revolution geförderte und im Rheinland beliebte Realteilung zur Bodenzersplitterung, setzt aber auch Arbeitskräfte in überbeschäftigten Kleinbetrieben für die Aufnahme ländlicher Gewerbe frei. Abgesehen von traurigen Einzelschicksalen werden nicht wie im Osten ganze Bevölkerungsgruppen von Verelendung und Abhängigkeit bedroht. Im übrigen sind die hiesigen kirchlichen und adeligen Grundherren durch Verpachtung ihres landwirtschaftlichen Eigentums an einer sicheren Geldrente interessiert. (Die Britische Militärregierung ist bei der Bodenreformgesetzgebung nach Beendigung des Zweiten Weltkriegs von vergleichbaren landwirtschaftlichen Verhältnissen des ehemaligen deutschen Ostens ausgegangen. Da der abgabepflichtige Grundbesitz in der britischen Zone fast ausschließlich verpachtet ist, ist der Siedlungseffekt nur gering, da die bestehenden Pacht- in Eigenbetriebe umgewandelt werden und keine neuen Betriebe entstehen.)

Die preußische Zeit bis zum Ende des Ersten Weltkriegs

Auch nach Abzug der Franzosen bestimmt weiter die Natur das Schicksal der Menschen am Niederrhein. Fast jeder Bewohner des späteren Stadtgebietes von Meerbusch bleibt eng mit der Landwirtschaft verbunden. Selbst Handwerker, Lehrer und Pfarrer sind zur Ergänzung ihres kargen Einkommens auf gärtnerische Selbstbewirtschaftung angewiesen.

Die Natur beschert dem Menschen nicht nur das Brot, sondern auch katastrophale Notlagen. 1816 tritt nach einem regenreichen Sommer der Rhein über die Ufer. Hochwasser zerstört in Meerbusch Anwesen, vernichtet Ernten und löst eine große Hungersnot aus. Die wenigen Vorräte, die die Menschen besitzen, fallen der Nässe zum Opfer. Nach Zeitungsberichten über das Jahrhunderthochwasser des Winters 1882/83 können nur durch ein großzügiges Spendenaufkommen des ganzen Reiches viele in Not geratene Bewohner vor dem sicheren Tod gerettet werden. (An dieser Stelle sei vorweggenommen, daß Einwohner von Lank, Strümp und den Rheingemeinden nach dem Dammbruch bei

Ilverich im Jahre 1920 buchstäblich im Wasser standen; erst der Bau eines neuen Dammes hat die Lage bei Hochwasser stabilisiert. Doch trotz aller technischen Erkenntnisse bleibt die Natur unbeeinflußbar, wenn man auch in der preußischen Zeit beginnt nachzudenken, wie der Unberechenbarkeit der Natur zu begegnen ist.)

In unserem Stadtgebiet schwanken die Bodenqualitäten erheblich. Neben hoch bis niedrig bonitierten, für die Fruchtfolge unterschiedlich verwendbaren Ackerflächen überwiegen in den Rheingemeinden Flächen, die vielfach uneingeschränkt als Grünland einzustufen sind. Ganz allmählich entwickeln sich neben der Dynamik des Marktes zaghaft und tastend die Triebkräfte, die die Tradition der Bodenbearbeitung und die herkömmliche Viehhaltung zurückdrängen und eine vorsichtig bewußte Anwendung technisch rationeller Verfahren gestatten: Bemühungen des Staates sowie der Wissenschaft, den Prozeß des Umdenkens zu fördern, werden unterstützt durch die Neugründung der rheinisch-westfälischen Bauernvereine, der Genossenschaften und der als Behörde tätigen Landwirtschaftskammer in Bonn. Besonders der Eigentümer von Schloß Pesch in Ossum, Graf Hallberg, hat in unserem Raum die Landwirte durch Förderung des Bauernvereines und als Herausgeber einer landwirtschaftlichen Zeitschrift zur Selbsthilfe angeregt.

Doch dürfen die politischen Schwierigkeiten nicht vergessen werden und die Scheu unserer hiesigen konfessionell geprägten Bauern, mit einem für sie wesensfremden Preußen auszukommen. Der Freiheitsdrang des Rheinländers läßt ihn jeden auch noch so gerechtfertigten Eingriff in die Art seines Handelns oder gar einer Verfügung über sein Eigentum (Flurbereinigung) als unerträglich erscheinen. Die Trauer nach glücklicher Vergangenheit beschleicht die Bevölkerung; dadurch darf aber nicht der Eindruck entstehen, daß die Menschen wieder Franzosen werden wollen. Sie betrachten sich als Deutsche, aber nicht als Preußen, denn eine Büste von Napoleon oder ein französischer Orden unter der Glasvitrine sind nur noch Museumsstücke.

Abgesehen von der Zuckerrübenindustrie und der Herstellung von Sauerkraut, das für unsere „Kappesbauern" eine gute Einnahmequelle ist, die bereits in der Franzosenzeit besteht, bleibt die Landwirtschaft ein Stiefkind der Geschichte. Ein erster Schritt zur Fortentwicklung ist die Abkehr von der traditionellen Dreifelderwirtschaft. Am Niederrhein erzeugt der Landwirt Weizen, Roggen, Wintergerste, Erbsen, Wicken, Möhren, Kartoffeln, Rüben, Rübsen, Runkeln, Rapssamen, Tabak, Hanf und Flachs, wobei die drei zuletzt genannten Arten der Bedarfsdeckung dienen. Für die Fruchtfolge beispielhaft wird bei von Schwerz das Fürstentum Moers erwähnt, welches vom Klima und den

Böden her mit unserem Raum vergleichbar ist. Zwei Beispiele aus dem Moerser Raum mögen die Praxis der Fruchtfolge in einzelnen verdeutlichen:

		I.			II.	
I.	1. Jahr:	Reine Brache		II.	1. Jahr:	Sommergerste (gedüngt)
	2. Jahr:	Raps			2. Jahr:	Rotklee
	3. Jahr:	Weizen			3. Jahr:	Weizen
	4. Jahr:	Rotklee			4. Jahr:	Roggen
	5. Jahr:	Weizen			5. Jahr:	Brache
	6. Jahr:	Roggen			6. Jahr:	Raps
	7. Jahr:	Buchweizen (oder Hafer oder Kartoffeln)				
	8. Jahr:	Hafer				

Auffallend ist in den von von Schwerz angeführten Fruchtfolgeplänen der geringe Kartoffelanbau und der hohe Rapsanteil. „Auf Mergelböden (d. h. ertragreichen Böden) kann" – so von Schwerz – „auf die Brache verzichtet werden, und der Rotklee ist zur Erhaltung der Bodengare ausreichend."

Nicht nur der sich stärker durchsetzende Prozeß des Umdenkens ist eine Herausforderung an unsere Bauern; denn kaum sind die Kriegsjahre überwunden, trifft eine Agrarkrise in den 20er Jahren des 19. Jahrhunderts die gesamte Landwirtschaft. Preise für Getreide und tierische Produkte sinken um ein gutes Drittel. Die Lage normalisiert sich erst wieder in den 40er Jahren. Nur langsam wird die Pferdehaltung, die unter Napoleon nach anfänglicher Förderung wegen ständiger Nachfrage aus militärischen Gründen zum Erliegen kam, wieder aufgebaut. Bei Wickrath wird aus belgischen und holländischen Tieren sowie den ostpreußischen Trakehnern eine neue Pferderasse gezüchtet, doch soll es erst noch bis in die 70er Jahre dauern, bis von der bekannten rheinischen Kaltblutrasse gesprochen werden kann.

In unserer Heimat überwiegt der Klein- und Kleinstbesitz. Die einzelnen Grundstücke liegen in zahlreichen, zum Teil schwer erreichbaren Parzellen über die ganze Gemarkung, bisweilen sogar über mehrere Gemeinden verstreut. In der preußischen Zeit beträgt in unserem Stadtgebiet die durchschnittliche Parzellengröße 12,4 a. Durch Realteilung im Erbgang wird die Zersplitterung weiter gefördert. Eine Realteilung kann bei dünner Bevölkerungsdichte unbedenklich sein, insbesondere dann, wenn durch Kriege die Zahl der Erben geringer wird, so daß der Besitz wieder seine ursprüngliche Größe erlangt. Auch bei gärtnerischen Intensivkulturen kann diese Erbform bedenkenlos sein. Da unsere Bauern einen stark ausgeprägten Sinn für Gerechtigkeit haben, entspricht die Realteilung ihrer Mentalität. Der Code civile sieht ebenfalls die Realteilung vor, jedoch zur Vermeidung von Kleinstparzellen nicht die Teilung der einzelnen Flurstücke, sondern für alle Erbberechtigten die wertmäßig gleichen Anteile. Das den preußischen Vorstellungen entsprechende Anerbenrecht, wonach der Hof ungeteilt auf einen Berechtigten übergeht, wird als Eingriff in die persönliche Freiheit abgelehnt. Dem Vordringen der landwirtschaftlichen Vereine ist es zu verdanken, daß die Bauern den Mut finden, sich für eine geschlossene Hofübergabe und Neueinteilung der zersplitterten Flur einzusetzen. Doch sollte es noch bis in die Kaiserzeit dauern, bis sich die Landwirte freiwillig einem Flurbereinigungsverfahren unterwerfen.

Für die niederrheinische Landwirtschaft hat das Dotationsgesetz von 1875 nachhaltige Bedeutung. Das Gesetz fördert die Übertragung des Meliorationswesens (d. h. der Maßnahmen zur Regulierung des Grundwasserspiegels und Stärkung der Bodenstruktur) auf die Provinz, die weit über den vom preußischen Staat bereitgestellten Betrag zusätzliche Summen aufwendet. Es handelt sich um Landeskulturverbesserungen wie Dränagen, Be- und Entwässerungsanlagen, Bach- und Flußregulierungen, Deichbauten, die Umwandlung von Ödland in Ackerland, die Anlage von Feldwegen, die Förderung des Obst-, Gemüse- und Korbweidenanbaues, Brückenbauten, Wasserversorgungseinrichtungen, Aufforstungen, Verbesserungen von Stalleinrichtungen und Dungstätten, die Beschaffung von Futtermitteln und Saatgut, die Förderung der Zucht einzelner Tierarten, womit praktisch der gesamte land- und forstwirtschaftliche Bereich erfaßt ist. Im Gesetz wird auch die Schulung besonders der Kleinbauern angesprochen. – Der rheinische Verein wird am 8. November 1882 in Kempen unter dem Vorsitz des Freiherrn Felix von Loé gegründet. Während der landwirtschaftliche Verein für Rheinpreußen unpolitisch auftritt, lehnt sich der Rheinische Bauernverein wie sein Vorbild, der segensreiche Westfälische Bauernverein, an das Zentrum an. Dieser Verein führt auf christlich-sozialer Ebene den Zusammenschluß des Berufsstandes zur Wahrung gemeinsamer Interessen herbei und nimmt auch an den politischen Auseinandersetzungen lebhaften Anteil.

Eine weitere wichtige Selbsthilfeorganisation sind die von Friedrich Wilhelm Raiffeisen (1818-1888) geschaffenen Bezugs- und Absatzgenossenschaften und die angegliederten Spar- und Darlehenskassen. Der starken, aber eigenwilligen Persönlichkeit Raiffeisens ist das Genossenschaftswesen zu verdanken; hier soll nur die Molkereigenossenschaft erwähnt werden, die die Voraussetzung schafft, daß auch in den Städten die Bevölkerung nicht wie bisher nur mit Butter und Käse, sondern darüber hinaus mit Frischmilch versorgt wird. Die zusätzliche Verwertungsmöglichkeit der Milch sorgt auch am

Abb. 14: Jakob Paas (gen. „Köbes") aus Nierst mit Sämaschine, um 1930

Abb. 15: Kartoffelernte bei Bauer Kessels in Nierst (v .l. n. r.: „Kessels Trina", verh. Leven, „Kessels Marie", verh. Steinfort, Bauer Peter Kessels, Katharina Kessels), um 1925

Abb. 16: Zuchthengst „Bernau" des Bauern Heinrich Davids in Lank, 1931

Abb. 17: Fronleichnamsprozession in Ossum (auf dem Pferd links: Fritz Jacobs +, rechts: Paul Birgels), 1947

Abb. 18: Traktor mit Selbstbinder in Ilverich, um 1930

Abb. 19: Mähdrescher bei Weizenernte in Ilverich, 1980

Abb. 20: Getreideschober in der Issel, 1940er Jahre. Beim Aufbau dieser hohen Schober war ein Mann ständig damit befaßt, auf die Gleichmäßigkeit der Schichtung zu achten.

Abb. 21: Dreschmaschine auf dem Frangenhof (Hamäkisch) in Nierst, um 1930

Niederrhein für die Aufstockung der Milchviehbestände, was sich wiederum für den Ackerbau durch ein erhöhtes Düngeraufkommen ertragssteigernd auswirkt.

Überblicken wir die Landwirtschaft in den gut hundert Jahren von 1814 bis 1918, ist der Aufstieg unverkennbar. Selbst Naturkatastrophen, Überschwemmungen, Trockenheit, Früh- und Spätfröste sowie wirtschaftlich bedingte Agrarkrisen können die Steigerung nicht aufhalten. Die Winterschulen haben es übernommen, die Errungenschaften der Wissenschaft zu vermitteln und verständlich zu machen. Mit dem Wachstum der Produktion wird auch die Qualität verbessert. Im Milchviehbestand kann die Leistung deutlich angehoben werden, ohne daß die Robustheit der Tiere leidet. Ob allerdings, wie in der älteren Literatur oft behauptet wird, der Bauer gelernt habe, zu rechnen und zu kalkulieren, muß bezweifelt werden. Auch kann der Landwirt noch kaum mit einem Unternehmer verglichen werden. Doch muß sich, wie wir einem von Nationalökonom für Agrarpolitik Max Sering (1857-1925) 1910 gehaltenen Vortrag über das Leben der ländlichen Bevölkerung entnehmen, in unserem Heimatgebiet die Lage im Vergleich zu den 80er Jahren verbessert haben. Immerhin lebten damals nach Serings Ausführungen die Menschen auf dem Lande von Kartoffeln, Brot und Kappes, die Behausung war abscheulich, oft schmutzig und verfallen, das Vieh schlecht gehalten und die Leistung kaum ergiebig. Das Getreide stand bei fehlendem Dünger schlecht, und die Jauche floß auf die Straße. Die Menschen waren sehr fromm und ernsthaft, aber träge und rückständig und jedem Fortschritt abgeneigt. Auch wenn diese Feststellungen 1915 von W. Wygodzinski, Professor an der landwirtschaftlichen Akademie in Bonn-Poppelsdorf, bestätigt werden, glaubt dieser nunmehr sogar, gewisse Anzeichen für eine rationellere Wirtschaftsführung erkennen zu können.

Wie der Alltag durch die Jahreszeiten bestimmt wird, veranschaulicht der Text eines „Hülfsbuches", das 1859 als Anhang des rheinischen Landwirtschaftskalenders veröffentlicht wurde. Er ist als Anhang zu diesem Beitrag im Original abgedruckt.

Die Zeit nach dem Ersten Weltkrieg bis 1933

Die enormen Fortschritte der Agrarwissenschaft, speziell der Agrarchemie und des Landmaschinenbaues finden nur langsam Eingang in die Betriebe und bestimmen erst nach dem Ersten Weltkrieg den Ablauf der Bewirtschaftung. In den ersten Nachkriegsjahren ist auch am Niederrhein die Nahrungsmittelversorgung problematisch. Da die Einfuhr von ausländischem Futter- und Düngemittel das Soll nicht erreicht, liegen die Erträge kaum über dem Niveau der letzten Kriegsjahre. Der Verbrauch beläuft sich im Durchschnitt der Jahre

1920-1924 auf weniger als 50 Prozent der Zeit vor 1914. Der Vorkriegsstand der gesamten landwirtschaftlichen Produktion wird erst wieder 1928 erreicht. Nun setzen sich auch die im vorigen Jahrhundert erworbenen theoretischen Erkenntnisse in die Praxis um. Dreschmaschinen, Mähmaschinen, Häcksler, Saat- und Düngerstreuer erleichtern die manuell schweren Arbeiten. Doch sollte der Mechanisierungsgrad nicht überbewertet werden, denn für fast alle neuen Gerätschaften ist der Motor nach wie vor der Mensch oder das Pferd. Die Elektrifizierung wird in unserem Stadtgebiet nicht geschlossen durchgeführt. Vorreiter ist die Gemeinde Lank-Latum; in diesem Ortsteil von Meerbusch ist bereits vor dem Ersten Weltkrieg der Einsatz von Elektromotoren beim Dreschen bekannt, während der Anschluß an das Stromnetz in Görgesheide und Bovert erst 1927/28 erfolgt.

Den Hauptertragszweig in der Landwirtschaft bilden die Milchwirtschaft und Schweinehaltung. Wie bereits in den Jahren vor dem Ersten Weltkrieg beobachtet, wird die Käse- und Butterherstellung zugunsten der Belieferung mit Frischmilch immer stärker eingeschränkt. Dank des verbesserten Wegenetzes und der Bahnverbindungen nach Krefeld, Düsseldorf, Neuss und Moers entwickelt sich aus einer gärtnerischen Selbstversorgung ein Markt für Intensivkulturen. Die umliegenden dicht besiedelten Gebiete werden mit Gemüse, Spargel, Obst, Rhabarber versorgt. Der Transport erfolgt mit der Bahn oder dem Fuhrwerk. Ein Landwirt aus Strümp, einer der ersten, der einen Traktor besitzt, bringt auf einem Anhänger seine Kartoffeln zum Markt nach Krefeld. Bei einem dieser Transporte hat sich folgende lustige Geschichte abgespielt: Der Bauer tuckert mit seinem eisenbereiften Hänger und einer Höchstgeschwindigkeit von 6 km/h auf der Reichsstraße 9 in Richtung Krefeld. Hinter seinem Fahrzeug hat sich trotz der damals geringen Verkehrsdichte eine längere Autoschlange gebildet. Ein Polizist hält das Fahrzeug an und malt mit einem Stück Kreide auf den Kotflügel des Traktors „J 3". Auf den fragenden Blick des Bauern erklärt der Beamte: „Justav, jev Jas".

Nach dem Bericht von Bürgermeister Kemper sieht im Jahre 1929 die Besitzverteilung der landwirtschaftlichen Betriebe im Amt Lank wie folgt aus:

unter	2	ha	55	Betriebe
	2-5	ha	64	Betriebe
	5-10	ha	49	Betriebe
	10-20	ha	27	Betriebe
	20-50	ha	22	Betriebe
über	50	ha	5	Betriebe

Mehr als die Hälfte der landwirtschaftlichen Nutzfläche wird als Acker, ein knappes Drittel als Grünland und der Rest als Garten genutzt. Der Amtsbezirk Lank kommt auf 2 000 Rinder und 1 800 Schweine; er gilt als Schwerpunkt für das Zuchtgebiet des Rheinischen Kaltblutes, was durch den Bestand von 600 Pferden bestätigt wird. 350 Ziegen, die Kühe des kleinen Mannes, werden vornehmlich in Kleinstbetrieben gehalten. Mehr als die Hälfte der Bevölkerung lebt von der Landwirtschaft. In Osterath mit einer wesentlich stärker ausgeprägten industriellen Infrastruktur ist dagegen nur ein Viertel der arbeitenden Menschen ausschließlich in der Landwirtschaft tätig. Trotz freier Kost und Logis besteht ein großes Lohngefälle vom Land- zum Industriearbeiter, was sich schon in den 20er Jahren bemerkbar macht. Dank guter Eisenbahn- und Straßenbahnverbindungen verlassen die wenigsten ihren angestammten Wohnplatz, und es kommt zum Begriff des „Auspendlers".

Die Hoffnung unserer Bauern, der nach 1928 einsetzende positive Entwicklungstrend werde sich fortsetzen, erfüllt sich nicht. Auch unsere Niederrheiner werden von der Weltwirtschaftskrise, die als Begleiterscheinung eine Agrarkrise auslöst, in den Jahren 1929-1933 erfaßt. Der starke Rückgang der Agrarpreise führt zu einer 38%igen Verminderung des Einkommens. Trotz der relativ unelastischen, weil lebensnotwendigen Nachfrage nach Grundnahrungsmitteln sinkt der Absatz durch geringere Einkünfte anderer Berufszweige. Um den Preisverfall zu kompensieren, versuchen viele Bauern, durch höhere Düngergaben die Erträge zu steigern. Angesichts dieser Situation wird der Mehraufwand durch Aufnahme von Krediten gedeckt, und der Teufelskreis führt zur Verschuldung und schließlich Pfändung. Zu diesen Bemerkungen gibt es für unseren Raum keine konkreten Zahlen, doch kann unterstellt werden, daß auch bei den Bauern am Niederrhein die Zeit ihre Spuren hinterlassen hat. Bis zur Machtergreifung durch die Nationalsozialisten gehören die Bauern des Rheinlandes dem christlichen Bauernverband an, der bei seiner konservativen Einstellung dem 1918 abgeschafften monarchischen System trotz Zuneigung zum katholischen Zentrum verbunden ist.

Das Dritte Reich

1933 wird durch den Gleichschaltungsprozeß der Bauernverein aufgelöst, die Landesbauernschaft Rheinland formiert und damit die freie standespolitische Organisation beseitigt. Als Hauptsitz der Landesbauernschaft Rheinland behält die Landwirtschaftskammer Bonn ihren Namen, wird aber vollständig in den Aufbau des Reichsnährstandes integriert. Analog zur Landesbauernschaft werden für die Kreise Kreisbauernschaften gegründet und auf der untersten Ebene Ortsbauernschaften (mit dem Ortsbauernführer an der Spitze) errichtet.

In ihrer Funktion regeln sie bereits vor Ausbruch des Zweiten Weltkriegs die Anbaupläne nach den Kriterien des Bedarfsdeckungsprinzips. Vom Staat und der Partei werden Produktionsziele (Vierjahresplan) vorgegeben, für die Privatwirtschaft verbleibt nur ein kleiner Freiraum. Die Blut- und Bodentheorie von W. Darré haben unsere Landwirte vernommen, aber kaum in ihrer christlich orientieren Lebensweise gedanklich umgesetzt. Einschneidender wirkt sich das Reichserbhofgesetz vom 29. September 1933 aus; es sieht vor, daß der Hof ab der Größe einer „Ackernahrung", d. h. der Deckung des Familienbedarfs, bis zur Größe von 125 ha in eine Erbhofrolle des Grundbuches eingetragen wird. Das Gesetz regelt die Erbfolge, die Veräußerung, Belastung und Verpachtung und damit eine Einschränkung der freien Verfügbarkeit des Eigentümers. In den Orten Büderich werden 35, Osterath 36 und im Amt Lank 82 Betriebe eingetragen. Die während der Agrarkrise aufgenommenen Kredite werden durch Entschuldungsmaßnahmen meistens zu Lasten der Gläubiger, zumal wenn es Juden gewesen sind, gelöscht. Besonders schmerzlich empfinden die Landwirte den Zwang zur geschlossenen Hofübergabe und bei nicht ausreichender Substanz die Nichtberücksichtigung der Miterben. Falls die Familie keinen Sohn hat, ist der nächste männliche Verwandte auszuwählen, da Töchter nicht Hoferbin sein dürfen.

Wenn auch die Reichsmark im Ausland ihren Wert verloren hat, prosperiert die Wirtschaft, wovon auch die Landwirtschaft profitiert. Die Agrarpreise werden teilweise erhöht, um den Anreiz für die Produktion von besonders ernährungswichtigen Erzeugnissen zu steigern. Die wirtschaftlichen Vorteile dürfen aber nicht darüber hinwegtäuschen, daß gerade der Bauer der ideologischen Einflußnahme ausgesetzt ist. Schon in dem 25 Punkte umfassenden nationalsozialistischen Parteiprogramm von 1920 wird der Bauernstand in doppelter Weise als der Träger des Volkes angesehen: 1. überdurchschnittliche Geburtenrate, 2. gesunde Erbfaktoren zur Blutauffrischung.

Doch wie sieht der Alltag der meisten unserer niederrheinischen Landwirte aus? In der Woche bestimmt die Arbeit und am Sonntag der Kirchgang das Leben. Immer wieder versuchen nationalsozialistische Propagandisten die ländliche Bevölkerung von den Segnungen des Systems zu überzeugen, aber bis auf einige wenige, die sich persönliche Vorteile erhoffen, bleibt für die Menschen das Christentum der Inhalt ihres Daseins.

Die 1935 eingeführte allgemeine Wehrpflicht erfaßt auch die unbedingt für die landwirtschaftliche Produktion benötigten männlichen Arbeitskräfte. Nach Ausbruch des Krieges kommen im April 1940 die ersten Polen in das Stadtgebiet, und im Oktober desselben Jahres folgen französische Kriegsgefangene für den Einsatz in der Landwirtschaft. Ab April 1942 halten sich auch Russen und Ukrainer in den Gemeinden auf. Polen und Franzosen sind fast alle bei Bauern untergebracht, Russen und Ukrainer dürfen nur zur Arbeit das Lager verlassen. Das Verhalten der Landwirte gegenüber den Fremdarbeitern ist unterschiedlich. Manche halten sich streng an die Anweisung der Trennung vom Gesinde im Gebäude und bei Tisch, andere behandeln die ausländischen Arbeitskräfte wie deutsche. Nachteile sollen den liberal denkenden Arbeitgebern nicht entstanden sein. Es sind Fälle bekannt, daß Polen nach Kriegsende bei ihrem Bauern bleiben und nicht in ihre Heimat zurückkehren. Schwierigkeiten gibt es mit Bauern aus Lank und Büderich, als sie sich weigern, ihre Produkte zu den festgesetzten Preisen an die Zentralstellen zu liefern. Vielen gelingt es trotz der strengen Reglementierung, ihre Erzeugnisse zu günstigeren Preisen an Händler in Krefeld und Düsseldorf zu verkaufen.

Ohne auf Einzelschicksale einzugehen, sind im Vergleich zu unseren Städten die ländlichen Gemeinden von Meerbusch durch Fliegerbomben und direkte Kampfeinwirkungen relativ verschont worden. Große landwirtschaftliche Produktionsausfälle erleidet 1945 das ganze Amt Lank, als auf Befehl der Amerikaner die Räumung angeordnet wird.

Die Nachkriegszeit bis zur Gegenwart

Von aufstrebender Wirtschaftsdynamik kann allerdings bis zum Beginn der 50er Jahre nicht die Rede sein. Die Ernährungslage verschlechtert sich nach Ende des Krieges bis zur Währungsreform drastisch. Die Verteilung der Lebensmittel erfolgt nach einem vor dem Krieg entwickelten System, das aber durch die Wirren der Nachkriegszeit weniger reibungslos funktioniert, so daß die Versorgung insbesondere der städtischen Bevölkerung völlig unzureichend ist. Für viele bietet der Schwarzmarkt die einzige Überlebenschance.

Auch die Ernteerträge sind im Amt Lank niedriger als in den letzten Kriegsjahren. Die Anbaufläche für Getreide und Kartoffeln verringert sich gegenüber dem Jahr 1944 um 265 ha auf 917 ha; entsprechend nimmt das Brachland unter Berücksichtigung der vom Krieg zerstörten Flächen von 4 ha 1944 auf 165 ha im Jahr 1945 zu. Fruchtdiebstähle sind bei der herrschenden Hungersnot an der Tagesordnung; denen zu begegnen kommen Bauern aus Osterath auf den Gedanken, vor der Reife die Ernte einzubringen. Dürreschäden, minderwertiges Saatgut, Mangel an Kunstdünger haben das Produktionsergebnis bis 1947 weiter verschlechtert. Dies wirkt sich besonders beim Anbau der Kartoffel aus, die für die Bevölkerung das Nahrungsmittel schlechthin geworden ist.

Die auf dem Bauern lastende Abgabepflicht kann kaum erfüllt werden, und es ist leicht verständlich, daß bei dem reizlosen, starren System der Rationierung von Grundnahrungsmitteln das Landvolk wenig Lust verspürt, Erträge zu steigern, ohne den entsprechenden Gegenwert zu erhalten, was natürlich dem Schwarzmarkt Tür und Tor öffnet. Als ich in dieser Zeit in Bonn-Poppelsdorf studierte, werden im Fachbereich „Landwirtschaftliche Betriebslehre" im Rahmen der Volkswirtschaft Dissertationen über den Schwarzmarkthandel vergeben. Aus meiner Praxis als Eleve in einem landwirtschaftlichen Meisterbetrieb weiß ich, daß in unregelmäßigen Abständen durch Kontrollen geprüft wird, ob Getreide nicht verfüttert worden ist. Da der freundliche Kontrolleur sich stets vorher angemeldet hat, kann das mit einer Kordel befestigte und zwischenzeitlich gelöste Siegel leicht wieder um das Schwungrad der Schrotmühle gebunden und das im Umkreis der Maschine heruntergefallene Mehl mit Schrubber und Besen beseitigt werden. Das amtliche Ergebnis „keine Beanstandung" wird mit einer Scheibe Speck belohnt.

Nach der Schwarzmarktphase beginnt mit der Währungsreform die Zeit der Konsolidierung. Viele Menschen, die während des Krieges vor den Bomben aus den Städten auf das Land geflohen sind, haben im Stadtgebiet von Meerbusch ihre neue Heimat gefunden. Die große Zahl der Heimatvertriebenen aus dem ehemaligen deutschen Osten hat den Zuzug vergrößert, und die plötzlich einsetzende Strukturveränderung fordert eine neu zu gestaltende Siedlungspolitik. Es ist ein Glücksfall, daß der Prinz von Arenberg auf Schloß Pesch der „Deutschen Bauernsiedlung GmbH" Düsseldorf 1951 über 700 ha im Rahmen der Bodenreform als freiwillige Landabgabe verkauft und der Gesellschaft ermöglicht, durch weitere Landankäufe und Tauschverträge ca. 300 landwirtschaftliche Nebenerwerbsstellen (Wohnhaus mit kleinem Stall und Garten in einer Größe von 0,08-0,25 ha) im ehemaligen Amt Lank vertriebenen Landwirten zu übereignen. Da alle Arenbergschen Ländereien verpachtet sind, erfolgt im Einvernehmen mit der Landwirtschaftskammer und dem Bauernverband sehr häufig eine Umwandlung von Pacht in Eigentum. Um wenigstens einen minimalen Siedlungseffekt zu erzielen, werden Nebenerwerbsbetriebe begründet; die Schaffung einer größeren Zahl von Vollbauernstellen und Intensivbetrieben (Gärtnereien) hätte zuviel Land in Anspruch genommen.

Der Zuzug von der Stadt aufs Land ist kaum noch zu bremsen, und die Nachfrage nach Bauland ist so groß, daß die Preise explosionsartig in die Höhe schnellen. Kann noch Anfang der 50er Jahre von einem Quadratmeterpreis von 1,50 DM ausgegangen werden, steigert er sich in den folgenden Jahrzehnten auf 300,- DM und mehr für unerschlossenes Baugelände. Die zu bebauende Fläche ist ursprünglich bis auf Stromanschluß und eine wassergebundene Zuwegstrecke nicht erschlossen. Die Häuser erhalten in der Anfangszeit eigene Brunnen und für Abwasserbeseitigung eine Dreikammergrube. Überall wird gebaut; Strümp bietet leider ein klassisches Beispiel für die Zersiedelung der Landschaft, und es gibt kaum einen Bauern, der nicht Nutznießer dieser neuen „Fruchtfolge" ist.

Die jetzt in der Landwirtschaft einsetzende Mechanisierung wirkt sich auf Anzahl, Größe und Anbauverhältnisse der Betriebe aus. Die Zahl der hauptberuflichen Landwirte und Landarbeiter sinkt drastisch. Der Umfang der Maschinenhaltung fordert Betriebsgrößen, die nur durch Zuerwerb oder Zupacht von Flächen der klein- und mittelbäuerlichen Landwirtschaften erreicht werden. Gerade diese Betriebseinheiten, die die Struktur unserer ländlichen Region bestimmt haben, sind Opfer der neuen Entwicklung.

Nur Höfe mit absolutem Grünland halten noch Milchkühe. Auch wenn Melkstände, Boxenlaufställe und automatische Kraftfutterdosierung die Arbeit erleichtern, bleibt die Kuhhaltung der arbeitsaufwendigste Betriebszweig; deshalb nutzen viele Bauern ihr Grünland zur Mast von Bullen oder zur Mutterkuhhaltung. Den Bullenmästern ist zu wünschen, daß sich nach Klärung des „Rinderwahnsinns" die Rindfleischpreise wieder nach oben orientieren.

Einige Landwirte versuchen durch Verkauf eigener Produkte ab Hof, die niedrigen von Brüssel festgesetzten Gewinnspannen auszugleichen. In der Zeit der hohen Baukonjunktur haben Bauern, wie gesagt, Land veräußert und nicht selten durch Umstellung auf Landschaftsgärtnerei eine andere günstige Einnahmequelle erschlossen. Dem Überhang von Wirtschaftsgebäuden und überflüssigen Landarbeiterwohnungen wird durch Umbauten in komfortable Mietwohnungen begegnet, was eine weitere Einnahmemöglichkeit bietet.

Mit einem wenig schönen Erscheinungsbild muß sich jetzt in der „Stadt im Grünen" der Spaziergänger abfinden: Schuld ist der von Westfalen, dank der intensiven Schweinehaltung übergeschwappte Maisanbau. Im ausgewachsenen bis halb verdorrten Zustand engt er das Blickfeld ein und verdeckt das reizvolle niederrheinische Landschaftsbild. Doch bleiben wir optimistisch, denn dank der Fruchtfolge muß im folgenden Jahr eine niedriger wachsende Kultur angebaut werden.

Ausklang

Aus kleinsten bis mittelgroßen Gemeinden ist die Stadt Meerbusch entstanden, eine Stadt, die immer noch um ihre Urbanität ringt. Meerbusch ist eine Stadt im Grünen nicht nur durch die vielen städtischen Grünanlagen und Blumenbeete, sondern sie wird geprägt durch den hohen Anteil von land- und forstwirtschaftlichen Flächen, auch wenn der Bauer inzwischen seine führende Position in der Wirtschaft verloren hat. Es bleibt zu hoffen, daß die wenigen

Landwirte mit ihren hochmechanisierten Betrieben die Höfe weiter bewirtschaften können und ihnen das Los der klein- und mittelbäuerlichen Betriebe erspart bleibt; denn keiner soll sich täuschen, daß Flächen, die einmal mit dem Düngersack versorgt worden sind, bei Stillegung einen ursprünglichen Kulturzustand zurückentwickeln, im Gegenteil, sie hinterlassen einen „devastierten", d. h. verwüsteten Eindruck. Wenn wir einen Blick in die Zukunft werfen, stehen wir an der Schwelle einer neuen Agrarrevolution, die auch bei uns am Niederrhein Einzug hält und an Boden gewinnt. Der Einfluß der Gentechnik, mit deren Hilfe das Erbgut verändert und die Pflanzenproduktion erhöht wird, ist nicht mehr aufzuhalten.

Literatur:

M. Bär, Die Behördenverfassung der Rheinprovinz, Bonn 1919, S. 40-58

V. Banse, Die Bodenreform und Siedlung – ein Schicksal der Pächter im Landesteil Nordrhein, Diss. Bonn 1955

V. Banse, Geschichte des Dorfes Strümp, Lanker Heimatblätter, 6. Mappe, Lank 1994, S. 187-206

A. Barfurth-Igel, Zwischen Kriegsende und Stadtgründung (1945-1970), in: Dohms 1991, S. 553-618

Th. Brinkmann, Ökomomik des landwirtschaftlichen Betriebes, Bonn 1922

E. Gerhard, Thünens Tellower Buchführung. Die Gewinnung des Zahlenmaterials für den „Isolierten Staat" und andere Arbeiten J. H. v. Thünens, Bd. 2, Meisenheim 1964

J. Hansen, Preußen und Rheinland von 1815 bis1915, Bonn 1918

P. Wentzke/H.-A. Lux, Rheinland, Düsseldorf 1925

K.-H. Wilkes, Das Kriegsende in Lank-Latum und den Rheingemeinden, maschinenschr. Meerbusch 1995

Vgl. außerdem die Übersicht der mehrfach benutzten Literatur: Nr. 9, 10, 12, 19, 20, 23, 26.

Anhang:

Unter dem Titel „Hülfsbuch" veröffentlichte der Rheinische Landwirtschaftskalender im Jahre 1859 folgenden Text (die darin enthaltenen Spruchweisheiten sind vom Bearbeiter durch Kursive hervorgehoben):

Januar

Wenig Wasser, viel Wein,
Januar warm, dass Gott erbarm!

Die Wintersaaten erfordern hinsichtlich des Wasserabflusses ein aufmerksames Auge.

Tragenden und säugenden Thieren giebt man Zulage an kräftigem Futter. Laues Gesöff ist den Kühen jetzt zuträglicher als kaltes Wasser.

Die in Kellern, Miethen, Gruben aufbewahrten Erdfrüchte erheischen Wartung und Schutz vor Verderben.

Die Bienen verlangen Ruhe. Haben sie zu wenig Luft, so erkranken sie; so lange noch Schnee liegt, verwehre man ihnen das Fliegen.

Februar

Scheint auf Lichtmess die Sonne, so wird die Erndte gut.
Ist der Februar warm, so ist es um Ostern kalt.

Wenn Witterung und Beschaffenheit des Erdreichs es erlauben, zieht der Landmann schon mit Pflug und Egge zur Vorbereitung der Sommeräcker, namentlich der für Sommerroggen, Bohnen, Erbsen etc. bestimmten Grundstücke heraus.*

Steht fruchtbares Berieselungswasser zu Gebote: so säume man bei warmer Witterung mit seiner Anwendung nicht.

Pappeln und Weiden unterwirft man dem Kröpfen.

Nach einer alten Regel soll der Futtervorrath fürs Vieh zu Lichtmess noch zur Hälfte vorhanden sein.

Trächtige Thiere erfordern vorzugsweise aufmerksame Wartung und Pflege. Die in diesem Monate geworfenen Ferkel gedeihen sehr gut und werden am besten bezahlt.

---

* Diese und ähnliche, von der Witterung abhängende Verrichtungen in der folgenden Jahreszeit treten selbstredend in den kälteren Klimaten etwas später ein als in den wärmeren.

Gluckende Hühner können gegen Ende des Monats schon zu Neste gebracht werden.

Auf den Zu- und Abfluss des Wassers der Karpfenteiche ist genau acht zu geben.

Der Imker kommt Mangel leidenden Stöcken mit Futter zu Hülfe und hat, bei zunehmender Wärme, auf Näscher und Räuber ein wachsames Auge.

Im Garten werden warme Mistbeete angelegt und bestellt; bei heitern Tagen Pfropfenreiser gebrochen.

März

Märzenstaub bringt Gras und Laub.
Der März hält den Pflug beim Sterz;
Darnach kommt der April
Und hält ihn wieder still.

Sobald der Frost aus der Erde und die Aecker hinlänglich abgetrocknet sind, machen die Arbeiten des Pfluges den Anfang. – Eggen der Weizenfelder; Aussaat des Kleesaamens unter die Wintersaat; auch die von Erbsen, Sommerroggen und Hafer beginnt; Ausbesserung und Instandsetzung der Feldbefriedigungen.

Die Wiesen werden gesäubert; ihre Gräben ausgehoben und erneuert; wiederholt gewässert; wo es nöthig ist, besamt.

Im Küchengarten säet und legt man alle Arten Kohl, Kohlrabi, Spinat, Erbsen, grosse Bohnen, Schnittpetersilie, Körbel, Portulak [Gemüse- und Würzpflanze], Salat, Möhren, Sellerie, Petersilienwurzeln, Zwiebeln etc.; pflanzt Spargel, Schalotten etc.; legt Erdbeeren, Sauerampfer etc. ein; setzt zum Samentragen aus: alle Kohlarten, Rüben, Möhren, Zwiebeln etc.

Im Obstgarten ist jetzt die beste Zeit zum Pfropfen und Aeugeln. Man steckt Schnittlinge, macht Abstecker, legt Obst- und Nusskerne. Die Kernreiser werden in die Edelschule versetzt und junge Obstbäume an ihren künftigen Standort. Das Reinigen, Ausputzen etc. der Bäume muss jetzt geschehen.

In den Weinbergen wird gehackt, beschnitten und gedüngt.

In Hopfengärten ist der alte Hopfen zu beschneiden, zu behacken und anzuhäufeln.

Die Fischteiche werden reichlich mit Wasser gefüllt und mit Setzkarpfen besetzt.

Der März ist vorzüglich zum ersten Ausfluge und zum Reinigen der Bienen bestimmt, wenn er warm und sonnig ist. Auch finden sich schon Drohnenmütter ein. Man gebe genau Acht, ob nicht vielleicht ein Stock mutterlos ist.

Bei der Schweinezucht ist das Zulassen des Ebers zu den Zuchtsauen und das Castriren der Schweine zunächst zu beobachten.

Die jungen in diesem Monat ausgebrüteten Tauben lässt man gern zur Zucht ausfliegen.

April

Der dürre April ist nicht der Bauern Will,
Sondern Aprillen-Regen kommt ihnen gelegen.
St. Georg und Marx (23. und 25.) drohen oft viel Arg's.

Man eilt, die zurückgebliebenen Mistfuhren, wo sie nothwendig sind, nachzuholen.

Die Aussaat wird fortgesetzt mit: Sommerweizen, Große Bohnen, Wicken, Linsen, Möhren und Runkelrüben, auch Kartoffeln, wenn der Acker gehörig vorbereitet ist

Der Rieselwirth widmet sich seinem lohnenden Geschäfte wieder.

Der Obstgärtner versetzt veredelte Bäume, reinigt die Bäume von Moos und Raupennestern etc.

Im Küchengarten wird mit den im vorigen Monate begonnenen Saaten etc. eifrig fortgefahren; man verpflanzt Kopfsalat, Sommer-Endivien, frühzeitige Kartoffeln Die Mistbeete müssen schon oft am Tage gelüftet werden.

Der Imker füttere jetzt; schütze mutterlose Stöcke vor Näschern.

Mai

Mamertus, Pancratius und Servatius (11., 12., 13.)
sind 3 Eismänner.
Nicht zu kalt und nicht zu nass,
Füllt die Scheuer und das Fass.

Die Aussaat der grossen und kleinen Gerste, die Legung der Kartoffeln und Runkelkerne wird beendet; hierzu kommen nun Lein, Buchweizen, Hirse, Mohn.

Die hervorbrechenden Kartoffeln werden scharf geeggt.

Die Bewässerung und die Entwässerung der Wiesen nimmt die stete Aufmerksamkeit des Landmanns in Anspruch.

Für die Stallfütterung giebt es Weizenschröpfe, Futterroggen, Luzerne und andere grüne Futtermittel, wobei man jedoch mit Vorsicht verfahren und anfänglich mit trocknem Futter mischen muss.

Anfang des Monats wird den zweischürigen Schafen die Winterwolle ab- und Ende des Monats die Schur des einschürigen Wollviehs vorgenommen. – Ein weiches, von Natur warmes oder durch die äussere Temperatur gehörig erwärmtes Wasser ist zum Waschen der Wolle vorzüglich tauglich. (Unter 13° Réaumur soll die Temperatur des Wassers nicht sein.)

Der Obstgärtner besichtigt seine veredelten Stämme, lüftet die Bänder, drückt die überflüssigen Augen und Wasserloden ab.

Im Küchengarten legt man noch Erbsen und Bohnen, pflanzt Kohl, legt, wenn nämlich keine heftigen Nachtfröste mehr zu erwarten sind, Gurken und Vitzbohnen [Schnibbelbohnen].

Je nützlicher die Bienen nun werden, je mehr sorge man für deren Reinhaltung, für zweckmässige Raumgebung etc.

Juni

Regnet es am Siebenschläfertage (10.) so regnet es 7 Wochen lang.
Nordwinde im Juni wehen das Korn ins Land, Südwinde aber heraus.

Die Hauptarbeit der Feldbestellung ist die Bedüngung und Ackerung der Brache.

Die Erdfrüchte werden behackt und behäufelt, Wasserrüben, zu Anfang des Monats auch noch Kohlrüben gesäet. – Mitte des Monats: Rübsenerndte [Rübsen = Ölfrucht]; Ende des Monats: Rapserndte. – Heuerndte.

Im Obstgarten wird jetzt mit dem Veredeln der Bäume durch Okuliren aufs treibende Auge bis einige Tage vor oder nach Johanni fortgefahren. Auch das Copuliren kann in der ersten Hälfte des Monats noch angewandt werden.

Im Gemüsegarten passt jetzt vorzüglich die Aussaat der Erfurter Winterrettige, der weissen langen Rüben etc.; zum Samen ausgezeichnet werden: Erbsen, Carotten, Salat. Das Stechen der Spargelbeete hört mit Johanni auf. Die Fenster werden von den Mistbeeten ganz weggenommen.

Der Hopfengärtner hackt, häufelt und bindet an.

Die Holzfuhren für den Winter sind (bei vorhandener Zeit dazu) zu besorgen.

Bei der Weidewirthschaft sorge man, dass es dem Vieh nicht an gesunden Tränken fehle; das Rindvieh treibe man, wo es möglich ist, täglich durch Gewässer; dieses Schwemmen sichert dasselbe mehr gegen den Milzbrand und andere Zufälle. Schweine bade man oft und gebe ihnen vor und nach dem Austreiben etwas Grünes (Unkraut etc.).

Bei der Stallfütterung fehlt es nur in dürrer Zeit oder bei schlechter Wirthschaft an Futter, man sorge aber für Abwechselung und gute Eintheilung.

Juli

Ein trockner Juli verspricht guten Wein.
Wenn es auf Mariä Heimsuchung (2. Juli) regnet,
so regnet es 4 Wochen lang.

Der Rapsacker muss gegen Ende des Monats zur Bestellung fertig liegen.

Das Ausfahren der vorräthigen Jauche, das Ueberrieseln der Wiesen, wenn die bestehende Einrichtung beides gestattet, empfiehlt sich.

Die erste Hälfte des Monats ist noch dem Heuwerben gewidmet; in der dritten Woche schneidet man gewöhnlich den Roggen an.

Das Veredeln der Obstbäume wird wie im Juni betrieben; nur mit dem Copuliren ist man jetzt weniger glücklich.

Das Jäten, Nachheften, Bandhauen und Ausrechen der Weingärten wird beendigt; die Reben werden gegipfelt, unten an den Stöcken geblattet, die Entfernung und Vertilgung ihrer Feinde fortgesetzt.

Die Bienen sammeln bis zur Mitte des Monats noch Honig; in nördlicheren Gegenden darf man höchstens bis in die zweite, in südlicheren nur bis in die erste Woche Schwärme annehmen.

August

Mariä Himmelfahrt (14.) Sonnenschein,
Bringt gern viel und guten Wein.
Wie auf Laurentius und Bartholomäus (24.),
So wird den Herbst hindurch das Wetter sein.

Dieser Monat, der eigentliche Erndtemonat, ist für den Landmann um so wichtiger und geschäftsreicher, als ausser den vielen Erndtearbeiten auch zugleich in ihn noch die Bestellung mehrerer wichtigen Feldgewächse fällt, als namentlich – gewöhnlich zwischen dem 10. und 20. – des Winterrapses und – gewöhnlich in die letzten Tage – des Winterrübsens, in nördlicheren Gegenden auch schon des Roggens.

Von Ackerungsarbeiten darf, wenn irgend möglich, in der zweiten Hälfte des Monats das Saatpflügen für den Roggen nicht versäumt werden, da es so wichtig ist, denselben auf gelegener Furche zu säen.

Die Erndtearbeit nehmen hauptsächlich in Anspruch: der Weizen, der Winterspelz, mehrentheils die Gerste, der Hafer, die Erbsen, der Buchweizen, die Hirse, der Lein, der Mohn und Leindotter, gegen Ende des Monats auch der Senf, in den ersten Tagen häufig der Wau, der Anis etc. Der Samenklee wird abgemäht; Luzerne zum dritten Male geschnitten und der Samen eingesammelt; Esparsetteheu [Esparsette = Futterpflanze] gemacht und Esparsettesamen gesäet.

Die Grummeterndte auf den Wiesen beginnt.

Der Obstgärtner fährt noch mit dem Veredeln der Bäume, insonderheit dem sogenannten Sommerpfropfen fort.

Im Gemüsegarten wird zu Ende des Monats ein grosser Theil der Sämereien aufzunehmen sein. – Der Blumenliebhaber hat seine Hyazinthen, Tulpen etc. in Töpfe zu legen.

Die Fischteiche sind zu säubern und auszubessern.

September

September-Regen, für Saat und Reben, dem Bauer gelegen.
Wenn die Zugvögel vor Michaelis nicht fortziehen, so ist ein später
Winter zu erwarten.

Der Landwirth beschäftigt sich noch eben so häufig mit der Erndte als auch mit der Winterungsaussaat. – In den letzten Tagen des Monats beginnt auch die Kartoffelerndte.

Die Grummeterndte erfordert jetzt noch mehr Sorgfalt, weil die Tage kürzer werden und die Wiesenfläche in der Regel feuchter ist, die abgehauenen Gräser also nicht so vollständig austrocknen.

Zweischürigen Schafen wird die Sommerwolle abgenommen; das Brackvieh wird ausgeworfen und auf bessere Weiden getrieben.

Zu Michaelis werden die Schweine in die Waldmast getrieben.

Im Küchengarten säet man Winterspinat und Rapunzeln, verpflanzt Schalotten, legt Winterzwiebeln.

Für die Bienen in den Heidegegenden ist noch reichliche Tracht; wo sich jetzt Drohnen blicken lassen, da kann man auf Weisellosigkeit [Zustand ohne Bienenkönigin] schliessen. Nun ist es Zeit, seinen Bienenstand in völlige Ordnung zu bringen.

In diesen Monat fallen die Vorbereitungen zur Herbstfischerei in den Teichen. – Bei der wilden Fischerei ist dies der letzte Monat, wo man den Aal fangen kann; der Krebsfang hört auf.

Die Feldjagd ist aufgegangen; dieser Monat ist der beste zur Hühnerjagd mit dem Hühnerhunde. – Der Dohnenstrich [Gebiet des Vogelfangs] beginnt.

October

Viel Nebel im October bedeutet viel Schnee im Winter.
Wenn das Laub im October nicht fallen will, so folgt im folgenden Jahre Raupenfrass und wenig Obst.

Viele Samen und spätere Obstarten reifen; die Weinlese nimmt gewöhnlich in der ersten Hälfte des Monats ihren Anfang.

Der Landmann ist mit dem Einbringen der Erdfrüchte beschäftigt. Wo die Wintersaaten bereits beseitigt, lässt man das Gespann stoppeln, Dünger fahren etc.

Der Wiesenwirth holt die verspätete Grummeterndte in den niedrigen Wiesen nach, nimmt event. das abgemähte Gras heraus und bringt es zum bequemen Trocknen auf höhere Flächen.

Gegen Mitte des Monats kommen aus nördlichen Gegenden und ziehen zum Theil über unsere Gegenden weiter: die Weindrossel und Waldschnepfen.

Die Futterüberschläge für den Winter sind nun zu entwerfen.

Der Imker bemüht sich, den Bienen eine ruhige und warme Stellung zu geben, ihre Feinde unschädlich zu machen. Auch Honig und Wachs ist auszulassen und gegen seine natürlichen Feinde in sichere Verwahrung zu bringen. Damit die jungen Stöcke nicht genöthigt sind, alsbald ihren Honigvorrath anzugreifen, muss man auf eine zweckmässige Weise das Füttern beginnen, ehe es die kalte Jahreszeit unmöglich macht.

Für die Teichfischerei ist der October der wichtigste Monat; denn es fällt in denselben die Ausfischung.

November

Donner im November bedeutet viel Getreide.
Wenn um Martini die Gänse auf dem Eise stehn,
So müssen sie um Weihnachten im Kothe gehn.

Mit dem Felgen der Stoppelfelder und Dreschen, dem Düngerfahren wird fortgefahren. Jauche wird auf die Wintersaaten gefahren.

Im Obstgarten ist verhältnissmässig mehr als auf dem Felde zu beschaffen, namentlich beschäftigt man sich mit der Vertilgung der Obstfeinde, der Behandlung der entdeckten Baumkrankheiten, dem Versetzen der Bäume etc.

Im Küchengarten werden Rapunzel, Zuckerwurzeln, Spargel gesäet, Artischokken, Rapunzel, Sellerie, Spargel bedeckt; es wird gegraben, rajolt [= rigolen = tief pflügen, umgraben] und gedüngt, Gemüse in die Gruben gebracht und in Sand im Keller.

Pflege und Wartung des Viehs nimmt die grösste Aufmerksamkeit in Anspruch. Das von der Weide eingebundene Vieh muss in dieser Zeit ganz besonders gut gefüttert werden.

Für die Bienen ist dies der Ruhemonat.

December

Weisse Weihnachten, grüne Ostern.
Grüne Weihnachten, weisse Ostern.

Die Beschränktheit in den Aussenarbeiten stimmt mit dem Schlafe der Natur überein. Ist das Land noch offen, so wird natürlich mit dem rückständigen Umreissen der Stoppeln und Dreschfelder fortgefahren; mit Hederich [Unkrautart] erfüllte Felder mache man, wenn Witterung und Beschaffenheit des Erdreichs es erlauben, zur Hafersaat ganz fertig.

Das Verfahren des Getreides, Mergel- und Moderfahren etc. beschäftigen das Gespann, das Ausdreschen und Reinigen des Getreides, die Bereitung der Gespinnstpflanzen etc. die Handarbeiter. Sowohl die Scheunen als Viehställe erfordern die schärfste Controle des Wirthes. Die Aufmerksamkeit auf das trächtige Vieh aller Art ist zu verdoppeln, namentlich auf gute Streuung, sorgfältiges Ein- und Auslassen beim Tränken etc. zu halten.

Die Waldmast geht zu Ende, auf dem Koven dauert die Mast noch. Die Durchwinterung der Fische und ob der Zu- oder Abfluss des Wassers unterbrochen wurde, erheischt bei dem Teichwirth eine stete Nachsicht.

Der Imker muss dafür sorgen, dass seine schutzlosen Pfleglinge nicht verhungern, erfrieren und durch die Mäuse verdorben werden.

Der Winzer hat jetzt am besten Zeit, seine Weingärten durch eine zweckmässige Erdmischung zu verbessern, für Anfertigung der Weinpfähle, Ausbesserung der fehlerhaften Geräthe etc. zu sorgen.

Im Gemüsegarten ist im Freien nicht viel mehr vorzunehmen. Die Erdmagazine werden umgearbeitet und neue angelegt. – Hat man im vorigen Monat noch kein Mistbeet angelegt, so kann es nun geschehen.

Die Bauernhöfe des Lanker Raumes

Von Franz-Josef Radmacher

Zur Bautypologie der heimischen Bauernhäuser

Wenn wir heute unsere historischen Bauernhöfe betrachten, so fällt es nicht leicht, hier eine Ordnung zu finden oder die Baugeschichte im Einzelfall nachzuvollziehen. Dabei muß man bedenken, daß sich das Gebiet der Stadt Meerbusch in einer Übergangszone befindet. Im Norden des Niederrheins bis in den Raum Kleve ist das Zweiständerhaus oder auch „Sachsenhaus" vorherrschend, während südlich einer Linie etwa von Neuss nach Viersen die „fränkische" geschlossene Hofanlage, der Vierkanthof, die Landschaft bestimmt. Unser Gebiet scheint ursprünglich, zumindest für die einfachen Bauernhöfe, vom Typ des Sachsenhauses dominiert worden zu sein. Hierbei handelt es sich um eine Holzkonstruktion, die in den tragenden Teilen aus Eichenholz besteht. Vier oder fünf Gebinde im Abstand von etwa vier Metern tragen die Dachkonstruktion. Wenn für die beiden Giebel je ein Gebund steht, ergeben sich drei oder vier Joche für das Haus, das damit eine Länge von 12 oder 16 Metern erhält. Zwei Joche sind für den Wohnteil vorgesehen, während ein oder zwei Joche als Stall dienen.

Die Gebinde bestehen aus einer sehr starken und stabilen Konstruktion von zwei tragenden Stützen oder Stielen, einem mit diesen durch Zapfenschlösser verbundenen Binderbalken und zwei Kopfbändern. Die Gebinde werden durch waagerechte Rähme miteinander verbunden, welche die Sparren tragen, die nicht selten aus minderwertigem Holz (Fichte oder Ulme) bestehen. Die Binderbalken dienen auch als Auf-

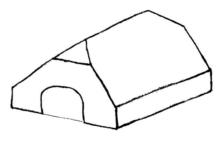

Sächsisches Hallenhaus

lager für die Deckenbalken. Das Dach hat eine Neigung von etwa 40°. Neben dem Mittelschiff gibt es zwei Seitenschiffe (Abseiten oder Kübbungen), die gebildet werden, indem das Dach möglichst tief nach unten verlängert wird. An den Giebelseiten befinden sich Krüppelwalme mit oft sehr tiefliegender Traufe, so daß dieses Haus zum großen Teil aus Dachflächen besteht und sich regelrecht in die niederrheinische Landschaft hineinduckt. Das Dach wurde früher mit Stroh und später mit Hohldachziegeln gedeckt.

Die Seiten- und Giebelwände waren ursprünglich aus Fachwerk mit Astgeflecht und Lehmbewurf gebaut. Später wurden die Gefache des Fachwerks mit Ziegelsteinen ausgemauert, oder man mauerte die Giebel ganz aus Ziegelsteinen. Manchmal wurde auch nachträglich ein Ziegelmauerwerk vor die alte Fachwerkkonstruktion gesetzt. Dieser alte Haustyp vereinte Wohn- und Wirtschaftsteil, Mensch und Vieh, unter einem Dach. An einem Ende des Hauses waren die Wohnräume in zwei Jochen angeordnet, wobei die Küche die Mitte des Hauses bildete, geheizt durch eine offene Herdstelle, den „Bossem". Von der entgegengesetzten Giebelseite erfolgte die Karreneinfahrt auf die „Dääl", von

Sächsisches Zweiständerhaus im Schnitt

Tagelöhner-Haus

der man dann in die Wohn-Küche kam. Seitlich von der Diele in den Abseiten waren das Vieh, Getreide und Futter untergebracht. Dieser Haustyp erfüllt naturgemäß nur die einfachsten Wohnbedürfnisse und wurde deshalb im Laufe der Zeit vielfach verändert und erweitert.

Von Nachteil war insbesondere die schlechte Belichtung der Räume. Fenster konnten eigentlich nur auf der Giebelseite des Wohnteils eingebaut werden. Deshalb finden wir bei uns häufig einen Haustyp, der auf einer Längsseite zweigeschossig ist. Dort können dann Tür und Fenster eingebaut werden, so daß im Obergeschoß die Schlafräume sind. Nur nach hinten besitzt dieser Haustyp, der vor allem auch innerhalb der geschlossenen Ortschaften zu finden ist, die tiefer gezogene Abseite. Das häufige Vorkommen dieses abgewandelten Haustyps ist wohl auch ein Zeichen für das Übergangsgebiet, in dem wir uns befinden. Häufig fehlt an einem oder beiden Giebeln der Krüppelwalm, damit man auch im Obergeschoß an den Giebelseiten Fenster einbauen konnte.

Wollte man wegen des zusätzlichen Platzbedarfs das Sachsenhaus erweitern, so bot sich einmal der Anbau eines weiteren Jochs an. Manchmal setzte man auch vor den Wohnteil einen Querbau, so daß ein „T-Haus" entstand. Dieser Erweiterungsbau konnte auch winkelförmig errichtet werden oder seitlich, indem man das Dach durch ein Schleppdach flacher machte. Später wurden auch separate Gebäude für Vieh und Getreide errichtet, also Stall und Scheune, so daß im Idealfall nach und nach eine geschlossene fränkische Hofanlage entstand.

In der reinen Form ist heute wohl kein Zweiständerhaus im Lanker Raum erhalten. Vielfach aber entdeckt man erst beim Abriß des Gebäudes, wie seine ursprüngliche Konstruktion einmal aussah. So war es zum Beispiel, als 1995 der Stockshof in Osterath der Umgehungsstraße weichen mußte. Der Abbruch von Hand und eine wissenschaftliche Bauaufnahme führten hier zu interessanten Ergebnissen. (Vgl. Schöndeling 1995) Das Bauernhaus Leven in Ilverich, das noch 1973 bei einer Ortsbegehung vom Heimatkreis Lank besichtigt werden konnte und auch in der Presse entsprechend gewürdigt wurde, verschwand 1975 nach dem Tode von Elisabeth Leven, der betagten letzten Bewohnerin. Es war noch in fast unveränderter Form erhalten. Beim Nauenhof gegenüber von Haus Latum kann man diese Bauweise noch gut erkennen. Eine mehrfache Erweiterung eines alten Zweiständerhauses kann man beim Bauernhof Kohtes in Latum feststellen, wenn man sich auf den Söller begibt. Es wurde zuerst nach hinten durch ein „Abschleppen" des Daches erweitert, dann über Eck zu einem Winkelbau, dann durch den Bau von separaten Wirtschaftsgebäuden zu einer stattlichen Hofanlage gestaltet. Zur Straße hin erhielt das Haus eine attraktive Front aus Ziegelmauerwerk. Ein Denkmalschutz wurde wegen der Veränderungen von

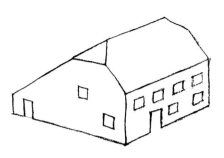

Niederrheinisches Bauernhaus mit zweigeschossigem Wohnteil

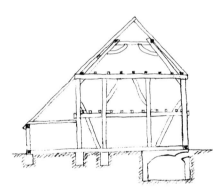

Zweigeschossiges Wohnhaus mit Keller im Schnitt

der Denkmalbehörde leider abgelehnt. Dabei wäre dieses Haus gerade deswegen baugeschichtlich besonders interessant.

Insgesamt kann man sagen, daß unsere ältesten Bauernhäuser da zu finden sind, wo an alter Siedlungsstätte Häuser mit Fachwerk-Kern mit relativ flach geneigtem Dach mit Krüppelwalmen Hinweise geben. In Oppum (Hauptstraße) wurde gerade jetzt (1997) ein solches Gehöft zu einem modernen Wohnhaus umgebaut. Die geschlossene Hofanlage nach mitteldeutschem, fränkischem Vorbild scheint auch bei uns in der Übergangszone eine Heimat zu haben. Das gilt vor allem für die großen Hofanlagen, die früher zumeist adligen Häusern oder Stiften und Klöstern gehörten. Hier war die Trennung von Wohn- und Wirtschaftsteil schon sehr früh erfolgt. Lediglich das Gesinde wohnte zusammen mit dem Vieh unter einem Dach. Den frühen Gebrauch von Ziegelmauerwerk kann man wohl auch als ein Zeichen von Wohlstand betrachten.

Selbst frühe Ziegelbauten, wie z. B. Haus Latum, waren früher teilweise aus Fachwerk errichtet. Fachwerkteile sieht man bei Haus Latum noch in zeichnerischen Darstellungen vom Ende des 18. Jahrhunderts. Einige Wohnhäuser bei ehemaligen Klostergütern wurden erst spät völlig neu in Ziegelsteinen errichtet. Beispiele hierfür sind Werthhof und Seisthof in Nierst, Nauenhof in Langst, Münkshof und Hennenhof in Ilverich. Andere herrschaftliche Hofanlagen zeigen durch bauliche Veränderungen nicht mehr den Fachwerk-Kern, den sie wahrscheinlich noch im Innern haben, wie zum Beispiel bei Haus Kierst zu vermuten. Im 19. Jahrhundert entstanden komplett neue Hofanlagen, die in Ziegelbauweise als fränkische Vierkanthöfe angelegt wurden. Beispiele hierfür sind Haus Radong in Bösinghoven, Weyershof und Issemer Hof in Lank, Schürkeshof und Neuer Meerhof in Strümp, Großisselhof und Schultenhof in Ilverich, Neuer Münkshof in Langst, Küstershof und Lamertzhof in Nierst und Weyershof und Kohteshof in Stratum. Gebaut wurden die alten Bauernhäuser zumeist von Zimmerleuten aus dem Dorf, die gleichzeitig auch Stellmacher, Tischler und Landwirte waren. Ein solcher ländlicher Handwerksbetrieb war die Zimmerei, Stellmacherei und Schreinerei Radmacher in Latum, die sich schon 1616 an gleicher Stelle nachweisen läßt und heute noch besteht. Im vorigen Jahrhundert treten immer mehr Zimmermeister als Bauunternehmer auf, die Häuser und Bauernhöfe zumeist „schlüsselfertig" erstellen.

Bei der unaufhaltsamen und schnellen Veränderung unserer Kulturlandschaft verschwinden immer mehr historische Höfe oder verändern ihr Gesicht. Nur noch wenige werden für landwirtschaftliche Zwecke genutzt. In Zukunft wird man wohl Landschaftsmuseen besuchen müssen (siehe Kommern und Grefrath), wenn man heimische Haustypen möglichst unverfälscht studieren will.

Abb. 22: Overlackerhof in Lank (der Strich markiert den Stand des Hochwassers), 1920

Abb. 23: Ehem. Bauernhof Spennes in Lank-Latum, Mittelstraße, 1972

Abb. 24: Steinbrücke über den Langenbruchbach mit der noch ungepflasterten Hauptstraße in Lank, Postkarte, um 1910

Abb. 25: Ismerhof (Münker-Parlings) an der Gonellastraße in Lank, 1976

Geographische Standortbedingungen

Die Ortschaften des früheren Amtes Lank gehören naturräumlich zur Mittleren Niederrheinebene und zur Kempener Platte. Das gesamte Gebiet liegt auf der Niederterrasse, die sehr stark gegliedert ist durch alte Rinnen, die der Rhein im Laufe der Geschichte geschnitten und zum Teil wieder verfüllt hat. In früherer Zeit war der Rhein nicht durch Deiche und Kribben in ein festes Bett gezwungen. Er veränderte durch Hochwasser häufig seinen Lauf und hinterließ danach die für die Landschaft unseres Raumes charakteristischen Altstromrinnen wie zum Beispiel die Ilvericher Altrheinschlinge, die Latum-Bösinghovener Rinne (Buersbach-Striebruch), die Ossum-Oppumer Rinne, die Strempe, den Langenbruchbach usw.

Geeignet für die Besiedlung waren zunächst einmal die hochwasserfreien Niederterrasseninseln, wobei die Nähe zum Wasser für die Lage der Dörfer wichtig war. Auf den Inseln findet sich zumeist guter bis sehr guter Ackerboden. Die besten Böden aus Löß und Hochflutlehm (Parabraunerden) finden sich zwischen Lank und Ilverich, westlich von Strümp bis Bösinghoven, zwischen Latum und Ossum und entlang der Rheintalaue von Ilverich über Langst und Kierst bis Gellep. Diese Standorte werden nach der Reichsbodenschätzung mit 60 bis 90 Punkten bewertet. Weniger ertragreich sind die mehr sandigen Böden, die sich vor allem zwischen Lank und Nierst befinden. Hier erstreckte sich noch im vorigen Jahrhundert der Lohbusch. Sandböden gibt es aber auch in Bösinghoven (Geest) und Strümp.

Die Altstromrinnen und Bruchgebiete eigneten sich nicht für den Ackerbau, allerdings hervorragend als Viehweide. So finden wir solche großflächigen Weidegebiete vor allem in der Ilvericher Altrheinschlinge, im Latumer und Lanker Bruch und in der Rheinaue. Ursprünglich waren diese Gebiete Gemeineigentum (Allmende), wurden aber im vorigen Jahrhundert größtenteils parzelliert und verkauft, was nicht ohne Konflikte zwischen den verschiedenen Interessen geschah. Der „Ilvericher Gänsekrieg" von 1860 ist hierfür ein interessantes Beispiel.

In neuerer Zeit sind die früheren Bruchgebiete zum Teil trockengelegt oder aber bei absinkendem Grundwasserspiegel und fehlender Verbindung zum Rheinhochwasser häufig umgebrochen und für den Ackerbau genutzt worden. Auch andere früher als Weidegebiete genutzte Flächen werden heute für den Anbau von Nutzpflanzen bearbeitet, zum Beispiel in Latum zwischen der ehemaligen Bundesstraße und dem Herrenbusch, zwischen Lank und Strümp sowie entlang des Rheins bei Ilverich, Langst und Nierst.

Für die Dörfer im Lanker Gebiet ist vor allem die Zeilenstruktur entlang einer Wasserrinne wichtig. Typisch sind die Rheindörfer Gellep, Nierst, Langst und Ilverich. Aber auch Lank, Bösinghoven und Teile von Latum, Stratum und Strümp lassen sich so in ihrer Lage beschreiben. Daneben gibt es noch einige kleinere Weiler, die sich um eine Kirche entwickelt haben (Kierst und Ossum), oder die Straßendörfer entlang der alten Römerstraße wie Strümp und Latum.

Entwicklung der Siedlungen und Bauernhöfe im Laufe der Geschichte

Christoph Reichmann unterscheidet für die Besiedlungsgeschichte unseres Raumes drei Phasen. Die ältesten Orte sind demnach nach dem Abzug der Römer im 5. Jahrhundert durch Gründungen der Thüringer entstanden. Er rechnet hierzu Büderich, Turren, Ilverich, Langst und die Nierster Burg.

Eine zweite Siedlungswelle wurde durch die Merowingischen Landesherren Anfang des 6. Jahrhunderts ausgelöst. Die wahrscheinlich aus dem heutigen Belgien kommenden Siedler gründeten Ossum, Weiler, Lützel-Bockum, Latum, Stratum, Lank und Strümp. Es ist hier allerdings zu fragen, ob Lank und Latum wirklich zur gleichen Siedlungswelle gehört haben oder ob Lank nicht doch zur älteren Gruppe gehört. In Strümp wurde erst 1991 an der Forststraße eine merowingische Siedlung ausgegraben.

Eine dritte Siedlungswelle im späten 12. und frühen 13. Jahrhundert betraf im Lanker Gebiet wohl nur Bösinghoven. Im übrigen Meerbusch gingen diese Neusiedler vor allem nach Osterath, Bovert und zu den Büdericher Ortsteilen Necklenbroich und Brühl. Spätestens um das Jahr 1200 bestanden also unsere Dörfer und Siedlungen. Das beweisen auch die ältesten erhaltenen Bauwerke, die damals schon in Stein erbauten Kirchen und Kapellen.

Für unser Gebiet ist ein alter Spruch überliefert:

Lank on Lotem, Strömp on Strotem, (gelegentlich auch: Neesch on Keesch), Hääd on Keschwääd send dem Kurförsch van Kölle sin beste Stääd.

Neben lokalem Stolz hat dieser Spruch sicher auch eine handfeste wirtschaftliche Grundlage. Hier sind vor allem die fruchtbaren und ertragreichen Böden als Basis für eine gute Landwirtschaft zu nennen. Für welche Zeit galt aber dieser Spruch? Da Kaiserswerth 1702 total zerstört wurde und seitdem fast keine Bedeutung mehr hatte, kann er sich eigentlich nur auf eine frühere Zeit beziehen. Angefangen beim Kölnischen oder Truchsessischen Krieg 1582-1589 über den Dreißigjährigen Krieg bis zum Spanischen Erbfolgekrieg war unser Gebiet durch vielfältige Kriegsereignisse kaum zur Ruhe gekommen, so daß man sicher auch in dieser Zeit schwerlich von einer Zeit des Wohlstandes sprechen kann.

Im Kölnischen Krieg wurden 1583 sowohl das Kloster Meer als auch Haus Latum eingeäschert. Bei den von Brandschatzungen, Plünderungen und unvorstellbaren Grausamkeiten geprägten Wirren wird es den Dörfern kaum anders ergangen sein. Der sogenannte Hessenkrieg 1642-1645 brachte zumindest die Zerstörung von Lank, wo auch die Kirche einschließlich der Turmspitze abbrannte. Nach Erkenntnissen des Zimmermeisters und passionierten Heimatforschers Balthasar Radmacher (1903-1965) gab es im ganzen Lanker Gebiet kein Haus, das älter war. In den ältesten Häusern fand er regelmäßig Balken, die angekohlt waren, für ihn ein Zeichen dafür, daß sie beim Wiederaufbau nach der Brandschatzung 1642 ein zweites Mal verwendet wurden.

Selbst in den städtischen Siedlungen der Nachbarschaft findet man kaum Gebäude, die aus der Zeit vor dem Dreißigjährigen Krieg stammen. Allenfalls wurden Kirchen, Rathäuser oder Herrensitze aus Ruinen wiederaufgebaut. Bei den in Holzbauweise errichteten einfachen Bauern- und Bürgerhäusern war dies kaum möglich, wenn sie erst einmal abgebrannt waren. Man wird allerdings in der Regel den Wiederaufbau an der alten Stelle angestrebt haben.

Vergleicht man unsere bäuerlichen Siedlungen mit solchen in anderen deutschen Landschaften, so kann man nur feststellen, daß unsere Heimat hierbei sehr schlecht abschneidet. Wer die schönen mittelalterlichen Stadtbilder und Dörfer in Süd- und Mitteldeutschland mit ihren stolzen Fachwerkhäusern aus dem 15. und 16. Jahrhundert gesehen hat, dem wird deutlich, daß es die Geschichte mit unserer Heimat über lange Perioden nicht allzu gut gemeint hat.

Die seltenen Beschreibungen des Zustandes der Bauernhöfe bei Besitzwechseln und Neuverpachtungen oder die Deskriptionen bei der Säkularisierung geben ein eher klägliches Bild vom Zustand der Gebäude. So wird der Seisthof, immerhin der Haupthof der Herrlichkeit Nierst des reichen Klosters Meer, 1803 so beschrieben: „Die Gebäude befinden sich im schlechtmöglichsten Zustand." (Meyer-Rogmann 1991, S. 140) Das Wohnhaus des Halfmannes hat nur folgende Räume: im Erdgeschoß eine Küche mit drei Zimmern, in der ersten Etage ein Zimmer und zwei Speicher. Es gehört nicht viel Phantasie dazu, sich ein ganz einfaches Fachwerkhaus als Sitz des Pächters vorzustellen. Der Heyerhof wird 1804 folgendermaßen beschrieben: im Erdgeschoß zwei kleine Zimmer sowie zwei weitere kleine Räume ohne Fußbodenbretter, in der ersten Etage zwei kleine Speicher, alles gedeckt mit einem Strohdach und in schlechtem Zustand. Auch Scheune und Ställe sind mit Stroh gedeckt. Es war mehr als bescheiden.

Nicht nur Kriegsereignisse führten zu Rückschlägen in der Entwicklung, hinzu kamen auch die Schäden durch die häufigen Überschwemmungen des Rheins, Seuchen und Mißernten. Längere Perioden des Wohlstandes lassen sich im geschichtlichen Rückblick nur schwer ausmachen. Vielleicht war das 16. Jahrhundert bis zum Kölnischen Krieg eine gute Zeit, aus dem der heute noch erhaltene Silbervogel der Lanker Schützenbruderschaft stammt (1538). Dies mag auch für das 18. Jahrhundert bis zur französischen Besetzung 1794 zutreffen, mit Ausnahme wohl des Siebenjährigen Krieges. Der Lanker Chronist und Pfarrer Wilhelm Jacobs schreibt in seiner Chronik zum Beispiel für das Jahr 1766: „Man fahret immer fort, gesunde Zeiten zu haben in gutem Frieden."

Die preußische Zeit ab 1814 war zwar friedlich, aber eher von Armut geprägt. Dennoch wurde durch die Aufhebung der ständischen Beschränkungen und die wirtschaftlichen Freiheiten einiges an Kapital und Initiativen bewegt. Es kommt zum Neubau und zur Erweiterung vieler Höfe. Auch viele mittlere Bauern können sich verbessern. Die Kriegs- und Nachkriegsjahre beider Weltkriege trafen die hiesige Landwirtschaft weniger als die Stadtbevölkerung, da man ja Selbstversorger war. Nach dem letzten Krieg fing nach einer Erholungsphase schon bald der Konzentrationsprozeß an. Es kam zu einem Höfesterben, das so weit ging, daß es heute in den Ortslagen von Lank und Latum keinen Vollerwerbsbetrieb mehr gibt. Aussiedlerhöfe wurden gebaut, die häufig schon bald wieder die Landwirtschaft einstellten. Heute sind nur noch 1% der Meerbuscher Bevölkerung in der Landwirtschaft tätig.

Schwerpunkte der heimischen Landwirtschaft im 19. und 20. Jahrhundert

Die Aufhebung der ständischen Beschränkungen und die neuen wirtschaftlichen Freiheiten unter der französischen und preußischen Herrschaft bildeten die Grundlagen für eine Weiterentwicklung der Landwirtschaft im 19. Jahrhundert. Zunächst einmal ist in diesem Zeitraum ein beträchtliches Ansteigen der Bevölkerung zu verzeichnen. Von 1816 bis 1864 stieg die Zahl der Einwohner der späteren Bürgermeisterei Lank um 33%, von 1871 bis 1933 noch einmal um 55% (hier ohne Gellep-Stratum). Dabei muß man einen beträchtlichen Bevölkerungsverlust durch die Auswanderungswelle zwischen 1835 und 1850

berücksichtigen. Die Einwohnerzahlen des Amtes bzw. der Bürgermeisterei
Lank betrugen:

1816:	3070	
1843:	3991	
1864:	4083	
1895:	3527	(ohne Gellep-Stratum)
1933:	5376	(desgl.)

Die Gründe für die Zunahme dürften in besseren gesundheitlichen Verhältnissen und in der durchweg friedlichen Zeit zu suchen sein.

Parallel zur Zunahme der Bevölkerung vergrößerte sich das bewirtschaftete Ackerland. Es wurden größere Wald- und Buschgebiete gerodet (z. B. Isselbusch Lohbusch, Kapitelsbusch); aber auch sumpfiges und bisher nicht genutztes Bruchland wurde trockengelegt und nutzbar gemacht. In der Bürgermeisterei Lank waren 1820 noch 3003 Morgen Holzungen vorhanden, während es 1858 nur noch 600 Morgen waren. Der Ertrag konnte auch gesteigert werden durch bessere Anbaumethoden. Nach und nach kam man von der traditionellen Dreifelderwirtschaft ab und führte die Fruchtwechselwirtschaft ein. Durch die Vergrößerung des Viehbestandes gewann man mehr Dünger für die Felddüngung. Ab 1860 setzte auch die Mechanisierung in der Landwirtschaft ein. So gab es zum Beispiel 1893 in Ossum-Bösinghoven 13 und in Langst-Kierst 9 Dreschmaschinen, die als sogenannte „Stiftendrescher" von Pferden angetrieben wurden. Manche Maschinen wie die Wannmühlen wurden von einheimischen Handwerkern hergestellt.

Hofstellen

Die im Rheinland seit alters übliche und gesetzlich begünstigte Realteilung im Erbfall führte zu einer Zunahme der Hofstellen bei einer zunehmenden Zersplitterung des bäuerlichen Grundbesitzes. Vor allem die Zahl der kleinen und Kleinstbauern nahm zu. Viele dieser Bauern mußten sich als Tagelöhner verdingen und übten die Landwirtschaft nur im Nebenerwerb aus. Besonders in den dreißiger und vierziger Jahren des vorigen Jahrhunderts verarmten große Teile der Bevölkerung. Viele suchten ihr Glück in der Auswanderung.

Die Anzahl der Betriebe, die in den Statistiken genannt werden, ist mit der Unsicherheit belastet, daß die Grenze nach unten zu Kleinstbetrieben hin oft nicht genannt wird. So wird 1929 eine Zahl von 222 angegeben, 1945 werden 161 Höfe gezählt, während 1950 sogar 252 und 1961 noch 192 Betriebe aufgeführt werden (immer ohne Gellep-Stratum). Während die Landwirtschaftskammer 1979 noch 87 Betriebe zählte, dürften es heute kaum mehr als 30 sein.

Feldfrüchte

Hinsichtlich der angebauten Früchte soll hier beispielhaft aus der Statistik des Bürgermeisters von Lank für das Jahr 1893 zitiert werden:

Weizen	47 ha	Kartoffeln	30 ha
Roggen	45 ha	Runkelrüben	5 ha
Gerste	3 ha	Weiße Rüben	21 ha
Hafer	40 ha	Zuckerrüben	20 ha
Klee	20 ha	Kohlrüben	2 ha
Luzerne	12 ha	Buchweizen	0.5 ha

Insgesamt kann man gegen Ende des vorigen Jahrhunderts eine starke Zunahme des Rübenanbaus beobachten. Dabei gelang es den hiesigen Landwirten, eine spezielle Rübensorte, die „Rheinische Lanker", zu züchten, die überregional wegen ihres hohen Zuckergehaltes geschätzt wurde. Selbst die üppige Blattkrone konnte noch zur Viehfütterung benutzt werden. Im übrigen verwandte man diese Rüben auch zur Herstellung von Zuckerrübenkraut, einem beliebten Brotaufstrich (s. Münks 1975). Im Jahre 1888 gab es im Amt Lank nicht weniger als 46 Krautsiedereien auf den Bauernhöfen.

Obst- und Gemüsebau

Für die zahlreichen kleineren Bauern bot sich schon im vorigen Jahrhundert im Anbau von Obst und Gemüse zur Beschickung der Märkte der umliegenden Städte eine verbesserte Existenzgrundlage. Bessere Transportmöglichkeiten und die Nachfragesteigerung durch die wachsenden Städte führten zu zunehmendem Anbau von Gemüse vor allem in günstig gelegenen Orten wie Langst-Kierst, Ossum-Bösinghoven, Lank-Latum und Strümp. Schon um die Mitte des vorigen Jahrhunderts zogen Langst-Kierster Bauern zum Markt nach Düsseldorf. Seit 1870 war in Langst eine Schiffsanlegestelle eingerichtet, welche die Verbindung nach Düsseldorf verbesserte. Zwischen den Weltkriegen wurden die Anbaubedingungen durch den Bau von Mistbeeten, Gewächshäusern und Silos ausgebaut.

Nach den statistischen Erhebungen des Amtes Lank betrugen die im Feldgemüsebau bestellten Flächen im Jahre 1934 in Langst-Kierst 12,1 ha, in Lank-Latum 8,25 ha und in Nierst zum Vergleich nur 4,0 ha. Vor allem wurden die verschiedenen Kohlarten angebaut. Daneben sollen auch besonders Spargel und Erdbeeren angebaut worden sein. Diese Früchte sind dann ja auch als typische Lank-Latumer Produkte 1952 in das Lanker Amtswappen aufgenommen worden, nach einem Antrag schon im Jahre 1934. Die angebauten Mengen ließen sich jedoch nicht aus den Statistiken entnehmen.

Im Jahre 1930 wurde in Langst-Kierst die Genossenschaft „Lankobst" gegründet, die ihre Produkte per Lkw bis nach Wuppertal vertrieb. Es gab auch Annahmestellen der Krefelder Obst- und Gemüseversteigerung und Genossenschaftsgründungen in Lank-Latum, Strümp und Nierst. Ein besonderer Schwerpunkt des Gemüsebaus war auch Bösinghoven. – Schon im vorigen Jahrhundert und besonders zu Beginn dieses Jahrhunderts wurde der Obstanbau gefördert. Hier soll auch Graf Theodor von Hallberg auf Schloß Pesch, Mitglied der Gemeindevertretung, eine Rolle gespielt haben. Eine spezielle Sorte von Sauerkirschen, die „Lotumer Suure", erfreute sich großer Beliebtheit.

Viehzucht

Der Pferdebestand vergrößerte sich von 267 im Jahre 1794 über 303 im Jahre 1820, 357 in 1858 auf rund 600 im Jahre 1919. 1930 werden 558 Pferde (ohne Gellep-Stratum) gezählt, mit diesem 1929 nach Krefeld eingemeindeten Ort werden es damals etwa 630 Pferde gewesen sein. Besonders in den zwanziger und dreißiger Jahren spielte die Zucht von Rheinischen Kaltblütern in Strümp eine besondere Rolle. Die Gebrüder Bommers auf dem Schmitterhof waren hier berühmt und holten viele Preise.

Bei der Rindviehzucht bildeten die vielen Weiden in den Bruchlandschaften einen günstigen Standortfaktor. Während es 1820 nur 1152 Rinder gab, stieg die Zahl bis 1852 auf 1418 und 1930 auf 2009 Tiere (ohne Gellep-Stratum). Insbesondere Ende des vorigen Jahrhunderts spielte das Amt Lank auch im Viehhandel eine große Rolle. Die jüdischen Viehhändler aus Lank, Moses Mayer, Meyer Salomon und die Gebrüder Wyngaard, erzielten beträchtliche Umsätze bei Versteigerungen, die vielfach in der Strümper Gaststätte Baumeister stattfanden. Die drei Betriebe hatten 1888 ca. 79 ha Weideland gepachtet. Die zunehmende Stallfütterung mit dem Anbau von Futterpflanzen spielte hierbei eine wichtige Rolle. Auch konnten die Milchprodukte zunehmend besser transportiert und verarbeitet werden. – Die Schweinehaltung verstärkte sich von 386 Stück 1820 über 1061 in 1858 bis zu 1808 in 1930, hier wieder ohne Gellep-Stratum.

Anhang: Einzeldarstellungen der Höfe
in den Gemeinden des früheren Amtes Lank

Vorbemerkungen

Im folgenden sollen die Höfe im Gebiet des früheren Amtes Lank in der Gliederung der alten Gemeinden von vor 1910 dargestellt werden. Dabei ist im Rahmen dieses Buches nur eine knappe Darstellung möglich. Für die bedeutenderen Höfe gibt es im Einzelfall zusammenfassende historische Arbeiten, auf die zurückgegriffen werden kann. Aber leider ist das noch lange nicht für alle diese Häuser der Fall. Selbst von den Haupthöfen der Ortschaften sind einige noch kaum erforscht. Teilweise sind selbst die historischen Namen in der jüngeren Zeit in Vergessenheit geraten. Im Hinblick auf den Forschungsstand ergibt sich im einzelnen folgendes Bild:

Lank	Fronhof (kaum erforscht)
Latum	Haus Latum
Langst	Nauenhof (kaum erforscht)
Kierst	Haus Kierst (nur zum Teil bekannt)
Nierst	Seisthof
Ilverich	Münkshof (wenig erforscht)
Ossum	Herbertzhof
Bösinghoven	Weilerhof (wenig erforscht)
Strümp	Meerhof und Haus Hamm
Gellep	Bauershof
Stratum	Knopshof (Heulesheim, nicht erforscht)

Vielfach ist es bis heute nicht möglich, die in Aufstellungen des 16.-18. Jahrhunderts genannten Anwesen den heutigen Örtlichkeiten zuzuordnen. Für spätere Forschungen kann deshalb auch eine Aufzählung nach heutigem Wissensstand hilfreich sein, auch wenn sie sicher nicht vollkommen ist. – Nach der Klassifizierung des 19. Jahrhunderts werden die landwirtschaftlichen Betriebe in „Vollbauern", „Einspänner" und „Tagelöhner" eingeteilt. Zu den Einspännern gehört die große Anzahl von Bauernhöfen, die wegen ihrer Größe zwischen 10 und 30 Morgen ihre Wirtschaft mit nur einem Zugtier betrieben. Bei uns war dies in den meisten Fällen ein Pferd, selten ein Ochse oder eine Kuh. Die vielen Tagelöhner, die sich für Lohn bei den größeren Bauern zeitweise verdingten, daneben aber auch über eine eigene kleinere Landwirtschaft verfügten, sind nicht erfaßt. Maßgebend ist für die Erwähnung die Zeit von 1870 bis 1919, weil es für diese Zeit zahlreiches statistisches Material gibt und leicht

*Abb. 26: Haus Latum, 1908. Zwei Jahre später wurden die hier erkennbaren
Dachkonstruktionen der Wirtschaftsgebäude im Zuge einer Renovierung verändert.*

*Abb. 27: Ehem. Wiedenhof mit Restaurant und Café, wie er bis zum Zweiten Weltkrieg
in Strümp cm Buschend bestand, Postkarte vor 1914*

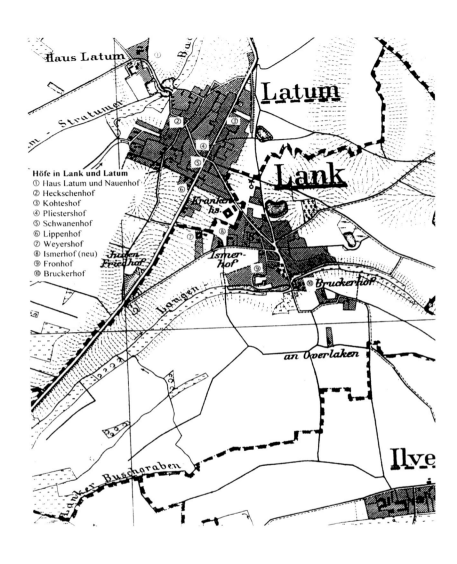

Höfe in Lank und Latum
① Haus Latum und Nauenhof
② Heckschenhof
③ Kohteshof
④ Pliestershof
⑤ Schwanenhof
⑥ Lippenhof
⑦ Weyershof
⑧ Ismerhof (neu)
⑨ Fronhof
⑩ Bruckerhof

Karte 1: Lank-Latum

eine realistische Verbindung zur Gegenwart herzustellen ist. Von besonderem Wert sind die Übersichten von 1888, 1912 und 1919.

Lank

Die Keimzelle des Dorfes Lank bildet die Kirche mit dem benachbarten Fronhof. Beide gehören spätestens seit 1202 zum Stift in Kaiserswerth. Die Lanker Kirche ist wohl schon sehr früh als Eigenkirche auf dem Grund und Boden des Fronhofes gegründet worden. Größere Höfe gibt es in Lank nur wenige. Das Gemeindegebiet war nicht groß und verfügte über relativ wenig fruchtbares Ackerland Deshalb gab es in der Ortschaft Lank vor allem kleinere Höfe, Wirte, Handwerker, Viehhändler (Juden) und Tagelöhner.

Fronhof

Der ehemalige Fronhof, Zehnthof des Kaiserswerther Stifts, lag östlich der Pfarrkirche St. Stephanus. Sein Standort ist heute mit Wohnhäusern überbaut. Nur wenige von den Inhabern und Halfmännern sind namentlich bekannt. Rembolt und seine Frau Lisgen werden 1534 in dem Reisebericht des Hermann von Weinsberg erwähnt. Bei der Säkularisierung wird der Hof mit 15,87 ha Land zur Dotation der Ehrenlegion, dann des Herzogs von Wagram geschlagen. Zur preußischen Zeit ersteigert Wilhelm Heinrich Cames den Hof. Pächter der Domänenverwaltung ist 1807 Josef Löhten, der wohl auch der letzte Halfmann war. Bis 1840 werden die Gebäude nach und nach niedergelegt.

Ismerhof

Der alte Ismerhof lag südlich der Kirche am Langenbruchbach. Der sicher sehr alte Hof wird 1699 von Freiherr von Bernsau, Amtmann zu Brühl, an das Stiftskapitel zu Kaiserswerth verkauft. Noch früher hat der Hof dem Freiherr von Clouth gehört. Als Pächter erscheint 1762 Wilhelm Weyers, damals Ortsvorsteher von Lank. Bei der Säkularisation kommt der Hof zunächst in den Fonds zur Dotation der Ehrenlegion. Der Hof wird 1810 von Balthasar Weyers, dem letzten Halbwinner, für 20700 frs. gekauft. Dieser erbaut 1825 an der heutigen Gonellastraße im hochwasserfreien Bereich einen neuen Hof. Der alte Hof wird danach aufgegeben und abgerissen. 1888 gehören zum Hof 65 ha Land, davon 37,5 ha Ackerland. Es werden 6 Pferde und 35 Rinder gehalten. Eigentümer ist 1888 Heinrich Klothen aus Willich, Pächter Carl Münker, der vom Nierster Brunshof stammt. Carl Münker heiratet Josefine Klothen. Der Sohn Theodor Münker stirbt 1956. Seit 1959 bewirtschaftet Martin Parlings, der mit Ursula Münker verheiratet ist, den Hof. 1977 wird ein neuer Hof südlich der Pappelallee errichtet. Der Hof im Ort wird danach abgerissen. Das Land geht größtenteils an das Krankenhaus. Heute von Wilfried Parlings bewirtschaftet. 1912: 32,13 ha, 1919: 6 Pferde.

Bruckerhof

Verschwundener Bauernhof, an der heutigen Brunnenstraße auf der hochwassergefährdeten Seite des Langenbruchbaches gelegen. Im Kirchenbuch werden genannt: Heinrich Sassen, gest. 1741, als Verwalter des Bruckerhofs, Hermann Sassen, gest. 1789, „an der Gassen". Anton Buscher erscheint in französischer Zeit als „Fabricant d´eau de vie". Die Wwe. Anton Buscher wird 1832 im Adreßbuch als Branntweinbrennerin genannt. 1864 Franz Buscher. Um 1870 noch vorhanden, danach abgebrochen.

Overlackerhof

An der Straße nach Ilverich gelegener Hof, der bis zur Säkularisierung der Johanniter-Kommende Herrenstrunden gehörte. Bei der Säkularisierung von Peter Josef Gooßens aus Neuss für 14500 frs. erworben. Pächter sind damals Johann Schmitz und Wilhelm Weyers. Zum Hof gehören Haus, Hof, Scheune, Stallung, Backhaus, Nuß- und Baumgarten und 16 ha Land. Zu preußischer Zeit kam es zu einem Rechtsstreit, ob der Hof noch zum Domänenfonds gehören würde. Schon im vorigen Jahrhundert als Bauernhof aufgegeben.

van Haags-Hof

Am Marktplatz gelegenes altes Fachwerkhaus, denkmalgeschützt. Ort des Glokkengusses von 1780. Früher wohl Küstershof genannt. 1832 wird ein Peter Löthen als Branntweinbrenner erwähnt. Die Wwe. Löthen betreibt dort 1888 neben einer Landwirtschaft mit 12,5 ha Land auch eine Krautpresse und einen Obst- und Gemüsehandel. 1912: Wilhelm Schmitz mit 14,8 ha Land. Schon vor dem letzten Krieg keine Landwirtschaft mehr. Maria Josepha van Haag (1820-1911) vermachte ihr gesamtes Vermögen der Lanker Pfarrkirche. Elternhaus des Fabrikanten Franz Schmitz.

Weyershof (oder Hamacherhof)

Neuer Hof nach 1870 als geschlossene fränkische Hofanlage an der heutigen Claudiusstraße von Peter Weyers vom Latumer Pliestershof errichtet. Der Hof wurde nach dem Zweiten Weltkrieg nach und nach aufgegeben. Heute ist dort ein Baumarkt. Das Land wird von Stefan Hamacher aus Oppum bewirtschaftet. 1888: 30 ha mit Krautsiederei, 1912: Peter Hamacher, 31 ha, 1919: Wwe. Hamacher, 6 Pferde.

Mayer, dann Davids, Rheinstraße

Der jüdische Viehhändler und Metzger Abraham Mayer (gest. 1893) besaß an der Rheinstraße ein Anwesen. Es umfaßte 1888 unter Moses Mayer an Weideland 35 ha, 1912 sogar 41 ha. 1919 besaß er 8 Pferde. Der Betrieb tätigte große Umsätze im Viehhandel. Mitte der 30er Jahre wurde der Betrieb eingestellt. Die Familie Karl Davids kaufte den Hof. In den 60er Jahren wurde der Hof von Heinrich Davids und seinem Sohn Karl-Heinz nach Latum ausgesiedelt. Heute nennt man diesen Hof „Birkenhof".

Heidberg-Mühle

Die Mühle wurde 1751 als „Neue Mühle" von der Honschaft auf dem Heidberg errichtet. Bis dahin bestand der Mahlzwang in der kurfürstlichen Geistmühle. Der Betrieb der Mühle wurde 1926 eingestellt. Pächter der Landwirtschaft waren danach die Familien Raven, Pelzer und Arden unter dem Eigentümer Dr. Kels. Heute bewohnt dessen Sohn Peter von Lackum die Mühle. 1912: Johann Bünten, 2,75 ha. 1919: Hermann Bünten, 3 Pferde. Das Land bewirtschaftet heute Stephan Norf.

Lenzen-Hof

An der Großen Gasse (Jroote Jaat) gelegen. Vor dem Ersten Weltkrieg im Besitz von Jacob Mertens. Heute noch von der Familie Lenzen bewirtschafteter Hof. 1888: Jacob Mertens, 7,5 ha, 1912: Jakob Mertens, 12,25 ha, 1919: Johann Lenzen, 2 Pferde.

Höfe an der Webergasse

Durchweg kleine Einspänner-Höfe, darunter:

Maritzen

1912: Peter Maritzen, 4,25 ha

Niebels

1912: Gerhard Niebels, 5,23 ha

Schütz

1888: Josef Schütz, 4,50 ha, vorher Schützhof Rheinstraße

Sparla

1888: Heinrich Sparla, 5 ha, 1912: 5,43 ha

Weyergraf

1912: Mathias Weyergraf, 5,41 ha

Hambloch

1912: Hermann Hambloch (Nierster Straße), 4,15 ha

Latum

Der Ort Latum bestand früher aus dem Rittergut Haus Latum mit dem Nauenhof und dem Dorf Latum. Das Dorf besteht aus zwei Siedlungszeilen, zum einen der „Landstroot" und zum anderen der Mittelstraße, in Platt auch „Angerstroot" genannt. Diese lag in der Nähe eines wasserführenden Grabens (Striebruch, Buersbach). Dazu kamen die Siedlungsplätze Kaldenberg, Merjebröck, Äeschdonk und Konnertzeng.

Haus Latum

Sehr alte Hofesfeste, die ursprünglich als Motte entstanden sein könnte. Das Geschlecht derer von Latheim wird 1186 erstmalig erwähnt. Romblian von Voisheim (Vossum) kommt 1366 als Belehnter vor. Seit 1602 bei von Bawir (Bauer). Im 17. Jahrhundert 205 Morgen Ackerland. 1642 im Hessenkrieg abgebrannt. Danach 1664 an Wilhelm von Backum, der den Wiederaufbau besorgt. 1782 durch Heirat an Rudolph Constantin von Geyr zu Schweppenburg. Verkauf 1882 an den Prinzen und Herzog Johann von Arenberg zusammen mit Schloß Pesch und den übrigen Gütern. Pächter waren bis 1908 die Familie Faßbender (Größe 1888 unter Peter Faßbender 32,5 ha, 9 Pferde und 19 Rinder), von 1908 bis 1953 Wilhelm Hilgers, dann bis 1966 Peter Kessel. 1912: 39,5 ha, 1919: 11 Pferde. Im Jahre 1908 erhalten die Wirtschaftsgebäude neue Satteldächer statt der alten Mansarddächer. Seit 1966 hat Hans Zens von Ossum das Rittergut gepachtet, das er nach 1973 auch erwerben konnte. Heute gibt es dort viele Wohnungen und Landwirtschaft nur noch im Nebenerwerb.

Nauenhof

Das kurfürstliche Tafelgut gegenüber von Haus Latum zeigt im Wohnhaus noch die alte Raumaufteilung der sächsischen Hallenhäuser, heute natürlich an moderne Wohnverhältnisse angepaßt. Der Pächter Matthias Nawen wird 1685 erwähnt. Matthias Wellen erscheint 1787 in einer Kaufurkunde. Solange Haus Latum als adeliger Wohnsitz diente, d. h. bis in die Mitte des 19. Jahrhunderts, war der Nauenhof der Wirtschaftshof. Bis Anfang dieses Jahrhunderts gab es beim Nauenhof eine große Scheune und weitere Wirtschaftsgebäude. Um 1870 hatte die Familie Sparla den Hof gepachtet. Nach der Besitzübernahme durch den Prinzen von Arenberg war Balthasar Gather Pächter. Dieser wechselte dann später auf den Pliestershof an der Landstraße. Danach wurde die Landwirtschaft aufgegeben und die Familie Neuhausen wohnte dort. Nach dem Krieg Familie Sternefeld als Mieter, heute Familie Holler als Eigentümer des Baudenkmals.

Höfe an der Landstraße (Uerdinger Straße)

Kremer (Bongels)

Kleiner Hof am südlichen Ortsende, erbaut 1871, neben der heutigen Tankstelle. 1912: Balthasar Kremer, 4,09 ha.

Fiegen/Faßbender

Die spätere Gaststätte Rademacher. 1888: Pius Fiegen, 10 ha, 1912: Johann Faßbender, 11,90 ha. Später Wirtsfamilie Rademacher.

Lippenhof (heute Lipperhof genannt)

Alter Bauernhof, 1973 abgerissen. Schon 1616 wird ein Diderich Lippen in Latum genannt. In der ersten Hälfte des 19. Jahrhunderts finden wir Peter Buscher auf dem Hof. Er war nicht nur Landwirt, sondern auch Bürgermeister der Gemeinden Lank, Langst und Strümp, ab 1842 auch der vereinigten Bürgermeisterei Lank. Er besaß im übrigen eine Branntweinbrennerei und eine Ölmühle. 1888: Theodor Steinacker, 7,50 ha, 1912: 24,99 ha, 1919: 4 Pferde. Seit 1919 ist Johann Münks aus Kierst Pächter des Hofes. Die Steinacker verkauften aber den größten Teil des Landes. Johann Münks kann den Hof 1950 kaufen. Ende der 60er Jahre verkauft Karl Münks den Hof auf Abriß an die Gemeinde und baut einen neuen Hof am Waldweg. Die Gemeinbedarfsfläche an der Stelle des früheren Hofes ist bis heute nicht bebaut.

Schwanenhof

Alter, großer Bauernhof an der Uerdinger Straße gegenüber der Gaststätte Küppers. Lange Zeit im Besitz der Familie Stapper. Im Adreßbuch von 1832 erscheint Christoph Stapper als „Gemeinderath, Gastwirth, Gutsbesitzer, Branntweinbrenner und Bierbrauer". Er war mit Agnes Sassen verheiratet und starb am 14. 5. 1853. Vier von fünf Geschwistern Stapper, Wilhelm, Regina, Carl und Anna Catharina, starben zwischen 1872 und 1896 auf dem Hof. 1888: Christian von Holtum aus Lohausen, 22,5 ha, 1912: Carl Stapper, 17,62 ha, 1919: von Holtum, ein Pferd. Die Familie Neukirchen hatte zuletzt den Hof gepachtet. Der Hof wurde in den 60er Jahren zugunsten einer Wohnbebauung abgerissen.

Schums (Leygraf)

Anfang des vorigen Jahrhunderts im Besitz der Familie Mertens, 1832 wird der Krautsieder Stephan Mertens genannt. Er wandert 1840 nach Missouri aus. Danach Tenten, dann Sparla auf dem Hof. 1888: Josef Sparla, 13,5 ha, 1912: derselbe, 14,65 ha, 1919: Josef Schums, 3 Pferde. Toni Leygraf heiratet ein. Willi Leygraf gibt um 1990 die Landwirtschaft auf.

Ankergut

Johannes Bongards in „Lathum aus dem Ancker" ist 1757 Schützenkönig in Lank. Nach 1790 von Anton Wellen und Maria Magdalena Kother bewohnt. Antonius Wellen ist 1794 Lanker Schützenkönig, P. H. Wellen ebenfalls 1827. Peter Wilhelm Faßbender, Ackerer und Krautpresser aus Latum, kauft das Haus 1843. Er läßt das Haus „von Grund auf neu bauen", was auch bis zum Abriß 1988 am Giebelmauerwerk sichtbar war. 1883 Verkauf an Franz Wilhelm Möschen. 1888: Wilhelm Möschen, 13,25 ha, Krautpresse vorhanden. 1912: Franz Möschen, 18,18 ha, 1919: Carl Möschen, 3 Pferde. Von der Familie Möschen übernimmt die Familie Spennes von der Mittelstraße 1955 den Hof. Karl-Heinz Spennes baut 1985 einen Aussiedlerhof in der Loh. Das Ankergut wird abgerissen und ein Geschäfts- und Wohnzentrum gebaut.

Pliestershof

1851 schon 40 Jahre bei Peter Heinrich Weyers, Gemeinderat und Branntweinbrenner. Der ledige Joseph Weyers (1807-1891) baut in den 70er Jahren den großen Weyershof an der heutigen Claudiusstraße. Der Pliestershof wird später von Balthasar Gather übernommen, der damals den Nauenhof aufgeben mußte. Er baut einen neuen Kuhstall. Vorher wohnte er am Kaldenberg (Mittelstraße Ecke Krahnengasse). Balthasar Gather besitzt 1912 ca. 20 ha, 1919: 4 Pferde. Danach Peter Gather, der die Landwirtschaft ca. 1970 aufgibt. Erst 1997 wird der Hof abgerissen.

Schwarzes Pferd

Altes Gasthaus mit Landwirtschaft. Im 18. Jahrhundert bei Ahrer, so 1722 Wilhelm Ahrer, verheiratet mit Sybille Herberz aus Ossum. Damals offenbar Herberge mit Ställen für bis zu 50 Pferde. Bis 1945 bei Heinrich Winkmann, der eine Schmiede und ein Haushaltswarengeschäft betrieb. 1912: Wwe. Winkmann, 2,65 ha. Nach 1945 im Besitz der Müllerfamilie Judenau, die von der Geistmühle kam. 1970 abgerissen nach Aussiedlung des Hofes Judenau.

Frangen

1888: Wilhelm Frangen, 5,5 ha, 1912: 5,85 ha. Wegen des Fuhrgeschäfts besitzt die Wwe. Frangen 1919 5 Pferde. Zum Hof gehört seit etwa 1900 auch ein Teil des Pliestershofes gegenüber.

Johann Norf

Hof der Familie Norf auf der Uerdinger Straße gegenüber Gather, 1912: Johann Norf, 3,67 ha, 1919: Johann Norf, 2 Pferde. Das sehr alte Fachwerkwohnhaus brannte 1955 ab. Stefan Norf siedelte 1993 aus und baute einen neuen Hof in der Nähe des Forstenbergs.

Hof Müller, früher Wyngaardt

Hof etwa 1830 erbaut, früher Essers. Dann von der jüdischen Famile Wyngaardt erworben. Die Wyngaardts waren Viehhändler. Sie besaßen und pachteten deshalb viel Weideland. 1888: 16 ha, 1912: Isaac Wyngaardt, 15,70 ha, 1919: 2 Pferde. Nach der Deportation 1942 an die Familie Philipp Müller verkauft, die in der Eifel wegen eines Truppenübungsplatzes umgesiedelt wurde, deshalb „Eifelbauer" genannt. Landwirtschaft 1978 aufgegeben, 1993 abgerissen.

Förkels (Bottisch)

Kleines Gehöft an der Uerdinger Straße gegenüber „Mösche". Zeitweise auch ein Milchgeschäft. 1912: Peter Förkels, 4,44 ha, 1919: ein Pferd, dann Bernhard Förkels. In den 60er Jahren abgerissen.

Möschengut (Radmacher)

Auf der Uerdinger Straße neben dem Kohtes-Hof. Schon 1616 wird eine Familie Radtmecher hier genannt. Neben der Landwirtschaft betrieben die „Mösche" genannten Radmachers schon damals eine Stellmacherei und Zimmerei. 1888: Carl Radmacher, 7,5 ha, 1912: derselbe, 7,40 ha. Die alte Scheune wurde 1845 von Johann Radmacher erbaut. Die Schreinerei soll 1870 von Carl Radmacher vom Heckschenhof umgesetzt worden sein. Dort diente sie als Krautsiederei. Nach einem Brand 1934 wurde von Franz Radmacher ein neues Wohnhaus errichtet. Ca. 1950 wurde die Landwirtschaft von Balthasar Radmacher aufgegeben.

Kohteshof

An der Uerdinger Straße. Nach der Bauweise ein Haus mit hohem Alter. Mehrfach umgebaut und erweitert. Erste Erwähnung um 1750, Bewohner Adrian Kegeljan (oder Keigeljans) aus Düsseldorf und Elisabeth Rinkes aus Stratum. Das Haus umfaßte damals die Gaststätte „Zum Weißen Pferd", später auch

eine Bäckerei und einen Laden. 1792 wird das Anwesen „Neu Keigeljans"
genannt, wahrscheinlich nach einem Umbau. Josef Kohtes aus Strümp (1794-
1871) heiratet 1819 Agnes Kegeljans. Er betrieb ebenfalls neben der Landwirtschaft die Gaststätte und eine Branntweinbrennerei. Franz Kohtes seit 1871 auf
dem Hof. Bau der großen Scheune 1863 (Maueranker). Übergang des Hofes
1905 an Adolf Kohtes, verheiratet mit Josefine Münks vom Fegeteschhof in
Stratum. Er war Beigeordneter und Gemeindevorsteher in Lank-Latum. 1888:
Franz Kohtes, 37 ha, Krautpresse vorhanden, 1912: derselbe, 39,7 ha Land,
1919: Adolf Kohtes, 6 Pferde. Sein Sohn Konstantin Kohtes führte den Hof bis
in die 70er Jahre (s. Franz Kohtes).

Bongartz

Seit etwa dem Ersten Weltkrieg im Besitz von Johann Bongartz. 1912: Johann
Mertens, 2,5 ha, 1919: Johann Bongartz, 2 Pferde. Ehemals bedeutende Pferdezucht (berühmter Hengst „Lothar").

An Roßkamps

Alter Hof mit Gasthaus, das schon in den Jahren 1616 und 1697 erwähnt wird.
1697 im Besitz von Theodor und Margaretha Maaßen. 1783 werden Heinrich
Kluten und Anna Katharina Möhlen am Roßkamp genannt. Franz Welter kauft
das Anwesen 1806 von Franz Theodor Roetgen aus Grimlinghausen. 1842 geht
das Eigentum nach Erbteilung an Regina Welter, die sich mit Theodor Kauertz
verheiratet. Der Sohn Gustav Kauertz übernahm das Haus 1893. 1888: 15 ha,
1912: Geschwister Kauertz, 9 ha. Gustav Kauertz nannte es „Bundes-Hotel".
Verkauf an Jakob Schierkes 1919 (s. Kohtes und Toups).

Höfe auf der Mittelstraße

Lemmen

1912: Wilhelm Lemmen, 3,50 ha (neben Norf). 1919: Geschwister Lemmen, ein
Pferd.

Sparla/Norf

1919: Wwe. Sparla, ein Pferd. Heute Franz Norf mit Mühle und Getreidehandel.
Um 1875 baute die Familie Sparla die große Scheune an der Mittelstraße, nachdem sie den Nauenhof verlassen hatte. Franz Sparla betrieb einen Getreidehandel.

Gather

Hof an der Mittelstraße, Ecke Krahnengasse gelegen. Ende des vorigen Jahrhunderts abgerissen und Hofstelle neu bebaut. Besitzer waren Heinrich Gather (1815-1894), dann Balthasar Gather (geb. 1850), der zum Nauenhof zog, später zum Pliestershof. 1888: Geschwister Gather, 18 ha. 1912: Balthasar Gather, 9,40 ha.

Kroppen

1912: Johann Kroppen, 4,15 ha Land, 1919: 2 Pferde. Amandus Kroppen gab die Landwirtschaft ca. 1990 auf.

Hermes (Schaaf)

Gebäude z. T. vom Zimmermeister Johann Stiefermann erbaut, der 1836 nach Missouri auswanderte. 1912: Johann Hermes, 4,97 ha, 1919: ein Pferd. Heute Familie Josef Schlungs.

Knösels-Gut (Spennes/Maritzen/Radmacher)

Gegenüber der Gastwirtschaft Haus Latum gelegen, früher auch „Spennes" genannt. Vor 1818 heiratet Heinrich Spennes Anna Margaretha Frangen vom „Knösels-Gut". 1861 erhalten Jacob Maritzen und seine Frau Anna Clementine geb. Spennes das Anwesen nach einer Erbauseinandersetzung. 1888: Wwe. Johann Maritzen, 7 ha, 1912: dieselbe, 7,92 ha. Heinrich Radmacher heiratet Ende der 20er Jahre Gertrud Maritzen. In den 60er Jahren wurde die Landwirtschaft aufgegeben.

Berrisch

Das alte Pastorat des Pastors Jacobs, wohl etwa 1825 verkauft. 1888: Mathias Berrisch, 5,50 ha, 1912: derselbe, 5,95 ha.

Heckschenhof

Alter Hof an der Kreuzung der Mittelstraße mit der Bismarckstraße, in den 60er Jahren abgerissen, die Straßenführung begradigt und ein mehrgeschossiges Wohngebäude errichtet. Ende des 18. Jahrhunderts findet man dort die Familie Schlösser. Anna Josepha Schlösser, Tochter von Hermann Schlösser (1783-1853), heiratet 1843 Adam Heckschen vom Dahmenhof in Ossum. Karl Adam Schmitz aus Gellep heiratet 1870 Sibilla Katharina Heckschen. Eine schöne Fachwerkscheune wurde zum Spenneshof auf der Mittelstraße umgesetzt. 1888: Carl Schmitz, 10 ha, 1912: derselbe, 11,69 ha, 1919: August Schmitz, 4 Pferde. Sein Sohn Karl Schmitz verpachtete den Hof zuerst an die Familie Birgels, dann an Paul Ternoeven bis zum Abbruch 1968.

Tümmers

Vor 1800 Grefen. 1888: Wwe. Tümmers, 8 ha Land, 1912: Heinrich Tümmers, 7,70 ha, 1919: ein Pferd.

Wankum

1912: Schuster Johann Wankum, 1,07 ha. 1919: ein Pferd.

Spennes

1861 erwirbt die Familie Spennes von den Kindern der verstorbenen Eheleute Stephan Mertens und Anna Catharina Wanders den Hof. 1888: Wwe. Johann Spennes, 3,5 ha, 1912: 4,81 ha, 1919: Gebrüder Spennes, 2 Pferde. Der Hof wurde aufgegeben, nachdem die Familie Spennes das Ankergut (Möschen) 1955 übernommen hatte. Die alte, schöne, in Fachwerk gebaute Scheune an der Mittelstraße wurde in den 80er Jahren abgerissen.

Hoster

1912: Wilhelm Hoster, 2,42 ha, 1919: 2 Pferde. Vor allem Gemüsebau. Bruder Johann Hoster mit einer Schuhmacherwerkstatt. Letzter Bewirtschafter „Hoster Jong".

Höfe an der Äeschdonk

Weyers (Kutzen)

1912: Josef Kutzen, 2,68 ha, 1919: Johann Weyers, ein Pferd. Familie Weyers gab 1996 die Landwirtschaft auf.

Wanders

1912: Wwe. Wanders, 2,60 ha, 1919: dieselbe, 2 Pferde. Vorher Löthen. Wilhelm Wanders verlegte sich nach dem letzten Krieg auf die Traberzucht.

van der Velden

1912: Arnold van der Velden, 2,46 ha, 1919: ein Pferd. Heute Schroers.

Carl Spennes

1912: Carl Spennes, 2,45 ha. Er kam von Strümp. Danach Henni Spennes.

Ilverich

Das Dorf Ilverich besteht nur aus einer Siedlungszeile, die sich entlang der Altrheinschlinge hinzieht. Daneben gehören zu Ilverich die Höfe in der Issel,

Abb. 28: Ehem. Schmitterhof in Strümp, 1941 (Aquarell des Malers H. Krause)

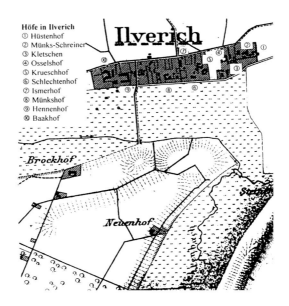

Höfe in Ilverich
① Hüstenhof
② Münks-Schreiner
③ Kletschen
④ Osselshof
⑤ Krueschhof
⑥ Schlechtenhof
⑦ Ismerhof
⑧ Münkshof
⑨ Hennenhof
⑩ Baakhof

Karte 2: Ilverich

Abb. 29: Görtzhof in Nierst mit alter Krautpresse, 1880 (Gemälde von Adolf Lins)

Abb. 30: Haus Kierst mit Kirche und Umgebung, um 1955

130

die bis auf den mittelalterlichen Isselhof erst im letzten Jahrhundert während der Rodung entstanden sind. Ilverich hat ein hohes Alter. In der Nähe des Schlechtenhofes befand sich bereits eine römische „villa rustica". Die alte Numerierung (z. B. 1912 und 1924) beginnt im Norden und endet in der Issel.

Höstenhof

Erster Hof aus Richtung Langst. Im Kirchenbuch wird mit Sterbejahr 1781 ein Kuhlen „an Hösten" genannt. 1861: Johann Bremes, 1888: derselbe, 9 ha Land, 1912: Peter Bremes, 11,12 ha, 1919: Johann Weyers, 3 Pferde. Heinrich Reuters aus Hüls kaufte den Hof 1932. Pächter Gleumes gab 1974 den Betrieb auf. Danach Umbau der Hofanlage zu Wohnzwecken. (Haus Nr. 1).

Münks, früher Schreiner

Der Hof gehörte 1888 Peter Bremes. Damals war der Hof mit dem benachbarten Höstenhof im Besitz einer Familie. 1888: 8,75 ha, 1912: Josef Schreiner, 9,58 ha, 1919: derselbe, 2 Pferde. Anton Münks aus Kierst heiratet ein und ist 1924 Eigentümer des Hofes. Nach dem Zweiten Weltkrieg war er Bürgermeister von Ilverich. Sein Sohn Hans Münks gab die Landwirtschaft auf und baute den Hof zu Wohnzwecken um. (Haus Nr. 3).

Levenhof (Kletschen)

Sehr alter Hof im sächsischen Stil mit Mensch und Tier unter einem Dach. Auch Kletschen genannt. 1616 wird ein Werner Kletzen erwähnt. 1912: Josef Leven, 6,90 ha, 1919: Wwe. Leven, ein Pferd. Die letzte Bewohnerin Elisabeth Leven starb 1975. Der Hof wurde 1977 abgerissen. (Haus Nr. 8).

Osselshof

Der in den 70er Jahren abgerissene Hof wurde auch fälschlich Offelshof genannt. 1888: Johann Peter Rademacher, 13 ha Land, Krautpresse vorhanden, 1912: derselbe, 11,37 ha. Ein Jacob Radtmächer wird schon 1616 bezeugt. Wilhelm Gottfried Rademacher stiftet 1744 und 1746 je eine Silberplatte als Schützenkönig und Hauptmann der Lanker Bruderschaft. 1919: Ludwig Schmitz (aus Huckingen), 2 Pferde. Im Jahre 1934 umfaßte der Hof 9 ha Ackerland und 2 ha Wiesen. Damals angeblich schon 200 Jahre in Familienbesitz. (Haus Nr. 9).

Krüeschhof (jetzt Leuchten)

Links von der Einfahrt die 1880 errichteten Gebäude, rechts die alten Hofgebäude. Die Familie Weyers vom alten Krueschhof nebenan erbaute wohl im vorigen Jahrhundert den jetzigen Krüeschhof, so daß danach beide Höfe in einer Hand waren. 1888: Wwe. Carl Weyers, 23,5 ha. 1912: Geschwister Weyers,

18,52 ha, 1919: Balthasar Weyers, 5 Pferde. Ludwig Leuchten aus Huckingen heiratete ein, dann Karl Leuchten. Heute betreibt der Sohn Heinrich Leuchten eine Rinderzucht. (Nr. 13).

Alter Krüeschhof

Ehemaliger Hof des Klosters Meer, möglicherweise mit dem Toppsgut identisch. In alten Quellen erscheint mehrfach die Familie Tappes. Nach der Säkularisierung vom Pächter Wilhelm Weyers erworben. Dazu gehörten nur 1,28 ha Land. Zusätzlich erwarb Weyers noch 4,52 ha, die der Vicarie St. Mauritius gehört hatten, für 4225 frs. 1832 erscheint er im Adreßbuch als Branntweinbrenner. Der Hof wurde Krüeschhof genannt, vielleicht nach einer Familie Kreuers. 1616 ist ein Kreuwers Jengen bezeugt. 1656 wird in einem Rentenverzeichnis ein Gobel Krewers zu Ilverich genannt. Im vorigen Jahrhundert baut die Familie Weyers den neuen Krüeschhof, heute Leuchten. Seitdem sind beide Höfe in der Hand einer Familie. 1888: Balthasar Weyers, 11,25 ha, Krautpresse vorhanden, 1912: Geschwister Weyers, 8,87 ha. (Haus Nr. 13).

Schlechtenhof (Schleytenhof)

Der Hof etwa in der Mitte von Ilverich steht in der Nähe der Grundmauern einer römischen „villa rustica". Beim Wohnhaus der Familie Wolf-Bauwens wurden viele römische Funde gemacht. 1616 wird ein Johann Schleiten genannt. Hermann Sassen, gest. 1780, wird im Kirchenbuch bezeugt. Balthasar Sassen gehört der Hof etwa von 1820 bis nach 1855. 1888: Wilhelm Paas, 6,25 ha, Krautpresse vorhanden. 1912: Wilhelm Paas, 9,00 ha. Später im Eigentum von Fritz Held, vor kurzem verstorben. Heute wieder Familie Sassen. (Haus Nr. 14).

Ismerhof

Der Hof war seit 1839 im Besitz von Carl Anton Schmitz, vorher Anton Schmitz. 1888: Theodor Schmitz 44,5 ha, 4 Pferde und 24 Rinder. 1912: Theodor Schmitz, 32 ha, 1919: Carl Schmitz, 7 Pferde. Seit 1951 im Eigentum der Familie Stefan Bolten, die aus Korschenbroich-Pesch kam. Stefan Bolten (gest. 1970) war letzter Bürgermeister von Ilverich. Heute betreibt der Sohn Willi Bolten dort einen Landhandel. (Haus Nr. 17).

Münkshof

Pachthof des Klosters Meer und Haupthof des Dorfes Ilverich. Vielleicht war dies die „cellula" des Kaiserswerther Stifts, die für 904 bezeugt ist. Der Hof war lehnsabhängig vom Stift Xanten. 1616 wird ein Diderich Münkh genannt. Als Kirchmeister 1529 Jan Müncks, 1658 Johann Müncks und 1756 Andreas Münks bezeugt. Albert Kleutges (gest. 1730) wird als „Inspektor in Münckshof" im

Kirchenbuch genannt. Nach der Säkularisierung ersteigert 1804 der Landwirt Heinrich Aretz (geb. 1770 in Oppum, gest. 1836 in Oppum) den Hof mit über 35 ha Land für 37500 frs. Er war verheiratet mit Maria Elisabeth Buscher von Lank. Pächter ist zu dieser Zeit Heinrich Schmitz. Noch 1832 wird Josef Aretz als Gutsbesitzer und Branntweinbrenner erwähnt. Anna Maria Aretz, Tochter von Heinrich Aretz, heiratet Jakob Porth (geb. 1784 in Hüls, gest. 1843 in Ilverich). Die Witwe und mehrere Familienmitglieder wandern 1850 nach Missouri aus, nachdem Joseph Aretz schon 1834 dort Land aufkaufte. Michael Porth ist 1881 auf dem Hof. Alter Grabstein der Familie Porth auf dem Lanker Friedhof. Adelheid Porth (1842-1911) heiratet den Landwirt Engelbert Ridders aus Hüls. Sein Verwalter Josef Jansen bewirtschaftet 1888 eine Fläche von 48 ha mit 6 Pferden und 30 Rindern. 1912: Gebrüder Porth, 44,50 ha, 1919: Josef Jansen, 10 Pferde. Seit Anfang der 50er Jahre im Besitz und bewirtschaftet von der Familie Ridders-Wolf. Der Hof steht unter Denkmalschutz. (Haus Nr. 19).

Abelshof

1853 stirbt Johann Stephan Abels, verheiratet mit Gertrud Kamps. 1888: Jacob Haverkamp, 6,25 ha, 1912 derselbe, 8,69 ha. Wilhelm Abels ist 1919 im Besitz des einspännigen Hofes. 1934 hat die Familie Mathias Abels 6,5 ha Acker und 0,5 ha Wiesen, damals angeblich ca. 100 Jahre in Familienbesitz. 1912 sind Abels (Haus Nr. 31, 2,92 ha) und Haverkamp (Nr. 32, 8,69 ha) zwei Höfe.

Dixkes

1912: Geschwister Weyers, 8,87 ha, 1919: Johann Dixkes, 2 Pferde. Der „Dixkes-Hof" am heutigen Brockhofweg wurde nach dem Krieg abgerissen. Dort stehen heute Einfamilienhäuser. (Haus Nr. 33).

Hennenhof

Pachthof des Klosters Meer. Ein Theiß Hennen erscheint schon 1616. Heinrich Viehoff wird 1762 als Kirchmeister genannt. Johannes Henricus Viehoff, Halbwinner auf Hennenhof, ist 1753 und 1761 Schützenkönig in Lank. Michael Münker, der Pächter des Klosterhofs in Büderich, ersteigert den Hennenhof nach der Säkularisierung 1804 für 15800 frs. mit etwa 18 ha Land. Pächterin war damals die Wwe. Weyers. Im Adreßbuch von 1832 erscheint Franz Münker, 1859 und 1881 August Münker. Die Geschwister Münker bewirtschaften 1888 eine Fläche von 44 ha und besitzen 6 Pferde sowie 32 Rinder. 1912: Geschwister Münker, 44 ha, 1919: 6 Pferde. Das alte denkmalgeschützte Fachwerk-Wohnhaus wurde 1953 abgebrochen. Walter Münker, Sohn von Karl Münker, betreibt heute die Landwirtschaft. (Haus Nr. 36).

Baakhof oder Bakenhof

Mit Sterbejahr 1798 wird ein Kuhler „an Baaken" im Kirchenbuch genannt. 1832 erscheint Balthasar Kuller als Branntweinbrenner im Adreßbuch. 1845 und 1851 Michael Kuller, Ökonom, Branntweinbrenner und Schenkwirth. Später Winkes, 1924 Theodor Münks als Pächter. Danach keine Landwirtschaft mehr. Umfaßte eine Gastwirtschaft bis kurz nach dem Zweiten Weltkrieg mit einem Saal. (Haus Nr. 42).

Sassen

Letzter Hof Richtung Strümp, wohl früher mit dem Baakhof verbunden. 1912: Wilhelm Sassen, 3,93 ha. 1919: Gebrüder Sassen, 4 Pferde., 1924 Balthasar, Heinrich, Berta, Wilhelmine und Anna Sassen. Der Gartenbaubetrieb Wantikow begann auf diesem Hof. (Haus Nr. 43).

Höfe in der Issel

Brockhof oder Bruchhof

Von Ilverich kommend am Beginn der Issel gelegen. Schon alt und zu Beginn der großen Rodung errichtet. 1851 bei Laurenz Buscher. 1888: Wwe. Buscher, 25 ha, 1912: Geschwister Buscher, 25,37 ha, 1919: Johann Röskes, 4 Pferde. Später Familie Merzenich aus der Jülicher Gegend. 1977 stürzte die alte Scheune ein. (Haus Nr. 44).

Paas

Hof in der Issel, im Zuge der großen Rodung etwa 1840 errichtet. Von Anfang an im Besitz der Familie Paas. Krautpresse noch vorhanden. 1888: Hermann Paas, 11 ha, 1912: Hermann Paas, 16,89 ha, 1919: Geschwister Paas, 3 Pferde. 1924: Wilhelm, Peter und Elisabeth Paas. (Haus Nr. 46).

Schrennen/Paas

Nicht mehr existierender Hof in der Issel. Wohl zuerst Familie Schmitz. 1888: Franz Schrennen, 11,25 ha, 1912: Heinrich Schrennen, 12,88 ha. 1919: Johann Paas, 3 Pferde. Kurz nach 1945 abgerissen. (Haus Nr. 47).

Schultenhof

Nachbarhof des Isselhofs. Wohl Ende des 19. Jahrhunderts (vor 1874) errichtet von Carl Joseph Schulten (1840-1921) vom Isselhof, Besitzer des Topshofes in Uerdingen. 1881: Eduard Schulten, 31,5 ha. 1888: gleiche Größe, Krautpresse vorhanden, 1912: gleiche Größe, 1919: Mathias Tophoven als Pächter, 5 Pferde. Familie Plückers kauft den Hof von Schulten. Heute Pferdezucht. (Haus Nr. 49).

Isselhof (heute Altisselhof genannt)

Pachthof des Klosters Meer in der Issel in der Nähe des Klosters, 1336 sicher bezeugt. 1574 wird ein Johann Ißels als Halfmann bezeugt. Adolf Spickman wird 1678 als Kirchmeister in Lank erwähnt. Pächter war 1727 Heinrich Spickmann, der mit Helene Herbertz verheiratet war. Seit 1766 finden wir die Ilvericher Familie Schmitz durch Einheirat auf dem Hof. Der Hof wurde 1804 für 15300 frs. mit etwa 30 ha Land vom Baron Conrad Isaac von der Leyen aus Krefeld ersteigert. Er hatte mit seinem Bruder Friedrich Heinrich auch das Kloster selbst erworben. Pächter war zu dieser Zeit Wilhelm Schmitz, auch nach einer Neuverpachtung 1818. Seit 1841 hat den Hof Wilhelm Pütz aus Büderich gepachtet, der danach nach Texas auswanderte, später aber wieder zurückkehrt. 1850 bei einer Erbteilung der von der Leyens gehörten zum Hof 108 Morgen Ackerland. Johann Peter Schulten, geb. 1802 auf Haus Anger in Homberg, stirbt 1887 auf dem Isselhof. Abbruch und Neubau 1880. Seit 1879 ist Heinrich Heckschen aus Oppum (1839-1909), verheiratet mit Maria Brors aus Huckingen, Pächter. 1888 bewirtschaftet er 44 ha, davon 28,75 ha Ackerland, und besitzt 5 Pferde und 51 Rinder. 1912: Heinrich Heckschen, 38,75 ha, 1919: Wwe. Heckschen, 7 Pferde. Seit 1921 hat Anton Wolff aus der Jülicher Gegend den Hof gepachtet. Friedrich von der Leyen verkauft 1985 den Hof an die Eheleute Josef und Mia Kaiser geb. Wolff, die dort Pferde halten. (Haus Nr. 50).

Großisselhof

Wohl von Jacob Herberz nach 1830 auf gerodetem Land in der Issel erbaut, deshalb früher auch Herberzhof genannt. 1851 noch bei Jacob Herberz. Ca. 1856-1866 Friedrich Mauritz, danach Johann Heckschen als Verwalter. 1880 ist der Hof von den Erben Herberz an den Baron von der Leyen auf Schloß Meer verkauft worden. Pächter ist 1888 Wilhelm Hasebrink, der 80 ha Land hat, davon 62 ha Ackerland mit 11 Pferden und 50 Rindern. 1912: Wilhelm Hasebrink, 82,75 ha, 1919: 16 Pferde. Der Eigentümer von der Leyen übernimmt den Hof 1987 in eigene Regie. Er ist heute technische Station für den gesamten von der Leyenschen Besitz. (Haus Nr. 51).

Neuenhof

Nicht mehr bestehender Hof an der Stelle der heutigen Kläranlage. Schon 1830 vorhanden. Wohl zuerst Familie Weyers. Gehörte zur Wirtschaft des Großisselhofs der von der Leyen. Später wohnte dort der Tagelöhner Hermann Bos. (Haus Nr. 52).

Langst-Kierst

Das alte Doppeldorf besteht aus der Hofzeile Langst entlang des Rheins und dem Weiler Kierst mit der Kapelle. Beide sind offenbar sehr alt. Für Langst war die Lage am Rheinübergang nach Kaiserswerth besonders wichtig. In Langst-Kierst gab es viele kleinere Höfe, die sich schon früh auf den Gemüsebau spezialisiert hatten. Die alte Zählung beginnt im Süden von Langst, geht dann nach Norden und schwenkt nach Kierst.

Höfe in Langst

Nauenhof

Haupthof des Dorfes Langst. Gehörte als bedeutender Hof und Zentrum eines großen Hofverbandes von 27 Gütern dem Damenstift St. Quirinus in Neuss. Möglicherweise schon 1074 von der Neusser Kirche vom Kölner Erzbischof erworben, der ihn von der Abtei Werden erhielt. Das noch erhaltene Wohnhaus mit starken Mauern läßt auf die Bedeutung dieses Hofes schließen. Wird schon 1188 und 1276 bezeugt. Die Maueranker des Wohnhauses zeigen die Jahreszahl 1768. Nach der Säkularisierung kam der Hof zunächst in den Fonds zur Dotation der Ehrenlegion, dann des Herzogs von Wagram. Damals war Hermann Sassen, der letzte Halbwinner, der Pächter. Dazu gehörten etwa 43 ha Land. Danach wurde das zugehörige Land wohl verkauft und die Gebäude nach und nach abgerissen. 1912: Peter Schmitz, 3,45 ha, 1919: Stefan Thelen, ein Pferd, dann Toni Thelen. Johannes Thelen führt eine Renovierung durch und richtet 1992 in dem denkmalgeschützten Haus eine Gastwirtschaft ein. (Haus Nr. 24).

Zimmermann

1912: Heinrich Zimmermann, 3,12 ha, 1919: ein Pferd. Letztes Langster Anwesen in Richtung Ilverich, auch Strömpisch genannt. (Haus Nr. 1).

Lisgeshof

Größter Hof an der „Boverbääk". Vielleicht der Hof des 1616 genannten „Adolff ahn der Bovenbeckh". 1888: Geschwister Lisgen, 12 ha, Krautpresse vorhanden, 1912: Wwe. Lisges, 9,94 ha, 1919: Balthasar Weyers, 5 Pferde. Von der kinderlosen Familie Lisges erwarben den Hof die Geschwister Weyers vom Stratumer Weyershof: Wilhelm und Wilhelmine Glöckner geb. Weyers und Peter Weyers, der im Rhein ertrank. Deshalb übernahm Balthasar Weyers den Hof. Später vier Geschwister Weyers auf dem Hof: Heinrich, Franz, Peter und

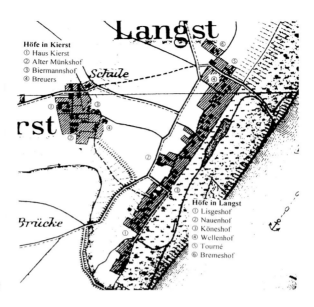

Höfe in Kierst
① Haus Kierst
② Alter Münkshof
③ Biermannshof
④ Breuers

Schule

Höfe in Langst
① Lisgeshof
② Nauenhof
③ Köneshof
④ Wellenhof
⑤ Tourné
⑥ Bremeshof

Brücke

Karte 3: Langst-Kierst

Abb. 31: Ortsdurchfahrt in Kierst (links das sog. „Limonadehüske", rechts ein zu Haus Kierst gehörendes Bauernhaus aus dem 18. Jahrhundert, das teilweise wegen der Verbreiterung der Straße abgerissen wurde), 31. Januar 1966

137

Karl Weyers, dann Peter Weyers. In jüngerer Zeit an Josef Spreitzer verkauft, der dort Wohnungen einrichtete. (Haus Nr. 6).

Bloser

1888: Johann Wilhelm Bloser, 8,75 ha, 1912: Wilhelm Bloser, 14,15 ha, 1919: Hermann Bloser, 3 Pferde. Später Wilhelm Bloser, auch Mitglied des Gemeinderats, der eine Hühnerfarm einrichtet und die Gemeinschaftskühlanlage der Langst-Kierster Genossenschaft baut. (Haus Nr. 8).

Breuers

Früher „Schneiders Gütchen" genannt. Anton Breuers heiratet 1853 Catharina Agnes Holzschneider. 1888: Johann Breuers, 7,50 ha, 1919: Wilhelm Breuers, ein Pferd. Die Breuers zogen Ende des vorigen Jahrhunderts nach Kierst und verpachteten ihren Hof in Langst. Nach 1912 übernahm Wilhelm Breuers den Hof des Vaters. (Haus Nr. 9).

Köneshof

Alter Hof mit noch erhaltener Krautpresse, die noch bis 1952 in Betrieb war. Steht unter Denkmalschutz. Christian Hilgers aus Barrenstein bei Grevenbroich arbeitete ursprünglich auf dem Münkshof in Kierst. 1888: Johann Hilgers, Sohn von Johann Hubert Hilgers, 7,5 ha, 1912: 12,87 ha. Danach Arnold Hilgers, heute Peter Hilgers und Frau Luise geb. Frangen aus Latum. (Haus Nr. 18).

Leven (Korbmacher-Hof)

Peter Mathias Leven hat den Korbmacher-Hof am 5. 7. 1873 übernommen. Er war am 12.6.1824 in Büderich geboren und hatte 1850 Gertrud Korbmacher geheiratet. Sie war die älteste Tochter der Eheleute Theodor und Elisabeth Korbmacher. 1888: Mathias Leven, 2,50 ha, 1912: derselbe, 4,31 ha, 1919: 2 Pferde. Später Heinrich Leven, dann Johann Leven, danach Heinrich Leven, der auch als Schützengeneral bekannt war. Fuhren bis Ende der 70er Jahre zum Markt. (Haus Nr. 26).

Schitges

Im Kirchenbuch wird ein Heinrich Schitges mit Sterbejahr 1787 „an Paulußen" genannt. 1888: Swidbert Schitges, 6,75 ha, 1912: Suitbert Schitges, 8,75 ha. Drei ledige Kinder. Nach dem letzten Krieg erbte die Familie Hanebrink das Anwesen. (Haus Nr. 28).

Wellenhof

Hof des Klosters Meer mit etwa 16 ha Land bei der Säkularisierung. 1616 wird ein Peter Wellen genannt. Johann Wilhelm Herberz aus Uerdingen ersteigert den Hof 1804 für 13300 frs. Es ist nicht eindeutig geklärt, ob die jetzige Gaststätte Wellen identisch mit dem Wellenhof ist. Der Pächter Paul Alten kauft den Hof von Herberz. Möglicherweise 1832 im Besitz von Wilhelm Wanders, der im Adreßbuch als Schenkwirth, Branntweinbrenner und Bierbrauer in Langst erscheint. Die Gastwirtschaft mit Saal „Zum Vater Rhein" ist um die Jahrhundertwende bei Peter Hartmann. 1888: Geschwister Wellen, 7,50 ha, Krautpresse vorhanden, 1912: Hermann Wellen, 5,82 ha. Heute im Eigentum von Franz Wellen. (Haus Nr. 44).

Tourné

Die Familie Tourné ist um 1800 in Nierst am Seisthof („Burgpforte") nachgewiesen, 1832 mit einer Schankwirtschaft. 1888: Wilhelm Tourné, 6 ha Land, dabei eine Gastwirtschaft. 1912: Wilhelm Tourné, 5,36 ha, dann Heinrich Tourné mit Frau Anna geb. Tenten. Heute noch sind dort die Hochwassermarkierungen zu sehen. Nach dem Zweiten Weltkrieg an Wilhelm Tourné und Frau Antoinette aus Solingen. Heute bewirtschaftet den Gartenbaubetrieb der Sohn Heinz Tourné. (Haus Nr. 45).

Neuer Münkshof oder Bremeshof

Ende des vorigen Jahrhunderts an der heutigen Straße „Am Rheinblick" von Constantin Münks vom Kierster Münkshof neu erbauter Hof. Bewirtschaftet von Johann Bremes (1828-1903). Die Tochter Gertrud Bremes heiratet Johann Heinrich Hilgers aus Kierst. Vater Johann Hubert Hilgers bewirtschaftete den Köneshof in Langst, bis Sohn Arnold Hilgers Gertrud Frangen aus Nierst heiratete. Der Großvater Christian Hilgers kam aus Barrenstein. 1912: Johann Bremes, 14,63 ha, 1919: Johann Hilgers (seit 1912), 6 Pferde, danach Schwager Johann Heinrich Hilgers, Ehrenbürger der Gemeinde Langst-Kierst, dann Sohn Wilhelm Hilgers. Heute bewirtschaftet den Hof die Familie Wilfried Hilgers. (Haus Nr. 48).

Weitere einspännige Betriebe, die 1919 erwähnt werden

Matthias Radmacher, Haus Nr. 5; Johann Leiers, Nr. 14; Agnes Geisbusch, Nr. 27; Johann Köther, Nr. 30; Geschwister Schlungs, Nr. 34; Wwe. Holendung, Nr. 36; Hermann Dammjakob, Nr. 42; Johann Brand, Nr. 43; Peter Tenten, Nr. 46; Hermann Lehmkötter, Nr. 51.

Höfe in Kierst

Haus Kierst

Haupthof des Weilers Kierst. Auf seinem Grund und Boden wurde wohl die St. Martinus-Kapelle erbaut, die mit Sicherheit bei der ersten Erwähnung des Ortes 904 schon bestanden hat. Wahrscheinlich Lehen der Herrschaft Dyck, 1367 bei Godart Knop, im 16./17. Jahrhundert bei von As, dann Streversdorf bis 1673. Um 1670 hatte der Hof 65 ½ Morgen Ackerland. Auch „Haus Jonker" genannt. Michael Josef Sassen, auch Beigeordneter der Gemeinde, ist 1851 schon mehr als 30 Jahre im Besitz des Hauses Kierst. Vorher erscheint dort auch ein Franz Schmitz, der zum Gelleper Bauershof geht. Theodor Münker (1831-1927) vom Brunshof in Nierst übernimmt den Hof etwa 1870. 1888: Theodor Münker, 45 ha Land, 5 Pferde, 20 Rinder, 1912: derselbe, 43,86 ha, 1919: Heinrich Münker, 5 Pferde. Sohn Heinrich Münker, geb. 1869 in Nierst, erbt den Hof. Heinrich Münker jun. ist nach dem Zweiten Weltkrieg auch Bürgermeister der Gemeinde Langst-Kierst und Deichgräf. Heute betreibt Franz-Josef Münker dort einen Reitstall. Hof steht unter Denkmalschutz. (Haus Nr. 56).

Münkshof oder Alter Münkshof

Balthasar Münks ist 1851 seit etwa 30 Jahren im Besitz des Hofes, der südlich hinter Haus Kierst liegt und nach der Bauweise des Wohnhauses auf ein hohes Alter schließen läßt. Balthasar Münks wird 1832 als Gemeinderat erwähnt, auch noch 1854. Danach wohl Constantin Münks. 1912: Wilhelm Münks, 11,19 ha, 1919: 3 Pferde. 1924 Paul Hilgers, dann Josef Hilgers, heute Johannes Hilgers. Neuerdings Umbau zu einer Tierklinik. (Haus Nr. 58).

Breuers

Möglicherweise der Hof des 1832 erwähnten Johann Wilhelm Holzschneider (1782-1853), auf dessen Grund im vorigen Jahrhundert römische Funde gemacht wurden. Familie Breuers zog Ende des vorigen Jahrhunderts von ihrem Hof in Langst nach Kierst. 1912: Johann Breuers, 7,82 ha, 1919: Geschwister Breuers, 2 Pferde. Heute Theo Nelles. (Haus Nr. 59).

Biermannshof

Um 1830 bewirtschaftet von Peter Biermann, der dann nach Ratingen zieht. Seit 1840 im Besitz von Constantin Münks (1816-1882). Dieser Hof in der Nähe der Kierster Kapelle umfaßte schon im vorigen Jahrhundert eine Gastwirtschaft. Wahrscheinlich war der Vorbesitzer Christian Bössen, der 1836 nach Missouri ausgewandert ist. Später Wilhelm Münks, dann seine Witwe. Zuletzt bis zur

Schließung in den 50er Jahren betrieben durch die Familie Bex. Im Volksmund „Domhotel" genannt. Heute Marktbetrieb Franz Scharafin. (Haus Nr. 60).

Hüsges/Breuers

1912: Josef Hüsges, 9,53 ha, 1919: Josef Breuers, 2 Pferde. Er hat dort eingeheiratet, dann Johann Breuers. (Haus Nr. 62).

Neuhausen

1888: Heinrich Neuhausen, 5,69 ha, 1919: Stefan Neuhausen, ein Pferd. Heute Marktbetrieb Jakob Neuhausen. (Haus Nr. 63).

Köther

Anfang dieses Jahrhunderts erbaut. 1919: Jakob Köther, 2 Pferde, dann Balthasar Köther, danach bis 1994 Josef Köther. (Haus Nr. 53b).

Nierst

Nierst hat als Unterherrschaft des Klosters Meer lange Zeit ein Eigenleben geführt. Vielleicht führten diese Verhältnisse über Jahrhunderte zu einer überdurchschnittlichen Stagnation. Erst nach der Säkularisierung kam es zu einer weiteren baulichen Entwicklung und zu einer, wenn auch langsamen, Zunahme der Bevölkerung. Die alte Numerierung von 1880 beginnt im Süden (im Knupp) und endet mit der Nr. 54 beim Werthhof.

Seisthof (mundartlich auch Seeshoff)

Haupthof des Dorfes Nierst. Verwaltungssitz der Unterherrschaft („Freie Herrlichkeit") des Klosters Meer mit der Kapelle St. Cyriakus et Laurentius. Entstanden aus einer Burg, die als Ursprung der Herrschaft gelten kann. Noch 1663 wird eine „Burgpforte" genannt, dazu gibt es eine Skizze von 1677. Erste Erwähnung mit der Stiftung des Klosters Meer durch die sel. Hildegundis 1166. Als Curtis Sest 1185 genannt. Liste der Halfmänner weitgehend bekannt. 1499 erscheinen Gerhard Eick und Griet. 1664 Peter Steuten (auch Stautten), diese Familie bis 1723, danach Familie Schmitz. Der Halbwinner Heinrich Schmitz ist 1755 Deputierter der Pfarre Lank, Johann Schmitz 1780. Ein Neubau von Haus, Scheune und Ställen findet 1608 statt. 1693 ist der Hof abgebrannt. Bei der Säkularisierung 1804 kauft den Hof Franz Theodor Roetgen, Fabrikant in Neuss, für 45300 frs. Pächter ist damals Wilhelm Bongarz. Zum Hof gehören 67 ha Land. Vor Roetgen kauft den Hof 1805 Christoph Siegers, daher die Straße „Am Siegershof". Seit 1834 bewirtschaftet sein Schwiegersohn Franz Horster den Hof. Enkel Carl Horster finden wir 1888 mit einer Fläche von 35,84 ha und

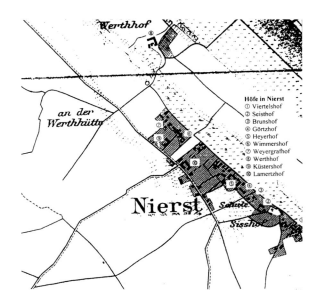

Höfe in Nierst
① Viertelshof
② Seisthof
③ Brunshof
④ Görtzhof
⑤ Heyerhof
⑥ Wimmershof
⑦ Weyergrafhof
⑧ Werthhof
⑨ Küstershof
⑩ Lamertzhof

Karte 4: Nierst

Abb. 32: Hof Dahmen-Offer in Nierst, Am Oberen Feld 33 (heute: 55), 1977

Abb. 33: Ismerhof in Ilverich, im Hintergrund der Schleytenhof, um 1955

Abb. 34: Ehem. Scheune des Brockhofs in Ilverich (Issel), 1976. Die Scheune stürzte 1983 ein.

einer Krautsiederei. Es folgen die Gebrüder Pütz aus Büderich, die auch 1896 den Abbruch der alten Kapelle besorgen. 1888: Gebr. Pütz, 36 ha, um 1910: 43 ha, 6 Pferde, 25 Rinder. Das Wohnhaus wird 1912 neu errichtet. 1919: Wilhelm Pütz, 6 Pferde. Den Hof erbte der Neffe Peter Kreutzer, der ihn 1957 an die Stadt Krefeld verkaufte. Nach der Familie Raven als Pächter ist seit 1977 Heinrich Mertens aus Gellep Eigentümer und Bewirtschafter des Hofes. (Haus Nr.13).

Werthhof

Der Hof gehörte nach einer Urkunde von 1185 als Salhof zum Höfeverband des Klosters Meer. Ursprünglich auf einer Rheininsel (Werth) errichtet. Auch später noch bei Hochwasser vom Dorf Nierst abgeschnitten. Die Liste der Pächter seit 1421 ist zum großen Teil bekannt. Sie umfaßt u.a. die Familien Kyver (seit 1663), dann Wilhelm Sassen, dann Heinrich Clemes (1732-1755), dann Michael Sassen bis 1762. Pastor Jacobs nennt 1770 Paulus Viehoff (vom Büdericher Dyckhof) als Deputierten der Lanker Kirche. Bei der Säkularisierung kaufen 1804 den Hof für 36500 frs. der Unterpräfekt Bouget in Krefeld und Scheidtmann, Moers. Pächter ist damals Balthasar Gilles, der aus Rath stammt, verheiratet mit Maria Margareta Viehoff. 1811 geht der Hof an den französischen Domänenempfänger Jacques Louis Blin (von den Nierstern „Bläng" gesprochen). Dieser errichtet auf dem Hof eine Zuckerfabrik und eine Brennerei, baut das herrschaftliche Wohnhaus und legt den Englischen Garten an. Später fällt der Hof an die Bankiersfamile von Rigal. Um 1865 ist der Diplomat von Schlözer, Schwiegersohn von Rigals, Eigentümer. Pächter sind um 1880-1897 Carl Fiegen, 1898-1908 Geschwister Brors aus Huckingen und seit 1908 Wilhelm Heesen. 1888 werden 23 ha Ackerland mit 6 Pferden und 70 Rindern bewirtschaftet. Zum Besitz gehören noch 65 ha Ackerland, die anderweitig verpachtet sind, und 157 ha Weideland. Das Grünland wird jährlich nach Pfingsten parzellenweise versteigert. Carl Fiegen ist 1880 Verwalter für 257 ha Land. 1919: Wilhelm Heesen als Pächter mit acht Pferden. Ca. 1926 erwirbt die Duisburger Familie Küppers den Hof. Ein großer Teil des in Rheinnähe gelegenen Landes sollte im Rahmen der wirtschaftlichen Betätigungen dieser Familie wohl für Auskiesungen verwandt werden. Seit 1949 hat die Familie Franz Brors aus Gellep (Schwiegersohn von Heesen) den Hof gepachtet. Jetziger Pächter ist Georg Brors mit ca. 86 ha Land. Die alte Brennerei wurde ca. 1980 aus dem Denkmalschutz entlassen und abgerissen. (Haus Nr. 54).

Höfe im Knupp

Wolters

Johannes Wolters wohnt um 1840 auf dem Görtzhof. Um 1890 finden wir Johann Heinrich Wolters, der auch Wegewärter ist. Dann Heinrich Wolters (bis 1940), dann Sohn Heinrich Wolters, der 1970 den Betrieb (Marktbeschicker) einstellt. 1919: 2 Pferde. (Haus Nr. 1).

Wefers- oder Tümmershof

Hof der Familie Grefen im Knupp, abgebrannt 1931. Als Besitzer sind bekannt die Familie Hausmann, dann Plönes, dann durch Einheirat Tümmers aus Strümp. Jakob Tümmers 1783. 1820 heiratet Heinrich Tümmers Agnes Münks. Ab 1866 Heinrich Grefen, der 1888 mit 11,25 ha und einer Krautsiederei erscheint. 1912: 10,38 ha, 1919: Peter Grefen, ein Pferd. Heute Willi Grefen und Sohn Peter. (Haus Nr. 3).

Viertelshof

Ehemaliger Pachthof des Klosters Meer, „im Knupp" gelegen. Der Hof hat diesen Namen nach der Pächterfamilie Viertels, die bereits um 1690 in den Kirchenbüchern erscheint. Möglicherweise hat die Familie aber auch den Hofnamen angenommen, der eventuell nach der Pachthöhe benannt wurde. Durch Heirat gelangt der Hof 1776 an einen Pächter Josef Roberts (oder Ropertz). Bei der Säkularisierung ersteigerte 1804 Tops aus Verviers den Hof und gab ihn dann weiter an den Baron von der Leyen. Er umfaßte damals 13 ha und erbrachte den Preis von 11 100 frs. Anfang des 19. Jahrhunderts ist die Familie Münks auf dem Hof, 1832 wird Heinrich Münks genannt, 1859 Johann Heinrich Münks. Ein Sohn Balthasar Münks ist 1840 nach Missouri ausgewandert, in den USA aber verschollen. Im Jahre 1888 bewirtschaftet Rainer Dünker, Schwiegersohn von Münks, den Hof von 13 ha als Pächter. 1912: Wilhelm Rippers, 20 ha, 1919: derselbe, 6 Pferde. Nach der Familie Schmitz vom Bauershof in Gellep, die den Hof 1928 vom Baron von der Leyen kauft, wird der Hof auch „Buusch" genannt. Heute bewirtschaftet ihn die Familie Rössler, bei Schmitz eingeheiratet. (Haus Nr. 4).

Schürenhof

Der nicht mehr bestehende Hof lag früher neben dem Viertelshof und war seit 1772 im Besitz der Familie Frangen. Theo Frangen, gest. 1784, verheiratet mit Cath. Elisabeth Hausmann. Diese heiratet 1785 Peter Even. Nachfolger wanderten 1840 nach Missouri aus. Ab 1835 Peter Jacob Frangen, verheiratet mit Maria Christina Wolters. Ab 1878 Sohn Franz Frangen, ab 1928 Schwiegersohn

Josef Schmitz, verheiratet mit Maria Frangen vom Viertelhof. Sie ließen das baufällige Haus um 1930 abbrechen. Scheune und Land kamen zum Viertelhof. 1888: Franz Frangen, 15 ha, Krautsiederei vorhanden. (Haus Nr. 5).

Schlungs

Um 1800 Mathias Hösten (Hüsten). Um 1820 Johann Arnold Schlungs, verheiratet mit Elisabeth Hösten. 1880: Johann Stefan Schlungs, 3,75 ha. Johannes Schlungs in Rußland vermißt, deshalb Betrieb aufgegeben. (Haus Nr. 7).

Artshof

Um 1800 wohnt Mathias Micken, der 1783 schon als Kirchmeister in Nierst erscheint, mit seiner Nichte Anna Margareta Gerfers auf dem Hof. Peter Heinrich Frangen heiratet die Nichte Gerfers 1801. Sohn Peter Heinrich Frangen heiratet 1845 Anna Sophia Klinker aus Ilverich. Um 1870 betreibt er eine Krautsiederei, ab 1890 übernimmt Peter Frangen den Hof, 1912: 10,25 ha, 1919: ein Pferd. Später übernimmt der Schwiegersohn Johann Rippers den Hof. Der Betrieb wurde 1957 stillgelegt und die Gebäude 1988 verkauft, heute Familie Koller. (Haus Nr. 8).

Höfe an der früheren Dorfstraße (Am Oberen Feld)

Grotenburg

Johann Grotenburg aus Bockum ist von 1797 bis 1816 Lehrer in Nierst. 1865 Wilhelm Grotenburg. 1919 haben die Geschwister Grotenburg ein Pferd. Um 1931 ist das alte Gebäude abgebrannt. Jetzt Nebenerwerbsbetrieb von Hermann Grotenburg und Sohn Peter. (Haus Nr. 10).

Brunshof (heute zumeist Brungshof genannt)

Hof am Oberen Feld, neben der früheren Schmiede Hahlen gelegen. 1731 werden die Schwestern Margareta und Elisabeth Steuten erwähnt. Um 1793 kaufte Theodor Stapper aus Gellep mit seiner Frau Margareta geb. Buscher aus Lank den Hof, wohl von einer Familie Bruns. Für 1832 steht noch Theodor Stapper im Adreßbuch. Carl Josef Münker aus Strümp heiratet 1829 die Tochter Anna Elisabeth Stapper. Sohn Johann Theodor Münker, geb. 1831 in Nierst, kauft 1876 Haus Kierst. Den Brunshof verpachtet er zuerst an Wilhelm Breuers (1888: 11 ha) bis 1900, danach ab 1901 bis 1913 an Arnold Gather. Das Wohnhaus wird 1913 neu errichtet von Franz Münker, verheiratet mit Gertrud Kohtes. Er ist schon 1914 in Frankreich gefallen. 1919: Wwe. Münker, 4 Pferde. Sohn Josef Münker (gest. 1993) gab 1961 die Landwirtschaft auf. (Haus Nr. 18).

Roos

Ursprünglich Köther, ab 1838 bewohnt von Mathias Gather, verheiratet mit Elisabeth Bongartz aus Langst. Die Wwe. Gather heiratet 1860 den Schreiner Johann Rainer Roos. 1912: Sohn Jakob Roos, 5,15 ha, 1919: derselbe, ein Pferd. Ab 1933 Johann Roos, dann Sohn Jakob Roos und jetzt Enkel Rainer Roos. 1996 Beginn der Aussiedlung Richtung Langst. (Haus Nr. 19).

Görtzhof

Früher ein Schöffenhof, um 1750 Gottfried Clemes. Um 1801 Theo Radmacher, verheiratet mit Wwe. Catharina Sturms. Möglicherweise übernahm dann Balthasar Nilges, verheiratet mit Margaretha Sturms, den Hof. Dieser wanderte 1840 nach Missouri aus. Nach 1840 Johann Wolters, ab 1858 Hermann-Josef Hüsges, der mit 7,5 ha Land 1888 erscheint. Einheirat von Hermann Schrills. 1912: Hermann Schrills, 7,38 ha, 1919: ein Pferd. Heute Josef Schrills. Keine Landwirtschaft mehr. (Haus Nr. 23).

Baakeshof

Am Wiesenweg gelegen. Um 1860 Johann Wilhelm Baakes, nebenbei Küster. 1912: 4,94 ha. Sohn Peter baute ca. 1910 eine Scheune. Ab 1955 Johann Baakes. Sohn Peter Baakes jun. betreibt noch Landwirtschaft. (Haus Nr. 24).

Heyerhof, auch Honnenhof genannt

Hof des Klosters Meer, am Oberen Feld gelegen. Im 16. Jahrhundert im Besitz der Eheleute Margarete Kivers und Johann von Homburgk gen. Abts. 1638 Verkauf an das Kloster Meer. Der Heyerhof mußte in jedem 13. Jahr das Honnenamt übernehmen, daher „Honnenhof". 1665 und 1678 an Wilhelm Heyer verpachtet. (Meyer-Rogmann 1993 schreibt „Hegerhof".) Um 1700 Familie Heinrich Honnen, 1737 Gottfried Honnen. Durch die Franzosen 1679 eingeäschert. Henricus Scheurer ist Pächter 1763. 1725 wird ein Peter Weyers „an Heyer" genannt. Nach der Säkularisierung wird der Hof 1807 mit etwa 30 ha an Johann Jacob Fortin aus Uerdingen für 18100 frs. verkauft. Pächter ist damals Johann Scheuren. Der Hof ist damals noch strohgedeckt und in einem erbärmlichen Zustand. Danach hat ihn wohl Christoph Siegers, der auch den Seisthof kaufte, erworben. Auf einer Karte von 1830 als „Heyerhoff" eingetragen. 1835 kauft ihn die Familie Kemmer. 1850 wurde der Hof in drei Teile aufgeteilt. Heutige Besitzer M. Friedrichs geb. Hinzen, Brok (vorher Paas-Vögeler) und Karl Josef Weyers. (Nr. 25-27).

Gather/Birgels (genannt Kösch)

Zwischen Heyerhof und Kirche gelegen. Um 1867 Theodor Gather, 1898 Michael Gather, dann Theodor Gather. Nach dem Krieg Schwiegersohn Friedrich Birgels, zuletzt Heinz-Theo Birgels. Ab 1990 Nebenerwerbsbetrieb, jetzt stillgelegt. (Haus Nr. 28).

Bongartz (früher Grefen-Erb)

Früher wohnte hier zwischen Heyerhof und Dorfkrug die Böttcherfamilie Siemes. Josef Siemes verkaufte 1884 das Haus mit Stallung an Familie Heinrich Bongartz. Ab 1918 Karl Bongartz, dann Sohn Peter bis 1966, dann Betrieb stillgelegt. (Haus Nr. 29).

Kyvershof (oder Kiefershof)

Im Jahre 1681 wird eine Ließbeth Kievers genannt. Als Deputierter der Lanker Kirche erscheint 1755 Theiß Kleffges auf Kyvers. 1801 Heinrich Klefges. 1888: Wwe. Josef Stapper, 15 ha, 1912: dieselbe, 16,75 ha, 1919: Geschwister Stapper, ein Pferd. Danach Familie Karl Daniels. Dort bestand eine Gastwirtschaft mit einem Tanzsaal im Obergeschoß. Heute Robert Daniels. (Haus Nr. 31).

Hof Dahmen (früher an Essers)

Ca. 1800 Familie Eick, Heinrich Eick war 1772 Kirchmeister in Nierst. 1888: Ludwig Dahmen, 1912: Heinrich Dahmen, 6,94 ha. Später Offer, zuletzt Schmitz. Wohnhaus gut erhalten in Fachwerk, steht unter Denkmalschutz. Erst kürzlich von der Familie Wierichs erworben. (Haus Nr. 32).

Wimmershof

Hof der Familie Daniels, abgerissen Mitte der 70er Jahre. Seit 1760 Wilhelm Gerards (oder Geretz). Johann Wilhelm Daniels, geb. 1761 in Heerdt, heiratet 1790 Agnes Geretz. Sohn Johann Wilhelm Daniels (1807-1879). 1888: Josef Daniels (1855-1930), 11 ha, 1912: derselbe, 12,35 ha, 1919: 2 Pferde, dann Karl Daniels. (Haus Nr. 33).

Weyergrafhof

Großer Hof im nördlichen Teil von Nierst, am Kulenweg gelegen. Um 1700 „an Schusters" genannt. Der Hof wird schon vor 1700 im Besitz der Familie Weyergraf erwähnt und ist damit von allen Nierster Höfen am längsten im Besitz einer Familie. 1851: Hermann Weyergraf, 1888: Sohn Hermann, 30 ha Land, Krautsiederei vorhanden. 1912: 37,25 ha. 1919: Geschwister Weyergraf, 6 Pferde. Heute wird der Hof von Enkel Werner Heesen bewirtschaftet. (Haus Nr. 44).

Hölters (früher an Hönnings genannt)

Am Kulerweg gelegen. 1742 Platen-Jonen. Einheirat von Wilhelm Schmitz, um 1862 Theodor Hölters, 1919: 2 Pferde. Hof 1929 abgebrannt. Ab 1947 Karl Hölters. Pächter seit 1978 Hermann-Josef Gather. Seit 1990 Nebenerwerb, jetzt stillgelegt. (Haus Nr. 46).

Lohsenhof

Hof der Familie Hölters, seit ca. 1700 auf dem Hof. 1880 Johann Hölters, 1888: Wwe. Hölters, 15 ha, Krautsiederei vorhanden, 1912: Johann Hölters, 14,88 ha, 1919: ein Pferd. Dann der Viehhändler Jakob Broich (Schwiegersohn). Abgebrochen um 1968. (Haus Nr. 48).

Kessels (ab 1900 Schmitzhof)

Hof neben dem Lohsenhof. Um 1800 Familie Raven, 1821 Einheirat von Anton Kessels aus Strümp. Ab 1860 Sohn Peter Paul Kessels, verheiratet mit Gertrud Unterdenbäumen. 1893 heiratet Wilhelm Schmitz aus Stratum die Tochter Maria Kessels. Danach Sohn Josef Schmitz, gefallen 1944. Die Wwe. heiratet Josef Roos. Dann Karl Burghardt. Der Hof ist verkauft und wird wohl bald abgebrochen. (Haus Nr. 49).

Kessels

Letzter Hof am Oberen Feld. Erbaut um 1868 von Heinrich Josef Kessels vom Nachbargrundstück. Es folgte Sohn Peter Paul Kessels, verheiratet mit Gertrud Hahlen. 1888: Paul Kessels, 5 ha, 1912: 5,88 ha. Ab 1935 Enkel Josef Kessels. 1963 Landwirtschaft aufgegeben. (Haus Nr. 49 a).

Höfe an der Stratumer Straße

Küstershof (früher Köeschhof)

Geschlossene stattliche Hofanlage an der Stratumer Straße. Im vorigen Jahrhundert vom Wasser weg an den Kommunalweg verlegt. Zuerst Familie Wienand Gather, der 1831 als Inhaber des „Köeschhofs" erscheint. Der alte Hof an der Dorfstraße hieß wohl Köeschhof, was die Vermutung nahelegt, daß es in „Küsters" verhochdeutscht wurde. 1790 heißt es „an Cüsters". Der Hof wurde etwa 1830 erbaut, das Wohnhaus später aufgestockt. Der Hof ist 1888 im Besitz von Franz Karl Schmitz aus Stratum, der auch eine Krautsiederei betreibt (34 ha Land, 19 Rinder, 6 Pferde). Noch 1919 bei Franz Karl Schmitz, damals 5 Pferde. Jakob Menzen kommt durch Einheirat auf den Hof. Auch heute im Besitz der Familie Menzen. Seit 1981 keine Landwirtschaft mehr. Der Hof steht unter Denkmalschutz. (Haus Nr. 45).

Lamertzhof

Ehemals großer Hof am Oberen Feld. Vermutlich von der Familie Cames vor 1830 neu erbaut an der Stratumer Straße, die höher und abseits vom Wasser lag. Um 1770 heiratet Johann Bruns Catharina Weyers. 1790 heiratet Peter Paul Cames aus Strümp Maria Elisabeth Bruns. Johann Stapper vom Brunshof heiratet 1820 Adelheid Cames, deren Tochter. 1851: 25 ha Ackerland, 1888: Sohn Johann Stapper. Nach 1900 lag der Hof längere Zeit still. 1912: 33,75 ha. Der Kreistagsabgeordnete Johann Stapper verstarb am 18. 3. 1911. Ab 1947 begann Neffe Adolf Stapper-Münker erneut mit der Landwirtschaft, 1961 verstorben. Um 1980 abgebrochen. (Haus Nr. 35).

Hof Bongartz

Hof an der Stratumer Straße, nach 1840 errichtet. Ab 1840 Jakob Bongartz, 1888: Geschwister Bongartz 13,75 ha, Krautsiederei vorhanden. 1912: Jakob Bongartz 14,88 ha, 1919: Geschwister Bongartz, 2 Pferde. Dann Wilhelm Bongartz, gefolgt von Heinrich Bongartz. Altes Wohnhaus mit Stallung 1982 abgerissen. Neubau des Hofes mit großem Kuhstall, nur die Scheune von etwa 1930 blieb erhalten. Der Hof wird heute noch von Enkel Wilhelm Bongartz als Vollerwerbsbetrieb bewirtschaftet. (Haus Nr. 43).

Hamäkisch

An der Stratumer Straße schräg gegenüber der Kirche. Ehemals eine Sattlerfamilie, d. h. „Hammacher". 1880: Wwe. Carl Frangen, 1912: Geschwister Frangen, 9,88 ha. 1919: 2 Pferde. Danach Johann Frangen. Um 1965 Betriebsaufgabe. (Haus Nr. 41).

Paas

Hof neben der neuen Kapelle, 1919: Wilhelm Paas, ein Pferd. Paas war auch Schuhhändler. Altes Wohnhaus ca. 1965 abgerissen und Neubau. Heute Familie Karl und Peter Paas mit Gemüsewirtschaft. (Haus Nr. 36 a).

Weitere Höfe in Nierst

Heinrich Beesen, Stratumer Straße; Johann Steinfort („Neues Haus"); Adolf Paas, neben Artshof, 1888: 4,25 ha; Johann Hahlen, Ackerer und Schmied, 1888: 4,75 ha; Peter Beesen, 1888: 4 ha; Vossen (neben Lamertzhof), früher Thelen/Gather.

Strümp

Die Gemeinde Strümp bestand in früherer Zeit aus sieben Siedlungsbezirken, die relativ weit auseinander lagen, und verschiedenen Einzelhöfen. Die Bezirke waren: Gath mit den Meerhöfen, das „Dorf" mit den Häusern auf dem Berg, der Hüstenberg, das Schloßend, das Buschend mit Bontenhof und Kesselshütte und der Bezirk Kirche/Schule mit den Höfen Mönkeshof, Schürkeshof, Haus Hamm, Röttgeshütte und den Häusern an der Straße nach Osterath.

Meerhöfe

Alter Meerhof (früher Meerhof Nr. 1)

Dem Kloster Meer gehörten seit Jahrhunderten zwei Meerhöfe. Der Meerhof Nr. 1 als der älteste lag an der Meer, d. h. nahe am Wasser. Er war deshalb häufig von Überschwemmungen bedroht. Verschiedene Halbwinner sind bekannt. Man nannte sie Meerhoffs oder Meeres. Sie waren häufig Vorsteher der Honschaft Strümp und Deputierte der Lanker Kirche. Tillmann Meerhoffs wird schon 1616 als Halbwinner genannt. Henricus Münker (1724-1780) erscheint mehrfach als Gemeindevorsteher. Ihm folgte Rutger Münker (geb. 1750). Der Pächter des Schmitterhofes Wilhelm Heinrich Cames (geb. in Heerdt 1766, seit 1782 in Strümp) erwarb den Hof nach der Säkularisierung 1804 mit etwa 32 ha Land für 22100 frs. Er hatte 1798 die Witwe Maria Christina Münker geheiratet. Nach Wilhelm Heinrich folgte Carl Cames von 1842-1875. Er erbaut den Neuen Meerhof (Haus Nr. 3) mit dem stattlichen Wohnhaus (s. dort). Carl Cames besitzt 1868 ca. 500 Morgen Land und ein beträchtliches Barvermögen. 1912: Johann Görden, 18,62 ha, 1919: Hugo Schrörs (Pächter), 7 Pferde. Seit den 30er Jahren auch von Cames bewirtschaftet. (Haus Nr. 3).

Meerhof Nr. 2

Der westlich daneben gelegene Meerhof Nr. 2 wurde 1804 von dem Neusser Fabrikanten Franz Theodor Roethgen für 22100 frs. erworben. Pächterin des damals etwa 32 ha umfassenden Meerer Hofes war die Wwe. Hilbers (nach Klompen), was aber wohl auch Ilbertz heißen könnte. 1754 wird Derich Ilbertz als Kirchmeister und 1758 als Vorsteher genannt. Die Wwe. Sybilla Ilbertz kauft 1810 den Hof. Joseph Ilbertz finden wir 1851 bis mindestens 1864. 1888: Josef Ilbertz, 25 ha, Krautpresse vorhanden. 1912: Heinrich Hörschgens aus Büderich (seit 1904 Pächter), 25,2 ha. 1919: Heinrich Hörschgens, 8 Pferde. Später Familie Spennes. Heute im Eigentum der Familie Kleutges. (Haus Nr. 2).

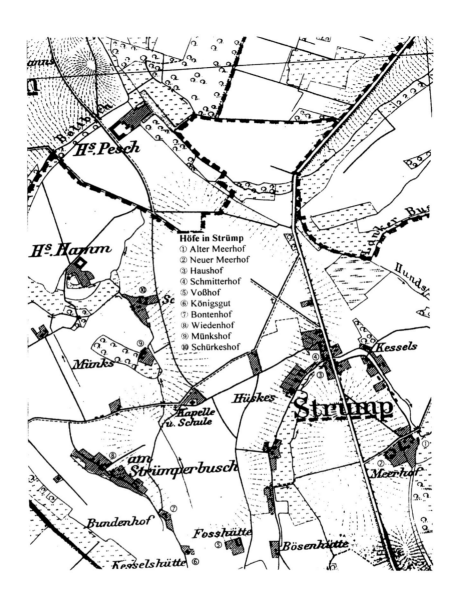

Höfe in Strümp
① Alter Meerhof
② Neuer Meerhof
③ Haushof
④ Schmitterhof
⑤ Voßhof
⑥ Königsgut
⑦ Bontenhof
⑧ Wiedenhof
⑨ Münkshof
⑩ Schürkeshof

Karte 5: Strümp

Neuer Meerhof (Meerhof Nr. 3)

Von Carl Cames 1856 neu erbaut als geschlossene Hofanlage mit einem repräsentativen Wohnhaus. Die alte Scheune war schon 1821 errichtet worden. Bewohnt von Carl Cames (1805-1875), Wilhelm Cames (1836-1890), Josef Cames (1882-1965) und Franz-Josef Cames. Wilhelm Cames bewirtschaftet den Hof 1888 mit 47 ha, davon 31 ha Ackerland, 5 Pferden und 38 Rindern. 1919: Josef Cames, 8 Pferde. Nach neuerer Zählung wird dieser Hof als Meerhof Nr. 1 bezeichnet, der Alte Meerhof als Nr. 3. Der Hof wird heute von Christoph Cames bewirtschaftet. Als Baudenkmal eingetragen. (Nr. 1).

Weyergraf (Jonengüter)

Ehemals Kreutz, gehörte mit einem benachbarten Hof (Weiers, später Ippers) im 18. Jahrhundert den Gebrüdern Jonen. 1866: Johann Weyergraf, 1888: derselbe, 10 ha, 1912: Johann Weyergraf, 18,12 ha, 1919: Wwe. Weyergraf, 5 Pferde. Heute Hans Essers, Auf der Gath 26. (Nr. 12).

Riddershof oder Retersgut

Den Hof des Klosters Meer erwarb 1804 Jacob Ludwig Blin aus Krefeld, der 1811 auch den Werthhof kaufte. Gelegen auf der Gath. Pächter war damals Heinrich Krauthausen. Um 1770 bis nach 1800 Familie Schmitz.

Platengut

Der alte Hof lag früher an der Xantener Straße gegenüber dem Haushof. Geirtt (Gerhard) Platen wird 1616 genannt. In einer Liste von 1669/70 wird das "Plattengut" als acliges Gut bezeugt. Im 18. Jahrhundert wird der Halbwinner Peter Kemmerling genannt. Ein Peter Paulus Kemmerlings ist 1765, 1783 und 1784 dreimal Schützenkönig in Lank. Früher auch eine Gastwirtschaft. 1869 wurde der Hof öffentlich versteigert. Das Land wird von Familie Bommers aufgekauft. 1912 besitzt Hermann Platen noch 1,50 ha. Reste des Hofes in den 60er Jahren zugunsten einer Wohnbebauung abgerissen. (Haus Nr. 21).

Haushof

Allodialer Hof, der früher bei Haus Latum war. 1616 wird ein Johann Hauß genannt. Lag früher neben dem Schmitterhof an der Xantener Straße. Antonius Haus ist 1791 Schützenkönig in Lank. In der ersten Hälfte des 19. Jahrhunderts im Besitz von Peter Wilhelm Hauß, der 1832 als Gemeinderat und Branntweinbrenner genannt wird. 1888: Wwe. Haus, 25 ha, Krautpresse vorhanden, 1912: ebenfalls, 27,12 ha. Ca. 1914 wird der Hof versteigert. Das Land geht an Kohtes und Spennes, der Hof an Engelbert Ridders aus Hüls. 1919: Pächter

Mathias Frenken, 2 Pferde. Später Johann Esters. Nach dem Kauf durch die Gebrüder Bommers 1968 abgebrochen, heute dort Geschäftszentrum. (Nr. 32).

Schmitterhof

Großer Bauernhof, bis zum Abriß 1968 an der Landstraße gelegen, und zwar dort, wo die Strempe die Straße kreuzt. Der Haushof lag südlich davon. Johann Schmitter wird 1616 genannt. Im 18. Jahrhundert ist die Familie Viehof auf dem Hof. 1770 verpachtet Paulus Viehof den Hof an Heinrich Cames, der 1804 den Meerhof erwirbt. Adelheid Cames kauft den Hof 1828, wohl von Paulus Münker aus Lank, der 1798 Adelheid Cames heiratete und den Hof zuerst in Pacht und dann in Eigentum übernahm. Seit 1843 durch Heirat mit Theresa Maria Münker bei Johann Caspar Bommers aus Osterath. 1881: Johann Bommers, 44 ha, davon 25 ha Ackerland, 14 Pferde und 55 Rinder. 1888: 44 ha, 1912: 28,7 ha. Die Gebrüder Bommers betrieben in größerem Umfang die Zucht von rheinischen Kaltblütern, so daß 1919 sogar 18 Pferde gezählt werden. 1968 wurde der Hof zum Zwecke der Wohnbebauung abgerissen und dafür von Ludwig Bommers nördlich des Dorfes ein Hühnerzuchtbetrieb gebaut. Der Heimatkreis stellte eine Erinnerungstafel auf dem Parkplatz auf. (Haus Nr. 31).

Voßhof

In einer Liste von 1616 werden Dham Voiß und Wilhelm Voiß auf zwei Höfen genannt, 1748 Peter Vohs. Nach 1810 Familie Schmitz. Mathias Schmitz ist seit 1840 auf dem Hof. 1888: Carl Schmitz, 15 ha, 1912: Heinrich Löcker, 26,25 ha. Otto Löcker verkauft an Hugo Deussen. 1919: Hugo Deussen, 5 Pferde. Heute bewirtschaftet der Enkel Hugo Deussen den Hof. (Haus Nr. 62).

Königsgut

Das „Haus Königsgut", auch „Kesselshött" genannt, wird 1804 vom Pächter Anton Kessels für 1250 frs. aus dem Besitz des Klosters Meer erworben. Es umfaßte damals Haus, Speicher, Scheune, zwei Ställe, eine Bäckerei und einen Hof. 1868: Friedrich Wilhelm Kessel, Ackerer und Schenkwirt. 1888: Franz Kessel, 3,50 ha. 1912: Johann Raukes, 2,85 ha, 1919: 2 Pferde. (Haus Nr. 63).

Haus Hamm

Altes Rittergut. Hinter dem heutigen Hof besteht noch ein Rest des Turmes, der 1930 einstürzte. Der allodiale Sitz war 1361 bei den von Hamme, 1485 bei von der Porten, dann bei von Backum auf Haus Latum. Er war kurmudspflichtig an das Stift Gerresheim. Mit Haus Latum verbunden über von Geyr, von Hallberg und von Arenberg. 1577 waren dabei 100 Morgen, 1669 noch 70 Morgen. 1832 finden wir den Pächter Anton Schmitten als Gemeinderat und Branntweinbrenner. Das wasserumwehrte Rittergut verfiel im 19. Jahrhundert immer mehr und brannte ca. 1860 nieder, weshalb in den 70er Jahren ein völlig neuer vierflügeliger Hof abseits des alten Hauses erbaut wurde. Seit 1882 ist Prinz Johann von Arenberg Eigentümer. Seit 1879 Carl Jonen als Pächter mit 50 ha Land, 9 Pferden und 60 Rindern. 1912: Wilhelm Jonen, 59,25 ha. 1919: Karl Jonen, 14 Pferde. In den 1970er Jahren kaufte den Hof die Familie Vieten, die ihn an Günther Kloeters verkaufte, der dort später Wohnungen einbaute. (Haus Nr. 90).

Schürkeshof

Alter Hof, der wohl früher auch zum Weilerhofverband gehörte. Der Hof erscheint 1393 in einer Urkunde als bei Godart von Hamm und Dusentschure. Später als Dusendschurengut benannt, so 1575. Ein Michael Scheurges wird 1616 genannt. Dreis Schürges erscheint 1720 als Honne. 1737 ist die Familie Wetzels auf dem Hof, Johann Hermann Wetzels 1769-1830, verheiratet mit Anna Margareta Stapper aus Nierst. Peter Heinrich Münker (1799-1869) heiratet 1826 Sibilla Sophia Wetzels. Sohn Wilhelm Heinrich Münker (1833-1887) folgt. 1893 übernimmt Josef Kohtes von Haus Broich in Willich den Hof nach Einheirat mit Juliana Münker und baut ihn nach einem Brand 1900 in herrschaftlicher Form aus. 1888: 47,25 ha Land, 20 Pferde und 36 Rinder. Später kommen noch 6 ha vom Haushof hinzu. Die Pferdezucht weist 1919 21 Tiere aus. Josef Kohtes jun. (1905-1978), Strümper Bürgermeister von 1958 bis 1969, übernimmt den Hof 1935. Heute keine Landwirtschaft mehr. Hof steht unter Denkmalschutz.

An Röttges

Gelegen „Zur Alten Burg 17". 1763 Peter Tümmers mit 6 ½ Morgen Land, 1804 Mathias Radmacher aus Latum. 1819 Drittelung, wobei ein Drittel an Johann Radmacher geht, der auch Stellmacher und Schreiner ist. 1862: 18 Morgen. 1884: Hubert Radmacher, 1919: 2 Pferde. Heute der Schwiegersohn Josef Nauen. (Haus Nr. 88).

Münkshof (heute auch Mönkeshof)

Gehörte ebenfalls zum Weilerhofverband. 1575 als Kaiserswerther Kurmudsgut erwähnt. 1616 wird ein Johann Müncks, als Pächter 1662 eine Familie Paas genannt. 1728 wird Gerhard Münks als Halbwinner und Honne genannt. Um 1800 ist Paulus Spennes Eigentümer. Im Adreßbuch erscheint 1832 Adolph Spennes, Gemeinderat und Branntweinbrenner. Seit 1849 Hermann Josef Spennes, danach wohl Jacob Spennes, erwähnt 1866. 1888: Wwe. Spennes, 30 ha, 7 Pferde, 41 Rinder und eine Brennerei, 1912: Jakob Spennes 31,90 ha, 1919: derselbe, 12 Pferde. Danach Sohn Josef Spennes mit bedeutender Viehzucht, Mitglied in Gemeinderat und Kirchenvorstand. Heute bei Werner Spennes, seit 1996 Landwirtschaft aufgegeben. Als Baudenkmal eingetragen. (Haus Nr. 81).

Theisen

Bauernhof mit Gaststätte. 1888: Carl Theisen, 4 ha Land, 1912: 6,75 ha. 1919: Wilhelm Theisen, 3 Pferde. (Haus Nr. 77).

Höfe am Buschend

Bontenhof

Großer Hof, am Buschend Nr. 55 gelegen, fälschlich als „Bundenhof" in den Katasterunterlagen eingetragen. Peter Bonten wird 1616 genannt. Die Familie Kyvers ist gegen Ende des 18. Jahrhunderts bis nach 1800 auf dem Hof. Als regierende Kirchmeister werden genannt: 1768 Peter Kyvers und 1778 Hermann Kyffers, Halbwinner auf Bontenhof. J. P. Lentzen übernahm den umfangreichen schriftlichen Nachlaß der Familie Kyvers. Von Constantin Münks aus Langst kaufte den Hof die Familie Ilbertz. 1888: Ewald Busch, 18,75 ha, 1912: derselbe, 19,5 ha. 1919: Peter Steinfort, 4 Pferde. Heute von der Familie Andreas Kleutges bewirtschaftete. (Haus Nr. 64).

Siepenhof

Am Buschend Nr. 35. 1888: Jakob Siepen, 7,50 ha, 1912: derselbe, 7,45 ha, 1919: Heinrich Jansen, ein Pferd. Später Familie Steinfort. Heute bewirtschaftet Karl Steinfort den Betrieb. (Haus Nr. 68).

Webers

1888: Christian Webers, 4,50 ha, 1912: derselbe, 5,95 ha, 1919: Gottfried Webers, ein Pferd. Dann Sohn Heinrich Webers, danach Enkel Gottfried Webers. Heute Garten- und Gemüsebaubetrieb von Sohn Heino Webers. Am Buschend 33. (Haus Nr. 69).

Wemen- oder Wiedenhof

Gehörte der Strümper Kapelle, deren Geistliche davon ihr Einkommen hatten. 1784 wird ein Adam Wintzen „auf Widenhof" im Sterbebuch genannt. Um 1830 verkauft an Familie Miebach, dann Schmitz, die dort eine Gastwirtschaft eröffneten. 1888: Carl Schmitz, 15 ha, 1912: Christian Schmitz, 18,50 ha, 1919: Heinrich Norbisrath, ein Pferd. Damals noch eine Gastwirtschaft. Danach Familie Wiertz (später Wirtz), auch Luten genannt. Heute steht dort ein Wohnblock. (Haus Nr. 70).

Wirtz

Am Buschend Nr. 25. 1888: Christian Wiertz, 3 ha, 1912: derselbe, 3,95 ha, 1919: Johann Wirtz, ein Pferd. Gegenüber dem Wemenhof. (Haus Nr. 71).

Stumpen

Gelegen Am Buschend Nr. 19 als letztes Anwesen. 1888: Johann Stumpen, 5 ha, 1912: derselbe, 10,10 ha, 1919: Wilhelm Stumpen, ein Pferd. Heute Davids. Noch bewirtschaftet. (Haus Nr. 73).

Weitere, noch 1912 genannte Höfe

Josef Wankum, 1888: 7,5 ha, 1912: 3,62 ha (Gath, Nr. 10); Josef Jansen, 1912: 14 ha (Nr. 19); Wilhelm Hahlen, 1912: 6,62 ha (Nr. 25); Michael Gather, 1912: 4,87 ha (Nr. 30); Johann Hermes, 1912: 6,68 ha (Nr. 38, alle im Dorf); Peter Schepers, 1912: 3,45 ha (Buschstr. 88, Nr. 53, Kletschenend); Christian Demmer, 1912: 4,10 ha (heute Vogt, Buschstr. 104, Nr. 59, Kletschenend).

Ossum-Bösinghoven

Die Gemeinde besteht seit altersher aus dem Weiler Ossum mit der Kapelle, vielen Einzelhöfen und der entlang einer Bachniederung angelegten Dorfzeile Bösinghoven. Während Ossum und viele wohl früher zum Weilerhofverband gehörende Höfe offenbar über ein hohes Alter verfügen, hat sich Bösinghoven erst spät entwickelt, wobei hier kleine Häuser und Anwesen vorherrschten. Die alte Numerierung beginnt in Ossum und geht dann über die Einzelhöfe im Bogen zur Fischelner Straße, dann zum Ostende von Bösinghoven und endet etwa bei der Nr. 80 am Ortsende Richtung Oppum.

Ossum

Herbertzhof, später auch Flünnertzhof genannt

Haupthof des Weilers Ossum, direkt neben der Kapelle gelegen. Bodenfunde 1934 aus dem Mittelalter, heute im Museum in Linn. Kapelle St. Pankratius wohl als Eigenkirche auf dem Grund des Hofes begründet. 1377 als Grevenhof benannt, dem Grafen von Kleve gehörig. Wohl 1392 mit dem Linner Land an den Kölner Kurfürsten gekommen. Seitdem „Unser und Unseres Erzstifts Hof zu Ossum" genannt. Größe 1432 ca. 100 Morgen. Pächter seit 1536 bekannt. Wahrscheinlich seit 1653 Familie Herbertz, seit 1729 Familie Flünnertz (aus dem Krefeldischen). Die Halbwinner auf Herbertzhof spielten eine große Rolle als Deputierte der Lanker Kirche. Nach der Säkularisierung zuerst Domänengut, 1813 für 24.000 frs. an die Uerdinger Familie Herberz verkauft, Nachkommen der

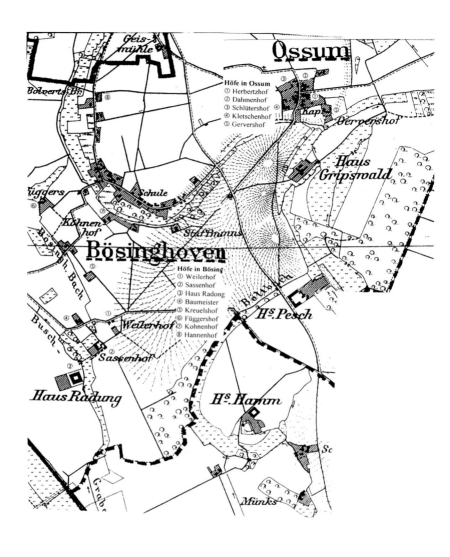

Karte 6: Ossum-Bösinghoven

früheren Pächter. Größe des Hofes 1789 an Ackerland 115 Morgen, ohne das Benden- und Bruchland. Pächter seit 1865 Familie Dornbusch. 1912 von Prinz und Herzog von Arenberg auf Schloß Pesch gekauft. Seit 1982 im Eigentum von Hans-Peter Dornbusch, der den Hof auch bewirtschaftete. 1888: 47 ha, davon 33,5 ha Ackerland, 5 Pferde, 20 Rinder, Krautpresse vorhanden. 1912: an Ackerland 17,75 ha, 1919: 11 Pferde. (Haus Nr. 11).

Dahmenhof

Der Hof (mundartlich Do-emehoff) wird nach der Pächterfamilie Heckschen auch Heckschenhof genannt. Heinrich Heckschen aus Hohenbudberg (1778-1863) kauft 1811 den Hof. Er soll auch eine Stärkefabrik betrieben haben. 1888: Gebrüder Heckschen, 21,25 ha, 1912: Hermann Heckschen, 22,37 ha. Seit 1895 finden wir Johann Zens als Pächter der Prinzen von Arenberg auf dem Hof. 1919: derselbe, 8 Pferde. Heute bewirtschaftet von der Familie Fritz Zens, die seit 1982 Eigentümer ist. (Haus Nr. 2).

Schlütershof

Alter Hof (genannt Schlütisch) gegenüber dem Dahmenhof in Ossum, früher auch Rincveltshof genannt. 1916 abgebrannt. Johann Schlüter wird schon 1616 genannt. 1888: Johann und Josef Zens, 22,5 ha, 1912: Josef Zens, 22,5 ha. Johann Zens wechselt 1895 auf den Dahmenhof, Josef Zens 1916 auf Haus Gripswald (Haus Nr. 1).

Kletschenhof

1616 wird ein Heinrich Kletzen genannt, ein Lauff Kletschen zu Ossum erscheint 1677 als Kirchmeister in Lank. Im vorigen Jahrhundert befand sich auf dem Hof eine Stärkefabrik von Jacob Reinhold. Seit Ende des 19. Jahrhunderts bei der Familie Jacobs, die auf Schloß Pesch beschäftigt war. Heute im Besitz von Heinrich Jacobs, der Landschaftsbau betreibt. (Haus Nr. 7).

Gervershof

Vor 1970 war der Gervershof der einzige Hof in Ossum, der nicht den Arenbergs gehörte. 1888: Johann Baumeister, 17,5 ha, 1912: derselbe, 17,75 ha. 1919: Heinrich Hüsges, 3 Pferde. Er gibt die Landwirtschaft ca. 1930 auf. (Haus Nr. 12).

Haus Gripswald

Wird 1422 als „Gut zu Ossum" erstmalig erwähnt. Seit 1422 wird der Name Haus Gripswald genannt, als kurkölnisches Lehen landtagsfähiges Rittergut. Von 1422 bis 1553 waren die Herren von Büderich Inhaber des Lehens. Belehnung 1572 an Albrecht von Holtorp, dann an Johann Wilhelm von Goltstein. Lag vor

1652 wüst. Pächter waren 1765 die Eheleute Heinrich Meyers und Agnes Eiken. Nach der Säkularisierung kam Haus Gripswald an die Familie Herberz. 1832 wird Theodor Münker, Branntweinbrenner, als Pächter genannt, danach Heinrich Münks (erwähnt 1850 und 1868). Im Jahre 1888 ist Heinrich Jonen der Pächter des dann Arenbergschen Gutes, gleichzeitig wird auch Theodor Engels genannt. Es gehören dazu 40,5 ha Land, 5 Pferde und 35 Rinder. Seit 1916 ist der Pächter Josef Zens, der mit 22,5 ha vom abgebrannten Schlütershof kommt. 1919: 9 Pferde. 1972 fällt das Eigentum durch Erbschaft an die Familie von Guttenberg. Michaela von und zu Guttenberg, verheiratet mit Freiherr von Heereman, erbt das Gut. Die Landwirtschaft wurde weiter verpachtet. (Haus Nr. 13).

Haus Pesch

Alter allodialer Sitz, im 19. Jahrhundert zum Schloß ausgebaut. Teil des Weilerhofverbandes. Zunächst als Hof Pesch Lehen der Vögte von Neersen. 1350 bei Godert Knop, seit 1357 bei von Honselar, um 1470 von Kessel, nach 1492 Hurt von Schöneck, 1669 von Merode, 1735 von Hoesch. Um 1577 beträgt die Größe 150 Morgen Ackerland, dazu kamen noch 130 Morgen für den Pescher Hof. Seit 1753 durch Heirat Besitz von Theodor von Hallberg. Bei der Besetzung durch französische Revolutionstruppen 1795 abgebrannt. Für den Peschhof wird 1855 und 1864 Anton Rother als Verwalter genannt. Seit 1882 bei den Prinzen und Herzögen von Arenberg, die 1912 das Schloß ausbauen. Nach 1970 bei Dr. Schäfer, dann unter Weiler Ausbau zu Eigentumswohnungen. (Haus Nr. 15).

Bösinghoven

Weilerhof

Einzelhof, schon 943 urkundlich erwähnt als Teil des Weilerhofverbandes. Damit ältester kontinuierlich bestehender Hof auf Meerbuscher Gebiet. Nach der Bauweise sehr alt, deshalb denkmalgeschützt. Noch alte Raumaufteilung vorhanden mit Wohn- und Stallteil unter einem Dach. Der Hof kam 1421 von den Vögten von Neersen an den Grafen von Moers, danach moersisches Lehen, Größe damals etwa 160 Morgen. Im Adreßbuch von 1832 wird die Wwe. Theodor Schwiertz als Pächterin genannt. Seit 1874 von der Familie Maaßen bewirtschaftet. 1888: Wilhelm Maaßen, 1912: derselbe, 21,38 ha, 1919: Johann Maaßen, 7 Pferde. Heute von der Familie Andreas Maaßen bewirtschaftet. (Haus Nr. 16).

Sassenhof

Gehörte 1670 dem Prinzen von Oranien. Als Teil des Weilerhofverbandes schon sehr alt, auch der Name Sassenhof wird schon im 16. Jahrhundert bezeugt. Im Jahre 1832 erscheint Gottfried Schwiertz als Pächter. 1888: Pächter Großimlinghaus (in anderen Unterlagen Josef Haus), 43 ha, 6 Pferde und 32 Rinder, 1912: 49,5 ha. 1919: Josef Haus, 8 Pferde. Seit 1882 gehört der Hof zu den Arenbergschen Besitzungen. Im Zuge der Bodenreform wurde er 1951 an die von der Braunkohle verdrängte Familie Zimmermann übereignet. (Haus Nr. 17).

Haus Radong

Von Jacob Herberz 1860 auf 190 Morgen gerodetem Land im Bösinghovener Busch erbaut. Es ist eine vierflügelige Hofanlage mit repräsentativem Wohnhaus, heute unter Denkmalschutz. Wilhelm Herberz als Eigentümer von 1863-1873. Das Gut als Zentrum des Viehhandels war wohl kein lohnendes Projekt Ende des 19. Jahrhunderts. 1860 Johann Peschges als Verwalter, dann 1876-1882 an Johann Aretz verpachtet. Verwalter 1885 Wilhelm Gilges, 1910 W. Steins und Peter Plückers. 1919: Peter Plückers, 6 Pferde. 1919 Arthur Seydlitz als Verwalter. 1888: 58 ha, davon 17,5 ha Ackerland, 3 Pferde und 17 Rinder. Zerstörungen durch belgische Besatzung und Separatisten. 1929 Verkauf an Wilhelm Ostrop. Nach dem Zweiten Weltkrieg Einrichtung einer Zuchtkaninchenfarm. Heute von H. Deussen bewirtschaftet. (Haus Nr. 18).

Baumeister

In der Nähe des Weilerhofs gelegen. 1912: Carl Baumeister, 5,38 ha, 1919: ein Pferd. Heute Wellmanns. (Haus Nr. 19).

Kreuelshof

Gebrüder Kreuels schon im 17. Jahrhundert als Mitglieder der Lanker Schützenbruderschaft genannt. Alter Türbalken aus dieser Zeit. 1912: Carl Hermes, 6,07 ha, 1919: Hubert Krings, ein Pferd. Heute noch bei der Familie Krings. (Haus Nr. 20).

Peter Doppstadt

Fischelner Straße 62. 1912: Peter Doppstadt, 4,87 ha. Heute Theo Haslach. (Haus Nr. 23).

Függershof

Im Jahre 1796 wird Paul Fückers als einer der wenigen wohlhabenden Bauern genannt. Seit 1840 bei Paul Planzen. 1888: Carl Tovenrath als Pächter des Arenbergschen Hofes, 32,5 ha, davon 27,25 ha Ackerland, 5 Pferde und 32

Rinder. 1912: Wwe. Planzen, 44,18 ha, 1919: 5 Pferde. Karl Tovenrath wird 1924 als Pächter genannt. Heute Eigentum und Bewirtschaftung durch die Familie Paschertz. (Haus Nr. 27).

Kohnenhof

Gelegen am Dreispitzweg 17. 1888: Jacob Weckes, 9,50 ha., 1912: 10,88 ha, 1919: Hubert Krings, 2 Pferde. Gebäude nur noch teilweise vorhanden. Auch heute noch bei Hubert Krings. (Haus Nr. 33).

Stuffmanns

Heute Strucker, Bösinghovener Str. 27 b, am Bach gelegen. Auf der Hofacker-Karte von 1873 mit Namen eingezeichnet.

Kessel

Heute von der Weyden, Bösinghovener Str. 24. 1888: Peter Kessel, 1 ha, 1912: Theodor Kessel, 4,47 ha. (Haus Nr. 36).

Wellen

1912: Heinrich Wellen, 4,31 ha, 1919: 2 Pferde. Bösinghovener Straße 40. Wird heute noch von Wilhelm Wellen bewirtschaftet. (Haus Nr. 43).

Carl Zens

1888: Carl Zens, 4,50 ha, 1912: 4,44 ha. Rötte genannt, ca. 1980 abgerissen. (Haus Nr. 49).

Theodor Weckes

Heute Herbert Schiffer auf der Bösinghovener Str. 84, der ca. 25 ha Gemüsebau betreibt. 1912: Theodor Weckes, 4,94 ha. Die Weckes finden sich auch als Wekes oder Weekes. (Haus Nr. 61).

Peschges

Die heutige Gaststätte Büker-Bongartz auf der Bösinghovener Str. 94. 1888: Mathias Peschges, 8,50 ha, 1912: Wwe. Peschges, 8,50 ha. (Haus Nr. 63).

Birgels

1888: Wwe. Birgels, 5 ha, 1912: Paul Birgels, 3,44 ha. Heute im Besitz von Paul Birgels auf der Bösinghovener Str. 81 (Haus Nr. 64).

Wilhelm Doppstadt

1888: Wilhelm Doppstadt, 6 ha, 1912: 6,19 ha. Heute Familie Radmacher auf der Bösinghovener Str. 91. (Haus Nr. 68).

Hannenhof (Kohlenhof)

Im Jahre 1781 wird im Sterbebuch ein Plantzen „an Kohlen" genannt. 1888: Geschwister Pöllen, 12,5 ha, 1912: Johann Hannen, 14,88 ha, 1919: Fritz Hannen, 4 Pferde. Nach dem letzten Krieg abgebrochen, das Land größtenteils für die Nebenerwerbsstellen der Bauernsiedlung verwandt. (Haus Nr. 72).

Gellep-Stratum

Das Dorf Gellep, auf dem Grund des alten Kastells Gelduba erbaut, ist heute zum größten Teil dem Hafenausbau zum Opfer gefallen. Von den großen Höfen steht heute nur noch der Dörkeshof. Das Dorf Stratum war ursprünglich entlang der Niederung des Ölvebachs gelegen. An der Römerstraße befand sich wohl nur die Straßenzollstation Fegetesch. Daneben gab es noch den Weiler Heulesheim mit drei Höfen. Die alte Numerierung (z. B. noch 1912) beginnt im Norden von Gellep, geht dann zur Stratumer Landstraße, dann zur heutigen Kaiserswerther Straße und endet in Heulesheim.

Gellep

Bauershof (auch Bawyrshof)

Der Haupthof des Dorfes Gellep war sehr alt. Nach den Herren von Bawyr oder Bauer, denen Haus Latum 1592-1686 gehörte, erhielt der Hof seinen Namen. Er war allerdings schon mit Haus Latum verbunden seit den zuerst erwähnten Rittern von Voisheim. Im Dialekt wurde der Hof „Buusch" genannt. Auf dem Gelände des Hofes wurden früher viele römische Funde gemacht. Ab 1765 Johann Kleutges aus Ilverich, verheiratet mit Anna Catharina Stapper. Franz Schmitz aus Kierst, verheiratet mit Sybilla van Haag, folgte als Pächter. Danach Sohn Wilhelm Schmitz, der 1832 als Pächter auf dem Hof ist, gefolgt von Anton Schmitz (1840-1918), verheiratet mit Elisabeth Heckschen. 1888: Gebrüder Schmitz, 25 ha, 5 Pferde, 16 Rinder, Krautpresse vorhanden. Besitzer ist damals Alex von Kalkstein aus Ostpreußen. 1912: 34,8 ha, 1919: Josef Schmitz, 4 Pferde. Er zog um 1928 nach Nierst zum Viertelshof. Die Stadt Krefeld kaufte den Hof und verpachtete ihn zunächst an die Familien Hubert Raven und Beeser. In den 50er Jahren wegen des Hafenausbaus und Baufälligkeit abgerissen. (Haus Nr. 9).

Kreutzerhof

Der Hof, auch „an Jätches" genannt, wird um 1800 bewohnt von der Familie Dohren-Schmitz, danach Klefges-Dohren. Um 1855 Franz Gobbers. Heinrich Gobbers heiratet um 1877 Christine Klefges. Ab 1904 Heinrich Kreutzer, danach Sohn Hans Kreutzer. 1912: 5,71 ha. Um 1950-1970 ca. 30 ha Land mit Milchwirtschaft. Wegen Hafenausbau stillgelegt und nach Linn verzogen. Hof größtenteils abgebrochen. (Haus Nr. 4).

Kremershof

Neben dem Garten vom Stapperhof gegenüber dem Dörkeshof lag der Kremershof, „an Kremmisch" genannt. Um 1790 wird eine Familie Doctors genannt. Etwa 1830 hat Johann Anton Schmitz aus Winnenthal (Schmitz-Hübsch) den Hof gekauft. Seine Tochter Hubertine heiratet 1858 den Lanker Bürgermeister und späteren Kempener Landrat Rudolf von Bönninghausen. Der Pächter um 1860 war J. Blomen. Ab ca. 1880 wohnt die Familie Heinrich Platen auf dem Hof. Besitzer ist um diese Zeit Alex von Kalkstein aus Ostpreußen. Um 1910 wohnt Sohn Johann Platen auf dem Hof, dann die Tochter Therese, verheiratete Mühlenhaus. Letzter Mieter ware bis zum Abriß 1972/73 Familie Maschke/ Moris. (Nr. 7).

Stapperhof

Dem Bauershof gegenüber lag der Stapperhof. Auf einem Balken soll die Inschrift gestanden haben: „Anno Domini 18 Augusti 1649". Schon um 1700 von der Familie Stapper bewohnt. 1829: Christoph Stapper und Carl Buscher, 1853-1887 Hermann Josef Brors, 1888: Wwe. Hermann Brors, 42,5 ha, 1912: Franz Brors, 29,73 ha, 1919: 5 Pferde. Auch hier viele römische Funde. Nach dem Krieg abgerissen. (Haus Nr. 8).

Hußmannshof

Gleichzeitig mit dem Kremershof wurde auch der Hußmannshof abgebrochen. Er wurde früher „an Dorjans" genannt. 1888: Heinrich Hußmann, 7,5 ha. Bis zuletzt hatte Sohn Peter Hußmann dort eine Sattlerei. (Nr.10).

Dörkeshof (oder Dörchenshof)

Der Hof ist auf den Grundfesten des alten Kastells erbaut. Im Keller sieht man heute noch ein Stück der römischen Lagermauer. Peter Dörken pachtet 1565 die Güter zu „Gelpe und Hüldesheim" vom Stift Kaiserswerth. Im Jahre 1573 wird Johann Dörchens als Besitzer genannt, 1598 Johann Hagdorn, dann 1626 Peter Gudenau. 1650 fällt der Hof über den Weihbischof Fabritius an die Lateinschule zu Uerdingen. Im vorigen Jahrhundert sehr viele römische Funde, die z. T. an

Abb. 35: Ehem. Lippen- oder
Lipperhof in Lank-Latum, um 1940.
Die Scheune mitsamt der Ernte wurde
1943 durch Brandbomben vernichtet.

Abb. 36: „Kruutpaasch"
(Krautpresse) in der Nähe der alten
Schule in Ilverich, 1980

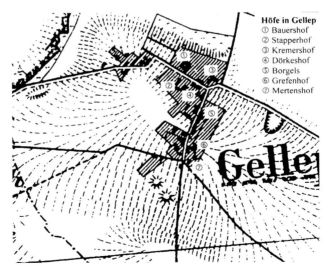

Höfe in Gellep
① Bauershof
② Stapperhof
③ Kremershof
④ Dörkeshof
⑤ Borgels
⑥ Grefenhof
⑦ Mertenshof

Karte 7: Gel'ep

die Familie Herberz gingen. Seit 1818 bei Theodor Dornbusch, verheiratet mit Sibilla Stapper, Wwe. von Heinrich Kleutges. 1888: Michael Kleutges, 16,25 ha, 1912: derselbe, 21,88 ha, 1919: Michael Kleutges, 3 Pferde. Danach Familie Josef Kleutges. Heute im Nebenerwerb bewirtschaftet von Sohn Franz- Josef Kleutges, der damit der letzte Landwirt in Gellep ist. (Haus Nr. 11).

Borgartzhof (genannt Borgels)

Um 1800 bis 1855 wohnt dort eine Familie Friedrich Schmitz. 1888: Johann Hellenbroich aus Oppum, 23,25 ha, 1912: 24,05 ha. 1925 heiratet Franz Kleutges Christine Hellenbroich. Sohn Wilhelm siedelt nach Neukirchen-Vluyn aus. Im alten Wohnhaus lebt noch Tochter Katharina. Die Scheune wurde schon abgebrochen. (Haus Nr. 13).

Grefenhof (Mertens)

Ab 1794 Heinrich Grefen, verheiratet mit Anna Catharina Raven. Um 1850 Peter Grefen, verheiratet mit Margaretha Ingmanns. 1888: Wilhelm Grefen, 9 ha. Friedrich Mertens, geb. 1866, verheiratet 1894 mit Christine Fiegen, kaufte den Grefenhof. Dann Sohn Theodor Mertens, verheiratet mit Katharina Paas. Enkel Heinrich Mertens tauschte den Hof mit dem der Stadt Krefeld gehörenden Seisthof in Nierst. Der alte Hof wurde um 1990 abgebrochen. (Haus Nr. 18).

Lamertzhof

Zwischen den beiden Mertenshöfen gelegen. 1912: Heinrich Gobbers, 5,71 ha, später Stefan Raven. Abgebrochen. (Haus Nr. 20).

Mertenshof

An der Straßengabelung, wo heute das Wegekreuz steht. 1832: Johann Wilhelm Mertens, dann Stefan Mertens, verheiratet mit Katharina Winkmann. 1888: Wwe. Mertens, 6,5 ha. Sohn Peter Paul Mertens heiratet 1888 Maria Elisabeth Kessels aus Nierst, gest. 1902. 1912: Wwe. Mertens, 7,36 ha, dann Sohn Stefan Mertens, verheiratet mit Gertrud Paas aus Nierst. Enkel Karl Mertens siedelt nach Traar um, und zwar auf den Kliethermes-Hof, von dem die zahlreichen Nachkommen der Auswanderer mit dem Namen Kliethermes in Missouri stammen. Heute Karl Kleutges, der das Anwesen in den sechziger Jahren von der Stadt Krefeld kaufte. (Haus Nr. 24).

Weitere Höfe in Gellep

Conrad Schönwasser, 1888: 9 ha, Nr. 14; Wwe. Balthasar Beeser, 1888: 5 ha, Nr. 17; Mathias Muys, 1888: 5,5 ha, Nr. 21; Peter Kreutz, 1888: 4,5 ha, Nr.12;

J. Sandkul, 6,29 ha; ferner: Kroll, Th. Fiegen, Johann Beesen, ehemalige Gastwirtschaft Höffges mit altem Römerbrunnen. (Nr. 19).

Höfe in Stratum

Fegeteschhof

An der Chausseegeldstelle gelegen mit einer Gastwirtschaft. Im Jahre 1832 bei Johann Dornbusch (1819-1886). 1888: Constantin Münks, geboren 1848 in Kierst, 25 ha, Krautpresse vorhanden, 1912: derselbe, 4 Pferde. Seit 1925 Christian Münks. (Nr. 37).

Schnitzler (früher Klausmann)

Hof liegt ebenfalls an der Fegetesch. Schon Mitte des 18. Jahrhunderts wohnt dort die Familie Clausmann. 1781 stirbt Catharina Elisabeth Clausmann, Tochter von Josef Clausmann, „an der Fegtäschen". 1855: Stephan Schnitzler, 1888: Gebrüder Schnitzler, 15 ha, 1912: Geschwister Schnitzler, 15,75 ha, 1919: Johann Schnitzler, 3 Pferde. Beim Hochwasser 1920 Wohnhaus teilweise eingestürzt. 1923 von Separatisten besetzt. Später an Familie Klausmann, durch Erbschaft an Wilhelm Schnitzler. Heute Gartenbaubetrieb Wilhelm Schnitzler-Sohn. (Haus Nr. 41).

Weyershof

Ende des letzten Jahrhunderts von der Latumer Familie Weyers vom Pliestershof erbaut. 1888: Wilhelm Weyers, 25 ha, 5 Pferde und 16 Rinder. 1912: derselbe, 36,87 ha. Als Pächter war Peter Röskes auf dem Hof. Später Familie Dors, dann Geschwister Weyers, die in den 80er Jahren in das Heulesheimer Feld aussiedelten. (Nr. 73).

Kohteshof

Zwischen Stratum und Heulesheim gelegen, wurde der Hof etwa Ende des 19. Jahrhunderts erbaut. 1888: Mathias Weeger als Pächter, 32 ha, davon 25 ha Ackerland, 4 Pferde und 20 Rinder. 1912: Johann Kohtes, 34,22 ha, 1919: Theodor Heines (Pächter), 5 Pferde. Heute Reitstall „Siebenlinden". (Haus Nr. 84).

Kapitelshof (Knopshof)

Größter Hof des Weilers Heulesheim (früher drei Höfe) von beträchtlichem Alter. 1730 verzeichnet das Sterbebuch den Tod von Theodor Schauenburg, „Inspektor in Heulesheim,". Das Kapitel zu Kaiserswerth läßt 1761 durch den Zimmermeister Friedrich Holtzschneider eine neue Zehntscheune erbauen. In den Kirchenbüchern erscheinen im 18. Jahrhundert noch die Namen „an Horster", „an Theißen" und „Winckeshof". Um 1855 bei Carl Knops. 1888: Wwe. Johann Knops, 36 ha, davon 21,25 ha Ackerland, 4 Pferde, 18 Rinder, Krautpresse vorhanden. 1919: Franz Pasch, 11 Pferde. (Haus Nr. 83).

Weitere Höfe in Stratum (Größenangaben von 1888)

Wwe. Huben, 5,5 ha, vorher Johann Lisges, Nr. 36; Geschwister Schmitz, 5,75 ha, heute Theo Scholer, Nr. 38; Josef Klausmann, 7,5 ha, Nr. 39; Geschwister Raven, 9 ha, Nr. 45; Gebr. Onnertz, 5,5 ha, Nr. 56; Johann Thomas, 10 ha; Johann Gather, 6,25 ha, Nr. 57; Anton Paas, 5 ha, Nr. 60; Heinrich Onnertz, 12,5 ha, zuletzt Carl und Josefine Onnertz; Stephan Esters, 4,25 ha, dann Galler, Nr. 67; Heinrich Hamacher, 4 ha, zuletzt Josef Hamacher, Nr. 70; Adolf Reuter, 5 ha, Nr. 71; Heinrich Fiegen, 5 ha (Puppenburg), Nr. 76; Theodor Schmitz, 4,5 ha, Nr. 77.

Quellen:

Nordrhein-Westfälisches Hauptstaatsarchiv Düsseldorf

Regierung Düsseldorf 19608

RW 24-253a

Stadtarchiv Meerbusch

Lank I, 74, 86, 224, 743, 744, 788, 1093, 1094, 1468, 1474, 1488, 1491, 1500, 1519, 1520, 1530, 1531, 1583. Für die Größenangaben der Höfe wurden vor allem die Listen aus den Jahren 1888 (Nr. 1474), 1912 (Nr. 1520), 1919 (Nr. 2056, Pferdeliste), 1924 (Nr. 1468) herangezogen.

Die Kartenausschnitte stammen aus: A. Hofacker, Topographische Karte des Stadt- und Landkreises Crefeld, (1886).

Für mündliche Auskünfte bin ich folgenden örtlichen Gewährsleuten zu Dank verpflichtet: Karl Münks für Lank-Latum, Langst-Kierst und Ilverich, Wilhelmine Kleutges für Nierst und Gellep, Josepha Leven für Gellep-Stratum und Langst-Kierst, Gerhard Breuers und Billa Toups für Langst-Kierst, Karl-Josef Schmitz, Karl Leuchten und Andreas Stirken für Ilverich, Ernst und Elisabeth Kerp und Helene Winkels für Strümp und Peter Bremes für Ossum-Bösinghoven.

Allgemeine Literatur:

Amt Lank, hg. im Auftrag des Amtes Lank von Walter Rau, Düsseldorf 1970

R. Brüning (Hg.), Offizielles Adreß-Buch für Rheinland-Westphalen, 1833, abgedruckt in: Lanker Heimatblätter, 3. Mappe, Lank 1981, S. 301-308

G. Elbin, Bauernhäuser am Niederrhein, Duisburg 1980

W. Föhl, Wasserumwehrte Häuser und feste Höfe im Kreisgebiet Kempen-Krefeld, in: G. Löwe, Kreis Kempen-Krefeld (Archäologische Funde und Denkmäler des Rheinlandes, Bd 3), Düsseldorf 1971, S. 96-120

W. Klompen, Die Säkularisierung im Arrondissement Krefeld 1794-1814 (Schriftenreihe des Landkreises Kempen-Krefeld 13), Kempen/Nrh. 1962

Kreis Neuss, Menschen und Maschinen, industrielle Entwicklung 1815-1914, Dokumentation zur Ausstellung des Kreisarchivs Neuss im Kreismuseum, Zons 1989

Landwirtschaftskammer Rheinland, Die landwirtschaftliche Struktur und ihre Entwicklungstendenzen in der Stadt Meerbusch, Fachbeitrag zum Entwurf des Flächennutzungsplanes 1979

K. Münks, Länkter Röbe on Lotemer Sure, Lanker Heimatblätter, 1. Mappe, Lank 1975, S. 13 f.

K. Münks, Die Bauernhöfe von Lank-Latum, Lanker Heimatblätter, 5. Mappe, Lank 1989, S. 5-7

D. Pesch/L. H. Meyer, Ländliche Baudenkmäler und Denkmalpflege am Niederrhein (Museumsschriften des Kreises Heinsberg, Nr. 3), Heinsberg 1981

W. Schieder (Hg.), Säkularisation und Mediatisierung in den vier rheinischen Departements 1803-1813, Teil V, 2: Roer-Departement, Boppard 1991

N. Schöndeling, Osterath in der Statistik von 1861, (Teil II): Landwirtschaft, Meerbuscher Geschichtshefte 8 (1991), S. 105-119

A. Steeger, Das niederrheinische Bauernhaus, Die Heimat (Krefeld) 14 (1935), Heft 3-4, S. 292-301

P. Stenmans, Der Burgbann, die Landwirtschaft im alten Neuss, Neuss 1996

Literatur zur Geschichte einzelner Höfe:

W. und P. Dohms, Haus Gripswald, in: Wo die Zeit stehenblieb, 1986, S. 82-99

F. Kohtes, Vom Weißen Pferd zum Kohteshof, Lanker Heimatblätter, 3. Mappe, Lank 1981, S. 8-15

V. Meyer-Rogmann, Der Seisthof, Meerbuscher Geschichtshefte 8 (1991), S. 134-146

V. Meyer-Rogmann, Der Werthhof in Nierst, Meerbuscher Geschichtshefte 9 (1992), S. 96-101

V. Meyer-Rogmann, Die Meerer Hofesgüter im ehemaligen Amt Lank, Der Hegerhof in Nierst, Meerbuscher Geschichtshefte 10 (1993), S. 162-170

H. Münker, Das Geschlecht Münker aus dem Vogelsberg und vom Niederrhein, Kaltenkirchen 1996

K. Niederau, Die Herren von Bawir auf Haus Latum, Meerbuscher Geschichtshefte 14 (1997), S. 4-30

F. J. Radmacher, Aus der Geschichte von Haus Latum, Lanker Heimatblätter, 1. Mappe, Lank 1975, S. 110-114

F. J. Radmacher, Auf Entdeckerreisen in Latum, Lanker Heimatblätter, 3. Mappe, Lank 1981, S. 165-168

F. J. Radmacher, Der kurfürstliche Herbertzhof, in: Wo die Zeit stehenblieb, 1986, S. 65-70

F. J. Radmacher, Kleine Geschichte des Hauses Pesch, in: Wo die Zeit stehenblieb, 1986, S. 100-108

F. J. Radmacher, Der Nauenhof als Haupthof des Dorfes Langst, Lanker Heimatblätter, 5. Mappe, Lank 1987, S. 210 ff.

R. Rameil, Niederländische Reiter überfallen 1616 die Dörfer des Amtes Linn, Meerbuscher Geschichtshefte 1 (1984), S.70-82

R. Rameil, Pächterfamilien auf dem Werthhof zu Nierst, Meerbuscher Geschichtshefte 10 (1993), S. 186-189

N. Schöndeling u. a., Bauhistorische Untersuchung des Fachwerkhauses Krefelder Straße 75 in Meerbusch-Osterath, Meerbuscher Geschichtshefte 12 (1995), S. 140-157

W. Toups, An Rosskamps und im Anker, Lanker Heimatblätter, 2. Mappe, Lank 1978, S. 179-184

W. Toups, Johann Stiefermann – Handwerksbursche, Unternehmer und Auswanderer, Meerbuscher Geschichtshefte 6 (1989), S. 63-80

W. Toups, Haus Radong in Bösinghoven, Meerbuscher Geschichtshefte 7 (1990), S. 20-37

W. Toups, Vom Isselhof zum Cibolo, Meerbuscher Geschichtshefte 10 (1993), S. 82-101

W. Toups, Der Ißelhof in Ilverich, Meerbuscher Geschichtshefte 11 (1994), S. 30-58

Vgl. außerdem die Übersicht der mehrfach benutzten Literatur: Nr. 4, 5, 14, 15, 17, 28, 29, 30.

Frauenleben auf den Höfen des Lanker Raumes

Von Anette Gebauer-Berlinghof

„Junge Landwirte finden keine Frau". So war im Frühjahr 1997 in vielen Tageszeitungen zu lesen. Der Grund hierfür ist schnell gefunden. Das Leben auf dem Bauernhof, zwischen Küche und Kuhstall, ohne geregelte Arbeitszeit und mit kaum freien Tagen ist wenig verlockend. Außerdem sind Bauerntöchter heutzutage nicht geradewegs und unabänderlich dafür bestimmt, auch Bauersfrau zu werden. Die Möglichkeiten von Ausbildung oder Studium stehen ihnen meist ebenso offen wie ihren Altersgenossinnen in der Stadt. Vor nicht allzuvielen Jahren sah dies noch ganz anders aus.

Der nachfolgende Aufsatz will ein wenig über das Leben der Frauen auf dem Lande vom 19. Jahrhundert bis in die Gegenwart berichten. Das größte Problem, das sich dabei stellt, ist, wie bei vielen Untersuchungen zur Geschichte der „Kleinen Leute", die Quellenlage. Ihr Alltag schlägt sich nur selten schriftlich nieder. Hinzu kommt, daß die Bauersfrauen bei ihren vielfältigen Verpflichtungen im allgemeinen keine Zeit und Muße gefunden haben, Tagebücher oder große Korrespondenzen zu führen. Niedergeschriebene Erinnerungen, Statistiken und andere amtliche Schriftstücke wurden ausgewertet, um daraus einen Beitrag für dieses Buch zu erstellen.

Aus dem Leben einer Landfrau

„Die Bäuerin ist dem Manne untertan. Er verfügt über ihre Mitgift und Arbeitskraft. Sie ist Herrin, Magd und Kindsgebärerin zugleich." (Winkel, S. 94) War es wirklich so? Wie sah das Leben einer Bäuerin im 19. und beginnenden 20. Jahrhundert aus? Es wäre vermessen, wollte man eine allgemeingültige Biographie versuchen, doch lassen sich einige typische Merkmale finden, die die Realität der Frauen auf dem Lande bestimmten. Da die Landwirtschaft damals noch sehr viele Arbeitskräfte benötigte, mußte jeder, vom Kind bis zum Greis, mithelfen, die Familie zu ernähren und den Hof zu erhalten. Die Mädchen beteiligten sich an den Arbeiten der Frauen auf dem Hof und wuchsen so in ihre spätere Rolle als Bäuerin hinein.

Statistiken und Visitationsberichte über den Schulbesuch zeigen uns, in Lank wurde wie in anderen Landgemeinden vor allem im Sommer die Mithilfe auf dem Hof von den Landwirten höher bewertet als ein kontinuierlicher Unterricht. Lesen- und Schreibenlernen konnte warten, die Ernte nicht. Der Landdechant Reinarz schrieb 1827 über Lank: „Auch die Eltern scheinen allmählich mehr und mehr einzusehen, daß ein guter Schulunterricht eine unerläßliche Sache für die Jugend ist und halten es deshalb mit dem Schulbesuche der Kleinen ernster. Nur herrscht hie und da noch der Mißstand, daß zur Sommerzeit einige Kinder vom Lande vorgeschützter Feldarbeit wegen die Schule nicht oder nur unregelmäßig besuchen." (Bisch. Diözesanarchiv Aachen, Visitationen 18137) (Relikte dieser Auffassung haben sich bis in die heutige Zeit erhalten. Noch in den 1960er und 1970er Jahren wurden die Herbstferien Kartoffelferien genannt.) Mit meist schlecht ausgebildeten und bezahlten Lehrern hatte der Unterricht noch nicht den qualitativen Standard unserer Tage, so daß die Zahl der Analphabeten hoch war. Für die Frauen, die im öffentlichen Leben hinter den Männern zurückstanden, wurde eine gute Ausbildung im Schreiben, Lesen und Rechnen nicht als unbedingt notwendig angesehen. Erst in der zweiten Hälfte des 19. Jahrhunderts besserte sich die Lage allmählich.

Nach der Schulzeit war der Lebensweg schon vorgezeichnet. Die Schulabgängerinnen waren je nach ihrer Herkunft auf die Rolle der Bauersfrau oder des Dienstmädchens festgelegt. Aus der Schicht der Kleinbauern und Tagelöhner rekrutierten sich die Mägde, während die Bauerntöchter hoffen konnten, in einen Hof einzuheiraten. Eine geregelte Berufsausbildung war aber auch für sie nicht vorgesehen. Noch 1912 gaben 4 von 7 schulentlassenen Mädchen aus Bösinghoven an, Dienstmädchen werden zu wollen. Von den 8 Jungen wollten drei Ackerer, zwei Schreiner, aber nur einer Knecht werden.

Zum Ende des 19. Jahrhunderts begann man, sich in Preußen Gedanken über die Verbesserung der landwirtschaftlichen und hauswirtschaftlichen Fähigkeiten der Landmädchen zu machen. Für die männliche Jugend war eine landwirtschaftliche Fortbildungsschule bereits 1881 in Lank eingeführt worden. Doch der Vorschlag, Haushaltsschulen für Frauen einzurichten, stieß bei den Kreisverwaltungen zunächst auf wenig Gegenliebe. Im Jahre 1904 teilten die Landräte der Kreise Grevenbroich, Kempen und Neuss mit, daß eine solche Einrichtung in ihrem Gebiet nicht existiere und nicht nötig sei, weil die weibliche Jugend in der eigenen Familie die Fertigkeiten erlerne, die sie brauchte. Nur in Geldern gab es bereits eine feste Landwirtschaftsschule. Ab 1906 folgten die anderen Kreise zunächst mit Wanderhaushaltsschulen. Die Lehrkräfte zogen von Dorf zu Dorf, um die weibliche Jugend im Alter zwischen 16-25 Jahren in Land- und Hauswirtschaft zu unterrichten und ihnen Informationen zur Säuglingspflege und Krankenbetreuung zu geben. Diese Kurse dauerten nur einige Wochen und waren, da die Schülerinnen zu Hause wohnen bleiben konnten, auch für weniger begüterte Familien erschwinglich. Die bestehenden, weiter entfernt liegenden Schulen mit Internat konnten wegen der hohen Kosten nur von Töchtern der reichen Bauern besucht werden. Nach dem Ersten Weltkrieg ging man mehr und mehr zur Errichtung von festen Schulen über, in denen die Heranwachsenden in Kursen von der Gesundheitspflege und Hygiene über Ernährungslehre, Kochen und Handarbeit bis zur Viehversorgung ausgebildet wurden. Es war die einzige Zeit in ihrem Leben, in der sie aus dem Hofalltag herauskamen und mit gleichaltrigen Frauen Kontakte über die Grenzen des Dorfes hinaus knüpfen konnten. Einige Freundschaften, die dort geschlossen wurden, hielten ein Leben lang. Nach der Schulung kehrten sie in den elterlichen Betrieb zurück, in dem sie bis zu ihrer Heirat blieben.

Die einzige gesellschaftlich anerkannte Bestimmung der Frau war für die Bürgers- wie Bauerntochter Ehe und Familie. Um den Lebensstandard halten zu können, war es wichtig, eine „gute Partie" zu machen; d. h. in einen möglichst großen Hof einzuheiraten. Inwieweit Liebe bei der Partnerwahl eine Rolle spielte, läßt sich nicht mit letzter Sicherheit sagen. Es gab auch damals durchaus Beweise von inniger Verbundenheit zwischen den Eheleuten, so daß nicht immer nur von einer Zweckgemeinschaft ausgegangen werden kann. Dennoch war die Eheschließung stärker als heute bestimmt von gesellschaftlichen Normen und Sachzwängen. Der Jungbauer brauchte eine gesunde, kräftige Braut, die zupacken konnte und eine umfangreiche Mitgift hatte. Die Frau wollte in einen Hof einheiraten, der sie, ihren Mann und die Kinder gut ernährte. Es wurde in der Regel ein Partner gesucht, der den gleichen gesellschaftlichen Status in der Dorfgemeinschaft hatte. Bauernsohn heiratete Bauerntochter, Tagelöhnersohn Tagelöhnertochter.

Das Heiratsalter lag laut einer Statistik aus den 1870er Jahren im Amt Lank bei 25-26 Jahren für Frauen und 32 Jahren für Männer – bei der damals erheblich geringeren Lebenserwartung ein recht hohes Alter. Dies könnte damit in Zusammenhang stehen, daß eine Eheschließung erst ins Auge gefaßt wurde, wenn der Hof der Eltern übernommen werden konnte und damit die materielle Grundlage zur Familiengründung vorhanden war. Da die Übereignung des Hofes an den Jungbauern für den Altbauern einen erheblichen Einschnitt in seine Macht und Entscheidungsbefugnis bedeutete, war er an einer frühen Übergabe nicht interessiert. Hinsichtlich der Aufteilung des landwirtschaftlichen Eigentums und Besitzes waren zwei Formen üblich. Zum einen galt das Anerbenrecht. Einer der Söhne übernimmt den Hof als Ganzes und zahlt an seine Geschwister eine Abfindung. Eine Tochter konnte nur dann Anerbin sein, wenn keine männlichen Kinder zur Verfügung standen. Diese deutliche Bevorzugung eines Kindes benachteiligte zwar die anderen, doch kam es nicht zu einer Aufsplitterung des Besitzes. Eine andere Form war die Realteilung, die in Lank – vor allem in älterer Zeit – auch gebräuchlich war. Hier wird das Eigentum der Eltern auf alle Kinder, die weiblichen eingeschlossen, gleichmäßig aufgeteilt.

Die Anzahl der Höfe wurde so von Generation zu Generation größer, der Landbesitz der Einzelnen aber immer kleiner. Für die Partnerwahl war darauf zu achten, daß der oder die Erwählte einen so großen Anteil mit in die Ehe brachte, daß aus den beiden Teilen wieder ein lebensfähiger Betrieb entstehen konnte. Besaß der Partner Grundstücke, die weit entfernt lagen, oder bestand die Mitgift nur aus Geld und beweglicher Habe, so mußte durch weiteres Pachtland oder den Ankauf von Boden das Land entsprechend vergrößert werden. Wenn der Hof zur Ernährung der Familie nicht ausreichte, mußte der Mann durch Hilfstätigkeiten, Handwerkerarbeiten oder die Beschäftigung als Tagelöhner auf anderen Höfen und später als Industriearbeiter hinzuverdienen. War er außer Haus, trug die Kleinbäuerin die gesamte Arbeitslast des eigenen Betriebes.

Vor der Hochzeit wurde nicht selten ein Ehevertrag geschlossen, in dem der Güterstand festgelegt und Regelungen im Falle des Todes eines der Ehegatten getroffen wurden. Der Kontrakt durfte keinen Passus enthalten, der die Rechte des Mannes als Familienoberhaupt einschränkte. Die Ehefrau stand in familien- und vermögensrechtlichen Angelegenheiten unter der Vormundschaft des Ehegatten. Das Rheinische Recht, das für den zivilrechtlichen Teil auf den unter Napoleon eingeführten Code civil zurückgeht, besagt: „Der Mann verwaltet allein das zur Gütergemeinschaft gehörige Vermögen. Er kann es ohne Mitwirkung der Frau verkaufen, veräußern und mit Hypotheken beschweren." Das 1900 in Kraft getretene Bürgerliche Gesetzbuch (BGB), welches das Zivilrecht für das gesamte Deutsche Reich vereinheitlichte, änderte an der Verfügungsgewalt des Mannes über das Besitztum der Frau zunächst kaum etwas. Erst 1958 traten hier Änderungen ein. Die im Grundgesetz verankerte Gleichberechtigung beider Geschlechter verlangte eine Neugestaltung des Vermögens- und Familienrechts.

Was begegnete der jungen Frau auf dem Hof ? Viel Arbeit und die Erwartung, all die Fertigkeiten gelernt zu haben, die eine gute Bäuerin ausmachten. Urlaub und Freizeit kannten die Landfrauen nicht. Während der Bauer noch einige Freiräume hatte, sich am gesellschaftlichen Leben des Dorfes zu beteiligen, brachte für die Frau nur der Kirchgang, der Markttag, ein Verwandtenbesuch oder eine Wallfahrt nach Kevelaer etwas Abwechslung. Aber auch Weihnachten, Neujahr oder Kirmes bedeuteten für sie zusätzliche Arbeit; denn zum Fest mußte immer etwas Besonderes auf den Tisch, und Haus und Hof mußten in Ordnung sein. Diese Tage boten und bieten für viele Hausfrauen noch heute keine Gelegenheit zur Erholung und Entspannung.

Die einzige beschäftigungsfreie Zeit der Frauen waren eine kurze Pause im Kindbett und Krankheiten. Doch eine längere Schonung war nicht möglich,

Abb. 37: Nierster Frauen auf dem Weg zur Lanker Kirche (links: Katharina Steinfort, geb. Maritzen, *1869 in Latum, rechts: Anna Hoster, geb. Holendung, *1853 in Latum), vor 1936 (Gemälde von Alois Schlüter)

Abb. 38: Ossum-Bösinghovener Landfrauen haben sich „feingemacht" zu einem Besuch der Düsseldorfer Henkelwerke (v.l.n.r.: Kathrinchen Dornbusch, Caroline Bremes, Magda Zens, Agnes Bremes, Gertrud Bremes; letztere bekannt als Ossumer Gastwirtin „Tutt"), 1935.

Abb. 39: Lank-Latumer Mütter mit Kindern an der Uerdinger Str. 49 (v.l.n.r. u. a.: Anna Baumeister, geb. Maritzen, Gertrud Maritzen, geb. Pfeiffer, Sibylla Forsen, geb. Maritzen, Katharina Krülls, geb. Pfeiffer), um 1910

175

Abb. 40: Christel Brücker aus Ilverich
bei der Spargelernte, 1939

Abb. 41: Josefine („Finchen") Pütz
aus Ilverich beim Rübenvereinzeln,
dem sog. „Knollenrütschen", um 1965

Abb. 42: Nierster Frauen beim Heumachen (links: Anna Steinfort, rechts Maria
Paas, geb. Steinfort), Zweiter Weltkrieg

Abb. 43: Ernte in Lank, Bauer Tim Schroers mit Frau, um 1930

Abb. 44: Nierster Bauerntochter (Kathrinchen Brandt, geb. Rippers) unterwegs zum Melken der Kühe auf den Rheinwiesen (hinter dem Handwagen: Stadtkind von der Kinderlandverschickung aus Düsseldorf), um 1944

Abb. 45: Frauen auf dem ehem. Hof Dixkes-Tümmers in Ilverich am Brockhofweg, (v.l.n.r.: Grete Dixkes, dahinter Tochter Anna, Verwandte), um 1935

Abb. 46: Käthe Hostes aus Ilverich auf dem „Lanz-Bulldog", 1947

der Hof brauchte sie jederzeit. Beim Erlaß der ersten Schutzbestimmungen für Schwangere in den 1880er Jahren dachte niemand an die Landfrauen, und auch bei den Änderungen des Mutterschutzgesetzes 1927 und 1944 waren in der Land- und Hauswirtschaft tätige Frauen ausgenommen. Sie konnten sich bis kurz vor der Niederkunft auf dem Feld abmühen, und auch im Amt Lank war es üblich, daß die Bäuerin bereits drei Tage nach der Entbindung wieder tatkräftig mithalf. Die Lebensumstände, schwere körperliche Arbeit, schlechte, mitunter fehlende ärztliche Versorgung, wenig Schonung bei Krankheit und Schwangerschaft, das im 19. Jahrhundert noch verbreitete Kindbettfieber und in Krisenjahren unzureichende Ernährung ließen die Frauen frühzeitig altern und sterben. Wer fünfzig wurde, war schon alt. Wie schrieb der Mecklenburger Schriftsteller Fritz Reuter (1810-1874): „Oh wie traurig, daß Jugend, daß Schönheit, dies von Gott gegebene Erbteil des Weibes dem täglichen Brot zum Opfer fallen muß.' (Weber-Kellermann 1987, S. 151) Das von ihm beschriebene schnelle Altern der Tagelöhnerinnen seiner Heimat, mag auch für die hart arbeitende rheinische Bäuerin zugetroffen haben. Hatte die Frau trotz alledem ein angemessenes Alter erreicht, konnte sie mit ihrem Mann aufs Altenteil ziehen. Da erst 1957 eine Rentenversicherung für Landwirte eingeführt wurde, blieben die Altbauern bis zu ihrem Lebensende auf dem Hof und mußten mitversorgt werden. Man kann sich leicht vorstellen, daß das Zusammenleben der Generationen auch damals nicht immer spannungsfrei verlief. Auseinandersetzungen über Art und Umfang der Versorgung, der Hofführung und andere Konflikte trüben das Bild der „heilen" Großfamilie.

Frau ohne Mann

Während Ehescheidungen im 19. Jahrhundert noch eine Seltenheit waren und auf dem Lande so gut wie nicht vorkamen, bedingte die niedrige Lebenserwartung häufiger als heute eine frühe Witwenschaft. Obwohl die Frauen auf Grund ihrer Mehrfachbelastung und der vielen Schwangerschaften einem höheren Sterberisiko in jungen Jahren ausgesetzt waren, kam es dennoch nicht selten vor, daß der Bauer vor seiner Frau starb. Von den Bauernhöfen, die 1880 z. B. in Nierst existierten, wurden einige von Witwen geführt: Witwe P.-Anton Paas, Witwe Josef Stapper (Kiefershof), Witwe Carl Frangen. Der Tod des Ehepartners, bevor eines der Kinder alt genug war, den Betrieb zu übernehmen, war für den überlebenden Ehegatten immer mit besonderen Problemen verbunden. Der Mann führte die Geschäfte des Hofes, er vertrat ihn nach außen, schloß Verträge und hatte als Familienoberhaupt in allen Entscheidungen das letzte Wort. Im Falle seines Ablebens mußte die Frau nun alle diese ihr ungewohnten Aufgaben übernehmen. Besonders schwierig wurde es, wenn die

Bäuerin von ihrem Mann nie an der Leitung des Hofes beteiligt worden war und sie sich nun nach seinem Tod in alles einarbeiten mußte. Es war für sie aber auch eine Chance, selbständige Entscheidungen zu treffen. Für die körperlich kraftaufwendigen Männeraufgaben wurde häufig ein weiterer Knecht eingestellt, oder ein Verwandter stand der Witwe zur Seite – z. B. führte 1869 die Witwe des Ackerers Johann Bremes aus Ilverich den Hof zusammen mit ihrem Bruder Hermann Enger weiter. Ein gutes Beispiel für eine tatkräftige Witwe war Elisabeth Schwan verwitwete Weyer. Ihr Mann hinterließ ihr 1855 den gut geführten Ismerhof in Lank, den er durch geschickte Landkäufe stetig erweitert hatte. Die Witwe trat an seine Stelle, tauschte und veräußerte unrentabel zu bewirtschaftendes Land und vermehrte durch sehr geschickte Kaufpolitik den Besitz, so daß sie ihren fünf Kindern ein umfangreiches Anwesen vererben konnte.

Für eine Tagelöhnerfamilie bedeutete der Tod des Mannes meist eine finanzielle Katastrophe. Er war es, der mit der Arbeit auf den großen Höfen und anderen Beschäftigungen (z. B. beim Deichbau) Geld nach Hause brachte, um einigermaßen über die Runden zu kommen. Nur während der Erntezeit halfen auch Frau und Kinder aus. Ihr Verdienst lag aber erheblich unter dem des Mannes. Eine Tagelöhnerin erhielt ca. die Hälfte, die Kinder nur ein Viertel seines Lohnes. Es ist also nicht schwer auszurechnen, daß bei einem Wegfall das Haupteinkommen nicht kompensiert werden konnte und die Familie häufig ein Fall für die Armenkasse wurde.

Im 19. und beginnenden 20. Jahrhundert gab es im Amt Lank so gut wie keine Single-Haushalte (unter 1 %). Fast jeder war als Ehepartner, mithelfender Familienangehöriger, Altenteiler, Kind, Magd oder Knecht in einen Familienverband integriert. Das galt auch für die unverheirateten Frauen. Sie blieben meist auf dem Hof eines ihrer verheirateten Geschwister und verdienten mit ihrer Arbeitskraft den Unterhalt. Sie gehörten der Familie ihres Bruders oder Schwagers an und unterstanden seiner Aufsicht. Viele Meerbuscher erinnern sich noch an die Tante, die auf dem Hof lebte und an Kindererziehung und Hofarbeit teilnahm.

„Frauenhände und Pferdezähne dürfen nicht stillstehen"

Die Höfe waren und sind bis heute Familienbetriebe. Die Arbeit ist zwischen Bauer und Bauersfrau, aber auch innerhalb des Gesindes geschlechtsspezifisch aufgeteilt. Im großen und ganzen war diese Einteilung bei allen Betrieben gleich. Variationen gab es nur in der Gestalt, daß auf kleineren Höfen die Bäuerin noch stärker in die eigentlichen landwirtschaftlichen Tätigkeiten, in Feldarbeit und Viehhaltung eingebunden war. Die für das Rheinland untypische Gutsbesitzerin, die Herrin auf dem Hof an der Seite ihres Mannes war, beaufsichtigte das ihr unterstellte weibliche Personal und hatte ein den gutbürgerlichen Verhältnissen ähnliches Leben. Doch die überwiegende Zahl der Frauen auf dem Lande lebte wie auch in Lank auf mittleren und kleinen Höfen. Sie mußten neben der Haus- und Gartenarbeit sowie der Kindererziehung in der Landwirtschaft in großem Umfang mitwirken. Als Männerarbeit wurde das Pflügen, Eggen, Säen, Mähen, Dreschen, Düngen, die Versorgung des Großviehs, der Rinder und Pferde sowie das Reparieren von Geräten, die Vertretung des Hofes nach außen angesehen. – Die wirtschaftlichen Tätigkeiten der Bäuerin lassen sich auf fünf Bereiche, nämlich die Hausarbeit, Gartenarbeit, Versorgung des Viehs, Mithilfe bei der Feldarbeit sowie die Weiterverarbeitung landwirtschaftlicher Rohstoffe verteilen.

1. Die Hausarbeit

Die Bauersfrau war für das leibliche Wohl aller auf dem Hof Lebenden verantwortlich. Sie mußte dafür Sorge tragen, daß Essen und Trinken in ausreichender Menge zur Verfügung standen. Die Güte eines Hofes, so erzählt man in Lank, wurde an der Ernährung gemessen. Wechselte das Personal häufig, so kann es neben anderen Repressalien (s. Beitrag von W. Dohms) auch an der schlechten Versorgung gelegen haben.

Gutes Geschick brauchte die Frau bei der Vorratshaltung, um die große Familie das Jahr hindurch zu verpflegen. In Zeiten ohne elektrische Kühlung und Konservendosen waren Einkochen, Pökeln und Räuchern gängige Methoden, um Lebensmittel länger haltbar zu machen. Frauen aus dem Amt Lank erinnern sich, daß diese Tätigkeiten meist erst abends und nachts ausgeführt werden konnten, wenn die täglichen Arbeiten getan waren. Weitere Aufgaben waren Heizen und Säubern des Hauses, Pflege und Ausbessern der Wäsche. Zu den mittleren und größeren Höfen kamen sog. Flickfrauen, die der Bäuerin mit Nähen und Stopfen Handgriffe abnahmen. – Wurde auf dem Hof jemand krank, waren es meist die Frauen, die mit Hausmitteln versuchten, Linderung zu schaffen; denn einen Arzt kommen zu lassen, war teuer oder gar nicht möglich.

Im Lanker Raum war es üblich, daß die Dörfer in Nachbarschaften eingeteilt waren. Die Nachbarn und Nächstnachbarn hatten bestimmte Aufgaben bei freudigen und leidvollen Anlässen zu übernehmen. Die Nachbarinnen halfen z. B. der Wöchnerin nach der Geburt und bei Notlagen. Dafür wurde die Nachbarschaft auch an den Familienfesten beteiligt. Einige Bäuerinnen der größeren Höfe, so erzählt man, dünkten sich etwas Besseres zu sein und sprachen nicht mit jeder. Doch bei der Nachbarschaftshilfe soll auch das Zusammenleben zwischen Reich und Arm funktioniert haben.

2. Der Garten

Der eigene Garten verbreitete die Angebotspalette an Nahrungsmitteln erheblich. Er unterstand fast ausschließlich der Obhut der Landfrau. Verschiedene Gemüse- und Obstsorten, aber auch Kräuter und Gewürze wurden in ihm angepflanzt, gepflegt und geerntet. Unterstützung in ihrem Tun fand die Bäuerin vor allem bei den Altenteilern und den Kindern. Frau Stimmes aus Latum schrieb in ihren Erinnerungen, daß ihr Großvater bis zu seinem 80. Lebensjahr es sich nicht nehmen ließ, zur Obsternte selbst auf die Leiter zu steigen. Die angebauten Früchte des Gartens dienten zu allererst der eigenen Versorgung. Nur die eventuellen Überschüsse wurden verkauft. „Äpfel und auch Fallobst wurde nach Kierst zur Krutpasch gebracht, um daraus Kraut zu kochen. Mutter kochte nur einwandfreies Obst ein." (Bericht Magdalene Stimmes) Mit Ausbau des Straßen- und Schienenverkehrs und der Rheinfähre wurde es gerade für die Betriebe mit wenig Grundbesitz rentabel, den Gemüse- und Obstanbau zu intensivieren und den Ertrag in den umliegenden Städten (in Krefeld, Uerdingen und Düsseldorf) zu verkaufen. Spargel, Erdbeeren und Rhabarber waren beliebte Produkte aus Lanker Gärten.

3. Die Viehhaltung

Inwieweit die Bäuerin sich an der Viehwirtschaft beteiligte, hing von Art und Anzahl der Arbeitskräfte ab. Wenn ein Knecht, der sog. „Schweizer", fehlte, mußte die Bäuerin das Melken, die Versorgung der Kühe und alle damit verbundenen Arbeiten mit erledigen. Die Hühner, Gänse, Enten, Ziegen und das Jungvieh – z. B. Kälber – unterstanden ihrer Aufsicht. Ob sie den Stall ausmisten, den Schweinefraß kochen, das Geflügel füttern mußte, all das hing davon ab, ob sie allein mit ihrem Mann den Hof bewirtschaftete oder ob weitere Arbeitskräfte vorhanden waren.

4. Die Feldarbeit

Die Arbeit auf dem Acker war ebenfalls zwischen Männern und Frauen aufgeteilt. In der Regel übernahmen die Frauen die kleinteiligen mühseligen Arbeitsabläufe, wie Rübenvereinzeln, Kartoffelsetzen und -lesen u. ä., die auf Knien oder in gebückter Haltung bewerkstelligt wurden. Viele Hände mußten während der Ernte anpacken. In dieser Zeit gingen auch die Kinder mit aufs Feld, um Kartoffeln und Rüben („Lanker Weiße") zu ernten oder beim Getreideschnitt die Garben zu binden. Waren genug Leute für diese Tätigkeit vorhanden, mußte oftmals die Bauersfrau deren Versorgung sicherstellen, d. h. für bis zu 30 Leuten mittags das Essen aufs Feld bringen.

5. Die Weiterverarbeitung

Besondere Verantwortung kam der Landfrau auch bei der Verarbeitung der landwirtschaftlichen Erzeugnisse zu. Bevor es eine regelmäßige Milchabfuhr durch die Molkereien gab, lag die Milchwirtschaft meist in den Händen der Frau. In der Milchküche wurden Quark und Käse, Butter und andere Produkte hergestellt. Nach Gründung der industriellen Milchverarbeitung entfiel dieser kleine Nebenverdienst der Frauen. Durch Direktvermarktung ihrer Produkte hatten sie zum Gesamteinkommen beitragen können.

Zur Selbstversorgung auf dem Hof gehörten ferner die regelmäßigen Backtage. Zu diesen Terminen wurden meist große Mengen Teig zu Brot verarbeitet. Nur beim Kneten von sehr großen Teigmassen und beim Anheizen des Ofens wurde männliche Hilfe in Anspruch genommen. Das Backen war Aufgabe der Frau. „Der Backtag verlief so: Frau Hilgers auf Haus Latum stellte mitten in die Küche einen langen Holztrog auf. Dann wurde gemengt und geknetet. Alles mit der Hand und [in] gebückter Haltung. Eine schwere Arbeit. Opa heizte im Backes den Backofen. Dann konnte es losgehen. Vielleicht waren es zehn oder zwanzig Brote, schön braun und durchgebacken." (Bericht Magdalene Stimmes) Neben Brot wurden noch andere Backwaren – z. B. Gebäck für sonntags – angefertigt. Die Nachhitze des Ofens reichte noch für das Trocknen des Dörrobstes aus.

Ein weiterer Termin, an dem alle auf dem Hof zu verstärkter Arbeit herangezogen wurden, war das Schlachten. Je nach Größe des Betriebes wurden ein oder mehrere Schweine im Jahr durch den Hausschlächter geschlachtet. Das Töten und Zerlegen des Tieres war Männersache. Die Bäuerin war für die Haltbarmachung des Fleisches und das Wurstmachen zuständig. Ohne Gefriertruhen war die Zeit nach dem Schlachten die einzige, in der frisches Fleisch – ausgenommen Geflügel – auf den Tisch kam.

Außer Lebensmittel stellten die Höfe auch Kleidung und Bettwäsche selber her. Für die Herstellung von Textilien hatte im 19. Jahrhundert noch die Flachsverarbeitung am Niederrhein eine besondere Bedeutung. Die Weiterverarbeitung des Flachses geschah meist in den Wintermonaten. Wenn alle anderen Arbeiten getan waren, ruhten die Frauen nicht, sondern spannen Wolle und fertigten Kleidungsstücke an. All diese Tätigkeiten dienten dazu, daß der Hof sich fast komplett selbstversorgen konnte. Nur einige wenige Gebrauchsgüter und Lebensmittel – z. B. Zucker und Salz – mußten gekauft werden. Bei all diesen wirtschaftlichen Tätigkeiten darf man nicht vergessen, daß die Landfrauen auch Mütter waren. Ob sie viel Zeit für die Kindererziehung aufbringen konnten, muß bei ihrem umfangreichen Arbeitspensum bezweifelt werden, immerhin wurde viel mit den Kindern gemeinsam gearbeitet.

Nach einer Volkszählung von 1910 hatte eine Frau in Lank durchschnittlich 5-6 Kinder zur Welt gebracht, von denen ungefähr 3-4 das jugendliche Alter erreichten. Noch 1908 beklagt der neue Amtsarzt im Kreis Kempen, zu dem Lank damals gehörte, die hohe Säuglingssterblichkeit. Unwissenheit, aber auch Vernachlässigung durch die Eltern konnten neben Nahrungs- und Medikamentenmangel einen sehr frühen Tod bedeuten. Aufklärung und Mütterberatung durch Hebammen sollten Abhilfe schaffen. Es gelang, die Sterblichkeitsrate von 18 % im Jahre 1907 auf 12 % im Jahre 1908 zu senken. Nicht nur den Allerkleinsten galt die Aufmerksamkeit des Arztes, auch die Schulkinderversorgung wurde überwacht. Er berichtete, daß 100 % der Lanker Kinder ein warmes Essen und 98 % ein Frühstück am Tag erhielten. Das waren erfreuliche Zahlen. In den stärker industrialisierten Gebieten des Kreises war die Versorgung schlechter.

Arbeits- und Privatleben waren und sind im bäuerlichen Betrieb nicht getrennt. Die Kinder nahmen sehr früh am Leben der Erwachsenen teil. Neben den Eltern wirkten auch andere – z. B. Onkel, Tante, Großeltern – bei der Erziehung mit. Die Kinder arbeiteten von klein auf mit. Das konnte in solchem Ausmaße geschehen, daß bei Arbeitskräftemangel z. B. während des Krieges, wie eine Meerbuscherin berichtet, bereits Sechsjährige bei der Kartoffelernte mithelfen mußten. „Wenn wir Kinder etwas albern waren und kindisch, dann bekamen wir von meinem Onkel eine Kartoffel ins Kreuz geschmissen. Die Hausaufgaben waren Nebensache und mußten dann abends spät noch erledigt werden."

Veränderungen im 20. Jahrhundert

Technisierung, Industrialisierung, Kriege und Nachkriegskrisen veränderten und beeinflußten in beträchtlichem Maße das Leben der Landfrauen. Die im 19. Jahrhundert beginnende und sich im 20. Jahrhundert fortsetzende Landflucht beschleunigte die Mechanisierung und Rationalisierung der Landwirtschaft. Höhere Löhne in der Industrie verlockten viele Landarbeiter, ihr Glück in der Stadt – z. B. in der Krefelder Seidenindustrie – zu suchen. Auch so manches Bauernkind, das keine Aussicht auf eine große Erbschaft oder „gute Partie" hatte, ging in die gewerbliche Wirtschaft. Die Abwanderungsbewegung hatte schwerwiegende Konsequenzen für die verbliebenen Landwirte. Nun mußte der Bauer mit den höheren Einkommen in der Stadt konkurrieren. Die Klage über einen chronischen Arbeitskräftemangel wurden auch in Lank laut. Wer zu wenig zahlte oder sein Personal schlecht behandelte, dem fehlten Knechte und Mägde. In der Erntezeit versuchte man, das Problem mit Saisonarbeitern zu lösen. Wie heutigentags geringverdienende Arbeiter aus Osteuropa zum

Spargelstechen oder zur Weinlese nach Deutschland kommen, so kamen schon um die Jahrhundertwende Menschen aus Polen, den Niederlanden und den östlichen Gebieten Preußens, um in der rheinischen Landwirtschaft als Erntearbeiter oder in Schnitterkolonnen ihr Auskommen zu suchen.

Eine Kraft auf dem Hof konnte allerdings nicht kündigen oder eine Gehaltserhöhung verlangen: die Bauersfrau. Waren die Arbeiter rar, mußten die Bauersleute selbst noch mehr tun. Die durchschnittliche Arbeitszeit der Landfrauen soll noch in den 1930er Jahren bei über 75 Stunden in der Woche gelegen haben. Um die Arbeit bewerkstelligen zu können, dachten viele Landwirte über die Anschaffung von Maschinen nach. Die technischen Neuerungen betrafen zunächst den Arbeitsbereich der Männer, z. B. die Einführung von Dreschmaschinen, während viele der typischen Frauentätigkeiten noch bis in die Zeit nach dem Zweiten Weltkrieg ohne große technische Hilfe ausgeführt werden mußten. Deutlich wird dies bei der Kartoffelernte, die noch bis vor wenigen Jahrzehnten mühevolle Handarbeit war. Doch die Anschaffung teurer Geräte bedeutete eine Investition, die schnell zu einer Verschuldung des Hofes führen konnte und daher wohl überlegt sein wollte.

Mit Beginn des Ersten Weltkrieges kamen schwere Belastungen auf die Landwirtschaft zu. Einerseits war sie dem Druck unterworfen, die Bevölkerung ohne Lebensmittel aus dem Ausland ausreichend zu versorgen, anderseits fehlten ihr die notwendigen Mittel hierfür. Fachkräfte wurden eingezogen, zusätzliche Düngemittel konnten nicht importiert werden, Pferde, damals noch sehr wichtige Zugtiere, wurden von der Armee beschlagnahmt. Die deutschen Arbeiter wurden durch belgische oder französische Kriegsgefangene ersetzt. Feindliche Einstellung gegenüber den Lankern (schließlich kämpften deutsche Soldaten in Frankreich und Belgien), Sprachprobleme und nicht selten mangelnde landwirtschaftliche Kenntnisse machten das gemeinsame Arbeiten auf dem Hof nicht immer einfach. In dieser Situation traten viele Bauersfrauen an die Stelle ihrer zum Kriegsdienst verpflichteten Männer. Sie übernahmen nun die Verantwortung für den Betrieb und mußten mit vielen Kontrollen und Vorschriften fertig werden. Auch in den durch komplexe Versorgungsschwierigkeiten bedingten Hungerjahren des Krieges hatten zwar die Menschen auf den Höfen genug zu essen, doch bettelnde und stehlende Städter, Zwangsbewirtschaftung und die Sorge um die nächsten Angehörigen, die im Militärdienst standen, belasteten auch die Frauen in Lank.

Wie in den anderen Berufszweigen hatten auch die Bäuerinnen im Krieg Männeraufgaben wahrgenommen und den Betrieb so gut es ging aufrechterhalten. Auch wenn die Landfrauen nicht gerade zu den Vorreiterinnen der Emanzipation zählten, so müssen diese Leistungen doch ihr Selbstbewußtsein gestärkt haben.

Den durch Agrarkrisen der Weimarer Republik und Verschuldung geplagten Bauern versprachen die Nationalsozialisten Besserung. – In der nationalsozialistischen Ideologie wurde das Landvolk und insbesondere die Landfrau verklärt. Die Bäuerin galt als Bewahrerin des deutschen Blutes, der deutschen Sitte und des deutschen Brauchtums, das Bauerntum als Lebensquell der nordischen Rasse. Diesen Ideen diente auch der Erlaß des Erbhofgesetzes. Es sollte die Bauernhöfe lebensfähig erhalten und den Bauern an seine Scholle, d. h. seinen Hof binden. Von diesen Bestimmungen waren Höfe betroffen, die eine Mindestgröße von 7,5 ha hatten und höchstens 125 ha umfaßten. In Lank gab es 82 Erbhöfe. Nur der Besitzer eines solchen Betriebes durfte sich Bauer nennen. Das Gesetz griff massiv in die Verfügungsgewalt der Bauernfamilie ein und schloß die weiblichen Nachkommen vom Erbe aus; denn die Höfe unterlagen dem Anerbenrecht, auch wenn in den Gebieten die Realteilung üblich war. Ein männlicher Nachkomme hatte den Hof zu übernehmen, er durfte ihn weder verkaufen, noch verpachten oder belasten. Diese Bestimmungen machten die Anschaffung teurer Maschinen und die Finanzierung von Aussteuer oder Ausbildung der Nicht-Hoferben schwierig. Arische Abstammung (d. h. keine jüdischen Vorfahren) und Loyalität gegenüber dem nationalsozialistischen Regime wurden ebenfalls von einem Erbhofbauern verlangt, sonst drohte der Entzug des Hofes. Auch wer seinen Betrieb in den Augen der Nationalsozialisten nicht gut und ordnungsgemäß bewirtschaftete, konnte ihn verlieren. 1947 wurde dieses Gesetz zwar aufgehoben, doch an der Bevorzugung des männlichen Erben gegenüber seinen Schwestern änderte sich bis in die 60er Jahre kaum etwas. Immer noch sah die gesetzliche Erbfolge den ältesten Sohn als Hoferben vor. Es konnte aber durch Testament auch ein anderes Kind – z. B. Tochter – zum Erben bestimmt werden.

Im September 1933 wurde mit Gründung des „Reichsnährstandes" ein Instrument zur totalen Erfassung der Landbevölkerung und zur Kontrolle der landwirtschaftlichen Produktion geschaffen. Ortsbauernführer übernahmen die Überwachung der vielen Vorschriften, welche die Betriebe zu immer größeren Leistungen in der „Erzeugungsschlacht" bringen sollten. Gleichzeitig waren sie auch für die ideologische Beeinflussung der ländlichen Bevölkerung vor Ort zuständig, um sie im Geist des Nationalsozialismus zu erziehen. An der Spitze dieser Organisation stand der Reichsbauernführer Richard Walter Darré. In seinen Schriften stellt er klar dar, welche „Wertschätzung" er der Landfrau entgegenbrachte. Im Buch „Neuadel aus Blut und Boden" von 1934 vergleicht er sie mit einem Zuchttier, das an seiner Gebärleistung gemessen wird. Die

Bäuerin sollte gleich mehrere wichtige Funktionen erfüllen, einerseits möglichst viele gesunde Kinder zur Welt bringen und zum anderen durch ihre Arbeitskraft mithelfen, Deutschland von Lebensmitttelimporten unabhängig zu machen „Sie [die Landfrauen] sind in ihrer Berufsarbeit als ländliche Arbeitskräfte nicht zu ersetzen, gleich bei allen ist die schwere körperliche Berufsarbeit, aber auch die glückliche Vereinigung von Ehe, Mutterschaft und Berufsarbeit – das Dasein aller dieser Frauen ist bis in die Wurzel gesund." (Die deutsche Landfrau, Nr. 28, 1935, S. 32) Doch die Realität war weniger romantisch als es die Propagandazeitschrift „Die deutsche Landfrau" sah. Dem Leistungsdruck der Ertragssteigerung ausgesetzt, mußten sie sehr hart arbeiten, was nicht immer ohne gesundheitliche Schäden blieb. Fehlgeburten und Krankheiten waren häufig die Folgen. Wie eine Verhöhnung der Frau klingt es, wenn zu Zeiten, da die Technik wesentlich bessere Möglichkeiten hatte, Tragegurte und Knieschoner aus alten Autoreifen den Frauen als Arbeitserleichterung angeboten wurden. Doch statt Landmaschinen sollten verstärkt Rüstungsgüter von der Industrie produziert werden. Wie sehr die Frau sich dem Produktionsablauf zu unterwerfen hatte, zeigt eine Empfehlung der Zeitschrift „Deutsche Landfrau". Die Bäuerinnen sollten alle medizinischen Eingriffe, die einen längeren Ausfall verursachten, somit auch das Gebären, im Januar oder Februar bewerkstelligen; denn dann sei ein Ausfall ihrer Arbeitskraft noch am ehesten zu verschmerzen.

Die endgültige Ernüchterung für die Landbevölkerung kam für die meisten spätestens mit dem Beginn des Zweiten Weltkrieges. Wie 1914 belasteten Zwangswirtschaft, Arbeitskräftemangel, eine Fülle von Verordnungen und Verboten und die Sorge um Angehörige die Bäuerinnen schwer. In den ersten beiden Kriegsjahren hofften viele Bauern noch, ihren Betrieb weiterführen zu können und nicht eingezogen zu werden, doch mit dem Überfall auf die Sowjetunion platzten diese Träume. Bereits 1942 war jeder dritte in der Landwirtschaft tätige Mann bei der Wehrmacht. Gewiß gab es für die Familien, laut einer Verfügung des Innenministers von 1940, eine Beihilfe, wenn der Bauer, ohne daß eine Ersatzkraft bereitgestellt wurde, im Kriegsdienst war. Doch was nutzte dieser Zuschuß, wenn alle Arbeiten ohnehin erledigt werden mußten. Viele Betriebe wurden nur mit Hilfe von Kriegsgefangenen und Zwangsarbeitern aufrechterhalten.

Durch die Nähe zu den Großstädten und die Lage Lanks im Westen Deutschlands kamen ab 1942/43 verstärkt Bombenangriffe hinzu, die das Leben der Zivilbevölkerung erschwerten und die Feldarbeit bei zunehmenden Tieffliegerangriffen lebensgefährlich machten. Am 2. März 1945 wurde das Amt Lank von amerikanischen Truppen besetzt. Die Kampfhandlungen endeten allerdings

noch nicht sofort. Der anhaltende Beschuß von der gegenüberliegenden Fluß-
seite machte eine Evakuierung der direkt am Rhein gelegenen Orte notwendig.
Mit Sack und Pack, Vieh und allem zogen die meisten Lanker nach Willich und
Fischeln, um das Ende des Krieges abzuwarten. Evakuierung, chaotische Verhältnisse, Bombentrichter, Arbeitskräfte-, Saatgut- und Düngemittelmangel,
fehlende Zugtiere und Maschinen – all das führte dazu, daß nur ein kleiner Teil
der Felder bestellt werden konnte. Die Versorgungslage spitzte sich drama-
tisch zu. Wieder kamen die Städter aufs Land, um ihre Habe gegen Lebensmittel einzutauschen. Ein schwunghafter Schwarzhandel entstand, an dem sich
viele Landfrauen rege beteiligten. Und so manches Schwein wurde ohne Erlaubnis geschlachtet. Vielen erging es so wie einer Bäuerin aus Bösinghoven:
Der Bauer war gefallen. Die Frau bewirtschaftete den Betrieb mit ihrem Schwie-
gervater, fünf landwirtschaftlichen Arbeitern und Arbeiterinnen, unter denen
sich zwei gelernte Elektriker und eine Hausangestellte befanden. In Zeiten der
Lebensmittelrationierung und der sog. „Hamsterfahrten" aufs Land, war ein
Arbeitsplatz in der Landwirtschaft für alle verlockend.

Mit Beginn des „Wirtschaftswunders" änderten sich die Verhältnisse rasch.
Die landwirtschaftlichen Betriebe waren einem harten Wettbewerb unterworfen. Wollten sie überleben, mußten sie rationalisieren. Es erforderte einen hohen Kapitalaufwand, um Mähdrescher und Melkmaschinen anzuschaffen. Nur
große Betriebe, die sich auf bestimmte landwirtschaftliche Zweige spezialisier-
ten, hatten eine Chance. Der Bauernhof mit Ackerbau und Viehzucht, mit großer Familie und Gesinde verschwand. Moderne Technik hielt Einzug. Betriebe,
die nicht mithalten konnten, blieben auf der Strecke. Das Höfesterben begann
bereits in den fünfziger Jahren. So nahm die Zahl der Betriebe im Amt Lank
zwischen 1950 und 1961 um fast ein Viertel ab. Am stärksten davon betroffen
war Lank-Latum, in dem fast die Hälfte aller Höfe aufgegeben wurden.

Einige, die ihrer Tradition treu bleiben wollten, betrieben eine Nebenerwerbs-
landwirtschaft: Der Bauer ist tagsüber in einem anderen Beruf tätig und kann
nur am Abend oder an den Wochenenden seine Frau bei der Arbeit auf dem
Hof unterstützen. Die restliche Zeit ist die Bäuerin auf sich allein gestellt. Auch
die Arbeit der Landfrau hat sich in den letzten Jahrzehnten sehr gewandelt.
Elektrische Hausgeräte – z. B. die Waschmaschine, die die schweren Strapazen
der Waschtage überflüssig machte (in den 50er und 60er Jahren hielten die
halb- und vollautomatischen Waschmaschinen Einzug in die Lanker Haushalte) – aber auch Kartoffelerntemaschinen u. a. haben ihr viel schwere körperliche Anstrengungen abgenommen. Doch ist ihr Arbeitstag immer noch lang.
Insbesondere in Betrieben mit Viehhaltung bestimmen trotz moderner Technik
die Bedürfnisse der Tiere, Füttern, Melken und Ausmisten, den Tagesablauf.

Die Landwirtschaft heute erfordert auch eine gute Ausbildung und betriebs-
wirtschaftliche Fähigkeiten. Das Bild der Bäuerin hat sich geändert. In der
Regel ist sie heute Partnerin des Mannes und mit ihm gemeinsam für den
Betrieb verantwortlich. Existenzsorgen und Landwirtschaftskrisen belasten sie
genauso wie den Bauern. Nicht immer haben die Kinder den Ehrgeiz, den Betrieb unter solch schwierigen Bedingungen weiterzuführen.

Quellen:

Bischöfliches Diözesanarchiv Aachen

Visitationen 18137

Nordrhein-Westfälisches Hauptstaatsarchiv, Düsseldorf

Regierung Düsseldorf 36609, 36610

Landratsamt Kempen 7, 8, 11, 143

Notare, Rep. 3847, Nr. 3282, Rep. 3838, Nr. 1178, 1236

Stadtarchiv Meerbusch

Lank I 723, 724, 728, 731, 732, 733, 736, 739, 740, 760, 761, 783, 788, 1478, 1702

Kreisarchiv Viersen, Kempen

Kreis Kempen-Krefeld 1282, 1283, 1284, 1470, 1474, 1475, 1483a

Erinnerungen und Berichte von Willi Münks/Osterath, Rita Paschertz/Bösinghoven,
Magdalene Stimmes/Lank-Latum, Addo Winkels/Lank u. a.

Notizen von Frau Dr. Hüsers-Döhmen zur Pressekonferenz anläßlich der Eröffnung der
Ausstellung „Döschdige Buerefraues" des Freilichtmuseums Grefrath vom 24. 2. 1997

Literatur:

Gemeindelexikon für die Rheinprovinz, Berlin 1897 und 1909

Die Gemeinden und Gutsbezirke der Rheinprovinz und ihre Bevölkerung, Berlin 1874

U. Gerhard (Hg.), Frauen in der Geschichte des Rechts, München 1997

S. Jacobeit, Zum Alltag der Bäuerinnen in Klein- und Mittelbetrieben während der Zeit
des deutschen Faschismus 1933-1939, Jahrbuch zur Wirtschaftsgeschichte 1982,
S. 7-29

S. Jacobeit, Die Stellung der werktätigen Bäuerin in der faschistischen Ideologie 1933-1939. Realität und Manipulation, Jahrbuch für Geschichte. Studien zur Geschichte des Faschismus und des antifaschistischen Widerstandes 27 (1983), S. 171-199

G. Korff, „Frauenhände und Pferdezähne dürfen nicht stillstehen." Die Arbeit der Kleinbäuerin in der Eifel des 19. Jahrhunderts, in: L. Niethammer u. a. (Hg.), Die Menschen machen ihre Geschichte nicht aus freien Stücken, aber sie machen sie selbst, Bonn 1984

R. Lange/H. Wulff, Höfeordnung. Kommentar, 4. und 6. Aufl. München/Berlin 1954 und 1965

Niederrheinisches Freilichtmuseum Grefrath, Kreis Viersen, Heft 2: Brotbacken im Hausbackofen, Red.: D. Pesch, Text: D. Simons; Heft 3: Die Hausschlachtung, Red.: D. Pesch, Text: D. Simons; Heft 10: Die Ernte I, Text: H.-P. Mielke; Heft 11: Die Ernte II, Text: H.-P. Mielke; Heft 12: Das Dreschen, Text: H.-P. Mielke; Heft 13: Die Getreidereinigung, Text: H.-P. Mielke; Heft 15: Kartoffelanbau, Text: H.-P. Mielke, o. O. u. J.

G. Strotdrees, Höfe, Bauern, Hungerjahre. Aus der Geschichte der westfälischen Landwirtschaft 1890-1950, Münster-Hiltrup 1991

A. Taeger, Soziale Agrarpolitik. Der lange Weg von der familiären Versorgung alter Bauern bis zur gesetzlichen Altershilfe, Zeitschrift für Agrargeschichte und Agrarsoziologie 41 (1993), S. 190-218

H. Winkel, Die Frau in der Landwirtschaft (1800 bis 1945), in: Zeitschrift für Unternehmensgeschichte, Beiheft 35: Die Frau in der deutschen Wirtschaft, Köln 1985, S. 89-104

Vgl. außerdem die Übersicht der mehrfach benutzten Literatur: Nr. 3, 4, 10, 11, 12, 15, 24, 25, 28, 29.

Knechte, Mägde, Dienstboten im alten Amt Lank

Von Wiltrud Dohms

Einführung

Die Haushaltshilfe ist gleichsam das letzte Relikt eines Erwerbszweiges von Knechten, Mägden und Dienstboten, die in früherer Zeit eine ungleich größere Bedeutung hatten und das wirtschaftliche und gesellschaftliche Leben maßgeblich bestimmten. Dieses war bis weit in das 19. Jahrhundert hinein agrarisch geprägt. Alle erwerblichen, landwirtschaftlichen und handwerklichen Tätigkeiten vollzogen sich im Bereich von Haus und Hof. Dort arbeitete und wohnte eine Lebensgemeinschaft nach ungeschriebenen, gleichwohl verbindlichen Gewohnheiten und Regeln, die in Jahrhunderten gewachsen waren und bisweilen nur sehr zäh den gesellschaftlichen Veränderungen Rechnung trugen. Oberhaupt der Familie und Gesinde einschließenden Gemeinschaft, der sog. „Hausfamilie", war der Vater, dem man als gottgewollte Obrigkeit Gehorsam schuldete. Maßgeblich hierfür war das vielzitierte Wort des Apostels Paulus: „Ihr Knechte, gehorchet euren leiblichen Herren mit Furcht und Zittern, in Einfalt eures Herzens, als gelte es Christus – nicht in Augendienerei, um Menschen zu gefallen, sondern als Diener Christi, die den Willen Gottes tun von Herzen. Leistet euren Dienst mit willigem Sinn, als gelte es dem Herrn und nicht Menschen. Ein jeder, der Gutes tut, wird Lohn empfangen vom Herrn, sei er Knecht oder Freier" (Brief an die Epheser 6, 5-8). Der Vater fungierte somit gleichsam „als Stellvertreter Gottes auf Erden". – Diese der „gottgewollten Ordnung" entsprechenden Anschauungen fanden in der frühen Neuzeit starke Verbreitung auf den dem Katechismus angefügten sog. „Haustafeln" sowie in der speziell zu diesem Thema entstandenen „Hausväterliteratur", deren Erkenntnisse wiederum Eingang in die maßgeblichen Enzyklopädien jener Zeit fanden.

Die Notwendigkeit der Unterordnung des Gesindes unter die alleinige Macht des Hausherrn wird in diesen Werken gerne mit dem Hinweis auf die „Ökonomie des menschlichen Leibes" untermauert. Dies gilt – um hier ein Beispiel aus unserer Gegend zu nennen – auch für den Lanker Pfarrer Johann Laurenz Aegidius Mertens (*1773, + 1837), der die einschlägigen Abhandlungen der Hausväterliteratur eingehend studiert und in einem eigenen Traktat über die Dienstboten verarbeitet hat. „So wie im leiblichen Organismus das Leben des Leibes vom Haupte ausgeht und [...] erhalten wird", so verhält es sich, wie der

Lanker Pfarrer ausführt, mit dem geistigen Organismus der Gesellschaft, sowohl der größeren, dem Staat, als auch der kleinsten, dem Familienleben. Mertens beruft sich dabei ebenso wie etwa der christliche Geistliche Franz Philipp Florinus (+ 1699) auf die Worte des Apostels Paulus im 1. Brief an die Korinther, der davon handelt, daß die Menschen Glieder des Leibes Christi sind; ebensowenig wie „die Füße über dem Kopf stehen […], das Haupt aber unter den Füßen liegen" könne (Florinus), könne der Mensch aus seiner gottgewollten Ordnung ausbrechen. Allerdings – und diese Feststellung war dem Lanker Pfarrer wichtig – dürften diejenigen, die zum Regieren bestimmt seien, sich dies nicht als eigenes Verdienst zurechnen, vielmehr müsse am Ende des Lebens jeder nur an seiner Leistung gemessen werden. (Dohms, Pfarrer Mertens, S. 119 f.)

Auch über das Gesinde selbst ist nicht wenig geschrieben worden. Die meisten der in früherer Zeit hierzu verfaßten Schriften und Werke stammen aus der Feder von Vertretern der privilegierten Schicht, die des Schreibens kundig waren und davon auch ausgiebig Gebrauch machten. Daß deren Sicht der Dinge für die Dienstboten vielfach keineswegs schmeichelhaft war, liegt auf der Hand. Bereits seit dem 15. Jahrhundert finden wir in Lehrgedichten und Werken der Unterhaltungsliteratur „Klagen und Spott über des Gesindes Tükke". Nicht selten werden dem Leser gutgemeinte Ratschläge erteilt, wie man sich vor dem Gesinde zu schützen hat, dessen „vornehmstes und gewöhnlichstes Laster" – so Zedlers „Universallexikon" von 1735 – „Ungehorsam und Widerspenstigkeit" sind. Neben diesen Untugenden pflegten im 18. und 19. Jahrhundert dem Gesinde weitere Eigenschaften wie zänkisch, treulos, faul, boshaft, nachlässig, schwatzhaft und leichtfertig zugeschrieben zu werden. Mit der von der Französischen Revolution angestoßenen Auflösung der überkommenen patriarchalischen Verhältnisse und den Maßnahmen der Bauernbefreiung nahm diese Tendenz in der Literatur zu, da nunmehr die Dienstboten stärker auf ihre Rechte pochten. Das Gesinde sei, wie der schriftstellernde Agrarexperte Johann Nepomuk von Schwerz 1836 schrieb, „sehr wenig nütze […], seitdem […] die französischen Gesetze nebst den französischen Moden eingeführt worden [sind]." (von Schwerz, S. 191)

Um diese Zeit mehren sich allerdings auch die Werke jener Autoren, die über die Verbesserung jener Übelstände nachdenken. Wie eine „Gesindeverbesserung" erreicht werden könne, ist etwa Gegenstand einer „Preisfrage", die 1793 die „Hamburgische Gesellschaft zur Beförderung der Künste und nützlichen Gewerbe" veröffentlichte. Seit den 30er Jahren des 19. Jahrhunderts war das Thema „Dienstboten und Herrschaft" immer wieder Gegenstand der seelsorglichen Bemühungen von Geistlichen des Dekanates Krefeld. Einige von ihnen – so der erwähnte Lanker Pfarrer Mertens sowie seine Dekanatskollegen und Nachfolger, darunter Pfarrer Franz Otto Hoch (1837-1858) von Lank sowie Pastor Johann Joseph Schaps (1860-1891) von Osterath – waren so mutig, die Schuld fehler- und lasterhaften Verhaltens vor allem bei den Herrschaften zu suchen. Pfarrer Hoch äußerte 1842/43, daß „viele Herrschaften in der Art nicht sind, wie sie sein sollten, die gern über die Dienstboten Klagen führen, aber zur Abstellung derselben nicht mitwirken wollen; dabei ist ihr eigener Lebenswandel nicht immer so beschaffen, daß sie ihrem Gesinde zum Muster eines sittlichen Wandels dienen". (Bisch. Diözesanarchiv Aachen, Gvd Krefeld 8, I) – Aber nicht nur die der Nächstenliebe gleichsam verpflichtete Geistlichkeit unserer Gegend äußerte sich in diesem Sinne. Auch der Lanker Bürgermeister Hermann Kemper (1877-1908) vertrat diesen Standpunkt: Anläßlich einer Anfrage, die der Düsseldorfer Regierungspräsident an die nachfolgenden Dienststellen wegen der Mißstände beim Gesindewesen gerichtet hatte, schrieb er 1895 dem Landrat von Krefeld: „Kontraktbruch des Gesindes [kommt] in hiesigem Bezirke nicht so häufig vor. In den vorkommenden Fällen trifft die Schuld nicht allein das Gesinde, sondern auch wohl einzelne Dienstherrschaften, welche die Ursache zum häufigen Wechsel des Gesindes geben." (StadtA Meerbusch, Lank I 981)

Daß es in der Tat um das Gesindewesen unserer Gegend, insbesondere im Gebiet der späteren Stadt Meerbusch, nicht immer zum Besten bestellt war, zeigt die Überlieferung des Stadtarchivs Meerbusch. Neben anderen Beständen enthält der dort aufbewahrte Bestand Lank I ca. 72 Vorgänge, die teilweise beachtliche Mißstände offenkundig werden lassen. Es handelt sich in den meisten Fällen um Klagen, die verschiedene Dienstherren, in den Akten meist „Herrschaften" genannt, in den Jahren 1844-1878 gegen solche Dienstboten angestrengt hatten, die entlaufen waren, ihren Dienst nicht angetreten hatten oder auf andere Weise den angeblichen oder wirklichen vertraglichen Verpflichtungen nicht nachgekommen waren. Daß es hierzu mancherlei Veranlassung gab, mögen die folgenden Ausführungen zeigen; unser besonderes Augenmerk gilt dabei der Art und dem Verlauf der Auseinandersetzungen selbst, da in ihnen das Verhalten der Herrschaft und die Bedingungen der Abhängigkeit in aller Regel recht deutlich zutage treten. – Der Vollständigkeit halber sei erwähnt, daß es auch vor 1844 und nach 1878 sicherlich zu Konflikten kam. Leider sind die entsprechenden Akten – aus welchen Gründen auch immer – verlorengegangen. Ich sah mich daher zur Verdeutlichung des Gesamtbildes veranlaßt, auch andere Quellen heranzuziehen. Zu nennen sind hier die örtlichen Generalakten wie etwa Erlasse und Verfügungen, Erinnerungsschriften und Privatbriefe; in einigen Fällen wurden auch Auskünfte älterer Gewährsleute berücksichtigt, woraus sich naturgemäß gelegentlich interessante Einblicke in die Verhältnisse der jüngsten Vergangenheit ergeben.

Bezeichnungen und Arten des Gesindes

Sowohl in den älteren gedruckten Schriften als auch in den Meerbuscher Akten finden sich für den hier zu behandelnden Berufsstand unterschiedliche Bezeichnungen wie „Gesinde", „Knechte und Mägde" oder „Dienstboten". Obwohl sie vielfach austauschbar sind und waren, wurden sie gleichwohl im Laufe der Jahrhunderte unterschiedlich verwandt. Der vergleichsweise alte Begriff „Gesinde" enthält den Wortstamm „sint", was soviel wie „Weg" oder „Reise" bedeutet. Das Wort „Gesinde" bezeichnete ursprünglich ein Gefolge, das zu einem Höherstehenden in persönlicher Abhängigkeit steht und diesem gehorcht und folgt. Später bezeichnet der Begriff die Gesamtheit der Personen, die auf einem Hof oder in einem Haus gegen Entgelt niedere Dienste leisten. Ältere Lexika führen unter dem Stichwort „Gesinde" gerne auch die Verkleinerungsform „Gesindel" und sogar die Bezeichnung „Lumpengesindel" auf, womit man damals „liederliche Leute" schlechthin bezeichnete.

Der Terminus „Gesinde" war zunächst gleichbedeutend mit dem Wort „Dienstboten". Dieser Begriff wird seit dem 18. Jahrhundert häufiger gebraucht; auch er bezeichnet Personen, die zum Versenden oder Verschicken benötigt werden. Im 19. Jahrhundert werden beide Namen stärker unterschieden. Gesinde wird vorwiegend für die auf dem Land tätigen Knechte und Mägde verwandt, während „Dienstboten" mehr und mehr die im Dienst städtischer Haushalte stehenden Personen bezeichnen und zur Unterscheidung von den auf dem Lande nach wie vor unentbehrlichen Gehilfen mit dem erläuternden Zusatz „zur persönlichen Bequemlichkeit der Herrschaft" versehen sind. Was unsere Gegend anbetrifft, so gebrauchten der Lanker Pfarrer Mertens in seinem Traktat aus dem Jahre 1836 ebenso wie die Bürgermeister von Lank, Osterath und Büderich noch 60 Jahre später beide Begriffe synonym. 1911 formulierte ein Professor aus Bonn in einer Art Rechtsauskunft an den Bürgermeister von Büderich: „Der Begriff des Gesindes ist in der Rheinischen Gesindeordnung [vgl. unten S. 195 ff.] nicht festgelegt. Es wird aber in Wissenschaft und Praxis als herrschende Auffassung angesehen, daß die häusliche Gemeinschaft zum Begriffe des Gesindes notwendig ist." (StadtA Meerbusch, Büderich I 495) In den Erinnerungen des 1922 auf dem Lipperhof in Lank-Latum geborenen Willi Münks hat das Wort „Gesinde" jenen negativen Beigeschmack, wie er dem Wort Gesindel anhaftet. Im übrigen spricht man im 20. Jahrhundert in Lank vorwiegend von „Knechten und Mägden".

Von dem „Gesinde", den „Knechten" und „Mägden" sowie den „Dienstboten", die im Ancien régime zusammen mit der Herrschaft eine Haus- und Hofgemeinschaft bildeten, sind seit dem 18. Jahrhundert die „Landarbeiter", „Tagelöhner", „Heuerlinge" und „Insten" zu unterscheiden, für die ein auf Lohnempfang basierendes Arbeitsverhältnis üblich ist. Auf der anderen Seite bilden sich auch im Hinblick auf Gesinde und Dienstboten gewisse Unterschiede heraus. Es entsteht innerhalb dieses Personenkreises eine zunehmend wachsende hierarchische Schichtung vom Oberknecht bis zum Pferdejungen, die in dem 1897 erschienenen Grimmschen Wörterbuch bereits auf 11 Rangstufen angewachsen ist und durchaus der Verfestigung der auf dem Lande besonders ausgeprägten Herrschaftsstrukturen dient. Um 1900 beschäftigte man auf den Höfen in der Umgebung von Neuss folgende Dienstleute: einen Verwalter, einen Meisterknecht, der die Pflüge einstellte, die anderen Geräte in Gang hielt und für drei Pferde verantwortlich war, den „Obersten Enk" (Övesch Enk), der drei oder zwei Pferde führte, den Enk, der mit zwei Pferden arbeitete, und den Eggenjungen, der mit einem Pferd die Frucht eineggte, den Pferdeknechten den Kaffee zubereitete und die Pferde fütterte und putzte. Daneben wurden in der Neusser Gegend Tagelöhner eingesetzt.

Auch in Lank gab es durchaus Rangunterschiede bei den Dienstboten. So beschäftigte man, wie uns Willi Münks berichtet, auf dem knapp 150 Morgen großen Lipperhof zu Anfang unseres Jahrhunderts neben den Mägden, die vorwiegend der Bäuerin zur Hand gingen, einen „1. Pferdeknecht", der neben dem Hofherrn für die „Pferdegespanne", also das Pflügen, Säen und alles, was „zwei oder dreispännig durchgeführt" wurde, „zuständig" war; ihm zur Hand ging der sog. Enk (Lehrjunge). Des weiteren war auf dem Lipperhof ein Melker tätig, der seit Anfang des 20. Jahrhunderts meist „Schweizer" genannt wurde – „weil sie [die Melker] meistens aus der Schweiz stammten". Magdalene Stimmes (geb. Beeser), die als junges Mädchen oft mit ihrem Großvater („Bäser Öhm") im benachbarten Haus Latum weilte, erinnert sich, daß man den Schweizer „ästimieren [mußte], weil er was Besonderes war". Darüber hinaus arbeiteten auf den Lanker Höfen wohl zu allen Zeiten verschiedene Hilfskräfte, sei es für Saisonarbeiten wie Rübenhacken und -vereinzeln, Unkrautjäten oder zur Spargel-, Erdbeer-, Gemüse-, Obst- und Kartoffelernte.

Gesinderecht

Seit dem 16. Jahrhundert entwickelte sich ein besonderes Gesinde- oder Dienstbotenrecht. Es orientierte sich an Verhältnissen, in denen Haus und Hof eine zentrale Bedeutung im agrarisch geprägten Wirtschaftsleben hatten und der Hausvater mit umfangreichen Herrschaftsbefugnissen ausgestattet war.

Von daher umschrieb das Gesinderecht kein reines Arbeitsverhältnis, hatte vielmehr die Gewalt und Verfügungsrechte des Dienstherrn in Rechnung zu stellen. Es wird als besonderes Recht erstmals in der 1530 erlassenen „Kaiserlichen Ordnung und Reformation guter Polizei" faßbar und fand in seinen wichtigsten Grundsätzen Eingang in die Polizeiordnungen der Landesgesetzgebung. Im 18. Jahrhundert wurde das Gesinderecht in den meisten deutschen Territorialstaaten aus den Polizeiordnungen herausgelöst und in selbständigen Gesetzen zusammengefaßt, die man seitdem als Gesindeordnungen bezeichnete.

Die Zersplitterung des Deutschen Reiches in Einzelstaaten brachte es mit sich, daß sich im Laufe der Zeit eine Vielzahl von Gesindeordnungen entwickelte. Ende des 19. Jahrhunderts waren noch 60 Ordnungen in Kraft, die in ganz unterschiedlichen Zeiten entstanden waren. Besondere Bedeutung erlangte die 1810 erlassene preußische Gesindeordnung, die bis 1918 für die Mark Brandenburg mit Berlin, für Ost- und Westpreußen, Posen, Pommern, Schlesien, Sachsen, Westfalen und – seit 1815 – für das Rheinland galt. Sie hatte damit nicht nur den größten Geltungsbereich, sondern erhielt ein ganz besonderes Gewicht im Rahmen der Geschichte des Deutschen Reiches im 19. Jahrhundert, in dem Preußen bekanntlich eine herausragende Rolle spielte. Die Erwartungen, die man zu Anfang des 19. Jahrhunderts in Preußen im Rahmen der Stein-Hardenbergschen Reformen auch an die Neufassung des Gesinderechts geknüpft hatte, wurden 1810 nicht erfüllt. Die damals erlassene Ordnung war im wesentlichen das Produkt der Vertreter des Adels sowie des Großgrundbesitzes und trug insofern den Veränderungen kaum Rechnung, die zur Auflösung der alten patriarchalischen Familien- und Gesellschaftsstrukturen, insbesondere zur Bauernbefreiung und Abschaffung des Gesindezwangsdienstes geführt hatten. Besonders nachteilig war, daß die neue Ordnung dem Dienstherrn nach wie vor mancherlei Möglichkeiten des Mißbrauchs und der herrschaftlichen Überschreitungen eröffnete, die auf seiten der Untergebenen nur um den Preis weitgehender Unterwerfung legalisiert wurden. – Für unseren Zusammenhang ist von besonderem Interesse, daß 1844 für das Gebiet der preußischen Rheinprovinz eine eigene Gesindeordnung erlassen wurde, die gegenüber der preußischen von 1810 vergleichsweise liberal war und mancherlei Ermessensspielräume zugunsten der Dienstboten zuließ. Dies mochte 1878 die Bauern von Osterath, Willich und Anrath veranlaßt haben, für ihren engeren Bereich eine eigene Gesindeordnung aufzustellen, in der überwiegend die Pflichten des Gesindes kleinlich genau geregelt und damit eingeengt waren. – Obwohl gegen Ende des 19. Jahrhunderts aufgrund der Entwicklung in der Wirtschaft und Sozialgesetzgebung ein stärkerer Wandel in der Bewertung der rechtlichen Stellung der Dienstboten erkennbar wurde, führten erst die durch den Ersten Weltkrieg bedingten politischen Veränderungen zur Aufhebung der preußischen wie auch aller anderen Gesindeordnungen.

Eingehend behandelten die Gesindeordnungen Anlässe und Gründe des Vertragsendes durch Kündigung. Solche waren gegeben bei „ehrenrührigen Nachreden", „boshaften Verletzungen", „Tätlichkeiten, Schimpf- und Schmähworten" gegen die Herrschaft, bei beharrlichem Ungehorsam, „verdächtigem Umgang" mit den Kindern der Herrschaft, Diebstahl oder Veruntreuung und Verleitung des Nebengesindes hierzu, bei unerlaubter Entfernung vom Haus über Nacht, Leichtsinn im Umgang mit Feuer und Licht, ansteckenden oder ekelhaften Krankheiten, Dienstvernachlässigung trotz wiederholter Verwarnung, bei Trunk oder Spiel, mangelnder Geschicklichkeit für verabredete Tätigkeiten sowie Gefängnisstrafen von mehr als acht Tagen. Ein Grund zur fristlosen Entlassung war auch die Vorlage falscher Dienstzeugnisse. Die Ausstellung solcher Atteste, die der Dienstbote „wie der Schuljunge sein Zeugnis" dem Herrn vorlegen mußte, hatte sich gewohnheitsrechtlich seit längerem eingebürgert. Zwecks besserer Kontrolle wurde 1846 per königlich-preußischer Verordnung die Führung eines Gesindebuches vorgeschrieben, in das bei Entlassung ein Arbeitszeugnis eingetragen wurde. Die beim Gesindewechsel fällige Beurteilung scheint oft nicht zur Zufriedenheit der Dienstboten ausgefallen zu sein und mochte bisweilen für die Betroffenen zur Ursache von Not und Elend werden. Von daher ist verständlich, daß die 1846 eingeführten Gesindebücher in übergroßer Zahl – im Berlin der 80er Jahre des 19. Jahrhunderts waren es jährlich tausend – verlorengingen und heute fast nurmehr noch solche mit guten Beurteilungen erhalten sind.

Auf eine Rundfrage des Landrats Leysner von Krefeld vom Jahre 1854 an die ihm unterstellten Bürgermeister, „ob die Anschaffung der Gesindebücher in hiesigem Bezirk zu einer Zwangspflicht gemacht" werden solle, die „mittelst Strafen" durchzuführen sei, antwortete Bürgermeister Peter Buscher von Lank (1833-1857) nach Rücksprache „mit den Gemeinderäten und einzelnen Notabeln der hiesigen Bürgermeisterei": Die Erfahrung habe gezeigt, daß eine Vorschrift zur Einführung und Gebrauch eines Buches „durchaus notwendig" sei, damit die Herrschaften bei „Dienstwechsel […] die erforderliche Kenntnis von der sittlichen Führung des Gesindes" erhielten; nicht selten ließen Dienstboten allerdings diese Vorschrift bei schlechter Führung oder beim Wechsel innerhalb der Bürgermeisterei „unbeachtet"; die Polizeibehörde sei hier machtlos, weil die Wechsel „häufig" nicht gemeldet würden und im übrigen „keine Mittel zu Gebote stehen", einer solchen Vorschrift Nachdruck zu verleihen. „Die Frage, ob die vorgeschriebene Anschaffung der Gesindebücher auch hier [in Lank] zu einer Zwangspflicht gemacht werden soll, welche mittelst Strafen durchzuführen ist, [muß] um so mehr bejaht werden, als sich überhaupt keine Verordnung ohne Strafe durchführen läßt." (StadtA Meerbusch, Lank I 981; NW HStA, Landratsamt Krefeld 148)

Einige Zeit später meldete der Krefelder Landrat der Regierung Düsseldorf als Ergebnis der im Kreis geführten Umfrage, daß sich in seinem Amtsbezirk „ebenso viele für den Erlaß einer Polizeistrafe [...] als gegen einen solchen [...] ausgesprochen haben". Die Gegner einer Strafandrohung argumentierten, daß die Dienstboten „ihre Gesindebücher jedesmal pünktlich vorlegen" und bei Antritt einer neuen Stelle „unweigerlich mit solchen versehen" würden; die Befürworter beklagten, daß es zum einen den Herrschaften „besonders auf dem platten Lande in der Regel an der nötigen Energie" mangele, das Gesinde auf die Dienstbücher zu verpflichten, und man darüber hinaus ohne Zwangserlaß machtlos sei, „ein wirksames Mittel gegen das willkürliche Verlassen des Dienstes" einzusetzen. Mit der Begründung, daß von eventuellen Strafmaßnahmen „nur das schlechte Gesinde" getroffen würde, sprach sich Landrat Leysner schließlich – ebenso wie der Lanker Bürgermeister Buscher, allerdings im Gegensatz zum Bürgermeister von Osterath – für die Einführung eines Zwangserlasses aus. Mit Verfügung vom 28. Dezember 1854 sah die Regierung Düsseldorf jedoch von weiteren Strafmaßnahmen ab und ließ es bei der Empfehlung von „Ermahnungen" bewenden.

Obgleich sich die Rechtslage nach dem Ersten Weltkrieg durch die Einführung des Bürgerlichen Gesetzbuches erheblich zugunsten der Dienstboten geändert hatte, scheint das Gesindebuch nach wie vor ein starkes Druckmittel geblieben zu sein. Dies zeigt der Bericht eines Lanker Dienstmädchens, das sich 1938 scheute, seinen Dienst bei einer schikanösen Herrschaft vorzeitig zu kündigen, weil „ich [...] doch ein Arbeitsbuch [hatte]. Da habe ich mich nicht getraut." (Bericht Magdalene Stimmes)

Vermittlung und Herkunft des Gesindes

Über die Dauer der vom Gesinde eingegangenen Arbeitsverhältnisse bzw. die Häufigkeit des Gesindewechsels liegen uns nur wenig verläßliche Unterlagen und Daten vor. Nach einer Statistik über Münchner Dienstboten um 1828 waren von insgesamt 10000 erfaßten Personen 3000 mehr als vier Jahre in einem Haushalt tätig. Auf dem Lande dürfte das Beharrungsvermögen der Dienstboten größer gewesen sein, hat aber auch dort vermutlich ab der Mitte des 19. Jahrhunderts nachgelassen. Hemmend für den Wechsel waren vor allem die restriktiven Bestimmungen der Gesindeordnungen. So empfand man in anderen Ländern, etwa den USA, das Fehlen solcher Ordnungen durchaus als Vorteil, da hierdurch den Dienstboten mehr Freizügigkeit und Bewegungs-freiheit möglich war.

Im Sinne eines möglichst reibungslosen Ablaufs beim Gesindewechsel sah die preußische Gesindeordnung von 1810 ebenso wie die rheinische von 1844 das Tätigwerden von „Gesindemäklern" vor. Diese mußten gegenüber den Herrschaften „die Eigenschaften der vorgeschlagenen Person getreulich und nach ihrem besten Wissen anzeigen" und hafteten, „wenn sie untaugliches oder untreues Gesinde wider besseres Wissen als brauchbar oder zuverlässig [empfahlen]". Im Gegensatz zu den Städten Düsseldorf, Krefeld und Neuss scheint es im Gebiet der späteren Stadt Meerbusch, wie verschiedenen Berichten der drei ehemaligen Bürgermeistereien zu entnehmen ist, weder eine „ge-werbsmäßige Arbeits- und Stellennachweis-Anstalt" noch professionelle Vermittler gegeben zu haben; offensichtlich schätzte man sie nicht besonders, weil sie häufig „im schlechten Rufe und im Verdachte der Kuppelei" standen . (StadtA Meerbusch, Büderich I 247; NW HStA, Landratsamt Krefeld 148) Aufgrund dessen unterstützte Bürgermeister Schmitt von Büderich 1879 ein Ansinnen der Regierung Düsseldorf auf Einführung einer Konzessionspflicht für Gesindemakler, da „die Ausbeutung der Herrschaften", wie Schmitt es for-mulierte, „mitunter bis zum offenen Betruge ausgenutzt [wird]". (StadtA Meer-busch, Büderich I 247)

Die wenigen Makler, die in der Folgezeit für die Meerbuscher Gemeinden bezeugt sind, scheinen ihre Tätigkeit allerdings nur nebenberuflich ausgeübt zu haben. Während die Bürgermeister von Büderich und Osterath über diese ortsansässigen Vermittler bzw. Vermittlerinnen durchgehend nur Positives zu berichten wußten, übermittelte Bürgermeister Kemper von Lank dem Krefelder Landrat auf dessen Anfrage im Jahre 1893, daß in Latum „Gesindevermieter" wohnen, die, „wenngleich gerichtlich nicht bestraft worden sind, so […] ihnen doch eine persönliche Zuverlässigkeit nicht" zuzusprechen ist; „polizeilich ist der eine wiederholt vorbestraft". Am 9. Mai 1895 teilte Kemper mit, daß „der einzige hier [im Amt Lank] wohnende gewerbsmäßige Gesindevermieter […] gleichzeitig auch Tagelöhner [ist]. Derselbe ist mehrfach polizeilich sowie auch gerichtlich vorbestraft und steht in schlechtem Rufe". Als Kemper am 12. April 1898 vom Landrat zur Meldung aller dem Gesindevermittler zur Last gelegten Vergehen aufgefordert wurde, schrieb der Bürgermeister, daß dem zu Latum wohnenden Vermittler, einem Tagelöhner, als „strafbare Handlungen […] Haus-friedensbruch und Mißhandlung" vorgeworfen werden, deretwegen er mit „fünf Tagen bzw. zwei Wochen Gefängnis bestraft worden ist"; darüber hinaus habe er 1896 für drei Wochen „wegen unbefugter Jagdausübung" ins Gefängnis gemußt; sein „Gewerbebetrieb" könne ihm aber wegen dieser Vergehen nicht

untersagt werden. – Im Oktober 1899 wird die Ehefrau des gen. Latumer Tagelöhners, Barbara geb. Beek, als einzige Stellenvermittlerin genannt; von dieser
seien – so Kemper – keinerlei Mißstände bekannt; sie vermittle „nur landwirtschaftliche Arbeitskräfte", etwa 15 Knechte und Mägde jährlich im Alter von
17 bis 30 Jahren, die alle aus der Rheinprovinz stammten und bereits seit längerem entsprechende Dienste verrichtet hatten. (In Büderich waren zur selben
Zeit etwa 30 Personen vermittelt worden.)

Die 54 Mägde und 12 Knechte, von denen in den Lanker Gesindeakten die
Rede und deren Herkunftsort angegeben ist, stammten aus der näheren Umgebung – abgesehen von 3 Niederländerinnen und je einer Person aus dem Raum
Adenau, aus Bitburg-Echternacherbrück und Saarburg. Zu nennen sind etwa
die Orte oder Bürgermeistereien Kaiserswerth (mit Einbrungen, Kalkum, Kreuz-
berg und Rheinheim, insgesamt 11), Linn (6), Fischeln (4), Osterath (3),
(Alpen-)Bönninghardt (zwei Geschwister), Huckingen, Krefeld, Serm, Uerdingen (je 2), Angermund, (Krefeld-)Bockum, (Wittlaer-)Bockum, Büderich,
Friemersheim, (Neuss-)Grefrath, Heerdt, Höngen (Kr. Heinsberg), Neuss, Niederkassel, Oppum, Rheinberg, Schelsen (Stadt Mönchengladbach), Kaldenhausen,
Keyenberg, Rahm, Rees, und Willich (je 1); nur eine Magd war aus Latum
gebürtig. Alles in allem ist zu sagen, daß rund ein Drittel aller Bediensteten vom
rechten Rheinufer stammte. – Es handelte sich hierbei im wesentlichen um
landwirtschaftliches Personal – im Gegensatz etwa zu Willich, wo viele Dienstboten lebten, die in den städtischen Bürgerhäusern Krefelds dienten. Dies war
auch zum Ende des 19. Jahrhunderts noch so; allerdings wurden um 1895 auch
in Lank „[mehrfach] ländliche Arbeiter [...] aus den östlichen Provinzen oder
aus Holland bezogen (!), weil sie weniger anspruchsvoll sind". (StadtA Meerbusch, Lank I 981) Kreisweit machte diese Personengruppe zu dieser Zeit laut
einer Auskunft des Landrats von Krefeld, zusammen mit Personen aus Belgien
und der Schweiz sogar „60 Prozent des ländlichen Gesindes" aus. Der Landrat
beklagte, daß „der größte Mißstand [...] in dem Mangel an Gesinde [besteht]";
es werde immer seltener, daß „einheimische, den Arbeiterständen angehören-
de Eltern ihre Kinder als Knechte und Mägde abgeben", da die Fabrik immer
mehr Menschen locke, was „in ganz unverhältnismäßigem Umfange" für weibliche Personen gelte. (NW HStA, Landratsamt Krefeld 148)

Angesichts der Unkorrektheiten, die sich die Gesindemäkler gelegentlich
zuschulden kommen ließen, ist es verständlich, daß viele Dienstboten bestrebt
waren, sich selbst „zu vermieten" oder sich im Falle der Minderjährigkeit durch
ihre Eltern vermieten zu lassen. Dies geschah in unserem Raum vorzugsweise
im Rahmen der seit langem eingebürgerten Gesindewechseltermine. Dies waren neben dem 2. Januar, dem 1. Mai oder „um Allerheiligen" vor allem Licht-

meß (2. Februar, etwa in Büderich, Krefeld, Adenau) und Michaelis (1. Oktober, u. a. in Lank, Aachen), also die Termine, die den Beginn und das Ende des agrarisch bestimmten Wirtschaftsjahres markierten. Am 14. Oktober 1882 teilte Bürgermeister Kemper dem Landrat von Krefeld mit, daß in der Bürgermeisterei Lank mit ihren acht „Spezialgemeinden" der „1. Oktober als Termin üblich ist", man aber inzwischen „geneigt" sei, „den viel zweckmäßigeren 2. Februar als Umzugstermin anzusteuern und einzuführen". Kemper begründete diese Absicht damit, daß „der kleine Landmann am 1. Oktober häufig noch nicht gedroschen hat und nicht in der Lage [ist], den rückständigen Jahreslohn dem abziehenden Gesinde zu bezahlen, infolgedessen Differenzen entstehen", die sich durch eine Terminverlegung vermeiden ließen. (Dies ist übrigens ein Hinweis darauf, daß es im Amt Lank eine Vielzahl von Kleinbauern gab, deren Bargeld so knapp war, daß es offenbar nicht zur Bildung einer Rücklage reichte.) – Einer Aufstellung des Krefelder Landrats aus demselben Jahre zufolge hatten die Gemeinden Anrath, Fischeln, Osterath und Willich ihre „Umzugstermine" bereits vom „früher" gebräuchlichen 20. Oktober auf den 2. Februar verlegt, und Bockum und Linn schienen willens, sich dem anzuschließen und vom dort üblichen 10. Oktober abzugehen. Für Uerdingen war neben dem 10. Oktober auch Ostern als Gesindewechseltermin in Brauch.

Vertragsdauer und Kündigungsgründe

Zentraler Punkt der in den Gesetzen und Gesindeordnungen verankerten Bestimmungen war der Dienstvertrag, dessen Abschluß der „freien" Entscheidung des Gesindes unterlag und jede Art von – dereinst üblichen – „Zwangsgesindediensten" ausschloß. Mit dem Vertrag unterwarf sich das Gesinde uneingeschränkt der hausherrlichen Gewalt des Dienstherrn, wie vor allem die Bestimmungen über die Dienstpflichten deutlich machen. Die Vereinbarungen galten meist ein Jahr, verlängerten sich aber stillschweigend jeweils um ein weiteres Jahr, falls nicht von einer der vertragsschließenden Parteien gekündigt wurde. Der Vertrag bedurfte nicht der schriftlichen Form, vielmehr wurde seine Rechtskraft mit der Zahlung eines Handgeldes oder Mietpfennigs besiegelt, das in den ehemaligen Bürgermeistereien der heutigen Stadt Meerbusch in der Zeit von 1844 bis zum Ersten Weltkrieg von 1 auf 2 Taler (= 3-6 Mark) anstieg.

Wegen der mit der Annahme des Mietpfennigs verbundenen Vertragsmodalitäten kam es nach Ausweis der überlieferten „Gesindeakten" des Amtes Lank oft zu Auseinandersetzungen. Diese hatten die jeweiligen Bürgermeister, die gleichzeitig die Polizeigewalt innehatten, gemäß der rheinischen Gesindeordnung von 1844 zu schlichten. Für das Jahr 1864 ist uns ein Fall überliefert, der einer gewissen unfreiwilligen Komik nicht entbehrt. Damals beklagte die Witwe Hubert Hahlen aus Nierst, Gertrud geb. Hösten, daß die Magd Gertrud Winzen aus Kaiserswerth, die jene sechs Monate zuvor im Beisein ihrer Eltern gemietet hatte, ihren Dienst nicht wie vereinbart am 1. Oktober angetreten, ihr statt dessen den Mietpfennig am 2. Oktober zurückgebracht habe. Witwe Hahlen, die an einer Vertragsauflösung nicht interessiert war, verweigerte die Annahme des Geldes, worauf die Magd das Geld einfach im Haus der Witwe niederlegte. Gertrud Hahlen, die durch Annahme des Mietpfennigs eine still-schweigende Vertragsauflösung nicht präjudizieren wollte, brachte den Taler in das Haus der Winzens nach Kaiserswerth zurück, wo die Winzens auch ihrerseits die Annahme verweigerten. Als die Winzens plötzlich entdeckten, daß Witwe Hahlen den Mietpfennig kurzerhand im Haus der Winzens liegen-gelassen hatte, nahm ihn der Vater der Magd und „warf" ihn der Witwe „beim Überfahren [über den Rhein] nach", woraufhin „ihn ein Fährmann aufgenom-men und in Verwahr genommen [hat]". Witwe Hahlen wollte zudem gehört haben, daß sich die Magd „an einem andern Platz [...] vermietet haben [solle]". In der anschließenden Verhandlung vor Bürgermeister Pohl von Kaiserswerth gab der Vater der Magd, der Tagelöhner Mathias Winzen, zu Protokoll, daß seine Tochter zu Hause bei der blinden Mutter bleiben müsse und die Behaup-tung der Witwe Hahlen, die Tochter in seinem Beisein gemietet zu haben, un-wahr sei. Pohl glaubte offenbar den Aussagen des Vaters und ließ seinen Lanker Kollegen, Bürgermeister Rudolph von Bönninghausen (1857-1877), wissen, daß Witwe Hahlen aufgrund der Paragraphen 3-5 der Gesindeordnung für die Rheinprovinz „den Dienstantritt [der Magd] nicht verlangen kann".

Den entsprechenden Bestimmungen der Gesindeordnung zufolge war ein „Mietvertrag" von Minderjährigen nur dann rechtsgültig, wenn er nicht gegen den Willen des Erziehungsberechtigten abgeschlossen worden war. Eine Herr-schaft mußte „sich [daher] von der Befugnis [des Gesindes], den Dienst einzu-gehen, überzeugen"; hatte man dies versäumt, war dem „Einspruch desjeni-gen, welchem ein Recht über die Person [...] zusteht", stattzugeben. – Aber nicht nur aufgrund der erwähnten Gesindeordnung von 1844 wäre die Witwe Hahlen im Unrecht gewesen: Innerhalb des Friedensgerichtsbezirks Uerdin-gen nämlich gab es einen vom „Bürgermeister von Lank, Langst und Strümp" unterzeichneten „Ortsgebrauch" vom Jahre 1834, wonach „der Vermietungs-kontrakt der Dienstboten, welcher früher als drei Monate vor Anfang des Dienst-jahres vor sich gegangen, insofern ungültig [ist], daß es bis dahin dem Vermie-teten freisteht, durch Zurückbringung des erhaltenen Mietpfennigs [...] von dem Kontrakte abzugehen." (StadtA Meerbusch, Lank I 794)

Inwieweit die von den Knechten und Mägden angeführten Begründungen zur Rückgabe des Mietgeldes der Wahrheit entsprachen, läßt sich heute nicht mehr beurteilen. Im Laufe der Jahre werden sich die zum Erfolg führenden Ausreden möglicherweise herumgesprochen haben, so daß manche immer wieder auftauchen. Das ist verständlich, da es unter den Herrschaften ja auch immer wieder solche gab, die für die Probleme des Gesindes wenig Mitgefühl aufbrachten. Um so bemerkenswerter mag da die Redlichkeit des 29jährigen „Arbeitsknechtes" Heinrich Lehnen erscheinen, der sich im April 1866 nach einem Wortwechsel mit seiner Dienstherrin, der Witwe Ploenes in Osterath, für die Zeit ab „Lichtmeß" 1867 bei Jacob Spennes in Strümp verdingt und von diesem 2 Taler Mietgeld erhalten hatte. Nachdem er Anfang Februar nicht in Strümp erschienen war, erstatte die Witwe des inzwischen offensichtlich verstorbenen Jacob Anzeige beim Lanker Bürgermeister. Dieser setzte sich ins Benehmen mit seinem Osterather Kollegen Cames, dem Heinrich Lehnen zu Protokoll gab, daß er sich im nachhinein wieder „mit Ploenes gut finden konnte" und deshalb auch dort bleiben wolle; der Witwe Spennes werde er das Mietgeld zurückerstatten und sich mit ihr „einigen und abzufinden suchen". Da die Akten keinen weiteren Eintrag enthalten, ist anzunehmen, daß es die Witwe Spennes dabei bewenden ließ.

Daß die auf bloßen Handschlag erfolgte Auszahlung des Handgeldes zu mancherlei Gaunereien verleitete, läßt sich denken, zumal das Gesinde zusehends mobiler wurde. So benutzte man hin und wieder falsche Namen, was dazu führen konnte, daß die wirklichen Namensträger sich gegen ungerechtfertigte Anschuldigungen verteidigen mußten, oder man gab Allerweltsnamen wie etwa Schmitz an, so daß die Suche nach solchen Personen meist erfolglos blieb. Das Ausmaß des Mißbrauchs belegt anschaulich die Beschwerde eines Dienstherrn aus Mönchengladbach. Dieser beklagte im Jahre 1869 beim Lanker Bürgermeister von Bönninghausen, daß er einer gewissen Johanna Elsmann aus Lank 1 Taler Mietgeld ausgezahlt habe, diese aber nicht zur Arbeit erschienen sei. Vielmehr habe sie sich, seinen Recherchen zufolge, auf fünf weiteren Stellen Mietgeld erschlichen, ihre Arbeit aber nun in einer Fabrik aufgenommen. Angesichts dieser Schilderung konnte von Bönninghausen nur lapidar feststellen: „Dieselbe [Elsmann] ist übrigens ein liederliches Frauenzimmer."

Allerdings ist zu fragen, ob nicht der Mangel an Dienstpersonal manchen Dienstherrn oder Gesindemakler bewog, allzu schnell Verträge abzuschließen, die sich bei genauerem Hinsehen als nicht angebracht erwiesen. So beklagte im Jahre 1877 der Ackerer Enger aus Ilverich, daß die ihm von der Linner Maklerin vermittelte Magd Josepha Brillen „einfach das Handgeld zurückgegeben" habe, anstatt ihren Dienst verabredungsgemäß am 11. April anzutreten. Der vom

Lanker Bürgermeister Kemper um Amtshilfe gebetene Bürgermeister von Linn teilte seinem Kollegen jedoch mit, daß laut Attest des Uerdinger Arztes Dr. Eulencamp vom 1. Mai 1877 die 22jährige Magd im Januar an „Bluthusten" gelitten habe, der „die Folge eines Lungenleidens sei" und „demzufolge" Josepha „keine schweren Arbeiten, wie sie von einer Kuhmagd verlangt werden, ohne Schaden für ihre Gesundheit verrichten" könne.

*

Das Gesinde durfte seinerseits den Dienst beenden, wenn es durch Mißhandlungen in „Gefahr des Lebens oder der Gesundheit versetzt" worden war oder wenn es „mit ausschweifender und ungewöhnlicher Härte behandelt" wurde. Kündigungsgründe waren auch die Vorenthaltung des Lohns, öffentliche Beschimpfung durch die Herrschaft oder Heirat im Falle der Gründung „einer eigenen Wirtschaft". – Daß sich vor allem die erstgenannten Sachverhalte im konkreten Fall schwer nachweisen ließen, liegt auf der Hand. Im Jahre 1866 beklagte die Witwe des Ackerers Johann Bremes aus Ilverich gegenüber dem Lanker Bürgermeister von Bönninghausen, daß sich ihre Dienstmagd Catharina Bückmann aus Oppum „ohne jegliche Veranlassung" aus dem „Gesindedienst bei mir" entfernt habe und sich vermutlich bei ihrem Stiefvater in Oppum aufhalte, der „gerade dem Spritzenhause gegenüber" wohne. Im Zuge der polizeilichen Ermittlungen schrieb die Mutter der Magd, Catharina Rölsges, eigenhändig folgenden Brief: Wenn sie läse, daß ihre Tochter Catharina „ohne Ursache ihren Dienst sollte verlassen haben", so habe sie ihre Zweifel und glaube, daß Catharina „eine vollkommene gegründete Ursache hatte, nämlich wegen Mißhandlung in der Arbeit und in Worten und Schimpfworten"; die Witwe Bremes habe „des Morgens um 4 Uhr" so laut „Sauaßt" gerufen, so daß es die „Nachbarsleute auf dem Bette gehört hatten". „Ich denke, so wie für einen Dienstherrn Gesetz und Recht ist, so ist für eine Dienstmagd auch Recht." – Gemäß der rheinischen Gesindeordnung von 1844 war für Catharina die Rechtslage insofern schwierig, als sie die angeblichen Mißhandlungen hätte nachweisen müssen und Beschimpfungen nur dann zu einer regulären – nicht fristlosen – Kündigung berechtigt hätten, wenn sie „öffentlich" gewesen wären. Ob dieser Sachverhalt im Falle der Catharina Bückmann gegeben war, die von der Mutter zitierten „Nachbarsleute" derartiges aber nicht bestätigen wollten, sei dahingestellt. Tatsache ist, daß die Magd, wie von Bürgermeister von Bönninghausen gefordert, in den Dienst bei Witwe Bremes zurückkehrte. (StadtA Meerbusch, Lank I 982)

Schon besser mit den Gesetzen umzugehen wußte dagegen im August 1875 die Magd Maria Wesendonk, die bei Gutsbesitzer Johann Theodor Schmitz in Ilverich diente. Nachdem sie von ihrer „Dienstherrin", der „Ehefrau Schmitz

[…] mit der Faust ins Gesicht" geschlagen worden war, „ohne hierzu Anlaß" gegeben zu haben, setzte sie (die Magd) Bürgermeister von Bönninghausen über diese Mißhandlung in Kenntnis und benannte als Zeugin die Köchin Helena Esters. Der Bürgermeister belehrte Maria, daß sie aufgrund dieses Vorfalls berechtigt sei, ihr Dienstverhältnis mit sechswöchiger Frist zu kündigen, was diese auch tat. Obwohl nach Marias Aussagen ihr Dienstherr damit einverstanden gewesen war, erschien dieser nach Beendigung des Arbeitsverhältnisses im September auf dem Bürgermeisteramt und meldete, daß sich seine Magd „ohne jegliche Veranlassung [vom Hof] entfernt" habe. Es versteht sich, daß die Magd nicht zurückkehren mußte. Bemerkenswert ist aber, daß von Bönninghausens Unterlagen nicht erkennen lassen, daß er es war, der Maria Wesendonk zur Kündigung geraten hatte; dies erfahren wir erst aus dem Vernehmungsprotokoll des Bürgermeisters der Gemeinde Rees, der die angeblich entlaufene Magd Wesendonk im Auftrag der Bürgermeisterei Lank vernommen hatte.

Daß der Lanker Bürgermeister von Bönninghausen offenbar nicht gerne den bessergestellten Landwirten seiner Gemeinde entgegentrat, sondern sich statt dessen lieber mit Amtskollegen um die in der Gesindeordnung vorgesehenen Kündigungsmöglichkeiten stritt, zeigt folgende Auseinandersetzung zwischen der Magd Maria Heck und ihrem Dienstherrn August Münker aus Ilverich aus dem Jahre 1859. Als Münker sich weigerte, das der Magd gehörende Gesindebuch und Lohn herauszugeben, versuchte Bürgermeister Breuer von Blatzheim, der Magd Heck zu helfen. Den Angaben von Bürgermeister Breuer zufolge war die Magd keineswegs „heimlich" unter Mitnahme ihrer „Effekten" gegangen, vielmehr hatte sie zuvor mit sechswöchiger Frist gekündigt und somit Anspruch auf die Aushändigung des Gesindebuchs und Geldes. (Die Kündigungsfristen bestimmten sich bei längeren Mietverträgen nach dem, was „ortsüblich" war, oder bezogen sich nach der Gesindeordnung für die Rheinprovinz auf das Ende des „laufenden Vierteljahrs".) Dagegen erkannte von Bönninghausen keinerlei Gründe an, die die Magd berechtigt hätten, das Dienstverhältnis nach dem hier seiner Meinung nach anzuwendenden Paragraphen 35 der Gesindeordnung zu kündigen; sollte die Magd Heck ihren Dienst bei Münker nicht wieder sofort antreten, so müsse dieser, wie von Bönninghausen darlegte, „seine Rechte gerichtlich geltend machen". Dem widersprach Breuer; hier treffe nicht § 35, vielmehr „der Schlußpassus des § 33" zu, wonach die Magd befugt gewesen sei, ihren Dienstherrn zu verlassen, weil dieser „in diesem Jahr […] eine Magd weniger als im Vorjahr gehalten hat und sie [Heck] danach die Arbeit für zwei Mägde tun sollte". Von Bönninghausen erwiderte, daß die von der Magd angeführten Aspekte „keineswegs mit den in dem § 33 der Gesindeordnung bezeichneten Gründen vereinbarlich" seien und von daher „nicht anders als gerichtlich gegen die genannte Heck verfahren werden" könne. Ob das Gericht angerufen und wie der Fall beigelegt wurde, entzieht sich unserer Kenntnis. Hier ging es ähnlich wie im Fall der Elisabeth Inger (s. unten S. 207 f.) um das schwer einzuschätzende Maß der möglichen Überforderung, also um eine Ermessenssache.

Den Gesindeakten zufolge führten zur vorzeitigen Beendigung des Dienstverhältnisses nicht nur die Streitigkeiten und Handgreiflichkeiten zwischen Herrschaft und Dienstboten, sondern auch solche unter dem Gesinde selbst. So war im Jahre 1850 der Ackerknecht Peter Gather aus Oberkassel dem Ackerer Heinrich Münks auf Gripswald in Ossum mit dem von Münks ausbezahlten Taler Mietgeld und dem bis dahin verdienten Lohn entlaufen, obwohl sich dieser – offensichtlich minderjährige – Knecht bereits zum zweiten Mal mit Einwilligung seiner Eltern bei Münks zunächst als Acker-, später als Pferdeknecht verdingt hatte. Die Anzeige, mit der der Lanker Bürgermeister Buscher seinen Büdericher Kollegen Nilges um Amtshilfe bat, lautete demzufolge nicht nur auf Verstoß gegen die Gesindeordnung von 1844, sondern auch auf „Prellerei". Gather wurde daraufhin dem Feldhüter von Büderich vorgeführt, wo er aussagte, daß der „bei gen. Münks wohnende Baumeister" (ein Groß- bzw. Pferdeknecht) ihn „mehrmals mißhandelt" habe. Da Ackerer Münks vortrug, derlei Klagen und „Unzufriedenheiten" bislang nicht gehört zu haben, befand Bürgermeister Buscher, daß die Anschuldigungen Gathers einseitig seien und nicht zum Weglaufen berechtigten, „zumal diese Angabe durch nichts erwiesen ist; wäre" dies auch „wirklich der Fall gewesen, so hätte dem Gather der Weg der Klage bei der Zuchtpolizeikammer offengestanden". Gather durfte nach Buschers Rechtsauffassung, die sich auf die erwähnte Gesindeordnung stützte, schon „deshalb [nicht] willkürlich den Dienst verlassen [...], weil die angebliche Mißhandlung nicht von der Herrschaft selbst, sondern von einem der Mitknechte verübt sein soll". (StadtA Meerbusch, Lank I 982)

*

Über die im vorigen genannten Anlässe hinaus entzündeten sich Konflikte zwischen Herrschaft und Gesinde im Grunde in allen Bereichen der in vielen Teilen unzureichend geregelten Dienstverhältnisse. In diesem Zusammenhang sei ausdrücklich auf das Kapitel „Kleidung, Kost, Unterkunft" verwiesen. Auch in den anderen Abschnitten dieses Aufsatzes kommen – mehr oder weniger sporadisch – mancherlei Streitigkeiten zur Sprache.

Exkurs: Gutsverwalter Friedrich Mauritz vom Groß-Isselhof in Ilverich

Besonders hart waren die Zwangsmöglichkeiten gegen das Gesinde, das entlaufen war oder den Dienstantritt verweigerte. Solche Dienstboten konnten „durch Zwangsmittel" zur Erfüllung des Dienstes angehalten werden. Vorgesehen waren Geldstrafen; über weitere zu Gebote stehende Maßnahmen entschied die Polizeibehörde. Nach Ausweis der Meerbuscher Gesindeakten strebten die Bürgermeister der drei ehemaligen Gemeinden Büderich, Osterath und des Amtes Lank im großen und ganzen gütliche Einigungen an und versuchten zu erreichen, daß viele Knechte und Mägde freiwillig in ihren Dienst zurückkehrten. Es gab in unserer Gegend allerdings Herrschaften, die die ihnen zu Gebote stehenden Zwangsmittel nicht nur androhten, sondern auch voll ausschöpften. Einer von ihnen war der Gutsverwalter Friedrich Mauritz vom Groß-Isselhof in Ilverich. Er hatte – eigenen Angaben zufolge – im Dezember 1856 die Magd Elisabeth Inger, Tochter des Wegewärters Andreas Inger aus Osterath, von ihren Eltern für 25 Taler einschließlich Handgeld für ein Jahr gemietet und vom Jahreslohn 5 Taler Vorschuß an die Eltern ausgezahlt. Nach ungefähr sechs Wochen Dienstzeit entlief Elisabeth „heimlich", kehrte am nächsten Tag aber – ohne sich zu entschuldigen – zurück. Eine Woche später verließ sie „zum zweiten Mal ohne alle Ursache heimlich den Dienst". Nach zwei Tagen erschien die Mutter, legte 1 Taler 10 Silbergroschen auf Mauritz' Tisch und erklärte, daß ihre Tochter nicht zurückkehren wolle. Mauritz forderte jedoch die Rückkehr der Tochter, widrigenfalls er ein Verfahren gegen Tochter und Eltern einzuleiten gedachte. Bürgermeister Buscher von Lank ließ daraufhin Elisabeths Eltern über seinen Osterather Amtskollegen Cames mitteilen, daß die Tochter, wenn sie nicht binnen eines Tages freiwillig zurückkehre, notfalls gegen ihren Willen zurückgebracht werde. (Die durch Zwangsrückführung anfallenden Verwaltungskosten wurden übrigens dem Dienstherrn in Rechnung gestellt und konnten anschließend vom Lohn des Gesindes einbehalten werden.)

Vor Bürgermeister Cames gab nunmehr der Vater der Magd zu Protokoll, seine Tochter einmal zurückgebracht, aber Mauritz nicht angetroffen zu haben; er könne „aber nicht jeden Tag dort hingehen, weil er als Tagelöhner seinem Verdienst nachgehen müsse"; er wolle es noch einmal versuchen. Da Elisabeth dennoch nicht auf dem Groß-Isselhof erschien, forderte Mauritz nun vom Bürgermeister Klageerhebung und polizeiliche Bestrafung der Magd wegen Entlaufens und „verübter Prellerei". Im Zuge der deswegen anberaumten Verhandlung gaben Vater und Tochter vor Bürgermeister Cames folgendes zu Protokoll: Elisabeth sei 17 Jahre alt und als „Untermagd" vermietet; die Eltern hätten bei der Einstellung bereits „die Befürchtung" geäußert, „daß [...] der Dienst gewiß zu schwer sein würde", besonders „das Melken so vieler Kühe"; Elisabeth habe dreimal täglich 10 Stück Rindvieh melken müssen, was eine Lähmung in ihren Armen zur Folge hatte, die mit jedem Tag schlimmer wurde; sie habe den Dienst heimlich verlassen, weil sie befürchtete, Mauritz werde sie nicht freiwillig gehen lassen. Bei der Rückkehr habe sich Mauritz dahingehend mit dem Vater verständigt, daß Elisabeth nochmals eine Woche kommen solle, bis eine Ersatzmagd gefunden sei; nach Verstreichen dieser Woche sei Elisabeth deshalb wieder nach Hause zurückgekehrt; als ihr Vater sie wiederum zurückgebracht habe, sei bereits eine Ersatzmagd auf dem Hof gewesen; da Mauritz nicht anwesend war, habe der Vater keine förmliche Dienstentlassung mit ihm besprechen können. Die Eltern hätten daraufhin den Lohn verrechnet und das restliche Geld zurückgegeben „in der Meinung, daß nun alles gut sei".

Am 11. März 1857 entschied Bürgermeister Buscher, sein Kollege Cames solle die Magd Elisabeth Inger „hierher [nach Lank] transportieren [...] lassen, um dieselbe zwangsweise in ihren verlassenen Dienst [...] einfahren zu lassen"; für eine Klage auf „Prellerei" scheine allerdings kein Grund vorzuliegen. Die Magd wurde in der Tat am 13. März durch den Osterather Polizeidiener zwangsweise zu Mauritz zurückgebracht. (StadtA Meerbusch, Lank I 982) – Es bleibt zu fragen, warum der Lanker Bürgermeister Buscher den Ausführungen des Vaters hinsichtlich des Geldes Glauben schenkte, bezüglich der Arbeitsüberforderung der jungen Magd aber kein Einsehen zeigte, war doch das Melken vieler Tiere – wie etwa der Uerdinger Arzt Dr. Eulencamp 1877 in einem anderen Fall bescheinigte (s. oben S. 204) und Willi Münks es in seinen Erinnerungen zum Ausdruck brachte – bekanntermaßen „harte Knochenarbeit".

Mehr als Anwalt des Gutsverwalters denn als Hüter von Recht und Gesetz zeigte sich gar der Nachfolger Buschers im Amt des Bürgermeisters (und spätere Landrat von Kempen), Rudolph von Bönninghausen. Um dem Dienstherrn Mauritz zu einer jungen Magd zu verhelfen und damit dessen möglicherweise gefürchteten Attacken aus dem Wege zu gehen, nahm er 1864 sogar eine spitzfindige, von der Rechtslage her zweifelhafte Kontroverse mit seinem Büdericher Kollegen Schmitt auf: Die minderjährige Louise König sollte nach dem Willen ihres Vaters den Dienst bei Mauritz zum „Gesindewechseltermin" 1. Oktober beenden, da er sie anschließend bei Witwe Carl Clasen in Büderich vermietet hatte. Aus der Tatsache allerdings, daß Louise erst am 2. Oktober den Groß-Isselhof verlassen hatte, wollten Mauritz und von Bönninghausen eine „stillschweigende" Verlängerung des Dienstverhältnisses ableiten. Folglich weigerte sich Mauritz, der Magd, wie vom Büdericher Bürgermeister gefordert, den verdienten Lohn auszuzahlen. Von Bönninghausen hatte eine entsprechende Aufforderung des Büdericher Bürgermeisters vom 12. Oktober zwar an Mauritz weitergeleitet, aber offenbar nicht nachhaltig unterstützt. Mit Antwortbrief vom 18. Oktober argumentierte er vielmehr, daß Louise dadurch, daß sie der Hof nicht am 1. Oktober verlassen, vielmehr bis zum 2. Oktober dort geblieben sei, ein neues Dienstverhältnis angetreten habe; folglich hätte sie Mauritz nurmehr verlassen können, „wenn ihr die in der Gesindeordnung vermerkten gesetzlichen Gründe zur Seite standen". Der – leider nicht vorliegende – Brief des Vaters, aufgrund dessen Bürgermeister Schmitt diese Angelegenheit in die Hand genommen hatte, komme zu spät, weil er erst „vom 10. Oktober" datiere, und „dürfte also hierauf [gemeint ist das Dienstverhältnis] von keinem Einfluß sein". Im übrigen machte von Bönninghausen darauf aufmerksam, daß Louise sich in Lank noch nicht abgemeldet habe, folglich ohne Legitimation in Büderich aufhalte.

Mit Schreiben vom 22. Oktober entgegnete Bürgermeister Schmitt, daß er Bönninghausens „Ansicht [...] nicht teilen kann. Hier [in Büderich] sowohl wie auch in Lank treten die aufs Jahr gemieteten Dienstboten in geringster Zahl gerade am 1. Oktober aus, die meisten vollziehen den Wechsel am 2., 3. bis 8. Oktober. Eine Verlängerung des Mietvertrages gen. König ist aber um so weniger anzunehmen, als der Vater derselben ihren Dienst bei Mauritz [...] wiederholt gekündigt hat, und zwar lange vor der Zeit des Wechsels." Bürgermeister Schmitt fährt fort: „Im Interesse der armen Dienstmagd [dürfte es] sehr zu wünschen sein, die Abrechnung auf gütlichem Wege zu bewirken, und kann ich [Schmitt] um Ihre [von Bönninghausens] Vermittlung nur meinerseits ergebenst ersuchen." Von Bönninghausen notierte mit Vermerk vom 25. Oktober, „Mauritz Kenntnis von Gegenwärtigem gegeben" zu haben, schrieb aber weiter, daß Louise König, „da sie noch minderjährig ist, auch keine Abrechnung halten noch Gelder in Empfang nehmen" könne. Damit war der Vater gezwungen, das Geld persönlich auf dem Groß-Isselhof abzuholen, was er mit gutem Grund als Demütigung empfinden mochte. (StadtA Meerbusch, Büderich I 247)

Mauritz selbst legte am 19. Oktober beim Neusser Landrat Seul, dem Dienstherrn des Büdericher Bürgermeisters, „Beschwerde [...] gegen das Bürgermeisteramt zu Büderich [...] wegen Nichtzurückführung der Magd Louise König" ein. Mit Schreiben vom 25. Oktober mußte sich Bürgermeister Schmitt gegen diese Dienstaufsichtsbeschwerde verteidigen. In seiner Rechtfertigung räumt der Bürgermeister gegenüber dem Landrat durchaus ein, daß sich die Magd Louise – wohl aufgrund des Verbleibens bis zum 2. Oktober – „allerdings bei Mauritz wieder vermietet" habe. Da sie aber minderjährig sei, hätte dieser Vertrag nur Gültigkeit erlangt, wenn er von Louises Vater genehmigt worden wäre. Da dies nicht zutreffe, sei der Vertrag gemäß den Paragraphen 3-5 der Gesindeordnung ungültig, und deshalb habe er (Schmitt) die „Requisition" des Bürgermeisteramtes Lank auf Rückführung der Magd „nicht ausgeführt"; im übrigen habe der Vater der Magd den Dienst seiner Tochter bei Mauritz „wiederholt gekündigt" und dann erst seine Zustimmung zu dem Mietvertrag bei Witwe Clasen erteilt. „Wiederholt" habe auch er (Schmitt) „das Bürgermeisteramt zu Lank ersucht, Mauritz zu veranlassen, die Abrechnung mit der König vorzunehmen." Besorgt schreibt Schmitt weiter: „Verweigert gen. Mauritz die Abrechnung auch fernerhin, so wird der armen Dienstmagd nichts anderes übrig bleiben, als den gesetzlichen Weg zu beschreiten." Landrat Seul wies Mauritz' Beschwerde mit Schreiben vom 29. Oktober als unbegründet zurück und stellte sich vor Bürgermeister Schmitt, indem er dessen Verhalten als „vollständig gerechtfertigt" verteidigte. – Der Fall spricht für sich und läßt die Schilderungen der Eheleute Inger in um so glaubwürdigerem Licht erscheinen. (StadtA Meerbusch, Büderich I 247)

Ein Jahr später (1865) erfahren wir aus den Akten, daß der Knecht Heinrich Mevissen aus Westrick (früher Bürgermeisterei Keyenberg, heute Stadt Erkelenz) lieber ins Gefängnis ging, als seinen Dienstvertrag bei Mauritz zu erfüllen: Mevissen hatte sich bei Mauritz für ein Jahr verdungen, einen Taler Mietgeld erhalten, seinen Dienst aber dann nicht angetreten. Erkundigungen Mauritz' hatten ergeben, daß Mevissen zuvor beim Osterather Bürgermeister Cames tätig gewesen war, die dortige Stelle zwar auch ohne Abmeldung verlassen hatte, deshalb von Cames aber offensichtlich nicht belangt worden war; vermutlich nahm der Bürgermeister Rücksicht darauf, daß Mevissen wieder in seine Heimat wollte. Eben dort, nämlich auf einem Bauernhof in Herrath (Stadt Erkelenz), konnte der Lanker Bürgermeister von Bönninghausen den Knecht im Auftrag des Verwalters Mauritz ausfindig machen. Laut Verhandlungsprotokoll vom 1. Dezember 1865 vor dem für Herrath zuständigen Bürgermeister von Wickrath gab Mevissen zu erkennen, daß er nicht gewillt war, die Arbeit in Ilverich aufzunehmen. Daraufhin beantragte Mauritz Mevissens Bestrafung nach § 16 der Gesindeordnung (von 1844), die für diesen Fall eine Polizeistrafe von 1-5 Talern, ersatzweise 3 Tage Gefängnis, vorsah. Da Mevissen der vom Wickrather Bürgermeister „auf Antrag der Herrschaft" ausgestellten „Aufforderung" nicht nachkam, „den fraglichen Dienst [...] längstens binnen 96 Stunden anzutreten", beantragte von Bönninghausen bei seinem Wickrather Kollegen im Namen des Verwalters Friedrich Mauritz, „die Strafe an dem Renitenten vollstrecken lassen zu wollen". Mevissen weigerte sich, das Bußgeld zu bezahlen, und mußte, da er auch „keine pfändbaren Gegenstände" besaß, die Strafe vom 22.-24. Januar 1866 im Gefängnis absitzen. Obwohl Mevissen bereits bei früherer Gelegenheit bekundet hatte, das noch ausstehende Mietgeld zurückgeben zu wollen (und dies auch nachweislich getan hat), wurde er deshalb zusätzlich von Mauritz gerichtlich verfolgt. (StadtA Meerbusch, Lank I 982)

Krankheit, Schwangerschaft, Heirat

Nicht unerheblicher sozialer Konfliktstoff ergab sich aus der Behandlung erkrankter Dienstboten. Auch wenn sich, wie die noch lebende Tochter eines ehemaligen Strümper Gutsherrn heute beteuert, „die Herrschaften für die Kranken einsetzten", „für die Wöchnerinnen [kochten]" und „um ihr Personal kümmerten", so haben es – zumindest im 19. Jahrhundert – nicht alle Dienstherren so gehalten. § 26 der Gesindeordnung für die Rheinprovinz sah vor, daß die Dienstherren ihren erkrankten Dienstboten mindestens vier Wochen lang „unentgeltliche Verpflegung" und vollen Lohn oder, falls „in dem Orte […] vorhanden, [die] Unterbringung […] in […] Krankenanstalten" zu gewähren hatten; zog ein Dienstbote sich gar eine Krankheit durch Verschulden der Herrschaft zu, so bestimmte § 25, daß die Herrschaft über das Ende der Dienstzeit hinaus für Kur und Verpflegung sorgen mußte. Mit diesen beiden Paragraphen hatte die Gesindeordnung von 1844 eine Vielzahl von Bestimmungen der altpreußischen Gesindeordnung von 1810 außer Kraft gesetzt oder zumindest vereinfacht, vor allem die bis dahin „umständlichen Prüfungen des einzelnen Falles", die zu viel Verwirrung geführt hatten, durch bessere Regelungen ersetzt. Wenn sich dennoch viele Dienstboten im Krankheitsfalle nach Hause zu ihren Eltern begaben, so vielleicht deshalb, weil die Herrschaften oftmals den Krankheiten ihres Personals nicht mit dem angemessenen Verständnis und der gebührenden Sorgfalt begegneten. Dies zeigt etwa der Fall der Magd Maria Elisabeth Hubertine (Huberta) Beckers: Deren Arbeitgeber, der Ackerer Joseph Ilbertz aus Strümp, beantragte am 20. November 1862 bei Bürgermeister von Bönninghausen die polizeiliche Suche und Rückführung jener Elisabeth Hubertine, die sich, 20 Jahre alt und aus Höngen bei Heinsberg stammend, „ohne alle Veranlassung heimlich" aus seinem Dienst entfernt habe, den sie erst am 1. Oktober für ein Jahr angetreten hatte; sie solle sich dem Vernehmen nach – so Ilbertz weiter – bei einem in (Düsseldorf-)Derendorf beschäftigten „Ziegler" aufhalten. Von Bönninghausen legte den Vorgang zu den Akten, nachdem seine Nachforschungen zum einen ergeben hatten, daß der erwähnte „Ziegler" der Bruder Elisabeth Hubertines war; zum anderen war ihm über den Oberbürgermeister der Stadt Düsseldorf ein Attest des Arztes Dr. Küster übersandt worden, wonach Elisabeth Hubertine Becker „wegen Frostbeulen an der rechten Hand, die in Eiterung überzugehen drohen, ihren Dienst als Magd nicht versehen [kann], was" der Arzt „der Wahrheit und Pflicht gemäß" bescheinigt hatte. (StadtA Meerbusch, Lank I 982)

Auch der Ackerer Heinrich Löcker aus Strümp gab beim Lanker Bürgermeister zu Protokoll, seine Magd Theresia Maassen, die bis zum 10. Oktober 1867 „bei mir vermietet ist", habe am 5. Dezember 1866 ihren Dienst „ohne alle Veranlassung" verlassen und sich am 8. Dezember krank und arbeitsunfähig gemeldet. Löcker wollte jedoch erfahren haben, daß sich seine Magd vollkommen gesund bei ihren Eltern in Kaldenhausen aufhalte, und beantragte die polizeiliche Rückführung. Die vom Lanker Bürgermeister über seinen Kollegen der zuständigen Bürgermeisterei Friemersheim angestellten Nachforschungen ergaben jedoch, daß gemäß vorliegendem Attest eines Arztes Dr. Horst die Magd Theresia Maassen „noch fortwährend krank" und „noch nicht im Stande" sei, ihren Dienst anzutreten. (StadtA Meerbusch, Lank I 982)

Daß gelegentlich die Auffassungen über den Gesundheitszustand von Untergebenen nicht nur zwischen Arbeitgeber und Arbeitnehmer, sondern auch innerhalb der Ärzteschaft auseinandergingen, zeigt folgende Begebenheit aus dem Jahre 1878: Damals forderte der Bürgermeister von Bockum (Stadt Krefeld) im Auftrag des Gastwirts Schüten seinen Lanker Kollegen Kemper auf, die in seiner Gemeinde lebende Dienstmagd Wilhelmine Geisbusch, die Tochter des Lanker Schreiners, unter Strafandrohung in Schütens Dienst zurückzuschikken. Bürgermeister Kemper sah sich statt dessen veranlaßt mitzuteilen, daß Wilhelmine an „Bleichsucht" leide und der Kaiserswerther Arzt Dr. Hinze ihr „einstweilen die Verrichtung jeglicher Arbeit untersagt" habe; erst nach acht Tagen sei abschätzbar, wann die Magd ihre Arbeit wieder aufnehmen könne. Dazu nahm der Bürgermeister von Bockum auf folgende Weise Stellung: Der Uerdinger Arzt Dr. Eulencamp, „welcher als Hausarzt der gen. Schüten die gen. Geisbusch auch einmal behandelt hat", habe diagnostiziert, daß Wilhelmine nur „in geringem Grade" an Bleichsucht gelitten habe; ihr seien leichte Arbeiten, zu denen sie bei Schüten auch nur angehalten werde, „als vorteilhaft für ihren Zustand empfohlen" worden. Die Geisbusch sei, wie der Bockumer Bürgermeister argwöhnisch zum Ausdruck brachte, mit ihrem Vater bei Dr. Eulencamp gewesen, um arbeitsunfähig geschrieben zu werden; als dieser jenes Ansinnen abgelehnt habe, sei der Vater „ungezogen" gegen Dr. Eulencamp geworden; trotz Verbot der Herrschaft (Schüten) habe sich Wilhelmine daraufhin vom Dienst entfernt und ebenfalls „ungeziemend benommen". Der Bockumer Bürgermeister bot sich selbst als Zeuge dafür an, daß Wilhelmine bei Gastwirt Schüten „wie ein Kind des Hauses behandelt worden" sei und ordentliche Verpflegung, Wein etc. erhalten habe. Er ließ schließlich seinen Lanker Amtsbruder wissen, daß Gastwirt Schüten inzwischen von weiteren Schritten

Abb. 47: Wimmershof in Nierst (v.l.n.r.: Knecht Peter (?) Steuten, Bauersleute Joseph und Karl Daniels), um 1920

Abb. 48: Karl Davids in Husaren-uniform, um 1906. Davids (*1882) war vor 1900 Knecht auf dem Wimmershof.

Abb. 49: Dienstmädchen Helene Beeser, geb. Hermes (Mutter von Magdalene Stimmes), im städtischen Haushalt mit ihrer Herrin, 1919

Abb. 50: Wohnhaus mit ehemaliger Schmiede (Anbau) der Witwe Hubert Hahlen, Gertrud geb. Hösten, in Nierst, vor 1911 (Gemälde von Rudolf Lippold)

Abb. 51: Alter Hof der Familie Grotenburg in Nierst (in der Tür: Frau Grotenburg, rechts: Dienstmädchen Maria Paas, links: Pferdejunge), um 1925. Der Hof ist 1931 abgebrannt.

Abb. 52: Getreideernte auf dem Radmacher-Hof (gen. „Mösche") in Latum (in der Mitte: Lenchen, Heinrich und Balthasar Radmacher mit Erntehelfern), um 1935

Abb. 53: Ehem. Landarbeiterhaus vom Werthhof in Nierst, sog. „Neues Haus", um 1920

Abb. 54: Brockhof (Merzenich) in der Issel mit Bauer Rösges, Ehefrau, Kindern und Gesinde, vor 1930

Abb. 55: Anton Brücker mit Horn, der letzte Ilvericher Kuhhirt, um 1939

Abb. 56: „Plumps-Klo" auf dem Levenhof in Ilverich, 1976

216

Abb. 57: Seisthof in Nierst, um 1955

Abb. 58: Leute vom Seisthof beim Flachsbinden im „Zirk" (v.l.n.r.: Minchen Hückels, geb. Lambertz, Lisa Lambertz, geb. Mys, Mätthes Lambertz, Hannes Langel, kniend: Clemens N. N.), vor 1939

217

gegen die Magd absehe, auch auf ihre Rückkehr verzichte, sich aber eine Klage auf Schadensersatz vorbehalte. Über den Ausgang dieser Angelegenheit sind wir nicht unterrichtet.

Ein Grund zur Entlassung aus dem Dienstverhältnis war einigen Gesindeordnungen gemäß die Schwangerschaft einer Magd. Allerdings sollte das Arbeitsverhältnis „nicht eher" beendet werden, als von seiten der „Obrigkeit [...] die gesetzmäßigen Anstalten zur Verhütung alles Unglücks getroffen werden". Damit war zwar „im Interesse der öffentlichen Armenpflege" das Schlimmste verhindert, jedoch im übrigen die schwangere Magd ihrem Schicksal anheimgegeben. Ihr drohte zumeist eine mehrjährige gerichtlich festzulegende Zuchthausstrafe; hinzu kamen sozialmoralische Sanktionen der Kirche, die gelegentlich den Eintrag in ein öffentliches „Bußbuch" wegen außerehelichen Geschlechtsverkehrs vornahm und obendrein beim Neugeborenen willkürlich den Namen des Tagesheiligen durchsetzte. – Die Berechtigung derartiger Sanktionen nimmt sich um so fragwürdiger aus, als nicht wenige Schwangerschaften die unmittelbare Folge von Verführungen durch die männliche Herrschaft waren. Auch in Lank scheint dies ein Problem gewesen zu sein. Das lassen für die erste Hälfte des 19. Jahrhunderts einige Aussagen in dem erwähnten Gesinde-Traktat des Pfarrers Mertens erkennen; so führt der Lanker Geistliche aus, daß diejenigen Dienstboten besonders zu bedauern seien, deren Herrschaft sie „nicht nur nicht zum Guten" anhält, sondern „sogar zum Bösen verführet. Unter allen Verführungen, derer sich die Herrschaften schuldig machen, ist keine so verderblich [...] und so häufig als die Verführung zur Wollust." Nur selten hätten die Dienstboten die Kraft, sich dem auf Dauer zu widersetzen. „Das einzige Mittel, sie zu retten, wäre, daß sie aus den Klauen dieser Wölfe gerissen würden, ehe die Verführung vollendet" sei. Allein, stellte der Pfarrer resignierend fest, derartiges erfahre man meist erst, wenn es zu spät sei. (Dohms, Pfarrer Mertens, S. 122 f.)

Wenn auch in den Gesindeakten für das ehemalige Amt Lank – im Gegensatz zu den Büdericher und Osterather Unterlagen – keine sexuellen Belästigungen von Dienstherren gegenüber jungen Mägden erwähnt werden, so bedeutet dies nicht zwangsläufig, daß es Vorkommnisse dieser Art nicht gegeben hat. Daß in der Tat die im Amt Lank beheimateten Dienstherren und Bauern gelegentlich ihre Mägde schwängerten, belegt auch die Tatsache, daß derartiges nach Auskunft lebender Personen geradezu in eine allseits bekannte Redewendung gekleidet wurde, die besonders für Kinderohren unverdächtig war; sie lautete: „Der Bauer N. N. hat ein Reh geschossen". – Für die Jahre 1879-1902 sind im Amt Lank immerhin 90 ledige Mütter registriert, von denen etwa 40 ausdrücklich als Dienstmägde bezeichnet werden. Es hat den Anschein, daß zumindest einige Mütter, die ein uneheliches Kind zur Welt gebracht hatten, ihren sozialen Stand nicht halten konnten; so werden in den Akten zwei Mägde, nachdem sie ein zweites und drittes uneheliches Kind geboren hatten, nurmehr noch als „Tagelöhnerin" bzw. „ohne Beruf" geführt. Während die schwangeren und ledigen Mägde – soweit angegeben 18 bis 34 Jahre alt waren, beliefen sich die Altersangaben <u>aller</u> ledigen Mütter auf 15 bis 37 Jahre. Inwieweit es sich bei den Vätern um Dienstherren handelt, wissen wir nicht. Daß deren Verhalten arg zu wünschen übrig ließ, machen die erwähnten Vorwürfe des Pfarrers Mertens allerdings wahrscheinlich. Die Vormünder der unehelichen Kinder waren meist die Großeltern, im Falle deren Todes auch sonstige Verwandte oder ganz selten der Dienstherr. Die Kinder erhielten vielfach die Vornamen der Großeltern; der erwähnte, in anderen Gegenden Deutschlands bezeugte Brauch, die Neugeborenen nach dem Tagesheiligen zu benennen, konnte für das Amt Lank nicht ermittelt werden.

Für den Fall einer ins Auge gefaßten Heirat sahen § 147 der preußischen sowie die §§ 17 und 35 der rheinischen Gesindeordnung das Recht auf vorzeitige Kündigung vor. Es sollte den Dienstboten die Chance der „Gründung einer eigenen Wirtschaft" ausdrücklich offenhalten und sicherstellen, daß keinesfalls „durch Aushaltung der Dienstzeit [diese] vorteilhafte Gelegenheit versäumt" werde. Angesichts des Mangels an Gesinde mochte allerdings mancher Dienstherr der Versuchung nicht widerstehen, sich auf juristische Formfehler zu berufen, wie folgende Beschwerde des Lanker Ackerers Franz Buscher zeigt: Am 7. August 1865 erstattete dieser Anzeige bei Bürgermeister von Bönninghausen gegen seine Dienstmagd Gertrud Frings aus Kalkum, die sich am 29. Juli „ohne Ursache" aus Lank entfernt habe und bei ihren Eltern aufhalte; sie wolle sich mit einem gewissen Franz Adam Niemeyer zu (Düsseldorf-)Rath verheiraten, habe ihren Dienst aber nicht rechtzeitig „vorher" gekündigt; dies habe zwar der Verlobte für sie getan, „der mir [!] indessen nichts angeht". Die Magd wurde polizeilich zur Rückkehr aufgefordert – die Fakten sprechen für sich. (StadtA Meerbusch, Lank I 982)

Juristisch im Irrtum befanden sich dagegen die Witwe des Ackerers Johann Bremes sowie ihr bei ihr lebender Bruder, Hermann Enger. Dieser zeigte im Jahre 1864 die Dienstmagd Elisabeth Kahlen aus Fischeln an, weil sie weder ihren Dienst wie vereinbart angetreten, noch ihren Mietpfennig zurückgezahlt habe. Enger gab zu Protokoll: „Wenngleich die Kahlen auch heiraten will, so müssen wir zumindest darauf antragen, daß selbige die gesetzliche Kündigungsfrist einhält und so lange Dienst tut." Der Fischelner Bürgermeister, dem sein Lanker Kollege von Bönninghausen die Ermittlungsakte übersandt hatte, gab das Handgeld auf dem Dienstweg zurück und teilte mit, daß Elisabeth Kahlen „sich bereits zur Eheverkündigung hier [in Fischeln] angemeldet" habe und im übrigen angebe, der Witwe Bremes den Mietpfennig „wiederholt angeboten [zu] haben". Witwe Bremes und Hermann Enger kannten offenbar den Paragraphen 17 der gen. Gesindeordnung nicht, wonach ein Dienstbote im Falle einer Heirat den Dienst nicht anzutreten brauchte, vielmehr „die Herrschaft sich mit Zurückgabe des Mietgeldes begnügen muß[te]". (StadtA Meerbusch, Lank I 982) – Die Haltung der Lanker Herrschaften schien sich mit der Rechtsauffassung eines – zum Glück für die Dienstboten so nicht realisierten – Entwurfes der rheinischen Gesindeordnung von 1844 zu decken; darin war formuliert, daß „eine Heirat keine so dringende Sache ist, daß um deswillen eingegangene Verträge gebrochen werden müssen".

Arbeit und Freizeit

Die vom Gesinde geforderten Dienstleistungen waren nicht spezifiziert, es hatte sich vielmehr der „häuslichen Ordnung, wie sie von der Herrschaft bestimmt wird, zu unterwerfen". Dem entsprach die Verpflichtung, auch außerhalb des Dienstes das Beste der Herrschaft zu fördern und Schaden abzuwenden. Das Gesinde war insofern nicht nur zu gewissen Leistungen während der unbegrenzten Arbeitszeit, sondern auch zu gewissen Verhaltensweisen und Einstellungen verpflichtet; letztlich war die Identifikation mit den Wünschen und Anliegen der Herrschaft seine gesetzliche Pflicht. Daß die solchermaßen festgeschriebenen Ansprüche die Herrschaften zu mancherlei Überforderung im Hinblick auf die zu bewältigende Arbeit geradezu verleiteten, läßt sich für das Amt Lank des öfteren nachweisen. (Vgl. oben S. 203 f., S. 205 f., S. 207 f., unten S. 229)

Die Dienstboten waren nicht nur von keiner Arbeit verschont, sie hatten ihre volle Arbeitskraft auch ohne tageszeitliche Beschränkung zur Verfügung zu stellen. Von Interesse ist hier die 1878 für Osterath, Willich und Anrath erlassene Gesindeordnung, die besonders kraß herausstellte, daß die Knechte und Mägde, falls erforderlich, über die üblicherweise geltenden Arbeitszeiten hinaus „die betreffende Arbeit, sei es bei Tag oder bei Nacht, zu der von der Dienstherrschaft vorgeschriebenen Zeit ausführen" mußten. Bereits 1836 hatte Pfarrer Mertens aus Lank – sicher nicht ohne Grund – ausdrücklich angemahnt, daß eine gute Herrschaft nicht Dinge in der Nacht zu tun wünsche, die am Tage hätten erledigt werden können. Daß dies auch später bisweilen noch mehr frommer Wunsch als gelebte Wirklichkeit war, zeigt das Verhalten eines um 1900 in Osterath lebenden Arztehepaares. Diesem liefen mehrfach die Dienstmädchen davon, weil sie, wie polizeilich protokolliert wurde, von morgens

5 Uhr bis Mitternacht, bisweilen auch bis 2 Uhr morgens arbeiten mußten oder gar nicht ins Bett kamen. (StadtA Meerbusch, Osterath I 349)

Die Dienstboten hatten ihre Dienste obendrein allen zur herrschaftlichen Familie gehörenden Personen und ihren Gästen zur Verfügung zu stellen. Dabei kam es gelegentlich in bürgerlichen Haushalten vor, daß die Teilnehmerinnen eines Kaffeekränzchens dem Hausmädchen als Dank für freundliche Bewirtung zum Abschied ein kleines Trinkgeld überreichten. Daß aber, wie es uns aus einem feinen Uerdinger Bürger-Haushalt noch für das Jahr 1938 überliefert ist, die Gastgeberin anschließend diesen Obulus selbst einkassierte, dürfte sicherlich nicht im Sinne der edlen Spenderinnen gewesen sein. – Bei Auseinandersetzungen über die Verteilung der Tätigkeiten entschied allein der Wille der Herrschaft. Ausschließlich dieser wurde „auf ihren Eid geglaubt", wenn es zu Streitigkeiten über Lohnhöhe, Zuwendungen und Abschlagszahlungen der Herrschaft kam. Umgekehrt wurde ein Rechtsanspruch auf die Gewährung der üblichen Geschenke ausdrücklich verneint.

Wenngleich die Gesindeordnungen uneingeschränkte Arbeitsbereitschaft forderten und es für die Knechte und Mägde keinerlei geregelte Arbeitszeiten gab, war die Praxis im allgemeinen weniger hart, als es anhand der erwähnten aktenkundig gewordenen Mißstände erscheinen mag; immerhin ist die bäuerliche Arbeit bekanntlich stark jahreszeitlich geprägt, und so konnten die etwa in der Erntezeit geleisteten „Überstunden" durchaus in ruhigen Zeiten „abgebummelt", d. h. durch zusätzliche Freizeit abgegolten werden. Wie wenig es jedoch noch um die Zeit der Jahrhundertwende einem Dienstboten anstand, eigenmächtig seine Arbeit einzuteilen, zeigt die Schilderung des 1. Pferdeknechtes Karl Davids, der, um ein Feld „am Forstenberg" zu Ende zu pflügen – also aus ökonomisch-rationellen Gründen, wie wir heute sagen würden – die ortsüblichen „Arbeitszeiten mit den Pferden", die „von Punkt 6 Uhr bis Punkt 11 Uhr" und „von mittags 1-6 Uhr" ausgeführt wurden, überschritten hatte. Als er erst gegen 12 Uhr auf dem Hof seines Dienstherrn Franz Kohtes an der Uerdinger Straße ankam, fand er das große Tor verschlossen, und an der „kleinen Tür" belehrte ihn der Dienstherr, daß „hier [...] seit 11 Uhr schon Mittag [sei]" und Davids „dahingehen [solle], wo er herkäme".

Ungeregelt war auch der Anspruch auf Ausgang, der ja, wie wir sahen, von der Herrschaft genehmigt sein mußte. Grundsätzlich erlaubt war das Verlassen von Haus und Hof zum Besuch des sonntäglichen Gottesdienstes. Nicht selten beanspruchten die Dienstboten hierfür den ganzen Sonntag, um so die Möglichkeit zu haben, ihre weiter weg gelegene heimatliche Kirche zu besuchen. Vielfach wurde von der Herrschaft beklagt, daß der Kirchgang oftmals nur Vorwand für Wirtshausbesuche und Alkoholgenuß sei. Verständige Herrschaften räumten ihren Dienstboten durchaus auch zusätzliche freie (Sonntag-) Nachmittage und größere Freizeiten an Feiertagen sowie bei festlichen Anlässen ein. Im Rheinland bedangen sich oftmals die Dienstboten in ihren Arbeitsverträgen aus, für den alljährlich in der Pfarrei veranstalteten Pilgerzug zu dem beliebten Wallfahrtsort Kevelaer einige Tage freigestellt zu werden. Für den der Aufklärung nahestehenden Pfarrer Bayertz von Willich war gerade diese Gepflogenheit ein Grund, die Prozession nach Kevelaer ganz abzuschaffen, zumal die Dienstboten die Wallfahrt eher als Vergnügen ansehen und ihre (meist Krefelder) Herrschaften vor „Auswahlprobleme" stellen würden.

Wie schwierig sich die Auslegung der geschilderten Sonn- und Feiertagsregelung aufgrund der meist mündlich abgeschlossenen Verträge bisweilen gestaltete, mag das Beispiel der 23jährigen Dienstmagd Gertrud Fischer aus Grefrath bei Neuss zeigen, die nach Angaben „ihrer [...] Brotherrschaft", den Eheleuten Anton Kessels in Strümp, „heimlich" entlaufen war. Wie die Magd vor dem Lanker Bürgermeister Buscher aussagte, hatte sie sich u. a. unter der Bedingung vermietet, daß es ihr erlaubt sein sollte, ihre Eltern zu besuchen und „nach Haus zu gehen", wenn „zu Haus Kirmes sei [...], ohne" eine Vertreterin stellen zu müssen. Am 20. September 1845, als in Grefrath Kirmes war, habe sie um Urlaub gebeten und sogar angeboten, „ein Mädchen an meine[r] Stelle [zu] besorgen". Ackerer Kessels hätte die Einwilligung verweigert, weil er „keine fremde Person" in seinem Hause haben wollte. In Gegenwart mehrerer Zeugen habe Kessels ihr dann gedroht, daß ihr „Dienst zu Ende sei", wenn sie zur Kirmes gehe. Trotzdem sei sie gegangen, allerdings nicht ohne „vorher" Elisabeth Giesen aus Strümp „gedungen" zu haben, fortan an ihrer Stelle Dienst zu tun. Als sie (Gertrud Fischer) nach der Kirmes zusammen mit ihrer Mutter ihre Kleider habe holen wollen, habe Kessels nicht nur dieselben verweigert; er wollte vielmehr auch den rückständigen Lohn nicht anteilig auszahlen, sondern 6 Silbergroschen pro Tag abziehen. In der Verhandlung vor Bürgermeister Buscher bestritt der Dienstherr Anton Kessels die Vertragsvereinbarung hinsichtlich des Besuchs von Eltern und Kirmes; was die Lohnzahlung anbetreffe, so sei Gertrud darüber hinaus nicht vereinbarungsgemäß am 27. März, sondern erst am 1. April in seinen Dienst getreten, am 26. Mai schon wieder entlaufen und erst am 4. Juni auf polizeiliche Veranlassung zurückgekehrt; am 21. September habe er ihr die Erlaubnis zum Gehen abgeschlagen, weil „Einquartierung käme". In der Verhandlung vor dem Lanker Bürgermeister bestätigten die von Kessels beigebrachten Zeugen, der Strümper Schuhmacher Heinrich Büschgens sowie der aus demselben Orte stammende Korbmacher Joseph Weyers, nicht nur die Aussagen der Magd, sondern auch jene, die der Dienstherr zu seiner Verteidigung auf dem Bürgermeisteramt zu Protokoll gegeben hatte; der Knecht Paul Thelen hatte allerdings seinen Aussagen zufolge nur

Gertruds Schilderung der Auseinandersetzung gehört. Aufgrund der Gesinde-ordnung von 1844 einerseits sowie der Zeugenvernehmungen andererseits fällte der Lanker Bürgermeister folgende Entscheidung: Der Dienstvertrag gel-te „als aufgehoben"; die von Kessels reklamierten Fehltage bei Arbeitsantritt würden nicht anerkannt; für die Tage, an denen sich die Magd im Juni „ohne gesetzmäßige Ursache" vom Hof entfernt hatte, seien 6 Silbergroschen Lohn-abzug pro Tag „nicht zu hoch berechnet"; für die Zeit vom 21. September bis 1. Oktober solle der Lohn anteilig in Abzug gebracht werden.

Aus der Erlaubnis, die Mägde Anna und Catharina Barth aus Bönninghardt bei Alpen zu ihren Eltern zur Kirmes gehen zu lassen, ergaben sich Anfang Oktober 1866 gewisse Schwierigkeiten für den Ackerer und Holzhändler Hein-rich Norf aus Stratum, das bis 1929 zum Amt Lank gehörte. Anstatt verab-redungsgemäß am übernächsten Tag zurückzukehren, hatten die Mädchen ihren Ausflug über eine Woche lang ausgedehnt. Ob es vielleicht Heimweh war, das die Geschwister am 25. März 1867 veranlaßte, abermals für eine knappe Woche ihren Dienstherrn zu verlassen, wissen wir ebensowenig wie Heinrich Norf, der vor Bürgermeister von Bönninghausen angab, die beiden hätten den Dienst „ohne irgendwelche Ursache" verlassen; offenbar hatte auch er keine Erklärung für die Heimreise finden können. – Bereits 1851 hatte Norf ähnliche Schwierigkeiten mit der Magd Christina von der Wardt aus Rheinheim (Bürger-meisterei Kaiserswerth); obwohl er dieser im März des darauffolgenden Jahres freiwillig einen Urlaubstag zum Besuch ihrer Eltern auf der anderen Rheinseite gewährt hatte, kehrte sie zunächst unpünktlich zurück und entlief nach einer Woche ganz.

Daß verständnisvolle Herrschaften immer wieder auch das Nachsehen hat-ten, zeigt 1868 die Anzeige der Ehefrau des Ackerers Theodor Kauertz, deren Knecht Lambert van de Ven sich „ohne alle Ursache" von ihrem Hof unter dem Vorwand entfernt hatte, seine in der Gegend von Kevelaer wohnenden Eltern zu besuchen. Statt zurückzukehren, teilte der Knecht den Eheleuten brieflich mit, daß er das Dienstverhältnis unterbrechen wolle, „da [zu Hause] die Ernte jetzt gerade vor sich geht". Der von Kauertz mit den Nachforschungen betrau-te Lanker Bürgermeister von Bönninghausen fand nun heraus, daß die Anga-ben Lamberts falsch waren; so gab es in der Bürgermeisterei Kevelaer keine Familie mit Namen van de Ven; die Mutter des Knechtes wohnte vielmehr in St. Anthonis in Holland, wo Knecht Lambert aber nicht gewesen war. Was im übrigen die Rechtslage angeht, so berechtigte plötzlich aufgetretener häusli-cher Bedarf einen Dienstboten zur Kündigung nur dann, wenn Ersatz beschafft worden war (vgl. oben S. 222).– Nicht ganz so schlimm war es dem Ilvericher Ackerwirt Balthasar Sassen im Jahre 1855 ergangen. Dieser hatte Christina

Herberts, die seit über einem Jahr als Dienstmagd bei ihm arbeitete, zur Kurierung einer Krankheit zu ihrem Vater nach Huckingen ziehen lassen, dann aber erfahren, daß sie gar nicht krank war. Erst nach Aufforderung durch den Bürgermeister von Huckingen kehrte Christina zu Balthasar Sassen zurück. Grundsätzlich ist hier festzustellen, daß die Regelung, krankes Gesinde zur Kurierung zu den Eltern gehen zu lassen, durchaus Gegenstand freier Vereinbarung sein konnte. Die Gesindeordnung von 1844 sah vor, daß der Dienstherr selbst für Pflege aufkommen mußte (s. oben S. 211).

Den hier zutage tretenden Vertrauensmißbrauch, der sich anhand der Büdericher und Osterather Gesindeakten noch eingehender dokumentieren ließe, veranschaulichen auch die beiden folgenden Episoden: Am 6. April 1859 wandte sich der Bürgermeister des niederländischen Ortes Broek-Sittard bzw. dessen Stellvertreter in einem in holländischer Sprache abgefaßten Brief an seinen Lanker Kollegen von Bönninghausen mit der Bitte, die Entlassung der im Dienst des Ackerwirts Constantin Münks stehenden Magd Elisabeth Wehrens zu betreiben; sie werde zu Hause dringend gebraucht, da ihre Mutter und drei Schwestern erkrankt seien, die neben verschiedenen Schwächen auch „zieke oogen" (kranke Augen) hätten. Ein gleichlautendes und mit demselben Siegel versehenes Schreiben in deutscher Sprache, datiert vom 13. April, bekräftigte noch einmal die Dringlichkeit des Anliegens. Bürgermeister von Bönninghausen, der der Angelegenheit wohl ebenso mißtraute wie der in Langst ansässige Constantin Münks, richtete daraufhin am 15. April eine Anfrage an die Gemeinde bzw. den Kollegen von Broek-Sittard mit der Bitte um Überprüfung, da „mir beide Schriftstücke [...] indessen, nach dem Inhalte und dem Amtssiegel zu urteilen, gefälscht zu sein [scheinen]". Offensichtlich war von Bönninghausens Mißtrauen unberechtigt: Wie der Broek-Sittarder Bürgermeister am 19. April seinem Kollegen von Bönninghausen mitteilte, waren die vorausgegangenen Schriftstücke „der Wahrheit getreu nicht gefälscht", so daß die Magd – vermutlich – freigegeben werden konnte.

Am 13. Juni 1859 führte der 60jährige Tagelöhner Peter Oesters aus Kalkum Klage beim zuständigen Bürgermeister von Kaiserswerth, weil der Ackerer Jakob Bongartz aus Nierst, bei dem seine einzige Tochter als Magd in Dienst stehe, diese nicht entlasse; seit acht Wochen liege, so der Tagelöhner, seine Frau „an der Auszehrung darnieder", so daß ihr Zustand jeden Tag das Ende erwarten lasse; er lebe mit seiner kranken Frau und drei Söhnen zusammen und halte eine Kuh und ein Schwein; ohne Frau könne sein Haushalt nicht ordentlich geführt werden, auch wenn zur Zeit Nachbarsfrauen bei der Pflege helfen würden; da zum Bezahlen einer fremden Magd sein Geld nicht ausreiche, bitte er um Entlassung seiner Tochter. Der vom Kaiserswerther Bürgermeister mit der Überprüfung beauftragte Gemeindevorsteher von Kalkum konnte nicht nur alle Angaben Oesters bestätigen, sondern auch das ärztliche Attest des Dr. Hinze von Kaiserswerth beifügen, demzufolge die erwähnte Ehefrau „gefährlich erkrankt" war und „anhaltend der Pflege bedarf". Nachdem „Unterhandlungen [...] mit dem Dienstherrn [Bongartz]", wie wir den Angaben des Vaters entnehmen, „erfolglos geblieben" waren, bat man den Lanker Bürgermeister in der Sache zu vermitteln und zumindest einen 14tägigen Urlaub zu erwirken. Ob dies erreicht wurde, wissen wir nicht.

Lohn

Die nach „freier Übereinkunft" geregelten Einkommensverhältnisse der Dienstboten lassen sich nur schwer bestimmen. Dies hatte zur Folge, daß es hier von Landschaft zu Landschaft und von Hof zu Hof große Unterschiede gab. Hinzu kam, daß die Dienstboten – vor allem in älterer Zeit – neben dem Barlohn noch zahlreiche Nebenleistungen in Form von Kost und Unterbringung, Geschenken, Trinkgeldern (vgl. oben S. 221), „freier Wäsche und Flickerei" und sonstigen Zuwendungen entgegennahmen; vor allem zu Weihnachten wurde ein Teil des Lohnes mit Kleidung abgegolten. Dennoch sind Barlohnzahlungen bereits im Mittelalter bezeugt. Seit dem 16. Jahrhundert wurden als Richtschnur für die bäuerlichen Arbeitgeber Lohntaxen erstellt, die nach und nach auch Eingang in die Gesindeordnungen fanden. Sie wurden im 18. Jahrhundert durch Höchstlohnsätze ergänzt. Insgesamt läßt sich seit dieser Zeit eine Steigerung der Löhne ausmachen, die sich in Norddeutschland stärker, in Süddeutschland weniger stark auch im 19. Jahrhundert fortsetzte. Umgekehrt nahm in demselben Maß der Anteil der Naturalien am Gesamtlohn zusehends ab. Als in den Jahrzehnten bis zur Mitte des 19. Jahrhunderts allenthalben in Deutschland die allgemeine wirtschaftliche Prosperität nachließ und Not und Unterbeschäftigung an der Tagesordnung waren, lebte das Gesinde aufgrund seiner längerfristigen Verträge in relativer arbeitsmarktunabhängiger Sicherheit. Die Kehrseite war, daß in den folgenden Jahrzehnten des rapiden industriellen Aufschwungs die Dienstboten an der positiven Lohnentwicklung nur vermindert Anteil hatten. Immerhin erhöhten sich auch für die Knechte und Mägde auf dem Lande die Löhne bis zum Ersten Weltkrieg nominell um ca. 130 %. Diese Entwicklung war durch die allenthalben damals eintretende Landflucht und die hohe Nachfrage in allen Bereichen noch verstärkt worden. Insgesamt dürfte damals der Lebensstandard der Dienstboten den der Tagelöhner, die eindeutig die ärmste Gruppe der Bevölkerung darstellten, übertroffen haben.

Grundsätzlich gab es im Hinblick auf die Löhne der Dienstboten regionale Unterschiede. „Gebiete niedriger Löhne [waren]: Ostpreußen, Oberschlesien, Posen, große Teile von Pommern und Brandenburg. Hier lagen die mittleren Barlöhne eines Knechtes etwa 1860-1865 zwischen 55 und 75 Mark im Jahr. Etwas höhere Löhne wurden in Niederschlesien, in der Provinz Sachsen, in Vorpommern und im westlichen Brandenburg gezahlt (bis zu 135 Mark). Im Durchschnitt der Provinz Westfalen und Rheinland waren die Löhne nur wenig höher; die höchsten Löhne wurden in den Regierungsbezirken Köln und Düsseldorf und an der Saar gezahlt." (Aubin, S. 508) Diese Angaben lassen sich für das Amt Lank folgendermaßen konkretisieren: So erhielt 1845 eine 23 Jahre alte Magd 28 Taler Jahreslohn zuzüglich 1 Taler Mietgeld, 1862 eine 20jährige „etwa 29 Taler", 1857 die 17jährige Untermagd Elisabeth Inger 25 Taler einschließlich Mietgeld; 1864 schickte der Lanker Tagelöhner Carl Welter seinen Sohn Franz lieber zu einem Schmied statt als Knecht zu Peter Kohtes auf Haus Meer, weil er beim Schmied 36, bei Kohtes aber nur 34 Taler erhalten sollte. 1871 wurden einem Knecht ca. 43,5 Taler (= ca. 130 Mark) gezahlt. 1877 forderte der Ackerer Hermann Meyer aus Ossum von dem „Schulkind" Anna Ropertz 3 Mark und von der Dienstmagd Josepha Brillen – beide aus Linn – 6 Mark Mietgeldrückerstattung, da Anna ihren Dienst nicht angetreten und Josepha den ihren nach 14 Tagen (nach Aussagen der Magd wegen fortgesetzter Beschimpfung) vorzeitig verlassen hatte. In der Auseinandersetzung vor dem Lanker bzw. Linner Bürgermeister vertrat Josepha u. a. die Ansicht, „das Mietgeld in den 14 Tagen verdient" zu haben. Das entspräche einem guten Jahreslohn von etwa 150 Mark, wie er beispielsweise – allerdings erst 1884 – auch für eine Osterather Magd in (Krefeld-)Verberg bezeugt ist.

Es sollte nicht übersehen werden, daß die Dienstboten – wie das Beispiel der 1857 bezeugten Untermagd Elisabeth Inger zeigt – nach Rang und Stellung unterschiedlich entlohnt wurden. So erhielten 1836 in Westfalen ein Großknecht („Baumeister") 40-45, ein „gewöhnlicher" Ackerknecht 30, ein Junge 15 und eine Magd 20 Reichstaler Berliner Währung. In Büderich zahlte man einem Acker- und einem Pferdeknecht in den Jahren 1909-1911 30 bzw. 40 Mark Monatslohn, während zur selben Zeit den Schweizern je nach Beschaffenheit der Stelle 40-60 Mark ausgehändigt wurden. Daß der Melker „meist das Doppelte [verdiente]" als das übrige Gesinde, begründet Willi Münks damit, daß „dieser Beruf [...] harte Knochenarbeit [war]"; außerdem richtete sich das Gehalt nach der Anzahl der Tiere.

Neben dem Geld wurden die Einnahmen der Dienstboten, wie gesagt, nicht unerheblich durch Naturalien aufgebessert: So erhielt das Personal auf vielen Bauernhöfen zusätzlich zum Lohn je einen Scheffel Roggen und Gerste, also

Saatgut für Land, das es selbst bewirtschaftete und aberntete. Die auf dem Ilvericher Groß-Isselhof nach dem Zweiten Weltkrieg jeweils kurzfristig beschäftigten sog. „Rübenfrauen" aus Lank bekamen für ihre Arbeit auf den Zuckerrübenfeldern außer Bargeld noch für jeden Tag einen Liter Milch. (Allerdings sollen einige Frauen darauf verzichtet haben, da ihnen das „Schleppen" der Milchkannen bis Lank nach einem Arbeitstag als zu beschwerlich erschien.)

Bemerkenswert ist, daß 1854 den Bürgermeistern von Büderich und Osterath eine von der Regierung angestrebte Gebühr zur Anschaffung eines Gesindebuches in Höhe von 10 Silbergroschen zu hoch bzw. zu „schwer" erschien, weil die Dienstboten „von ihrem geringen Lohn" (so Schmitt) noch Klassensteuer zahlen müßten. Diese betrug im Jahre 1856 fünf Silbergroschen und mußte etwa im Fall der Catharina Teschen, die als Magd bei Constantin Münks in Kierst beschäftigt war, auf dem Wege der Amtshilfe über die Bürgermeistereien angemahnt werden. Im übrigen verweisen die genannten Bürgermeister auf die Armut der Eltern der Dienstboten, denen eine so hohe, zusätzliche Gebühr für ein Gesindebuch „zur Last fiel". (NW HStA, Landratsamt Krefeld 148; StadtA Meerbusch, Büderich I 246)

Daß vor allem minderjährige Knechte und Mägde oft Barlohn und Naturalien gar nicht selbst erhielten, beides vielmehr direkt von den „dürftigen Eltern" in Empfang genommen wurde, war gang und gäbe und ist in den Gesindeakten des Amtes Lank ausdrücklich im Fall der Tochter der Osterather Tagelöhners Inger bezeugt (s. oben S. 207). – Auch der Osterather Bahnwärter Heinrich Hoppmanns und seine Ehefrau Gertrud waren auf ein Zubrot angewiesen, weshalb sie ihren 14jährigen Sohn Paul im Jahre 1906 bei Ackerer Stephan Raven in Stratum als Pferde- und Ackerknecht vermietet hatten. Obwohl sie im Hinblick auf die Auszahlung des Lohnes keinerlei Vereinbarungen mit Raven getroffen hatten, glaubten sie, Abschlagszahlungen fordern zu können, weil sie das Geld dringend benötigten. Da Ackerer Raven die gewünschten Raten verweigerte, nahmen die Eheleute Hoppmanns ihren Sohn mit nach Hause. In der nachfolgenden Verhandlung auf dem Bürgermeisteramt erklärte sich der Ackerer bereit, einen Teil des bereits erarbeiteten Lohnes auszuzahlen, wenn Paul wieder in seinen Dienst eintrete. Dieser kehrte in der Tat wieder auf den Hof zurück, entlief aber am selben Tag erneut. Raven verzichtete auf einen nochmaligen Rückführungsantrag.

Bisweilen sahen sich die Dienstherrschaften aufgerufen, ihr Gesinde vor allzu großer Raffgier solcher Eltern zu schützen, die zwar „in dürftigen Verhältnissen" lebten, sich ihren Kindern gegenüber jedoch allzu egoistisch verhielten. So ist in den Jahren 1882 bis 1884 überliefert, daß die Mutter der damals 17jährigen Magd Wilhelmina Franzen aus Osterath, Anna Catharina Müller, nach unbestrittenen Angaben der Tochter alles Geld mit Wilhelminas Stiefvater vertrank, anstatt selbst einer regelmäßigen Arbeit nachzugehen. Dabei scheute sich die Mutter nicht, verschiedene Dienstherren, bei denen ihre Tochter als Magd tätig war, polizeilich anzuzeigen, weil diese ihr (der Mutter) die Auszahlung des gesamten Lohnes entgegen ursprünglicher Vereinbarung verweigert und sie statt dessen „barsch abgewiesen" hatten. So gab der Gemüsehändler Heinrich Marleaux aus Krefeld vor dem Bürgermeister von Osterath zu Protokoll, daß Wilhelmina 45 Taler (=135 Mark) im Jahr verdiene; die Mutter habe noch vor ungefähr einer Woche 10 Taler (=30 Mark) bei ihm abgeholt; drei Taler habe er Wilhelmina direkt ausbezahlt, damit sie sich selbst Kleidung kaufen könne, weil „das Mädchen [...] so abgerissen [ist], daß es eine Schande ist, daß Eltern ihr Kind in solchem Zustand in den Dienst schicken können". „Um weiteren Unannehmlichkeiten [mit der Mutter] aus dem Wege zu gehen", entließ Marleaux die Magd, deren neue Dienstherrin, die Witwe Spennes aus Verberg, sich nun ebenso mit den Anzeigen der Mutter konfrontiert sah. Die Mutter wollte notfalls gerichtlich durchsetzen, daß sie den vollen Lohn erhalte, zumindest sollte der Witwe Spennes „protokollarisch [...] eröffnet" werden, daß sie „den vereinbarten Dienstlohn nur mit Genehmigung der Mutter an die Tochter zahlen dürfe". Bürgermeister Reiners von Osterath, der einerseits die Interessen der Magd, andererseits die „dürftigen" Lebensverhältnisse der Eltern im Auge hatte und zudem in die Rechte der Eltern nicht eingreifen mochte, vereinbarte schließlich mit der Mutter, daß sie ab 1884 vom Jahreslohn von 150 Mark „quartaliter 9 Mark" erhalte; das übrige Geld sollte der Tochter ausgezahlt werden, da diese sonst nicht mehr außer Haus leben könne, schon weil ihr die nötigsten Kleidungsstücke fehlten. (StadtA Meerbusch, Osterath I 349)

Die unterschiedliche Entlohnung der verschiedenen, auf den Höfen oftmals hierarchisch gegliederten Dienstbotengruppen entsprach verschiedenartigen Arbeiten. Allerdings sollte im Auge behalten werden, daß die traditionelle Haus- und Hofwirtschaft eine Vielzahl landwirtschaftlicher und handwerklicher Anforderungen zu bewältigen hatte und dort noch nicht jenes Maß von Arbeitsteilung und Spezialisierung um sich gegriffen hatte, das uns heute selbstverständlich ist. Insofern konnten auf den Knecht und die Magd durchaus die unterschiedlichsten Arbeiten im Haus, in Küche und Keller, auf dem Hof, in den Kuh-, Pferde- und Schweineställen, im Garten, auf den Wiesen und Äckern zukommen. Vor allem der Magd oblagen bisweilen so unterschiedliche Aufgaben wie das Hüten der Kinder oder das Melken der Kühe. Allgemein unbeliebt scheint zu allen Zeiten die Stallarbeit gewesen zu sein. Nicht selten war das Gesinde überfordert. Es zeichnete den rheinischen Bauern aus, von seinen Knechten keine „übermäßigen Leistungen" zu fordern, da sich „der Rheinländer", wie es im 19. Jahrhundert heißt, „nichts Ungebührliches zumuten [läßt]". Diese Aussage des Agrarökönomen von Schwerz mag – verglichen mit den gutsherrlichen Verhältnissen in Ostpreußen – im großen und ganzen zutreffen, allein das Beispiel der 17jährigen Elisabeth Inger, die zumindest subjektiv mit dem Melken der Kühe auf dem Groß-Isselhof überfordert war (s. oben S. 207 f.), zeigt, daß es auch im Rheinland oft Glückssache war, bei welchem „Brotherrn" man Arbeit gefunden hatte. Und daß Arbeitgeber zu allen Zeiten versucht waren, mehr Arbeit durch weniger Personal verrichten zu lassen, belegt neben der Auseinandersetzung zwischen dem Dienstherrn August Münker und der Magd Heck im Jahre 1859 (s. oben S. 205 f.) ein Streit zwischen dem Ackerer Joseph Hüsges aus Langst und seiner Dienstmagd Maria Maassen aus (Duisburg-)Rahm. Die Mutter der offensichtlich minderjährigen Maria legte vor dem dortigen Bürgermeister dar, daß sie ihre Tochter beim Bruder des Beschwerdeführers (Hüsges) vermietet hatte; nachdem jedoch dessen Ehefrau gestorben war, hätten „die Kräfte des Mädchens den vielen Arbeiten nicht entsprochen", weshalb eine „stärkere Person" habe angeworben werden müssen (und auch gefunden worden sei).

Die Beispiele ließen sich fortsetzen. Allerdings scheint es – zumindest im Amt Lank – den Knechten besser ergangen zu sein als den Mägden. Es fällt auf, daß es meist junge Mägde oder deren Eltern sind, die über Überforderung klagen, während sich etwa der Knecht Peter Wallmeyer selbst half und sein Dienstherr die Vorgehensweise letztlich akzeptierte: Wallmeyer war, wie 1877 sein Stratumer Wirt Andreas Schmitz berichtete, unter der ausdrücklichen Bedingung gemietet worden, „Dienstverrichtungen in der Wirtschaft mit wahrzunehmen"; der Knecht hatte dann aber seinen Arbeitgeber „ohne Grund [...] heimlich verlassen" und sich nach Kaiserswerth abgemeldet. Der ins Benehmen gesetzte Lanker Bürgermeister Kemper drohte mit Strafe, falls Wallmeyer nicht zurückkehre. In einer Verhandlung vor dem Bürgermeister von Kaiserswerth erklärte der Knecht, er habe sich zwar verpflichtet, „am Sonntagmorgen in der Wirtschaft auszuhelfen, nicht aber den ganzen Tag", wie es Schmitz neuerdings verlange. Als nunmehr der Bürgermeister dem Knecht erklärte, laut Gesindeordnung seinen Dienst wieder antreten und „die übernommenen Verrichtungen erfüllen" zu müssen, andernfalls ihm eine Geldstrafe drohe, weigerte sich der Knecht, das Verhandlungsprotokoll zu unterschreiben. Anders als etwa der Verwalter Mauritz (s. oben S. 210 f.) fand sich der Wirt Andreas Schmitz damit ab und „erklärte" vor Bürgermeister Kemper, „sich über den Fortgang des Knechtes Wallmeyer beruhigen zu wollen". (StadtA Meerbusch, Lank I 982)

Kleidung, Kost, Unterkunft

Unter den Zuwendungen und Vergünstigungen, die den Dienstboten seitens der Herrschaft neben dem Lohn zuteil wurden, sind – wie bereits angedeutet – vor allem Kleidung, Kost und Unterkunft zu nennen. Sie waren jeweils Gegenstand der freien Übereinkunft zwischen Herrschaft und Untergebenen, was angesichts des Machtgefälles unter den ungleichen Parteien Anlaß zu mancherlei Unzufriedenheit und berechtigter Klage gab und andererseits zeigt, wie sehr das zwischen der Herrschaft und dem Gesinde bestehende Dienstverhältnis alle Bereiche der Haus- und Lebensgemeinschaft umfaßte.

Die den Dienstboten von der Herrschaft zugewiesene Kleidung machte bisweilen einen nicht unerheblichen Teil der herrschaftlichen Leistungen insgesamt aus. Oft überstiegen die vereinbarungsgemäß zu überlassenden Kleidungsstücke den Wert des Lohnes. Wenngleich dieser im 18. und 19. Jahrhundert zusehends an Bedeutung gewann (vgl. oben S. 225 f.), so waren die Kleiderzuwendungen doch auch zu Beginn des 20. Jahrhunderts noch beachtlich. Damals erhielten die Knechte auf den Höfen im Kreis Bitburg (Eifel) neben der vereinbarten Lohnzahlung von 60-100 Mark in der Regel pro Jahr ein Paar Schuhe, einen Anzug, Unterwäsche und Strümpfe.

In gewisser Weise paßt es zu den oben zur Sprache gebrachten stereotypen Klagen der Herrschaft, wenn man den Dienstboten im 19. Jahrhundert zunehmende „Putzsucht" vorwarf oder sie, wie es 1836 für Westfalen bezeugt ist, als „eitel" hinstellte, da sie gerne eine Taschenuhr trugen. Für die ehemaligen Bürgermeistereien der Stadt Meerbusch zumindest muß nach Ausweis der Gesindeakten die Berechtigung solcher Vorwürfe in Frage gestellt werden: Damit die oben (S. 227 f.) erwähnte Magd Wilhelmina Franzen überhaupt ihren Dienst bei Witwe Spennes in Verberg versehen konnte, waren ihr zuvor von ihrem in Oppum lebenden Großvater 5 und von ihrem Bruder 2 ½ Taler geliehen worden, wofür sie sich Kleider „zum allernötigsten Bedarf anschaffen konnte". Daß derartige Angaben nicht übertrieben sind, belegt die ebenfalls erwähnte Aussage ihres früheren Arbeitgebers Marleaux, wonach Wilhelmina „weder Bekleidungsstücke noch Wäsche" besaß; werde ihr einziges Hemd gewaschen, müsse seine „Frau dem Mädchen ein Hemd leihen". (StadtA Meerbusch, Osterath I 349)

Der hier geschilderte Fall läßt die Armut der Dienstboten besonders kraß vor Augen treten. Daß auch sonst die Kleidung im großen und ganzen nicht üppig oder leicht erschwinglich war, zeigen die zahlreichen Zeugnisse, wonach für die Herrschaft das Wegschließen der Kleidung ein offenbar beliebtes Druck- und Zuchtmittel war, das Gesinde gefügig zu machen sowie am Fortlaufen oder sonntäglichen Kirchgang zu hindern. Erinnert sei in diesem Zusammenhang an die Magd Maria Wesendonk (s. oben S. 204 f.), die mit Rat und Hilfe von Bürgermeister von Bönninghausen im September 1875 den Gutsbesitzer Theodor Schmitz verlassen hatte, weil sie von dessen Ehefrau verprügelt worden war. Sie vermochte jedoch bei Ackerer Jakob Schmitz in Lank nicht ungehindert eine neue Stelle anzutreten, weil der Gutsbesitzer Schmitz sich weigerte, ihre Kleider auszuhändigen. Ebenso verhielt sich 1845 und 1854 Ackerer Anton Kessels aus Strümp gegenüber den Mägden Gertrud Fischer (s. oben S. 222) und Maria Louise Vraets, die auf dieselbe Weise am Fortgehen gehindert werden sollten.

Aus dem Jahre 1868 ist andererseits überliefert, daß die Frau des Strümper Ackerers und Schenkwirts Friedrich Wilhelm Kessels die Kleider ihrer 18jährigen Magd Margaretha Wallmeyer „aus der Kammer geworfen" habe mit dem Ausruf, sie „solle [sich] zum Teufel scheren". Margaretha gab in der folgenden polizeilichen Auseinandersetzung an, dieses Verhalten geradezu als Aufforderung verstanden zu haben, Familie Kessels zu verlassen, zumal sie „dort sehr hart behandelt worden" sei; allerdings scheint sie sich in ihrem Tun nicht sicher gewesen zu sein; nach Auskunft des Dienstherrn hatte sie nämlich den Hof „heimlich" verlassen, während Frau Kessels in der Frühmesse weilte. – Auch der Schenkwirt und Bäcker Hubert Anton Werner aus Lank beklagte, daß sich seine Magd Elisabeth Spürkel aus Angermund am 6. Juni 1864 „heimlich und ohne alle Veranlassung" aus seinem Dienst entfernt habe. Am 7. Juni sei sie dann abends in sein Haus geschlichen und habe sich, um leise auftreten zu können, die Schuhe ausgezogen und sich ebenso unauffällig wieder entfernt, „nachdem sie verschiedene Sachen, wahrscheinlich ihre Kleidungsstücke oder auch Gegenstände von uns mitgenommen" hat. Daß die Magd barfuß oder auf Strümpfen unbemerkt ihre Kleider abgeholt hat, dürfte stimmen, zumal die Dienstboten meist nur grobes, schweres Schuhwerk besaßen. Auf die Anspielungen eines möglichen Diebstahls ging allerdings der mit den Recherchen beauftragte Bürgermeister von Huckingen nicht ein, zumal Dienstherr Werner die Magd Elisabeth nach Ausweis des Gesindebuchs selbst entlassen hatte.

Teil der üblichen Zuwendungen war auch die Kost, die der Herr „bis zur Sättigung" zu verabreichen hatte. Auch Pfarrer Mertens hatte in seinem Traktat darauf hingewiesen, daß das Verabreichen von ausreichender Kost durchaus zu den Pflichten der Herrschaft gehöre, da diese einen Teil des Lohnes ausmache. Bemerkenswert ist, daß § 33 der 1844 erlassenen Gesindeordnung für den Fall der „häufig ungeeigneten Beköstigung" und „harten Behandlung" die Auflösung des Dienstverhältnisses durch das Gesinde ohne vorherige

„Aufkündigung" vorsah. Daß es wegen der zu geringen Menge sowie der angeblich oder wirklich schlechten Qualität der Speisen und Getränke immer wieder zu teilweise erbitterten Streitigkeiten zwischen Herrschaft und Dienstboten kam, bedarf keiner weiteren Erörterung. In einer der ersten nach Inkrafttreten dieser Gesindeordnung im Amt Lank überlieferten Beschwerden schildert die Dienstmagd Sophia Giesenfeld 1844 plastisch, wie diese Verpflichtung von dem Lanker Ackerer Klefges im einzelnen gehandhabt wurde und weshalb sie ihre Dienstherrschaft u. a. verlassen hatte, von der sie nun wegen unerlaubten Entfernens vom Dienst angezeigt worden war. Die Magd verteidigte ihr Fortlaufen damit, daß ihr abends, wenn sie vom Felde gekommen war, Frau Klefges „mehrmals […] zwar Kaffee mit Brot und Butter vorgesetzt, dann aber solches bald wieder fortgenommen und nur trocken Brot liegengelassen" habe. Bürgermeister Peter Buscher verfügte daraufhin folgendes: Wenn Sophia Giesenfeld „über harte Behandlung, über nicht gehörige Beköstigung etc." klage, so müsse sie dies „bei der hiesigen Stelle" (Bürgermeisteramt) tun, „aber sich keine Selbsthilfe verschaffen, d. h. ohne weitere Untersuchung und Entscheidung den Dienst verlassen"; im übrigen könne die Magd nicht, wie sie vor dem Bürgermeister von Friemersheim (heute Stadt Duisburg) ausgesagt habe, das Gericht anrufen, da nicht das Gericht, sondern die Polizeibehörde – also Buscher – für die Untersuchungen zuständig sei. Auf Zureden des Beigeordneten von Friemersheim hin kehrte Sophia zunächst nach Lank zurück, um nicht „weitere Zwangsmaßregeln auf sich" zu ziehen. (StadtA Meerbusch, Lank I 982)

Es ist durchaus als positives Moment der preußischen Gesindeordnung von 1810 anzusehen, daß der Herr vor allem auch im Krankheitsfall für Beköstigung und Genesungskosten aufzukommen hatte. Dennoch ist es besonders bei Erkrankung der Dienstboten (s. oben S. 211 ff.) immer wieder dazu gekommen, daß sich die Dienstherren dieser Pflicht entziehen wollten, wie es innerhalb der Stadt Meerbusch vor allem die zahlreicheren Gesindeakten der ehemaligen Bürgermeistereien Büderich und Osterath belegen.

Die Mahlzeiten erfolgten in älterer Zeit nicht selten in Tischgemeinschaft mit den Knechten und Mägden, was die Herrschaft ggf. aber nicht hinderte, im Angesicht ihrer Dienstboten besseres Essen einzunehmen. Vor allem seit der Mitte des 19. Jahrhunderts scheint die Tischgemeinschaft seltener geworden zu sein. Den Schilderungen von Heinrich Davids zufolge wurden die Mahlzeiten auf den Lanker Bauernhöfen in der Zeit um 1930 „an drei Tischen eingenommen; die Familie des Bauern mit der ersten Magd; die Pferdeleute mit den Landarbeitern und der Schweizer separat. Der Schweizer bekam das gleiche Essen wie der Bauer, für die anderen wurde extra gekocht. Sie bekamen meist kein Fleisch, sondern Speck." Im Gegensatz hierzu berichtet Willi Münks für dieselbe Zeit, daß auf dem Lipperhof in Lank „die Verpflegung" für das Personal „die gleiche war wie für die Familie des Bauern"; wegen häufig starken Stallgeruchs und nicht immer pünktlich einzuhaltender Pausenzeiten hatten die Melker sowie das Stallgesinde allerdings auch hier meist eigene Tische. Wie Zeitzeugen berichten, wußte im ehemaligen Amt Lank jeder Einheimische genau, auf welchen Höfen es gute und reichliche Kost gab oder wo auf derlei Bedürfnisse weniger Wert gelegt wurde; dennoch sind – mit Ausnahme des oben erwähnten Berichts der Magd Sophia Giesenfeld – nur für Büderich und Osterath verschiedene Beschwerden überliefert, die dazu führten, daß die Bürgermeister eine Überprüfung der Beköstigung vornehmen mußten.

Im Hinblick auf die Güte der Kost gab es durchaus regionale Unterschiede. So wurde beispielsweise im katholischen Rheinland – außer freitags – täglich Fleisch verabreicht. In anderen Gegenden bot man Fleisch nur an zwei bis drei Tagen in der Woche oder auch erheblich seltener an. In einigen Landschaften Deutschlands war es üblich, dem Gesinde bei schwerer Arbeit, vor allem etwa in der Erntezeit, zusätzlich Branntwein oder Bier zu reichen. Für Osterath ist überliefert, daß im Jahre 1908 der Knecht Andreas Bacely die Arbeit verweigerte, sich am nächsten Tag ins Bett legte und schließlich – trotz Ermahnung durch den Bürgermeister – ganz davonlief, weil ihm „drei Schoppen Schnaps", die ihm Gutsbesitzer Langels freiwillig „mit zur Wiese" gegeben hatte, als zu wenig erschienen waren.

Aus dem 19. Jahrhundert liegen uns für Meerbusch verschiedene Berichte über die Häufigkeit und Art der Mahlzeiten vor. Da diese unten (S. 291 ff.) ausführlicher behandelt sind, will ich mich hier auf einige zeitgenössische Erinnerungen beschränken: Des Morgens gab es Schwarz- und Weißbrot mit Butter und Rübenkraut, während das zweite Frühstück, das im Sommer oft vom Bauern selbst zum Feld gebracht wurde, aus belegten Wurstbroten bestand. Dazu trank man Kaffee mit Milch. „Pünktlich um 12 Uhr" wurde das Mittagessen serviert, wobei auf Haus Latum der Schweizer, der an der Tischecke saß, immer als erster bedacht wurde. Suppen aller Art, Speck mit Eintopfgerichten entsprechend der Jahreszeit, Sauerkraut, Bratwurst mit eingemachten Bohnen und Kartoffeln waren gemäß den Erinnerungen der Magdalene Stimmes, der Enkelin eines Bediensteten auf Haus Latum, häufige Speisen des Latumer Gesindes an Werktagen, während Kotelett oder Sauerbraten eher am Sonntag gereicht wurden. Als Kind freute sie sich besonders, wenn die Gutsherrin, Frau Hilgers, ihr einen Pfannkuchen zukommen ließ, schmeckte er doch „trotz der vielen Fliegen" besser als bei Magdalene zu Hause, da nicht am Zucker gespart werden mußte. „Um 16 Uhr kam" – so Willi Münks – „der Nachmittagskaffee

[…] ins Feld", wobei die Brote meist mit Marmelade oder Rübenkraut geschmiert waren. Als besonderer Genuß galten – so Magdalene Stimmes – der Brotaufstrich von Schmalz mit Kraut und Quark oder auch die sog. „Hasenbrote", Proviant, den ihr Großvater an Markttagen mitnahm, jedoch nicht verzehrte, vielmehr für die Kinder wieder zurückbrachte. Die Essensreste wurden zur Viehfütterung verbraucht.

Sehr unterschiedlich nach Gegenden und Bauernhöfen waren auch die von den Herrschaften zur Verfügung gestellten Unterkünfte. Es wird beklagt, daß den Dienstboten vielfach nur ein zugiger, vor den neugierigen Blicken der Vorübergehenden kaum geschützter Verschlag zugewiesen wurde, der im Sommer zu heiß, im Winter zu kalt war. Viele Bauern waren aber bemüht, hier Abhilfe zu schaffen. So bewohnten die Knechte oft eine Kammer in der Nähe des warmen Pferdestalles oder der Diele, während die Magd beim Kuhstall oder zusammen mit den Töchtern des Hauses schlief. Aus Stratum wird 1866 berichtet, daß die Magd des Ackerers Franz Beuth das Zimmer mit dem 8jährigen Enkel der Bauersleute teilte, die bereits um 9 Uhr abends zu Bett gingen. Oft wurde den Dienstboten in kalten Winterszeiten auch gestattet, vorübergehend in den Wohnräumen der Bauernfamilie zu nächtigen. – Im Normalfall waren die Dienstbotenkammern mit einem einfachen Bett samt Kissen, Laken und Decken ausgestattet. Bisweilen mußte man sich auch mit einem Strohsack begnügen. Eine Kiste oder eine Truhe zum Aufbewahren der Kleidung oder persönlichen Habseligkeiten war oftmals von seiten der Dienstboten zu stellen.

Wie Zeitzeugen berichten, lebte das Gesinde im ehemaligen Amt Lank noch in den 50er Jahren dieses Jahrhunderts in „primitivsten, katastrophalen sanitären und sozialen Verhältnissen". Es mußte – wie in früheren Zeiten zwar allgemein üblich – im Kalten oder im Stall schlafen und sich dort auch waschen; eine abgeschlossene Waschgelegenheit gab es meist nicht. (Zu den fortschrittlichsten Bäuerinnen gehörte damals Maria Deussen vom Voßhof in Strümp, die „bereits in den 1960er Jahren im Stall eine Toilette und Dusche für das Gesinde einbauen ließ".)

Diese Zustände entsprechen im allgemeinen den Schilderungen des Heinrich Davids, dessen Vater Karl in den 1890er Jahren bei Bauer Daniels in Nierst „neben den Pferden im Stall [schlief]" und dessen „Schlafzimmer […] eine leere Pferdebücht [war], nur durch ein paar Bretter [von den Pferden] getrennt". „Wenn er [Karl] abends schlafen ging" – so die humorvolle Chronik seines Sohnes – „machte er sich die obere Hälfte der Tür auf, um ein bißchen frische Luft […] zu haben; aber der ledige, [etwas einfältige] Onkel Josef auf dem Hofe ging vor dem Schlafengehen noch einmal rund und machte alle Türen zu, auch die vom Pferdestall." Als Karl sich über diese Gewohnheit bei Bauer Daniels beklagte, meinte dieser, der Knecht solle sich selbst helfen. Das ließ sich der jugendliche Knecht nicht zweimal sagen und ersann einen Streich: Als der Onkel am folgenden Abend routinemäßig die halbgeöffnete obere Tür des Stalles zuziehen wollte, wurde er vom „Inhalt" eines „Eimers mit Wasser" überrascht; wütend lief er in den Stall und „wollte Karlchen ans Fell", aber der junge Bursche „hatte vorgesorgt und [sich] sicherheitshalber […] auf dem Heuboden" versteckt. – Als Karl Davids um die Jahrhundertwende eine Stellung bei Familie Hellenbroich in Gellep gefunden hatte, scheint er allerdings ein Zimmer im Haus der Familie bewohnt zu haben. Die ihm dort zuteil werdende Fürsorge ging gar so weit, daß die Herrin – für ihn völlig überraschend – alle Schuhe, auch die seinen, im Winter vor dem gemeinsamen sonntäglichen Gang zur Lanker Kirche zum Aufwärmen „hinter den Ofen" holte.

Selbsthilfe im Sinne von Weglaufen führte allerdings im Falle der Strümperin Maria Klüners, die 1886 als Magd bei Wilhelm Möhlen in Büderich beschäftigt war, zu einer Anzeige seitens der Herrschaft. Sie hatte ihren Dienst nicht länger als sechs Tage ertragen können, da „das Bett, in dem sie zu schlafen genötigt war, unrein war und von Flöhen wimmelte". Auch die Gesindebetten des Rittergutspächters Wilhelm Wierichs auf Haus Schackum scheinen nicht viel besser gewesen zu sein: So verließ der Knecht Heinrich Steins aus Weissenberg (damals ein Ortsteil von Büderich) 1894 seinen Arbeitgeber u. a. mit der Begründung, daß sein Unterbett so schlecht sei, daß er – vor allem wegen der Spreu und des Ungeziefers – nicht darauf schlafen könne. Der Sohn des Pächters, Franz Wierichs, zeigte sich ob soviel Empfindsamkeit ungerührt und argumentierte: Steins Bett sei „so gut wie das der anderen Knechte", von denen er bisher keine Klagen vernommen habe. Auch Bürgermeister von der Leyen scheint von Steins Klagen wenig beeindruckt gewesen sein, ordnete er doch dessen polizeiliche Rückführung an.

Mag es auf manchen Bauernhöfen um Hygiene und Wohnverhältnisse – auch nach früherem Verständnis zu urteilen – nicht besonders gut bestellt gewesen zu sein, so wurde die menschliche Kälte, die den sog. „Dienstmädchen zur Bequemlichkeit der Herrschaft" in städtischen Bürgerhäusern bisweilen entgegenschlug, auch durch den Komfort und die Sauberkeit blank geputzter Wohnungen nicht wettgemacht. Aus den Jahren vor dem Zweiten Weltkrieg liegt die Aufzeichnung eines damals 16jährigen Dienstmädchens aus Lank vor, das in einem feinen Uerdinger „Direktoren-Haushalt" tätig war. Während das Mädchen in einer Mansarde ohne Heizmöglichkeit schlafen mußte, wurde das Gästezimmer, „in dem nie ein Gast geschlafen hat", geheizt, damit die Rohre bei Frost nicht platzten. „Ich hatte mich einmal still und heimlich dort hineingeschlichen [zum] Waschen, was mir bittere Vorwürfe einbrachte", obwohl „meine Waschschüssel im Winter oftmals mit einer dünnen Eisschicht bedeckt" war. Das Mädchen fährt fort: „Meine Kleider sollte ich abends schön aufeinanderlegen, damit ich mich im Dunkeln anziehen konnte. Fünf Minuten Licht zum Kämmen würden genügen. Samstags abends durfte ich eine Kanne Wasser mit nach oben nehmen, für die gründliche Wäsche." Als die Lankerin einmal „das Licht nicht pünktlich um ½ 10 Uhr" ausgeschaltet hatte, erlosch es plötzlich wie von selbst. „Am andern Morgen wurde ich aufgeklärt", so der Bericht des Mädchens weiter; „hatten die [Herrschaften] doch in ihrem Zimmer eine Kontrollampe an und konnten mein Licht von dort ausschalten. [...] Das allertraurigste war der Heilige Abend. Sie [die Herrschaft] erlaubten mir nicht, nach Hause zu fahren. So saß ich dann einsam und verlassen oben in meiner kalten Bude und habe nur geweint. [...] Dabei waren sie [die Herrschaften] so fromm"; „der Sohn studierte Theologie." (Bericht Magdalene Stimmes)

Sozialer Stand und Bildung

Aufgrund der einseitigen Quellenlage läßt sich über den gesellschaftlichen Stand und die Lebensverhältnisse kein lückenloses Bild gewinnen. Sozial gesehen rekrutierte sich das Gesinde vielfach aus den Nachkommen der Bauern, Kleinbauern und Tagelöhner. Oft handelte es sich um nachgeborene Kinder benachbarter Höfe, was die soziale Kluft zwischen Herren und Dienstboten durchaus minderte. Darüber hinaus werden in den Gesindeakten für das ehemalige Amt Lank, d. h. für die Zeit von 1844-1878, noch ein Schiffer, ein Schreiner, ein Weber, ein Wegewärter sowie ein Kohlenträger als Väter von Dienstboten angegeben; eine Magd lebte bei ihrer Tante, einer Lumpensammlerin, die – ebenso wie Wegewärter und Kohlenträger – den Tagelöhnern zugerechnet wurde. Auch die Väter bzw. Eltern der in den Vormundschaftsakten für die Jahre 1879-1902 verzeichneten 40 ledigen Dienstmägde waren überwiegend Tagelöhner; neben den genannten Berufen werden hier je ein Dachdecker, Maurer, Nachtwächter, Schlosser, Schneider, Kleinackerer sowie zwei Ackerer genannt. Ein Tagelöhner, der viermal als Vormund der unehelich geborenen Kinder seiner Schwestern bestellt wurde, hatte ab 1896 eine Stelle als Fabrikarbeiter gefunden.

Der Dienstbotenstatus war oft nur vorübergehender Natur; er umfaßte vielfach die Lebensphase zwischen dem Ende der Schulzeit und der Heirat, die oft einen Wechsel in eine andere Sozialgruppe bedeutete. Das aktenkundig gewordene Lanker Gesinde, für das nur in wenigen Fällen Altersangaben bekannt sind, war, als die jeweiligen uns vorliegenden Akten entstanden sind, 17 bis 29 Jahre alt; in den in dieser Hinsicht unvollständigen Unterlagen werden des weiteren ein „Mädchen", ein „Schulkind" sowie ein „Knabe" (von 12 Jahren, s. unten S. 239) erwähnt. Die teilweise ausführlicheren Akten der Gemeinde Osterath enthalten – und dies dürfte der Wirklichkeit mehr entsprechen – Altersangaben zwischen 13 und 68 Jahren; während das weibliche Osterather Gesinde mit Ausnahme einer 48jährigen „Haushälterin" zwischen 13 und 39 Jahren zählte, sind unter den Männern immerhin 10 Personen – das sind etwa 5 Prozent – mit einem Alter zwischen 41 und 68 Jahren bezeugt. Den Hauptanteil sowohl der Lanker wie der Osterather Dienstboten bildete jedoch die Altersgruppe der 18- bis 20jährigen.

Bildungsstand und Lektürefähigkeit der Dienstboten nahmen seit dem 18. Jahrhundert, d. h. im Zuge der Aufklärung, auffallend zu. Dem widerspricht es nicht, daß man auch im 19. Jahrhundert in Kreisen der Herrschaft – vor allem im Rheinland – der Meinung war, daß die „Aufsässigkeit und Zuchtlosigkeit" des Gesindes nur zunähme, wenn es lesen, schreiben und rechnen könne. Ähnliches wird für das 20. Jahrhundert für unsere engere Gegend berichtet; so gab es noch um 1950 – etwa in Strümp – Herrschaften und Bürgermeister, die die Ansicht vertraten, daß das „gemeine Volk […] mit zuviel Bildung" wenig Bereitschaft zeige, auch niedrige Arbeiten zu verrichten. Ein ehemaliges Lanker Dienstmädchen weiß zu berichten, daß seine feine Herrschaft die Aufforderung, das Mädchen „einmal in der Woche für ein paar Stunden […] zur Berufsschule zu schicken", als „Unverschämtheit" empfunden hat, da man diese Zeit durchgehend bezahlen mußte. Bleibt zu vermerken, daß solche Einstellungen in Zeiten allgemeiner Schulpflicht glücklicherweise nicht allzu großen Schaden anrichten konnten. Tröstlich ist im übrigen, daß es in den Gegenden des Amtes Lank immer wieder auch Geistliche gab, die teilweise engagiert dafür eintraten, dem Gesinde eine solide Schulbildung zukommen zu lassen.

Angesichts des Gesagten ist nicht verwunderlich, daß der Anteil der des Lesens und Schreibens Kundigen auch im 19. Jahrhundert in der Oberschicht erheblich größer war als bei den Knechten und Mägden, den Heuerlingen und Arbeitern. Aus dieser Gruppe mußten sich um 1800 etwa im vorwiegend protestantischen Oldenburg 23 % der Männer und 53 % der Frauen damit begnügen, ein Kreuz statt der Unterschrift unter die Heiratsurkunde zu setzen, waren also des Schreibens nicht mächtig; in der Oberschicht zeigten diese Form von völligem Analphabetismus dagegen nur 3 % der Männer und 13 % der Frauen. Ähnliche Werte ließen sich damals für das katholische Koblenz ermitteln. Für unsere Gegend fehlen entsprechende Anhaltspunkte gänzlich. – Als Lesestoff wurden noch weit in das 19. Jahrhundert hinein der Katechismus, Gesangbücher und andere religiöse Werke bevorzugt. Dies schloß nicht aus, daß auch in derartigen Schriften vor allem seit dem späten 18. Jahrhundert aufklärerische Gedanken eingedrungen waren, die so ihren Weg zu den Knechten und Mägden auf dem Land fanden. Schließlich sei erwähnt, daß es seit den 60er Jahren des 18. Jahrhunderts auch Gesindeschulen gab, in denen praktische Fertigkeiten ebenso wie religiöse und sittliche Inhalte vermittelt wurden.

Ausklang

Die Berufe der bäuerlichen Knechte, Mägde und Dienstboten sind heute nicht mehr zeitgemäß. Während die Landwirtschaft nach 1945 durchaus noch diesen Beschäftigtenstatus kannte, spielt er im allgemeinen Wirtschaftsleben der Gegenwart kaum mehr eine Rolle. Ursache hierfür war die in den letzten Jahrzehnten zu verzeichnende Modernisierung und Industrialisierung, die Arbeitsteilung und Mechanisierung der gewerblichen Tätigkeiten in Landwirtschaft und Privathaushalt, die Ausgliederung vieler Erwerbszweige aus der Hauswirtschaft und deren Einbindung in industrielle und gewerbliche Unternehmen, der steigende Organisationsgrad von Wirtschaft, Verwaltung und Gesellschaft sowie die Schaffung der Infrastrukturen in den Bereichen Verkehr, Bildung und soziale Fürsorge. Die mit diesen Stichworten skizzierte Entwicklung schuf einen hohen Bedarf an Angestellten und Arbeitern. Diese sind gewerkschaftlich organisiert und haben in jahrzehntelangen Auseinandersetzungen ihre Interessen und Ansprüche in tarifrechtlich verbrieften Lohn- und Gehaltszahlungen, normierten Arbeitszeiten und Freizeitregelungen, in vertraglich vereinbarten Leistungskatalogen und nicht zuletzt in allseits anerkannten Urlaubszeiten durchgesetzt.

Angesichts dessen mag uns heute der gesellschaftliche Status der Dienstboten, vor allem des in der Landwirtschaft tätigen Gesindes, als geradezu vorsintflutliches Element feudal-patriarchalisch geprägter Lebensformen erscheinen. Ob dies das Gesinde vergangener Zeiten ebenso empfand, läßt sich – aufs Ganze gesehen – nicht sagen. Immerhin gab es, wie angedeutet wurde, erhebliche regionale Unterschiede. Wie nötig es ist, die Verhältnisse von Fall zu Fall zu überprüfen und zu beurteilen, mögen die durchaus widersprüchlichen Zeugnisse dokumentieren: So ist einerseits etwa überliefert, daß das Gesinde nach dem Tode eines strengen und rücksichtslosen Herrn wahre Freudenfeste veranstaltete. Andererseits wird uns von Familiengräbern berichtet, die nach Ausweis ihrer Inschriften den bäuerlichen Herrschaften ebenso als letzte Ruhestätte dienten wie den weitgehend rechtlosen, offensichtlich aber zur Großfamilie gezählten Knechten und Mägden. Es klingt hier eine in persönlichen Bindungen verankerte Gefühlswelt an, die sich den normierten Ansprüchen etwa des Tarifrechts weitgehend entzieht. Dieses hat sicherlich ein Höchstmaß an individueller Selbstverwirklichung und kreativer Lebensgestaltung ermöglicht. Zu fragen ist aber, ob nicht die hier sichtbar werdende, zunehmende

Rationalisierung der Lebensverhältnisse zwangsläufig den Bereich der zwischenmenschlichen Beziehungen und Empfindungen in einem Ausmaß beschnitten hat, das für die Angehörigen der alten Haus- und Hofgemeinschaft undenkbar gewesen wäre.

Daß in der Tat das zwischen Herrschaft und Dienstboten geknüpfte Band gelegentlich sehr eng war, ist auch für Lank nachzuweisen: So hatte 1844/45 der 12jährige „Knabe Sebastian Hermann" wegen Mißhandlung durch seine Stiefmutter seine Heimat zusammen mit seinem Bruder verlassen und war beim „Viehhirten Backes in Langst gut untergekommen"; dort „diente" er „[als Viehhirt] unter gutem Betragen", weshalb der Vater des Jungen, ein Musikant, seinen Sohn dort lassen wollte. Auch Sebastian selbst hat es bei Backes so gut gefallen, daß er nach einem kurzen Aufenthalt in Kaiserswerth, wo er eine Lehre als Seidenweber angetreten hatte, später wieder zu Backes nach Langst zurückgekehrt ist. – Den Erinnerungen seines Sohnes zufolge erzählte auch Karl Davids, der um 1900 bei Familie Hellenbroich in Gellep Dienst tat, „immer", „daß er es dort besser gehabt hätte wie zu Hause". – Als „sehr herzliche", wenn auch durch den Krieg „verarmte" Leute empfand schließlich nach dem Zweiten Weltkrieg auch Magdalene Stimmes ihre neue Herrschaft, den Bürgermeister von Uerdingen und dessen Ehefrau.

Herrschaft und Dienstboten waren, wie wir nach allem Gesagten konstatieren müssen, im Guten wie im Bösen geradezu aneinander „gekoppelt". So konnte es vorkommen, daß der Dienstbote seinen Herrn mehr als Vater und umgekehrt mancher herrschaftliche Sprößling seine Magd mehr als Mutter empfinden mochte. Daß dies nicht zu hoch gegriffen ist, hat die westfälische Dichterin Annette von Droste-Hülshoff (1797-1848) in ihren Kindheitserinnerungen anschaulich zum Ausdruck gebracht. Sie wuchs wie andere Kinder ihres Standes mit einer Amme auf und berichtet, daß sie diese als „Mutter", ihre leibliche Mutter aber als „Mama" ansprach.

Quellen:

Bischöfliches Diözesanarchiv Aachen

Gvd Krefeld 8,I

Nordrhein-Westfälisches Hauptstaatsarchiv Düsseldorf

Landratsamt Krefeld 148

Stadtarchiv Meerbusch

Büderich I 246, 247, 495

Lank I 794, 981, 982, 1095

Osterath I 348, 349

Mehr oder weniger eingehende Informationen erhielt ich mündlich und schriftlich von (in alphabetischer Reihenfolge): Dr. Marie-Sophie Aust/Osterath, Dr. Volkher Banse/ Strümp, Bernhard Davids/Lank (Erinnerungsbericht seines Vaters Heinrich Davids), Willi Münks/Osterath, Magdalene Stimmes/Lank-Latum, Addo Winkels/Lank sowie einigen anderen, die zu ihren Lebzeiten nicht genannt werden möchten.

Literatur:

E. Aron, Herrschaft und Gesinde. Die Gesindeordnung vom 19. August 1844 für die Rheinprovinz, wie sie vom 1. Januar 1900 ab Geltung hat, Düsseldorf 3. Aufl. 1908

H. Aubin/W. Zorn (Hg.), Handbuch der deutschen Wirtschafts- und Sozialgeschichte, Bd. 2, Stuttgart 1976

M.-S. Aust, Der Ploeneshof in Osterath – seine Bewohner und ihre Zeit (3. Teil), Meerbuscher Geschichtshefte 10 (1993), S. 127-155

L. Braun, Das Sklaventum der Dienstmädchen, in: E. Frederiksen (Hg.), Die Frauenfrage in Deutschland 1865-1915, Stuttgart 1981, S. 335-345

Fr. Demmer, Das Gesinderecht im Allgemeinen Landrecht für die Preußischen Staaten von 1794 und in der Gesindeordnung für sämtliche Provinzen der Preußischen Monarchie von 1810, Diss. Köln 1968

P. Dohms, in Verbindung mit W. Dohms und V. Schroeder, Die Wallfahrt nach Kevelaer zum Gnadenbild der „Trösterin der Betrübten". Nachweis und Geschichte der Prozessionen von den Anfängen bis zur Gegenwart. Mit Abbildungen der Wappenschilder (350 Jahre Kevelaerwallfahrt 1642-1992, hg. von R. Schulte Staade, Bd. 2), Kevelaer 1992

P. Dohms, in Verbindung mit W. Dohms, Rheinische Katholiken unter preußischer Herrschaft. Die Geschichte der Kevelaer-Wallfahrt im Kreis Neuss, Neuss 1993

P. Dohms, Knechte, Mägde, Dienstboten. Das Landleben in früherer Zeit, agronomical 2 (1997), S. 26-29

R. Engelsing, Das häusliche Personal in der Epoche der Industrialisierung, in: ders., Zur Sozialgeschichte der deutschen Mittel- und Unterschichten, Göttingen 1975, S. 225-261

R. Engelsing, Zur politischen Bildung der deutschen Unterschichten 1789-1863, in: ebd., S. 155-179

F. Ph. Florinus, Oeconomus Prudens et Legalis oder Allgemeiner Klug- und Rechtsverständiger Hausvatter, Bd. 1, Nürnberg 1705

S. Gerhard, Die geltenden preußischen Gesindeordnungen, Bde. 1, 2, Berlin 1914

J. Grimm/W. Grimm, Artikel „Gesinde", in: Deutsches Wörterbuch, Bd. 4, Leipzig 1897, S. 4108-4113

F.-W. Hagenkötter, Herrschaft und Gesinde, Bonn 1896

Cl. Harrasser, Von Dienstboten und Landarbeitern. Eine Bibliographie zu (fast) vergessenen Briefer. (Geschichte und Ökonomie, Bd. 7), Innsbruck/Wien 1996

J. Hoffmann, Die „Hausväterliteratur" und die „Predigten über den christlichen Hausstand". Lehre vom Hause und der Bildung für das häusliche Leben im 16., 17. und 18. Jahrhundert, Weinheim/Berlin 1959

P. Ilisch, Zum Leben von Knechten und Mägden in vorindustrieller Zeit, RWZ 22 (1976), S. 255-265

W. Kaschuba, Lebenswelt und Kultur der unterbürgerlichen Schichten im 19. und 20. Jahrhundert, München 1990

A. Freiherr von Knigge, Über den Umgang mit Menschen, hg. von G. Ueding, Frankfurt/Main 1977

J. Kocka, Weder Stand noch Klasse. Unterschichten um 1800, Bonn 1990

J. Kocka, Arbeitsverhältnisse und Arbeiterexistenzen. Grundlagen der Klassenbildung im 19. Jahrhundert, Bonn 1990

R. Koselleck, Preußen zwischen Reform und Revolution, Stuttgart 1967

Ch. Graf von Krockow, Warnung vor Preußen, erweiterte Aufl. Berlin 1993

S. Lange, Küche, Kinder, Kirche ... Aus dem Leben der Frauen in der Eifel, Aachen 1952

K. Lidecke, Das Gesinderecht in der Rheinprovinz, Solingen 1915

M. Matter, Landwirtschaftliche Dienstboten im Rheinland nach der AVD-Umfrage zur bäuerlichen Arbeit. Erster Arbeitsbericht, RWZ 22 (1976), S. 34-50

H. Müller, Dienstbare Geister. Lebens- und Arbeitswelt städtischer Dienstboten. Ausstellungskatalog, Berlin 1981

D. Müller-Staats, Klagen über Dienstboten. Eine Untersuchung über Dienstboten und ihre Herrschaften, Frankfurt/Main 1987

E. Münster/Kl. Wisotzky, „Der Wirkungskreis der Frau ..." Frauengeschichte in Ratingen, Ratingen 1991

Th. Nipperdey, Deutsche Geschichte 1866-1918, Bd. I: Arbeitswelt und Bürgergeist, München 1990

T. Pierenkemper, „Dienstbotenfrage" und Dienstmädchenarbeitsmarkt am Ende des 19. Jahrhunderts, Archiv für Sozialgeschichte 28 (1988), S. 173-201

R. Schröder, Das Gesinde war immer frech und unverschämt. Gesinde und Gesinderecht vornehmlich im 18. Jahrhundert, Frankfurt/Main 1992

M. Stimmes, Das Leben auf einem Bauernhof in früherer Zeit, Kindheitserinnerungen, Lanker Heimatblätter, 6. Mappe, Lank 1997, S. 197-198

K. Tenfelde, Ländliches Gesinde in Preußen. Gesinderecht und Gesindestatistik 1810-1861, Archiv für Sozialgeschichte XIX (1979), S. 189-229

K. Tenfelde, Dienstmädchengeschichte. Strukturelle Aspekte im 19. und 20. Jahrhundert, Zeitschrift für Unternehmensgeschichte, Beiheft 35 (1985), S. 105-119

I. Weber-Kellermann, Erntebrauch in der ländlichen Arbeitswelt des 19. Jahrhunderts auf der Mannhardtbefragung in Deutschland von 1865, Marburg 1965

Vgl. außerdem die Übersicht der mehrfach benutzten Literatur: Nr. 1, 3, 8, 9, 10, 11, 18, 20, 23, 24, 25, 27, 29, 31.

II. Brauch

Kinder und ihre Spielwelt im Wandel. Eine Studie zu den rheinischen und Meerbuscher Verhältnissen

Von Ayten Fadel

Voraussetzungen

„Hoher Sinn liegt oft in kind'schem Spiel." (Schiller) Kind und Spiel – ein Wortpaar, ein Inbegriff der Kinderwelt. Schon sehr früh erkannte Schiller die Bedeutung des kindlichen Spiels für den Menschen. So wie ‚Arbeiten' Teil der Alltagskultur der Erwachsenen ist, gehört ‚Spielen' zur Alltagskultur der Kinder. Spielen ist des Kindes Lieblingsbeschäftigung, macht Spaß und wird immer positiv erlebt. Daher läßt sich die Kinderwelt am ehesten durch ihre Spiele erschließen. Die Spielwelt der Kinder unterliegt einem ständigen Wandel, der von sozialen, wirtschaftlichen, kulturellen und politischen Ereignissen beeinflußt wird, denn in ihren Spielen ahmen Kinder die Welt der Erwachsenen nach und versuchen, die reale Welt auf ihre Weise nachzustellen. Daher sind Spiele und Spielinhalte stets ein Spiegelbild der Gesellschaft.

Zum Spielen gehört meist ein Spielzeug. Besitzer von industriell gefertigtem Spielzeug waren früher jedoch nur Kinder begüterter Familien, und sie bildeten einen bescheidenen Teil. Die Mehrzahl der Kinder stammte aus Kleinbürger-, Kleinbauern- oder Arbeiterfamilien, die nur wenig oder gar kein Spielzeug besaßen. Die schwierige wirtschaftliche Lage in der ersten Hälfte unseres Jahrhunderts ließ meist nicht zu, daß Eltern Spielzeug für ihre Kinder kauften. Ältere Kinder stellten es sich oft selbst her, für die kleineren Kinder fertigten es die Eltern. Nur reiche Bauern und die wohlhabende Bürgerschicht konnten es sich leisten, Spielzeug käuflich zu erwerben. In der zweiten Hälfte unseres Jahrhunderts bahnte sich der Übergang zur internationalen Konsumgesellschaft an. Bereits in den 1970er Jahren wurden die Kinder mit Industriespielzeug überschüttet. Die Produktbreite von Spielgeräten erreichte ein Ausmaß, dem das Fassungsvermögen der Kinder nicht mehr gewachsen war.

Parallel zur Veränderung in der Spielwelt der Kinder vollzog sich ein Wandel im sozialen Leben der Familie, der wiederum die Kinderwelt maßgeblich beeinflußte. Diese hatte sich von der Jahrhundertwende bis in die 1950er Jahre weitgehend gleichgehalten: Kinder lebten mitten unter den Erwachsenen, wuchsen allmählich in deren Welt hinein und galten – besonders auf dem Land und in Handwerker- und Arbeiterfamilien – oft als wichtige Arbeitskraft. Anders in Bürgerfamilien: der Vater hatte die Macht über alle Familienmitglieder und trug die volle Verantwortung für sie, die Mutter widmete sich dem Haushalt und der Kinderpflege, die Kinder erhielten Zuwendung von ihren Eltern, diese verlangten von ihnen, artig und folgsam zu sein.

Erst nach dem Zweiten Weltkrieg änderte sich dieses Familienbild, und allmählich setzte sich die Demokratisierung in der Familie durch und damit auch in den Erziehungsmethoden. Das neue Gesellschaftsbild, das ein partnerschaftliches Familienmodell entwickelte, spiegelte sich ebenfalls in der Kinderwelt wider. Kinder galten nun als Individuen, die eine eigene Meinung vertraten und ein Mitspracherecht in der Familie bekamen. Beim Spielen außer Haus fallen soziale Unterschiede weniger auf, denn hierzu brauchen die Kinder wenig Spielzeug. Sie nutzen die Natur oder geben ihrem Bewegungsdrang bei Fang- und ähnlichen Spielen freien Lauf.

Spielwelten und Spiele in früherer Zeit

Das Amt für rheinische Landeskunde führte zwei empirische Untersuchungen zum Thema Spiel und Kind durch: 1981/82 „Kinderspiele von 1900 bis 1950" und 10 Jahre später 1991 „Spielwelten der Kinder und ihr Wandel von 1900 bis heute". In diesem Beitrag sollen Spielformen aus dem Amt Lank bzw. aus Meerbusch beschrieben werden. Autobiographische Berichte der Erhebungsteilnehmer aus dieser Gegend geben einen Einblick in den Kinderalltag während der letzten 100 Jahre.

Charakter und Wahl der Spielorte außer Haus hängen immer von den Gegebenheiten der Landschaft und Jahreszeit ab. „Wir spielten auf den Stoppelfeldern, wobei wir uns aber von den Erwachsenen nicht erwischt werden durften, da wir dabei die sorgfältig aufgerichteten Garben evtl. umwarfen. Die Kartoffelfeuer im Herbst auf den abgeernteten Feldern waren für alle Kinder eine große Freude. Im Winter spielten wir in den Scheunen im Stroh und unternahmen mir heute lebensgefährlich anmutende Kletterpartien über die vorhandenen Leitern und sprangen von oben herab in das gelagerte Stroh." (Bericht J. Planker)

Ein Ergebnis der Bestandsaufnahme ist, daß bis in die 1950er Jahre die Kinder viel mehr auf der Straße gespielt haben als heute. Mit steigender Verkehrsdichte und zunehmender Motorisierung wurde das Spielen auf der Straße nicht mehr möglich, und die Kinder suchten sich ihre Spielorte woanders, vor allem in Gärten, Hinterhöfen, Toreinfahrten u. ä. Plätzen. Eine Großmutter be-

Abb. 59: Taufe bei Familie Davids in Lank (v.l.n.r.: Kinder Johann, Christoph, Heinrich, Täufling Balthasar, Mutter Maria, geb. Blommen, dahinter deren Schwester Christine Förkels, geb. Blommen), 1914. Die Taufe fand einen Tag, bevor Vater Karl als Soldat einberufen wurde, statt.

Abb. 60: Kindtaufe in Ilverich (v.l.n.r.: Christine Humborg, Fritz Mertens, Gertrud Mertens, geb. Humborg, Elisabeth Humborg mit Täufling Heinz Humborg, Heinrich Humborg, Katharina Heier, Kutscher Heinrich Sassen), 1936. Damals wurden die Täuflinge mit der Kutsche von Ilverich zur Kirche nach Lank gefahren. Die einzige Kutsche dazu besaß Heinrich Sassen. Auf diesem Bild trägt er, völlig ungewöhnlich, zum Zylinder und Anzug Klumpen; das hing mit einer Wette zusammen, die er aus Jux abgeschlossen hatte, falls der nächste zu fahrende Täufling ein Junge sein würde.

Abb. 61: Kathrinchen Brandt, geb. Rippers, im Alter von ca. zwei Jahren neben „Klo-Stühlchen", um 1930

Abb. 62: Peter Bremes in Lank, Mittelstraße (heute wohnhaft in Bösinghoven) als 15 Monate altes Kind, 1933

246

Abb. 63: „Oma" Christine Pütz
(„Pütze Sting") aus Ilverich mit
Enkeln, um 1945

Abb. 64: Kind beim Seilchen-Springen
(mehrsprachige Postkarte des
Weltpostvereins), 1902

Abb. 65: Kommunionkinder Agnes
Klüners (links) und Henriette Fischer
aus Ilverich, um 1915

Abb. 66: Kommunionkind Magdalene
Teeuwen, geb. Winkels aus
Bösinghoven, 1945

247

Abb. 67: Kinder Johannes und Paul auf Pferdekarren des Bauern Heinrich Radmacher (hier bei Haus Latum), um 1938

Abb. 68: Ziegenbock mit Wägelchen vor dem „Gülden Crütz" in Lank. Vor dem Zweiten Weltkrieg war dies eine beliebte Kinderbeschäftigung.

248

Abb. 69: Kinderschützenfest in Ilverich mit Kinder-Schützenkönig Theo Pricken, um 1937

Abb. 70: Schlittschuhlaufen im Strümper Bruch, Januar 1982

richtet: „Die Kinder (5 bis 9 Jahre) spielen nicht auf der Straße, dazu ist der Verkehr zu stark; ich dagegen habe früher mit der Dorfjugend auf dem nahegelegenen Kirchplatz Kreis- und Gruppenspiele gespielt. [...] Von Frühjahr bis Herbst spielten die Kinder der Nachbarschaft auf Straße und Hof, in Scheune und Schuppen Kreisspiele, wie z. B. ‚Wenn wir diesen Sommer mal nach Holland gehen', ‚Jungfer Liese', ‚Wir treten auf die Kette', ‚Kling kling Tellerlein', ‚Vater Hecht' oder ‚Hier ist grün'." (ebd.) An einem Tor, an einer Scheunen- oder Stallwand spielten sie ‚Lauf Rehlein durch den Busch', bei dem sich mehrere Kinder beteiligten, damit die Kinderschlange möglichst lang wurde. Kinder aller Altersgruppen suchten ein Gelände mit Bäumen, um ‚Bäumchen wechsle dich' zu spielen. Alle Kinder der Nachbarschaft bis ca. 14 Jahren machten bei den Reihenspielen ‚Pontius ade' bzw. ‚Blankenstein', ‚Namen raten', ‚Mutter darf ich' mit (ebd.). Der ‚Plumpsack' erfreute sich bei den Kindern großer Beliebtheit, ebenso das ähnliche Spiel ‚Taler, Taler du mußt wandern'. Für beide Spiele wurde ein Stöckchen oder Steinchen benötigt. (AK Meerbusch-Osterath)

Für manche Spiele war ein Spielgerät erforderlich, das jedoch nicht immer käuflich erworben werden konnte, daher stellten es oft die Kinder selbst her. Kinderphantasie hat keine Grenzen. Um ihr Spielgerät anzufertigen, waren Kinder um eine ausgefallene Idee nie verlegen. „Für das beliebte ‚Jojospiel' nahmen die Kinder zwei Deckel von Schuhputzdosen, die sie mit einem Nagel zusammenhielten, Stelzen waren zwei Konservendosen mit Kordel. Die Mädchen stellten ihre ‚Strickliesel' aus einer Garnrolle mit Nägeln her." (Bericht J. Planker)

Nicht nur Verkehrsdichte und die Motorisierung der Straße beeinflußten den Wandel der Kinderspiele, auch Fortschritt und Technisierung, z. B. die Asphaltierung der Straße, spielten eine unverkennbare Rolle. „Die Straße war nicht befestigt, so daß man die ‚Küllekes' für die Spiele mit den Knickern, hier ‚Pinsche' genannt, in die Straßenoberfläche graben konnte. [...] ‚Hülldopp' wurde weiträumig auf Höfen und Plätzen gespielt. Der ‚Dopp' konnte auf festem Boden überall geschlagen werden, was heute überhaupt nicht mehr möglich ist." (Bericht J. Planker) „Am ‚Hülldopp' beteiligten sich die Kinder aller Altersgruppen. Zu diesem Spiel gehörte der ‚Dopp', ein meist konisch zugehender Kreisel von etwa 4-6 cm Höhe und eine Peitsche, die ‚Schmeck'". (Bericht M.-S. Aust)

Auch wenn viele alte Spiele heute auf den asphaltierten Straßen nicht mehr durchgeführt werden können, passen sich Kinder ihrer neuen Umwelt an und erfinden neue adäquate Spiele. „Bei schönem Wetter spielen Kinder heute im Garten und auf einem Steinweg. Dort werden mit bunter Kreide Figuren oder Wege gezeichnet und dann mit dem Roller oder Rad abgefahren. [...] Sie suchen sich Wege im großen Garten quer durchs Gebüsch und verstecken sich in ihrer ‚Höhle', wo niemand sie sehen kann." (AK Meerbusch-Osterath) ‚Höhlen-bauen' war früher und ist heute ein Lieblingsspiel der Kinder. Da sie nicht mehr wie in älteren Zeiten in die Natur ziehen und ihre Spielräume selbst aussuchen können, bauen sie nun ihre ‚Höhlen', in denen sie ihre eigene Spielwelt mit handelnder Phantasie und Improvisationsfähigkeit gestalten. Die Natur, die für Kinder eine Art Abenteuerspielplatz war, bot ihnen ein reichhaltiges Angebot an Bastelmaterialien. Beim Spiel „ ‚Musik machen' stellten die Kinder 3 Musik-instrumente für ein Konzert her: eine Geige, ‚Fump' genannt, aus Rübenblättern, eine Flöte aus Getreide- oder Grashalmen und ein weiteres Musikinstrument aus einem dünnen Blatt einer Laubhecke." (Bericht J. Planker)

Die Spiele der Kinder waren in der ersten Hälfte unseres Jahrhunderts – wie in den Jahrhunderten zuvor – oft nach Geschlechtern unterschieden. Im Früh-jahr spielten die Jungen gern ‚Reifen treiben'. „Unser Spielzeug war vielfach selbst angefertigt: der Reifen aus einer Fahrradfelge…" (ebd.) „Auf ebener Fläche, auf Hof oder Straße spielten die Jungen das ‚Stockspiel', bei dem von zwei Stöcken einer mit einem Messer angespitzt wurde." (AK Meerbusch-Osterath) Aus vielen Berichten erfahren wir, daß ein Taschenmesser früher zum ‚Image' eines jeden Jungen gehörte.

Typische Jungenspiele waren und sind bis heute die Kampfspiele, die ih-nen Gelegenheit bieten, Mut und Kraft zu erproben. Kampfspiele erfuhren ihren Höhepunkt während und nach Kriegszeiten. Da Kinder in ihren Spielen sich stets mit Situationen aus ihrer Umwelt auseinandersetzen und das Verhal-ten der Erwachsenen nachahmen, fließt in ihre Spiele alles ein, was ihnen im Alltag begegnet. So drang der Krieg in die Kinderspiele ein, in denen vor allem Gewalt, Aggression, Militär und ‚Heldentaten' zum Ausdruck kamen. Kampf-spiele wurden in dieser Zeit zu Kriegsschlachten zwischen den Nationen er-klärt. Das altbekannte Spiel ‚Land abstecken' wurde zu ‚Deutschland erklärt den Krieg gegen …' umgetauft. Auch die Mädchen änderten die Variante ‚Län-dernamen' zu ‚Ich erkläre den Krieg gegen …'. (ebd.)

Bevorzugte Mädchenspiele waren – und sind bis heute noch – Hüpfe-kästchen und Seilspringen. „‚Hinkelpäckchen' wurden in den Straßenboden eingeritzt und mit ‚Hinkelsteinen', die überall zu finden waren, besetzt. Zum Seilspringen wurde ein großes Seil quer über die Straße gespannt." (Bericht J. Planker) Ganz oben auf der Favoritenliste der Mädchenspiele standen Klatsch-spiele, die bis heute noch nicht an Beliebtheit verloren haben. Es sind Spiel-lieder, die von Reim und Melodie begleitet werden. Sie basieren auf traditionel-len Grundmustern, die von Generation zu Generation weitergegeben werden. Die Kinder variieren sie ständig und bereichern sie je nach neuer Spielsituation und aktueller Gegebenheit. – Spiellieder zeigen die Freude der Kinder an Klang und Reim, an Bewegung und Rhythmus, mit denen sie ihr breitgefächertes Spielgut sprachlich, melodisch und choreographisch gestalten. Dabei erbringen die Kinder eine beeindruckende Leistung, Bewegung, Sprache und Melodie harmonisch zu kombinieren.

Spielwelten und Spiele im Wandel

Seit den 1950er Jahren setzte ein allmählicher Wandel in den Spielwelten der Kinder ein: Der Weg in die internationale Konsumgesellschaft ebnete sich, so daß mit der Verbreitung der Spielzeugindustrie neue Spiele aufkamen, oder alte Spiele neue Formen erhielten; z. B. wurde in den 1950er Jahren das Reifentreiben durch einen neuen Reifen ersetzt, den ‚Hulahupp', der bald wieder in Vergessenheit geriet. Anfang der 1980er Jahre kamen die Disco-Rollschuhe auf, etwa zur gleichen Zeit das bei den Jungen sehr beliebte Skateboardfahren. Für beide Spiele wurden extra Rollschuh- bzw. Skateboardbahnen angelegt. Seit 1995 nahmen die Rollerblades den Platz der Disco-Rollschuhe ein.

Da das Spielen außer Haus in unserer Zeit – besonders in der Stadt – sehr eingeschränkt ist, ließen Kommunalpolitiker in den 1960er Jahren 'vorgefertigte' Spielplätze errichten. Diese wurden jedoch nur von Kleinkindern genutzt, größere Kinder fühlten sich auf den meist umzirkelten Anlagen eingeengt. In den 1970er Jahren entstanden deshalb große Abenteuerspielplätze mit vielen differenzierten Spielmöglichkeiten, jedoch waren sie oft vom Wohnort weiter entfernt. Der Bedarf an Spielraum in der Nachbarschaft war also noch nicht gedeckt. Um diesen Mangel auszugleichen, wurden in den 1980er Jahren Spielstraßen in den Wohngebieten angelegt, die offensichtlich von Kindern verschiedenen Alters gut angenommen werden.

Mit zunehmendem Mangel an Spielplätzen außer Haus konzentrieren sich die Spiele mehr und mehr auf das eigene Spielzimmer. Bis in die 1950er Jahre hinein hatten nur Kinder der gehobenen Schicht ein eigenes Kinderzimmer. Die Mehrheit konnte in den Schlafstuben wegen Raumenge und Mangel an Heizung nicht spielen, sie hielten sich vorwiegend in der Wohnküche auf. Mit dem Wandel der Wohnverhältnisse in der zweiten Hälfte unseres Jahrhunderts stieg der Anteil der Kinderzimmer stetig. Heute wird bei jeder Haus- oder Wohnungsplanung das Kinderzimmer als selbstverständlich berücksichtigt. Hier ziehen sich die Kinder zurück und errichten ihre eigene Phantasiewelt, in der sie sich mit ihrer Umwelt und der Welt der Erwachsenen auseinandersetzen.

Das Spielen im Haus erforderte meistens Spielzeuge. Entsprechend der früher strikten Trennung der Rolle der Mutter und der des Vaters waren die Spiele der Kinder streng nach Geschlechtern unterschieden. Auch die Spielzeugindustrie, die im 19. Jahrhundert blühte, produzierte Mädchen- und Jungenspielzeug: auf der einen Seite Baukästen und Dampfmaschinen, Ritterburg und Zinnsoldaten, Pferd und technisches Spielzeug für die Jungen, auf der anderen Seite Puppen, Puppenstuben und Kaufläden mit Zubehör für die Mädchen. Gleichzeitig förderten die Eltern diese Spielweisen in ihrer Rollenfixierung, denn die Kinder sollten bereits im Spiel auf ihr zukünftiges Erwachsenenleben vorbereitet werden: Jungen zu starken Männern und verantwortungsvollen Vätern, Mädchen zu Hausfrauen und guten Müttern. Am Spielzeug als Modell des wirklichen Lebens, das als ausgesprochen bürgerliches Erziehungsinstrument galt, sollten die Kinder lernen, Erwachsene zu werden. Mädchen der Ober- und Mittelschicht, die keine Gelegenheit hatten, im Haushalt zu helfen und ihre jüngeren Geschwister zu versorgen – wie Kleinbürger- oder Bauerntöchter –, lernten im Spiel mit Puppen und Puppenhäusern, sich in die Rolle der Hausfrau zu versetzen und mit Kleinkindern umzugehen. Das war die erzieherische Absicht von geschlechtsspezifischem Spielgerät.

In der Zeit des Nationalsozialismus wurde die Trennung von Mädchen- und Jungenspielen ebenso stark forciert, denn auch Kinderspiele standen unter dem Einfluß der politischen Ereignisse: Krieg und Militär bildeten das Erziehungsvorbild der Jungenspiele, Hausfrau und gute Mutter sein das der Mädchenspiele. Seit den 1960er Jahren und mit der Sozialisierung der Familie werden Mädchen zunehmend in das Spiel der Jungen einbezogen und umgekehrt. Es ist z. B. nicht mehr verpönt, wenn Mädchen Fußball spielen oder wenn Jungen Seil springen.

Der Wandel der Spielwelten betraf also weniger die Spielräume als das Spielgerät, das vom steigenden Produktangebot der Spielwarenindustrie stark beeinflußt wurde. Parallel zur rapiden Veränderung in der Gesellschaft seit dem Ende des Zweiten Weltkriegs war gleichzeitig ein ständiger Wandel in der Spielzeugproduktion erforderlich. Das Interesse, eigenes Spielzeug selbst herzustellen, wurde eingeschränkt, war aber nicht erloschen. Die Berge von vorgefertigtem Spielzeug hindern die Kinder vielfach nicht, sich – wie früher – mit einfachen Alltagsgegenständen zu beschäftigen. Oft bauen sie ihr Industriespielzeug auseinander und funktionieren es um, damit es ihrer Phantasie beim Spielen entspricht.

Spiele, die Kinder heute am meisten faszinieren, sind – entsprechend der Zeit, in der wir leben – elektronische Spiele wie Gameboy und Computerspiele. Kinder ziehen sich, wie oben erwähnt, mehr und mehr in den Wohnbereich zurück und finden die Außenwelt in ihren eigenen vier Wänden auf dem Bildschirm wieder. Die Faszination, die früher die elektrische Eisenbahn, die Laterna

Magica, der Viewmaster u. ä. auf Kinder ausübten, wird heute durch Fernseher und die verschiedenen elektronischen Spiele ersetzt. Keine Frage, daß diese modernen Spiele für Kinder von Nutzen sein können, jedoch nur dann, wenn die Kinderspiele sich nicht nur darauf reduzieren. Solche Spiele ersetzen nämlich keineswegs das sinnliche Erleben, das Kinder beim gemeinsamen Laufen, Springen, Streiten usw. gewinnen, ohne die das Kind zweifellos eine innere Verarmung erleidet. „Heute dagegen sieht man fern, oft sogar in getrennten Räumen, da man sich innerhalb der Familie über das einzustellende Programm nicht einigen kann, und spricht infolgedessen viel weniger miteinander als das früher geschah. Die Kinder lernen gar nicht mehr, miteinander zu reden und Konflikte auszutragen. Jeder hat die Möglichkeit, sich zurückzuziehen und seine eigenen Wege zu gehen." (Bericht M.-S. Aust)

Durch das Fernsehen bekommen Kinder auch neue Anstöße für ihre Rollenspiele. Sie verarbeiten ihre Eindrücke und die Anregungen aus dem Fernsehen und setzen sie kreativ in ihrem Spiel um. Nicht ‚Räuber und Gendarm', nicht ‚Cowboy und Indianer' stehen nun auf dem Spielplan, sondern ‚Raumschiff Enterprise', ‚Galaxy' u. ä. aus den Fernsehserien. Das Rollenspiel gehört überhaupt zu den beliebtesten Kinderspielen von der Jahrhundertwende bis heute, was mit Sicherheit auf den besonderen Antrieb der Kinder zur Nachahmung und Improvisation zurückzuführen ist. Es versetzt die Kinder in eine Phantasiewelt, deren Regeln nicht – wie in der wirklichen Welt – von Erwachsenen vorgeschrieben sind, sondern die allein die Kinder bestimmen. Gleichzeitig orientiert sich diese Welt stark an den Gegebenheiten des Alltags und der Erwachsenenwelt. In ihren Rollenspielen greifen die Kinder zwar Geschehnisse aus ihrer Umwelt auf, setzen sie jedoch gleich in ihre Spielweisen um. „Im Wohnhaus wurde Familie gespielt, die Rollen wurden vorher genau verteilt, und es wurde darauf geachtet, daß diese auch eingehalten wurden (Vater, Mutter, Kind etc.). Oder aber Schule: jeder wollte am liebsten Lehrer sein. Oder aber Messe: jeder wollte Kaplan oder Pastor sein, oder aber Meßdiener, da der das Glöckchen läuten durfte. [...] Wir Kinder verkleideten uns gerne mit alten Gardinen, ausrangierten Kleidungsstücken, Umschlagtüchern, Hüten etc. und führten der Familie und der Nachbarschaft unsere Spiele vor. Eintritt 5 Pfennige, oder es wurde hinterher von einer Mutter für jeden ein Korinthenweck spendiert. Spielthemen waren Hochzeit, Schützenfest u. a." (Bericht J. Planker)

In den 1990er Jahren hat sich eine neue Form des Rollenspiels unter den Jugendlichen verbreitet: die Fantasy-Spiele, die auf die moderne Science-fiction-Phantasiewelt zurückgeführt werden. „Das Wesentliche ist, daß man sich im Rollenspiel neue Charaktere schafft, die einen Teil der eigenen Persönlichkeit besitzen.' Moderiert von einem Spielleiter, entwickeln diese Charaktere dann eine Spielsituation, in der sie schwierige Aufgaben lösen und gefährliche Situationen bestehen müssen. Besonders reizvoll sei, daß die Spieler auch eine Menge über sich selbst lernen ‚und außerdem macht es halt einfach Spaß', so die übereinstimmende Meinung der Spieler." (Bonner General-Anzeiger vom 7. 10. 1996) Der Unterschied zu den früheren Rollenspielen liegt darin, daß Kraft- und Mutproben heute nicht reell durchgeführt werden, sondern nur in der Phantasie der Spieler. Vor allem sind Vorstellungskraft und Einbildungsvermögen gefragt, beides Eigenschaften, die unsere moderne Welt charakterisieren.

Die Spielwelt der Kinder ist stets ein Spiegelbild der realen Welt und der Gesellschaft. Die Makrowelt der Erwachsenen wird in ihren Einzelheiten in der Mikrowelt der Kinder, in ihrer – nach eigenen Gesetzen errichteten – Spielwelt getreu wiedergegeben.

Quellen:

Landschaftsverband Rheinland, Amt für rheinische Landeskunde, Rheinisches Volkskundearchiv, Bonn

Umfrage „Kinderspiele von 1900-1950" (1981/82)

Umfrage „Spielwelten der Kinder im Rheinland" (1991)

Volkshochschule Meerbusch, Heimatkundlicher Arbeitskreis, Meerbusch-Osterath (hier zitiert: AK Meerbusch-Osterath)

Marie-Sophie Aust, Erinnerungsbericht

J. Planker, Erinnerungsbericht

Literatur:

A. Fadel, Kinderspiele an Rhein und Maas. Volkskundliche Filmdokumentation, Hennef/Köln/Elsloo/Niewstadt/Kinrooi 1992

A. Fadel, ...und dennoch spielen sie, in: Spielwelten der Kinder an Rhein und Maas. Begleitband und Katalog zur gleichnamigen Ausstellung (Werken und Wohnen. Volkskundliche Untersuchungen im Rheinland, Bd. 21). Köln 1993, S. 95-156

H. Fischer, Kinderreime im Ruhrgebiet (Werken und Wohnen. Volkskundliche Untersuchungen im Rheinland, Bd. 18), Köln 1991

I. Weber-Kellermann, Die Familie. Geschichte, Geschichten und Bilder, Frankfurt a. M. 1976

I. Weber-Kellermann, Die Kindheit. Eine Kulturgeschichte, Frankfurt a. M. 1979

I. Weber-Kellermann, Die Geschichte der Kindheit und ihre soziokulturelle Bedeutung. in: Spielwelten (ebd.), Köln 1993, S. 23-42

Zum Wandel von Hochzeitsbräuchen in Meerbusch und am Niederrhein

Von Alois Döring

Durch geänderte gesellschaftliche und ökonomische Verhältnisse und moralische Einstellungen erfahren die Riten und Handlungen, Verhaltensweisen und Normen rund um Liebe, Verlobung und Hochzeit einen tiefgreifenden Wandel.

Gelegentlich gehandhabt werden heute eigentlich kaum mehr vorstellbare Bräuche strenger sozialer Kontrolle der Dorfgemeinschaft, um auf Sitte und Anstand zu achten. Die Dorfjugend beispielsweise bediente sich Formen, um ehemalige oder bestehende Verhältnisse aufzudecken. Vor dem Haus einer ehemaligen Liebschaft der Braut oder des Bräutigams etwa wurden Strohpuppen aufgehängt, Spuren aus Spreu oder Kalk führten von der Puppe zum Haus der verlassenen Liebschaft oder verbanden die Häuser einstiger Liebespaare. Auch übte die Gemeinschaft Rügeformen aus, um abweichendes Verhalten gegen dörfliche Normen zu bestrafen. Als Verfehlungen galten beispielsweise Heirat geschiedener Partner oder Wiederverheiratung von Witwen. Aus Meerbusch ist folgende Rügeform überliefert: „Eine Freundin hatte jahrelang einen Freund und heiratete dann einen Soldaten. Nach dem Polterabend wurde auf die verbleibenden Scherben rund um das Haus Kaaf gestreut. In der Nacht regnete es, und so war der Ärger noch größer." (vor ca. 50 Jahren)

Andere Bräuche hingegen sind gang und gäbe. Meist wartet auf dem Standesamt oder vor der Kirche ein Reis-Segen auf die Jungvermählten. Das Überstreuen des Brautpaares mit Reis (oder anderen Körnern) unmittelbar nach der Trauung – auf den Standesämtern nicht gerne gesehen, wie Verbotsschilder zeigen – hat sich in Deutschland in jüngerer Zeit eingebürgert. Tatsächlich gab es aber hierzulande früher bereits einen ähnlichen Brauch: Das junge Paar wurde bei Ankunft oder Verlassen des Hochzeitshauses oder beim Hochzeitsmahl mit Erbsen (oder auch mit Getreidekörnern) beworfen, vielfach tat dies die Mutter des jungen Mannes. Die Brauchidee ist wohl in den biblischen Bildern von der Vermehrung – seid fruchtbar und mehret Euch – der Hochzeitsliturgie zu suchen. Das Bewerfen soll Glück und Fruchtbarkeit bringen.

Im folgenden geht es nicht darum, eine umfassende Darstellung von Hochzeits- und Verlobungsbräuchen zu schildern, sondern den Wandel einzelner Brauchformen an Beispielen zu skizzieren. Dabei werden vornehmlich Beispiele aus der Anfang der 90er Jahre durchgeführten Fragebogenerhebung des Amtes für rheinische Landeskunde „Verlobung und Hochzeit im Rheinland" herangezogen.

„… den Herzallerliebsten meinen"

Die Gelegenheiten, einen Partner kennenzulernen, waren auf dem Land dünn gesät. Kirmesse und Maifeste waren deshalb regelrechte Heiratsmärkte, im städtischen Bereich vornehmlich das vielgestaltige Vereinsleben mit seinen Festen, Veranstaltungen und Tanzereien: „Lernte den Mann durch einen Gast in der elterlichen Gastwirtschaft ‚Zur Traube', Stammlokal des Osterather Taubenzüchtervereins, kennen, der Vereinsmitglied war und seinen Freund aus dem Nachbarort Fischeln mitbrachte." (Osterath, 1952) Ein anderes Paar lernte sich kennen „in der katholischen Kirche bei Veranstaltungen der katholischen Jugend". (Osterath, 1964) Oder auch: „Kennenlernen durch Freundschaft der Eltern, die beide Handwerker waren, dörfliche Feste, Tanzereien etc." (Meerbusch, 1919)

Partnersuche – in der älteren Sozialgesellschaft war die Ehe der „gottgewollte" Stand. Nicht zur Hochzeit zu kommen konnte für Frauen gravierende negative Folgen haben. Dementsprechend war es für heranwachsende Mädchen von erheblichem Interesse, einen Partner zu finden – sofern man nicht verheiratet wurde. So bildeten sich gewisse abergläubische Praktiken aus, um in Erfahrung zu bringen, welcher Partner sich einfinden oder mit wem man bald verheiratet sein würde. Beliebt waren Orakel heiratswilliger Mädchen, die in der Weihnachtsnacht, an Silvester oder an bestimmten Heiligentagen als günstig angesehen wurden. Zum Beispiel sollten sich die Mädchen in solchen Nächten nackt auf den Fußboden legen und einen Schuh hinter sich werfen. Wohin die Schuhspitze wies, von dort sollte der Zukünftige erscheinen. Dazu gab es Anrufungen wie: „Heiliger Herr Andreas, / Ich bitte dich durch Gotte, / Sollst heute sein mein Bote. / Sollst mir lassen erscheinen, / Den Herzallerliebsten meinen."

Doch solch magische Prognostiken, die einst sehr beliebt gewesen sein müssen, sah die Kirche nicht gerne. So warnt bereits der Jesuit Georg Scherer 1683 die jungen, unverheirateten Mädchen vor solchen zauberischen Zukunftserfragungen. Er predigt und belehrt: „Und dieweil S. Andreas sein lebenlang unbeweibt gewesen, kompt er gantz unschuldig darzu, daß die fuerwitzigen Maegd und Jungfrawen an seinem heiligen Abend, als gestern, zauberische Losung pflegen zu gebrauchen, damit ihnen die Maenner, welche sie kuenfftig zur Ehe nehmen werden, im Schlaff oder sonst erscheinen sollten, kehren zu den Ende die Stuben hinter sich auß, decken den Tisch, und was deß Narrenwercks mehr ist. Solches kompt von S. Andrea nicht her, sondern vom

Teuffel. Liebe Metz, lass dir die Weil nicht lang seyn, du werdest dein Mann noch wol sehen, und nicht allein sehen, sondern auch empfinden, wenn er Dir die blawe Augen machen wird." (Zitiert nach: Wrede, S. 126) Die Kirche warnte vor solch ,Teufelswerk'. Denn dafür – mit jenseitiger Hilfe einen guten Mann kennen zulernen – gab es ja die Wallfahrtsorte wie Kevelaer am Niederrhein oder Eberhardsklausen an der Mosel.

„... es sei ein fremder Junge in unseren Rosengarten gekommen"

Hillich – Letsch – Polterabend: Was hat es damit auf sich? Hillich bezeichnete die Verlobung, aber auch den Junggesellenabschied oder die Vorfeier der Hochzeit. Den Hillich feierten manche am Abend vor dem ersten kirchlichen Aufgebot, acht Tage vor oder am Tage der kirchlichen Trauung oder auch am Abend vor der Ziviltrauung.

Heute versteht man unter Hillich oder Letsch z. B. die Verlobungsfeier oder den Polterabend als Brauch des Junggesellenabschieds. Der schöne alte Brauch wird heutzutage leider zunehmend zweckentfremdet, diese Klage ist oft zu lesen. Beklagt wird, daß der Polterabend ausartet, Unrat in rauhen Mengen vor dem Haus, im Garten und auf angrenzenden Grundstücken zu verstreuen. Zur polterabendlichen Umweltverschmutzung können heute gehören: Papier, Papierschnipsel, Sägespäne, Etiketten, Styropor, Kunststoff, Kronenkorken, Leichtmetall- und Aluminiumspäne, die in Wagenladungen vor dem Festhaus abgeladen werden.

Zu allen Zeiten suchen kirchliche oder weltliche Obrigkeiten, Bräuche einzuschränken, wenn nicht gar zu verbieten. Dies gilt auch für die Bräuche rund um Verlobung, Poltern und Hochzeit. Doch bedarf es politischer oder verwaltungsbehördlicher Ermahnungen oder gar Eingriffe? Bräuche werden von unten her verändert oder assimiliert. Dazu folgendes Beispiel aus Körrenzig (Stadt Linnich): „Früher gab es vereinzelt einen Polterabend. Gepoltert wurde nur mit altem Tongeschirr, Porzellan. Gepoltert wurde vor dem Haus der Brauteltern, und zwar am Vorabend der kirchlichen Hochzeit. [...] Heute findet der Polterabend oder auch Umtrunk, wie er heute bezeichnet wird, im Gemeindezentrum (alte Schule) statt. Gepoltert wird dabei kaum noch. Grund dafür war das Ausarten des Poltermaterials. Die Gäste entluden sogar alte Möbelstücke, LKW-weise Papier- und PVC- Schnippel, und der Polterabend wurde zu einem großen Besäufnis, so daß sich die Nachbarn beschwerten."

In Hochzeitsanzeigen oder Einladungen zum Polterabend schlägt sich ein gewandeltes Bewußtsein nieder – Poltern nach alter Väter Sitte: „Nach alter

Sitte, nur Scherben bringen Glück, / drum geht an euch die Bitte, / laßt Unrat und Müll bei euch zu Hause zurück." In einem Bericht aus Krefeld heißt es: „Eine Woche vor der kirchlichen Trauung veranstalten wir einen Junggesellenabschied an einer Grillhütte. Eingeladene sind Freunde und Bekannte, die nicht zur Hochzeitsfeier geladen werden. Üblich ist eigentlich ein Polterabend vor dem Haus der Brauteltern. Doch da dieser Brauch in den letzten Jahren in punkto Verschmutzung und Beschädigungen immer schlimmer wird, ziehen wir es vor, in einer Grillhütte zu feiern." (1993)

Die niederrheinische Letsch oder Litsche bezeichnet „die Festlichkeit im Hause der Brautleute nach der ersten kirchlichen Verkündigung, wozu die Freunde, Bekannten und die Junggesellen erscheinen, denen ein Fässchen Bier traktiert wird". (RhWb 5, Sp. 499) So heißt es in den Berichten beispielsweise: „Kein Polterabend, war unbekannt. Gefeiert wurde die Letsch bei der Braut morgens nach der Kirche als Frühschoppen, ausgerichtet von Onkel und Tante der Braut, bei denen diese bis zur Hochzeit wohnte." (Willich, 1953) Oder: „Wie in Willich und Anrath üblich, wurde nach der 1. Verkündigung von der Kanzel die ‚Letsch' in Anrath gefeiert wie eine Art Polterabend: jeder, der wollte, kam ohne besondere Einladung zu einer Art Frühschoppen." Der Zeitpunkt konnte wohl variieren, z. B. wurde die Letsch auch zum dritten Verkündigungstermin gefeiert: „Abschied vom Junggesellenleben: am Sonntag der Letsch, d. h. der dritten Verkündigung in der Kirche, trafen sich die Freunde des Bräutigams nach der Messe in Willich, kamen dann aber alle nach Osterath, um den Junggesellenabschied mit der Braut zu feiern." (Meerbusch/Willich, 1945)

Zu den traditionellen, heute wieder auflebenden Hochzeitsbräuchen gehört das nicht ungefährliche Böllerschießen: „Aus Nierst wird berichtet, daß am Vorabend der Hochzeit von den Jungen der Nachbarschaft ein Böllerschießen veranstaltet wurde: Karbid wurde mit etwas Wasser in alte Milchkannen gefüllt und mit dem Deckel verschlossen. Kurz darauf flog der Deckel mit lautem Knall in die Luft. Jedoch war ein Polterabend mit Glas- und Porzellanscherben und allerlei Ungemach für das junge Paar – wie nach dem Krieg – nicht üblich." (Lank, vor dem Zweiten Weltkrieg) Aus Langst-Kierst wird berichtet: „Am Abend vor dem hohen Tage ‚schießen' die Jungen der Nachbarschaft, ebenfalls beim Kirchgang, zur Wandlung und beim Heimzuge des Hochzeitspaares. Dazu verwenden sie eine Milchtöte (Milchkanne), deren Boden in der Mitte mit einem starken Nagel durchlöchert worden ist. In die schräg geneigte Töte wird eine Handvoll Karbitt geworfen und etwas Wasser hinzugeschüttet. Schnell wird der Deckel mit einem Papierstreifen umwunden und auf die Töte geschlagen. Ein Junge hält die Bodenöffnung einige Augenblicke zu, damit das Gas nicht entweicht. Dann tritt ein anderer mit einem brennenden Lappen an einer Stange hinzu und entzündet es. Ein dritter hält den Fuß auf die liegende Kanne und schlägt eifrig mit der Kappe (Mütze) gegen die Bodenöffnung, damit nur gar kein brennendes Gas entweicht. Und schon bald zeigt sich der Erfolg. Der Deckel wird weit fortgeschleudert, und ‚Bumm!' schallt's durch den ganzen Ort, daß manche zusammenfahren. Die Gesichter der Jungen glänzen vor Freude und Erregung. Haben sie doch der Polizei ein Schnippchen geschlagen." (StadtA Meerbusch, Lank I 798) Zur Belohnung erhielten die Jungen nebst Schnäpsen eine Einladung zur abendlichen Hochzeitsfeier.

Ganz in Weiß

Ganz in Weiß – so stellt sich beispielsweise die deutsche Schlagerherrlichkeit die Traumhochzeit vor. Ganz in Weiß – das war nicht immer so. Schwarz dominierte weit über die Jahrhundertwende hinaus bis zum Zweiten Weltkrieg den Festtagsstaat. (Nicht nur) auf dem Standesamt waren etwa in den 60er und 70er Jahren die Paare salopp gekleidet. Heute reicht das Spektrum der männlichen Ziviltrauungs-Kleidung vom schwarzen Anzug „nach alter Väter Sitte" über Karnevalskostüme, Trikots des Eishockey- oder Fußballvereins bis zur schwarzledernen Motorradjacke.

Das weiße Brautkleid ist aus unserer Vorstellung von einer Hochzeit nicht mehr wegzudenken. Es hat sich jedoch erst relativ spät, etwa seit den 40er Jahren, im Rheinland etabliert. Bis zum Zweiten Weltkrieg war ein schwarzes Brautkleid durchaus üblich. Vor allem in Kreisen der Arbeiter und Kleinbürger sowie in ländlichen Gebieten heiratete die Braut vor zwei bis drei Generationen noch in Schwarz. Eine eigenständige Brautmode gab es nicht. Die Hochzeitskleidung entsprach der allgemeinen schwarzen Festkleidung, die den Anlässen entsprechend abgewandelt wurde. Accessoires wie Brautkrone und Brautkranz, später der weiße Schleier, akzentuierten das schwarze, hochgeschlossene Kleid der Braut hochzeitlich. Es wurde jedoch häufig anläßlich der Hochzeit neu angeschafft und diente nach dem Hochzeitstag als Sonntagsstaat und Festgewand.

Das schwarze Brautkleid bestand aus einem knöchellangen, hochgeschlossenen seidenen Kleid, verziert mit Biesen, Rüschen, Perlstickerei u. ä. oder mit einem weißen Kragen bzw. Spitzeneinsatz. In einem Bericht aus Duisburg heißt es: „Während heute durchgehend im weißen Brautkleid und schwarzen Anzug geheiratet wird, trug die Braut etwa bis Anfang der zwanziger Jahre hierzulande ein schwarzes Kleid mit Biesen und Perlenstickerei und einer Plüschkante am Rockteil. Der Bräutigam trug den Gehrock." (vor dem Zweiten Weltkrieg)

Ein solches Kleid war zweckmäßig, da die Frau es auch weiterhin als festliche oder sonntägliche Bekleidung nutzen konnte. Die Kopfbedeckung bestand aus einem weißen Schleier, z. T. auch aus einem blümchenverzierten Spitzenhäubchen. Der Bräutigam trug einen Cutaway, den sogenannten Cut, einen Herrenrock aus schwarzem Tuch mit vorn schräg geschnittenen Schößen, häufig kombiniert mit einer grauschwarz gestreiften Hose (Stresemann). In Ermangelung eines Fracks oder Gehrocks, beide bis nach dem Zweiten Weltkrieg auch für andere feierliche Anlässe bestimmt, war der Bräutigam zumindest mit seinem besten, dunklen, meist schwarzen Anzug bekleidet, z. B. mit dem „Kommunióner": „Die Braut war meist in weiß, vor dem Ersten Weltkrieg war das Brautkleid auch oft schwarz (Taft, Seide) mit weißem Schleier, der Bräutigam war in schwarz: der berühmt-berüchtigte ‚Kommiöner'. Das konnte der erste schwarze Anzug sein, den der 14/15-Jährige zu seiner ersten Kommunion bekam. Aber oft bekam der junge Mann seinen ‚Kommunióner', seinen guten, schwarzen Anzug zu seiner eigenen Hochzeit; der begleitete ihn dann ein Leben lang für Kindtaufen, Hochzeiten, Beerdigungen und sonstige Feste." (Rheinberg, vor dem Ersten Weltkrieg) Während des Krieges standen Männer auch in Uniform vor dem Traualtar.

Das weiße Hochzeitskleid und der weiße Schleier kamen gegen Ende des 18. Jahrhunderts in adligen Kreisen auf. Im Laufe des 19. Jahrhunderts richtete sich zunächst das städtische Bürgertum nach dem Vorbild der höfischen Hochzeitskleider, bevor sich die Neuerung allmählich auch auf dem Lande durchsetzte und seit dem Zweiten Weltkrieg allgemein üblich ist: „Braut in weißem langen Kleid mit Schleier, der noch von der Brautmutter stammte und von zwei dreijährigen Kindern gehalten wurde." (Osterath, 1952) „Die Braut trug ein weißes, langes Kleid mit einem siebeneinhalb Meter langen Schleier. Der Bräutigam trug einen geliehenen schwarzen Anzug mit Zylinder." (Meerbusch, nach dem Zweiten Weltkrieg)

Die Beschaffung passender Kleidung war in den Kriegs- und ersten Nachkriegsjahren mühevoll. „Die Braut war in Weiß; der Bräutigam in einem vom Freund geliehenen Smoking (der im übrigen noch weitere Bräutigame gesehen hat!); der Zylinder vom Vater gehörte zur Leihausstattung, wurde aber nur in der Hand getragen wegen anderer Kopfgröße!" (Neuss, 1949) Manch ein Bräutigam erhielt einen schwarzen Anzug und einen Zylinder von Witwen, deren Männer im Krieg gefallen waren. Später leisteten sich einige Männer einen Smoking, aber der einfachere, auch für weniger feierliche Gelegenheiten verwendbare Anzug war doch die Regel. – Entscheidend für den Wandel vom schwarzen zum weißen Kleid ist die Symbolhaftigkeit der Farbe Weiß. Das

weiße Brautkleid wird zum Zeichen der Unschuld und Reinheit der Braut. Brautkrone und Brautkranz erfüllen die gleiche Sinnbildfunktion.

Rosmarin und später Myrte dienen als Material zur Herstellung von Brautkranz oder -krone. Beide Pflanzen kamen aus dem Mittelmeerraum nach Deutschland und wurden zum Hochzeits- und Liebessymbol. Als Sträußchen werden
sie auch am Anzug des Bräutigams befestigt.

Der Brautstrauß, den der Bräutigam in der Regel seiner Braut am Hochzeitstag schenkt, fand im 20. Jahrhundert weite Verbreitung. Zu Beginn des Jahrhunderts hielten jedoch manche Bräute traditionellerweise ein Spitzen-
taschentuch und ein Gebet- bzw. Gesangbuch in Händen, jedoch keine Blumen. Blumen stellten überdies einen Luxus dar, besonders im Winter. Also
band man je nach Jahreszeit und finanziellen Möglichkeiten die verschiedenar-
tigsten Sträuße. In den ersten Jahrzehnten waren Flieder, Nelken, Rosen und
Maiglöckchen bevorzugt: „Der Brautstrauß bestand aus weißen Nelken." (Meerbusch, vor ca. 50 Jahren) Vor allem während der Kriegs- und Notzeiten waren
Brautsträuße nicht leicht zu beschaffen: „Der Brautstrauß bestand aus weißem
Flieder, den die Brauteltern ‚organisiert' hatten und den der Bräutigam bezahl-
te." (Meerbusch, 1944) Oder: „Brautsträuße aus weißem Flieder, sehr schwierig
zu beschaffen, bezahlt vom Bräutigam" (Meerbusch, 1948); „Brautstrauß aus
Gladiolen (‚etwas anderes gab es nicht') wurde von der Familie der Braut organisiert." (Meerbusch, 1945)

Blumen wie Flieder oder Maiglöckchen, aber auch Buchsbaum, Weiden-
kätzchen und Haselnußsträußchen konnten aus dem eigenen Blumengarten
gepflückt werden. Stand kein Garten zur Verfügung, versuchte der Bräutigam
auf irgendeine Weise, einen Brautstrauß zu erhalten, z. B. im Tausch gegen
Zigaretten oder Lebensmittelmarken.

Rote und weiße Nelken waren in den 50er und Anfang der 60er Jahre beliebt, auch in Kombination z. B. mit gelben Osterglocken und Asparagus. Ebenso verwendete man Callas und weiße Chrysanthemen. Mit wachsendem Wohlstand leistete man sich auch nicht heimische oder teure Blumenarten vom
Blumenhändler: Anemonen und Fresien, Orchideen, Alpenveilchen usw.
Die zur Blume der Liebenden aufgestiegene Rose in Rot, Weiß und Gelb findet
seit Jahrzehnten bevorzugt Verwendung für den Brautstrauß: „Der Brautstrauß
bestand aus lachsfarbenen Röschen und weißen Strelizien und war mit großen
Blättern und einem weißen Spitzenband gebunden." (Meerbusch, vor
ca. 20 Jahren)

Abb. 71: Hochzeit Christine Jansen und Peter Weyergraf aus Nierst, 27. Dezember 1917

Abb. 72: Hinter Glas gerahmter Brautkranz derselben

Abb. 73: Damenrunde bei Ossum-Bösinghovener Bauernhochzeit von Kathrinchen Dornbusch – Heinrich Bremes, 1937

Abb. 74: Vierfach-Hochzeit in Lank-Latum, Dreifach-Hochzeit der drei Schwestern Radmacher und drei Geschwister Hermkes (v.l.n.r.: Hüsges – Agnes Hermkes, Hermkes – Franziska Radmacher, Willi Hermkes – Leni Radmacher, Hermann Gesse – Adele Radmacher), 1935

Abb. 75: dieselben, mit Hochzeitsgesellschaft

Abb. 76: Goldhochzeit der Nierster Eheleute Peter Kessels und Gertrud, geb. Hahlen, 1948

Abb. 77: Goldhochzeit der Lanker Eheleute Peter und Agnes Schüren, 14. August 1959

„Wollt Ihr ins Land der Ehe ein…"

Seit Beginn der Neuzeit sind Bräuche überliefert, die man als Wegsperre oder Hemmen des Hochzeitszuges bezeichnen kann: Ein Hindernis versperrt den Weg der Hochzeitsgesellschaft. Sobald eine Spende von Geld oder Naturalien entrichtet ist, wird der Weg freigemacht.

Die örtliche und zeitliche Einbindung der Wegsperre in den Ablauf des Hochzeitsfestes war einst vielfältig, z. B. bei der Abholung der Braut durch den Bräutigam oder auch bei der Überführung des Brautgutes: „Das Aufhalten des Wagens, der das Hochzeitsgut der Braut bringt, findet sich mehrfach an der Wied bei Altenkirchen und bei Monschau, auf dem Hunsrück und in der Osteifel. In diesem Fall gilt das Aufhalten der ‚Fremden', die sich das Recht in der neuen Gemeinschaft zu leben, erst erkaufen muß." (Schier, S. 45)

Am reichsten entfaltet finden sich bis heute die Sperrbräuche auf dem Weg des Hochzeitszuges zur kirchlichen Trauung und auf dem Rückweg. Beliebteste Hindernismittel sind Seile oder Stricke, welche die sperrenden Personen in Händen halten oder z. B. an Bäumen befestigen. Ebenso können Bänder oder Ketten, Stangen oder Latten den Hochzeitszug aufhalten – aber auch massive Hindernisse wie Holzblöcke oder Baumstämme. Doch der Phantasie sind keine Grenzen gesetzt: moderne Wegsperren können aus Verkehrsschildern, Gartenstühlen, Schubkarre etc. bestehen.

Den Brauch üben Kinder und Jugendliche, die ledigen Burschen und Alterskameraden, Nachbarn und Vereinsangehörige, Berufs- und Handwerkskollegen aus. So heißt es beispielsweise für Duisburg (vor dem Zweiten Weltkrieg): „Nach dem Verlassen der Kirche Beglückwünschung und das ‚Täukenspannen' (Seilspannen) der Kinder, meist aus der Nachbarschaft. Mit einem Geldgeschenk des Bräutigams an die Kinder ‚kaufte' man sich den Weg frei. Gelegentlich waren auch Ehrenspaliere der Feuerwehr oder des Schützenvereins üblich."

Die Spende besteht meist aus Geld, das der Bräutigam oder die Brautleute übergeben müssen. Es kommt z. B. in ein Körbchen, das an dem Sperrseil hängt oder eine andere ‚Kasse'. Aus den vielfältigen Naturalgaben ragt die Spende in flüssiger Form heraus: der Umtrunk mit Wein, Bier oder Schnaps. Aus Rheinberg (vor dem Zweiten Weltkrieg) wird überliefert: „Nach Verlassen der Kirche bei der Ankunft am Brauthaus (oder dem Ort der Feier) war ein Seil gespannt, das das Brautpaar aufhalten sollte. Es konnte sich dann mit einer Flasche Korn, Steinhäger oder ähnlichem freikaufen. Das Seil wurde oft von der Nachbarschaft gespannt." Und aus Meerbusch: „Beim Verlassen der Kirche wurden von den Blumenkindern Blüten gestreut. Vor dem Einsteigen mußte man sich durch Seilspannen einiger Kinder den Weg freikaufen." (vor ca. 20 Jahren) Aber auch unterwegs mußte das Paar gelegentlich eine Sperre passieren: „Mehrere Kinder versperrten mit einer quer über die Straße gespannten Schnur dem Hochzeitswagen die Durchfahrt. Als der Bräutigam ihnen kleinere Geldstücke gegeben hatte, gaben sie die Straße frei und wir konnten passieren." (Düsseldorf, 1951)

Die Abforderung des Lösegeldes war oft in formelhafte Sprüche und Reime gekleidet, z. B.: „Wir haben vernommen, / daß Sie als Bräutigam sind gekommen. / Da haben wir uns kurz und gut bedacht / Und Ihnen ein klein Sträußchen gemacht. / Es ist nicht von Disteln und auch nicht von Dornen, / Ich glaub', Sie werden nicht darüber erzornen, / Es ist nicht von Gold und nicht von Rosmarein, / Doch wird's dem Bräutigam wohl angenehm sein." (Dünninger, S. 184) Oder: „Braut, Braut, Bräutigam / Wir nehmen dich gefangen / Ohne Jeld krütt uch net he dannen." (Schier, S. 46)

Die Herkunft der hochzeitlichen Wegsperre mag in überlieferten Rechtshandlungen und -formen wie Wegezöllen und Brückengeldern zu suchen sein. Der Brauch läßt sich aber auch einordnen in die Übergangsriten der menschlichen Lebensstufen: Lösung von Braut und Bräutigam aus dem Juggesellenverband oder aus der Dorfgemeinschaft; Übergang vom Ledigen- in den Verheiratetenstand; Aufnahme in eine neue Gemeinschaft (Standes-, Ortsgemeinschaft).

Der Brauch des Hemmens der Hochzeitsgesellschaft ist heute noch vielfach lebendig. Die historischen Bezüge sowie die rechtlichen, sozialen und ritualen Wurzeln der hochzeitlichen Wegsperre indes sind verlorengegangen. Mit der Seilsperre verknüpft oder auch an deren Stelle getreten ist der Brauch des Baumstammsägens, der sich seit den letzten ein, zwei Jahrzehnten anscheinend immer größerer Beliebtheit erfreut. Vor der Kirche, vor dem Hochzeitshaus oder vor der Gaststätte stellen Freunde, Kollegen oder Nachbarn einen Holzbock auf und plazieren darauf einen Baumstamm, den das Brautpaar gemeinsam oder Braut und Bräutigam einzeln durchsägen müssen.

Der Baumstamm soll – wie die traditionelle Wegsperre – den Hochzeitszug hemmen, Lösegeld einfordernd. Der folgende Bericht aus dem Bergischen Land faßt die verschiedenen Bräuche, die das Brautpaar von der Kirche (bzw. vom Standesamt) bis zum Hochzeitsfestessen begleiten, zusammen: „Heute hat sich teils das unsittliche Reiswerfen durchgesetzt – eine Handvoll Reis kann manchem Hungrigen Nahrung sein. Kinder streuen aus Körbchen dem Brautpaar Blumen. Möglich ist auch, daß Arbeits- oder Vereinskollegen Spalier stehen. Irgendwo auf der Zuwegung [zum Haus] haben die Nachbarn eine Kordel oder einen Strick gespannt. Nur wer löhnt, darf passieren und muß einen Schnaps oder Likör trinken. Auf einem Sägebock harrt ein knorriges Stück Holzstamm und eine stumpfe Säge – die Brautleute haben oft ihre liebe Not, das harte Holz zu zersägen. Auf einer Wäscheleine flattern Kinder- bzw. Babysachen, die das Brautpaar abhängen muß." (Kürten, 1980/81)

Der Spaß soll nicht zu kurz kommen. Doch dem Spaß an der Freud läßt man auch ernstere Hintergedanken angedeihen: Soll doch das Baumstammsägen der Erprobung der Ehetauglichkeit dienen. Eheprobe für das Paar, dessen Harmonie sich beim gemeinsamen Sägen bewähren muß; Eheprobe für die Braut, die ihre Haushaltstüchtigkeit unter Beweis stellen soll.

…zweispännig

Der Hochzeitstag ist geprägt durch festliches Zeremoniell. Es beginnt auf dem Weg zur kirchlichen Trauung. Die Hochzeitsgesellschaft findet sich vor dem Haus der Braut ein und geht vereint zur Kirche. Braut und Bräutigam reihen sich an der Seite ihrer jeweiligen Brautführer in den Hochzeitszug ein. Erst auf dem Rückweg von der Kirche führt das jungvermählte Paar gemeinsam den Hochzeitszug an. Voran schreiten gelegentlich ein oder zwei Kinder aus der Nachbarschaft als Kerzenträger oder auch die dörfliche Musikkapelle. Manchmal werden Gäste und Brautpaar auch vom Pfarrer abgeholt und zur Kirche geleitet. „Die Hochzeitsgesellschaft ging, wie damals nicht anders üblich, zu Fuß zur Kirche. Ein Kind aus der Familie oder Nachbarschaft trug den Brautschleier. Andere Kinder streuten Blumen auf den Weg… Wenige konnten sich sogar leisten, mit der Kutsche zur Kirche zu kommen. Einzelne fuhren sogar zweispännig – dies war dann ein Dorfereignis, das viele sehen wollten." (Lank, vor dem Zweiten Weltkrieg) Unmittelbar nach dem Krieg bezeugen Berichte, daß der Hochzeitszug zu Fuß zur Kirche ging oder „in der Hochzeitskutsche mit einem weißen und einem braunen Pferd". (Meerbusch, vor ca. 50 Jahren) – Hochzeitszüge sind heute seltener geworden. Statt dessen fährt man nach der Trauung im hupenden Autokonvoi zur Hochzeitsfeier. Das Auto des Brautpaares ist häufig mit Blumengestecken geschmückt. Manche lieben es nostalgisch und wählen eine Kutsche als Fahrzeug.

Beim Auszug aus der Kirche gratulieren die Gäste den Neuvermählten, Kinder streuen Blumen oder beglückwünschen das Paar mit Gedichten und werden mit Süssigkeiten oder Münzen beschenkt. „Es wurden Blütenblätter gestreut. Die Arbeitskollegen standen Ehrenspalier." (Meerbusch, vor ca. 50 Jahren) Dieses Ehrenspalier ist ein besonders feierlicher Empfang, es hat sich seit zwei bis drei Jahrzehnten durchgesetzt. Freunde und Verwandte, Kollegen oder Vereinsmitglieder reihen sich mit Blumenbögen und Girlanden, aber auch mit Arbeits- oder Sportgeräten auf. Die Ehrung spielt auf Vereinszugehörigkeit, Beruf oder Hobby der Brautleute an.

In den 30er Jahren wird das Ehrengeleit des Hochzeitstages in Langst-Kierst so geschildert: „Die Jungfrauen nehmen auch an der kirchlichen Feier teil. Wenn der Hochzeitszug die Kirche verläßt, eilen zwei voraus und streuen vor den Eingang des Hochzeitshauses Blumen und Grün. Dann nimmt eine die Schnapsflasche und Gläser zur Hand, die zweite hält einen Teller bereit. Ist der Festzug angekommen, trägt eine Jungfrau ein Gedicht vor, und alle hören aufmerksam zu. Dann wird jedem Gaste ein Gläschen Schnaps angeboten. Auf dem Teller aber klirren und klingen als Entgeld die Spenden. Dafür kaufen die Jungfrauen der Braut ein Geschenk." (StadtA Meerbusch, Lank I 798)

Nachbarn schmücken die Elternhäuser des Brautpaares oft schon am Vorabend der Hochzeit. Sie fertigen Papierrosen an und winden sie zusammen mit Tannengrün zu kunstvollen Girlanden. Ein Glückwunsch- oder Willkommensschild ergänzt diesen traditionellen Türschmuck. Vor dem Zweiten Weltkrieg wird dieses sogenannte Kränzen für Duisburg so geschildert: „In früherer Zeit gab es keinen sogenannten Polterabend. Dafür gab es ‚Kränzen', was ergiebig ausgekostet wurde, sowohl von den Nachbarn als auch von den jungen Leuten allgemein. Im Nachbarhaus wurde der Kranz gewunden, Schleifen und Papierblumen gemacht und dabei den leiblichen Genüssen reichlich zugesprochen… Am nächsten Abend das Kränzen mit Umtrunk und Ständchen… Dem folgte später auch das ‚Abkränzen' mit den gleichen Aufwendungen."

Auch in Meerbusch sind seit je her solche Schmuckformen beliebt: „Die Nachbarschaft besorgte zum Fest das Kränzen: die Mädchen flochten meterlange Girlanden und die Jungens hängten sie auf, um die Haustür, über die Straße und an der Hausfront." (Lank, vor dem Zweiten Weltkrieg) Oder: „Die Mädchen der Nachbarschaft schmückten die Haustür mit einem Tannenkranz, der mit weißen Kreppapierrosen geschmückt war." (Meerbusch, vor ca. 50 Jahren) „Über der Haustür des schwiegerelterlichen Hofes, auf dem gefeiert wurde, war ein Kranz angebracht." (Meerbusch, 1945) Auch die Kirchentüre wurde geschmückt: „Auch die Jungfrauen der Nachbarschaft bleiben bei der Hochzeitsfeier nicht müßig. An drei Tagen vorher werden Girlanden gewunden. Damit werden am frühen Hochzeitsmorgen die Haustüre des Festhauses und die Kirchentür bekränzt. Die Zweckbestimmung bekundet ein buntes Schild: ‚Glück und Segen den Neuvermählten!'" (Langst-Kierst, 30er Jahre; StadtA Meerbusch, Lank I 798)

Die Tradition des Kränzens setzte sich auch in jüngerer Zeit fort: „Es wurde von den Nachbarn ein Bogen aus Tannengrün gebunden, der von der Straße bis am Haus vorbei bis zur Haustür reichte. Er wurde mit weißen Seidenrosen geschmückt." (Meerbusch, vor ca. 20 Jahren) Statt der Bogen oder Kränze aus

Tannengrün stellte man auch einfach „Lorbeerbäumchen oder immergrüne Bäumchen vor die Haustür".

Heutzutage gibt es auch scherzhafte Schmuckformen, die bereits am Polterabend das Hochzeitshaus zieren. Eine Wäscheleine mit Babykleidung über dem Hauseingang oder Storch und Kinderwagen auf dem Dach des jungen Paares spielen auf künftigen Kindersegen an: „Auf dem Dach des Hauses, in dem die eigene Wohnung des Brautpaares in Osterath lag, hatten Freunde einen Storch und Kinderwäsche installiert." (Meerbusch, 1965) Ein Blick in die Zukunft der Frischvermählten!

Quellen:

Landschaftsverband Rheinland, Amt für rheinische Landeskunde, Rheinisches Volkskundearchiv, Bonn

Umfrage „Verlobung und Hochzeit im Rheinland", hier zitiert unter Angabe von Belegort und -jahr

Stadtarchiv Meerbusch

Lank I 798

Literatur:

G. Dafft, Hochzeit im Wandel. Eine Fotoausstellung, Volkskultur an Rhein und Maas 15 (2/1996) S. 69-84 (=VRM-Spezial »Hochzeit im Wandel«)

A. Döring, Kaufmännchen und Trostfrau. Hochzeitsrügebräuche nach den Aufnahmen zur Dokumentation »Das rheinische Platt«, Volkskultur an Rhein und Maas 9 (1/1990), S. 38-48

A. Döring, „Wollt Ihr ins Land der Ehe ein…" Aspekte der Bestandsaufnahme „Verlobung und Hochzeit im Rheinland", Volkskultur an Rhein und Maas 15 (2/1996) S. 26-41 (=VRM-Spezial „Hochzeit im Wandel")

D. Dünninger, Wegsperre und Lösung. Formen und Motive eines dörflichen Hochzeitsbrauches (Schriften zur Volksforschung, 2), Berlin 1967

W. Hartinger, Religion und Brauch, Darmstadt 1992

A. Remberg, Wandel des Hochzeitsbrauchtums im 20. Jahrhundert (Beiträge zur Volkskultur in Nordwestdeutschland, 90), Münster/New York 1995

F. J. Schier, Untersuchungen zum Hochzeitsbrauchtum des Rheinlandes, maschinenschr. Diss. Bonn 1942

L. Schmidt, Hochzeitsbrauch im Wandel der Gegenwart (Mitteilungen des Instituts für Gegenwartsvolkskunde, 4), Wien 1976

Vgl. außerdem die Übersicht der mehrfach benutzten Literatur: Nr. 22, 31.

Sitte und Brauch bei Sterben, Tod und Begräbnis im alten Amt Lank und Umgebung

Von Addo Winkels

Vorbemerkungen

MEMENTO MORI – in unsere Sprache übertragen: Denke daran, daß Du sterben mußt! – Diese lapidare klassische Mahnung der alten Römer hat zeitlose Gültigkeit. Doch der Abschied aus dem irdischen Leben stellt für viele Zeitgenossen ein Ereignis dar, das man am besten verdrängt, so lange es geht, über das man nicht spricht und an das man am besten gar nicht denkt, denn bis dahin…

In unserer modernen Leistungsgesellschaft ist die Lebenserwartung in den letzten Jahrzehnten erheblich gestiegen, nicht zuletzt auch durch die medizinische Verzögerung des natürlichen Todes. Manche stellen befriedigt fest, daß ihnen im Vergleich zu früheren Generationen ein ganzer Lebensabschnitt dazu geschenkt wurde, wie über Neunzigjährige mit einem Augenzwinkern bestätigten. Warum also sollte man sich denn so früh und unnötig Gedanken machen über etwas, das zwar unabänderlich, in guten Tagen jedoch nicht aktuell zu sein hat. Auf Befragen geben viele zu, daß sie noch nicht ans Sterben denken wollen, mit dem Bemerken: „Wenn et sowiit es, dann es et noch Tiit jenoch!"

Doch gibt es auch eine kleine Gruppe von Mitmenschen, die zu ihren Lebzeiten bereits „alles geregelt" haben. Sogar den Ablauf ihres eigenen Begräbnisses, einschließlich Rednern und Musikstücken; doch das sind eher Ausnahmen. Übrigens wurde dieses komplexe Thema in letzter Zeit auch von mehreren Fernsehanstalten aus unterschiedlicher Sicht aufgenommen (28. 8. 96 DLF, „Loslassen – Sterben"; 30. 8. 96 SWF III, „Sterben – bloß nicht dran denken"; 24. 9. 96 SAT 1, „Sterbehilfe – Tod auf Rezept").

Es ist nur zu natürlich, daß sich Menschen im fortgeschrittenen Alter, besonders aber Schwerkranke, vor dem Tod fürchten; sie gestehen offen, daß das Grauen vor dem geheimnisvollen, endgültigen Abschied aus dem Leben sie öfters packt und zur Verzweiflung bringt.

Wie alle wichtigen Ereignisse im Menschenleben wird auch die letzte Phase des Lebens mit Feiern und Zeremonien begleitet. Und da Sterben und Tod auch unmittelbar mit Religion und Weltanschauung zu tun haben, richtete sich das Brauchtum im kreuzkatholischen Rheinland, zumal in unserer Heimat, weitgehend nach den kirchlichen Riten und Zeremonien.

Früher war hier die Betreuung einer betroffenen Familie zunächst einmal Sache der engeren und weiteren Nachbarschaft, zu einer Zeit, als die über Generationen gewachsenen alten Nachbarschaften als Not- und Hilfsgemeinschaften noch funktionierten. Eine Nachbarschaft war auf dem Land zuerst eine Notgemeinschaft, weil die heute üblichen Dienstleistungsunternehmen noch nicht existierten. Damals blieben die Nachbarn ein Leben lang dieselben, feierten ihre Feste miteinander, nahmen gegenseitig Anteil an den Familienereignissen wie Geburt, Taufe, Hochzeit und Jubiläen. Sie waren auch dabei und halfen, wenn der Tod eine Familie heimgesucht hatte. Man war aufeinander angewiesen, besonders bei den sogenannten „kleinen Leuten", die zeitlebens in bescheidenen Verhältnissen lebten. So sprang die Nächstnachbarin selbstverständlich im Haushalt ein, wenn es, z. B. durch Krankheit oder Wochenbett der Hausfrau usw., erforderlich wurde.

Nach dem Zweiten Weltkrieg wurden diese Sozialstrukturen innerhalb von dreißig Jahren aufgelöst. Seit Kriegsende setzte der Zuzug von Flüchtlingen und Vertriebenen ein, die ihre eigenen Bräuche mitbrachten. Darüber hinaus gerieten vor allem junge Leute, die früher auf den Höfen in den Familien blieben, zunehmend in den Sog der umliegenden Industriebetriebe, die in der Periode der aufstrebenden Wirtschaft den Leuten feste Arbeit gegen gutes Geld verschafften. Mit dem Aufschwung der ersten Nachkriegsjahre setzte bei uns eine bislang nicht gekannte Neubauwelle ein, die vor allem jungen Familien eine eigene unabhängige Wohnung und Existenz ermöglichte. Das heißt, die Jungen zogen fort und die Alten blieben auf dem Hof oder im Dorf. Dazu kamen gerade in den letzten zehn Jahren tausende von sogenannten Single-Haushalten. Das hatte zwangsweise zur Folge, daß das althergebrachte Brauchtum nicht mehr direkt an die nächsten Generationen weitergegeben wurde und heute bis auf Reste erloschen ist. Ein gutes Beispiel hierfür ist die Mundart, die zwar von vielen noch verstanden, aber nur von wenigen gesprochen wird. Vollbeschäftigung, Hochkonjunktur und der wachsende Wohlstand ließen wenig Zeit für die Pflege von Traditionen.

Auf diese Weise verlor die alte Nachbarschaft als Hilfs- und Notgemeinschaft schnell ihre Bedeutung. Die alten Funktionen des Nächstnachbarn als erste Kontaktperson in Notfällen, des Sargschreiners als Vorläufer der heutigen Bestatter und des Totengräbers – der bei jedem Wetter in Handarbeit Gräber auf- und zuschaufeln mußte – wurden weitgehend überflüssig. Bis 1939 war der einzige Totengräber für den Amtsbezirk auf dem Friedhof an der Rheinstraße Theodor Platen, der – neben den Sargschreinern – mit seinen Kindern ebenfalls viele Einsargungen durchführte, vor allem in Fällen, in denen ungewöhnliche Umstände zum Tode geführt hatten (z. B. durch Unfall oder Ertrinken). – Für die Familie im Sterbehaus ist heute der wichtigste Ansprechpartner das Bestattungsunternehmen, das Tag und Nacht zur Verfügung steht und die „Erledigung aller Formalitäten" übernimmt.

Um das historisch gewachsene Brauchtum in unserer Heimat, wie es in der ersten Hälfte dieses 20. Jahrhunderts noch praktiziert wurde, heute noch einmal lebendig werden zu lassen und festzuhalten, wurde es notwendig, zu diesem Thema in unseren Dörfern eine Umfrage durchzuführen, vornehmlich bei den Siebzig- bis Neunzigjährigen, weil sie die Zeit der alten Nachbarschaften und die einzelnen Funktionen der Mitglieder noch miterlebt haben. Hierbei wurde schnell offenbar, daß die meisten alten Sitten und Bräuche innerhalb der letzten Jahrzehnte bis auf einige Reste bereits ausgestorben sind. So steht im Mittelpunkt der folgenden Darstellung das natürliche Sterben zu Hause, bei dem Nachbarschaft noch praktiziert wurde – sogar über Streit und Zwist hinweg, so wie es die Zeitzeugen erzählt und überliefert haben.

Es ist klar, daß viele Sitten und Bräuche auch andernorts außerhalb unserer engeren Heimat Parallelen fanden – wie aus der einschlägigen Literatur ersichtlich ist. Manche Darstellungen der Zeitzeugen widersprachen sich, und so manche Frage mußte ohne Antwort bleiben, weil die Ereignisse in Vergessenheit geraten waren. Es wurden über 30 Zeitzeugen aus Nierst, Langst-Kierst, Ilverich, Strümp, Ossum-Bösinghoven, Gellep-Stratum und Lank-Latum befragt. Außerdem konnte der Verfasser als Organist und Heimatkundler aus eigenem Erleben einiges beisteuern. Man muß allerdings auch unterscheiden: Manches, was als Sitte und Brauchtum angesehen wird, ist nichts weiter als ein übliches Ritual, eine schiere Notwendigkeit oder einfach eine Unsitte.

Die letzten Stunden des Lebens

Es war und ist der Wunsch der meisten Menschen, zu Hause in gewohnter Umgebung ihr Leben zu beschließen, denn in Heimen und Krankenhäusern konnten Nachbarschaften als aktive Träger von Sitte und Brauchtum wenig ausrichten. Lag jemand in der Nachbarschaft krank darnieder, so wurde dies spätestens dann offenbar, wenn der Doktor im Hause seine Krankenbesuche machte, denn in einer guten Nachbarschaft blieb nichts verborgen. Die Benachrichtigung von Priester und Arzt in einer Zeit, in der Auto und Telefon noch zu den Seltenheiten gehörten, oblag den Nächstnachbarn, die in den alten Dörfern stets eine Sonderstellung einnahmen. In Ilverich gehörten die Nächstnachbarn bei allen Ereignissen zur Familie. Bei Schwerkranken dauerte es nicht lange, dann wurde der Priester gerufen zum sogenannten Versehgang, d. h. um die Krankensalbung vorzunehmen, früher fälschlich als „letzte Ölung" bezeichnet, und wenn es gewünscht wurde, um die Beichte abzunehmen oder die Kommunion zu bringen. In den Rheindörfern verrichteten die zuständigen Pfarrektoren diesen Dienst. In Lank besorgte der Pastor oder Kaplan den Versehgang, in Rochett und Stola, zu Fuß von der Kirche zu oft entlegenen Häusern. Ein Meßdiener mit Laterne und Glöckchen ging ein paar Schritte voraus, und die Leute auf der Straße, die einem Versehgang begegneten, knieten nieder oder blieben stehen aus Ehrfurcht vor dem heiligen Sakrament. Weite Wege mußten oft in Kauf genommen werden – bei jedem Wetter; so wurde Ilverich und die Issel stets von Lank aus betreut. Dieser Fußweg nahm eine halbe Stunde in Anspruch. Aber auch Ossum und Bösinghoven gehörten zur Pfarre Lank, und wenn eine Rektoratsstelle vakant war, mußte ein Geistlicher aus Lank oder einem Nachbardorf auch dahin den Fußweg antreten, so daß ein Krankenbesuch oft viele Stunden dauerte. Autos standen ja noch nicht zur Verfügung. Bei widrigen Wetterbedingungen wurde der Priester schon mal durch eine Pferdekutsche abgeholt, vornehmlich spätabends oder nachts, denn ein Priester hatte in dieser Hinsicht einen 24-Stunden-Dienst. Während der Abend- und Nachtstunden ging meist ein Mann aus der Nachbarschaft mit dem Priester zum Versehgang. In Gellep-Stratum war es noch vor dem Zweiten Weltkrieg Brauch, daß ein Versehgang mit Pferd und Wagen stattfand; dieser wurde tunlichst in den Morgenstunden erledigt, so daß Priester und Meßdiener in dem betreffenden Haus noch ein Frühstück bekamen. Dies war auch andernorts üblich.

Im Krankenzimmer wurde für den Versehdienst alles hergerichtet: Ein Kreuz mit zwei Kerzen, ein Weihwassergefäß mit Palmzweig, ein Schälchen Salz, eine Schale Wasser mit Handtuch, damit der Priester nach der Salbung die Hände reinigen konnte. War ein Kranker schon „vom Tode gezeichnet" – wie man den körperlichen Verfall umschrieb – wurde die Sterbekerze angezündet. Nach der Krankenölung wurde allen Anwesenden Trost zugesprochen. Verwandte, Nachbarn und Freunde kamen zu einem letzten Besuch, sofern dies noch möglich war. Nachtwachen wurden hier teils von der Familie und teils von den Nachbarn abwechselnd übernommen.

Aber: Es war nicht so selten, daß nach dem Versehgang eine unerwartete Besserung des oder der Kranken eintrat, gemäß dem Bibelwort über die Tätigkeit der Jünger Jesu: „Sie salbten viele Kranken mit Öl und heilten sie." Fachleute erklären dazu, daß durch das Zusammenwirken von Seelsorge, Psychologie und Medizin die seelische Angst und Ungewißheit vor dem Tod durch eine entspannte Ergebenheit abgelöst wurde und damit manchmal die heilenden Kräfte im Körper wieder wirksam wurden. Der Volksmund hatte dafür eine treffende Bemerkung: „Dä es däm Düüvel van de Schöpp jeschprunge!"

Abb. 78: Versengang, um 1910 (Gemälde des Malers M. Emonds)

Abb. 79: Beerdigung der unverheirateten „Langels Lisa" aus Lank-Latum, 1940. Bei dem Begräbnis wurde der alte Brauch, Jungfrauen in einem weißen Sarg zu Grabe zu tragen, letztmalig ausgeführt. Nachbarsmädchen in schwarzen Kleidern, weißem Schleier und Kommunionkränzchen trugen mit der einen Hand den Sarg vom Trauerhaus zur Kirche und von dort zum Friedhof; mit der anderen Hand führten sie eine aus Buchsbaum geflochtene, mit weißen Papierrosen geschmückte Girlande mit.

Abb. 80: Totenzettel der fünf Einwohner aus Langst, die am 26. April 1848 beim Übersetzen über den Rhein mit dem Nachen verunglückt und ertrunken sind

Abb. 81: Der alte Lanker Leichenwagen auf dem Weg zur Kirche (hier in der Hauptstraße vor dem Haus des Willy Giesen, heute Bölte), vor 1939

Abb. 82: Totengräber „Plate Döres" (Theodor Platen) auf dem Lanker Friedhof (weitere Personen: Dorfpolizist Füssel, Wilhelmine Platen, Sohn Platen, Johann Gilles, Albert Hartung, Milda Hartung), um 1938

Abb. 83: Altes Leichenhaus auf dem Friedhof an der Rheinstraße in Lank, um 1930

Versehgänge stellen auch heute noch eine echte und wirkungsvolle Sterbehilfe dar; denn wenn der Priester das Haus verließ, sah man gefaßt und ruhig
dem Augenblick entgegen, wenn der Tod anklopfte. Auch gute Nachbarn leisteten meist nachhaltigen Beistand in der Sterbestunde durch ihre Anwesenheit, durch gutes Zureden und durch den tatkräftigen und beruhigenden Einsatz in Haus und Hof. Hierüber wurde nicht geredet.

Übrigens ranken sich zahlreiche Gruselgeschichten um Sterben und Tod
aus dem Orakelglauben. Solche Meinungen aus dem Bereich des Aberglau-
bens werden oft als Volksglaube ausgegeben. So gibt es Vorzeichen für das
Sterben, die eifrige Seelen als „sicher" deuten: Brannte im Krankenzimmer noch
Licht bis in die Nachtstunden, so flogen die bei uns beheimateten nachtakti-
ven Vögel auf das Licht zu, wie Elstern mit ihrem abscheulichen Lachen oder
der Steinkautz mit dem Ruf „kuwit, kuwit", das als „komm mit" gedeutet wurde.
Beim Versehgang wurden die Spiegel mit einem Tuch verhängt, weil der Spiegel Teufelswerkzeug ist; fiel das Tuch vom Spiegel herab, bedeutete dies weiteres Unheil. Oder: Die Wanduhr blieb nachts plötzlich stehen; das wurde so
gedeutet, daß die Zeit für die kranke Seele abgelaufen war.

Da heute viele Menschen nicht mehr in häuslicher Umgebung sterben und
der priesterliche Dienst im Krankenhaus oder per Auto erledigt wird, sind die
alten Formen des Versehgangs bei uns ausgestorben, wie auch der sonntägliche Kirch„garg" bei einem Großteil der Besucher zu einer Kirch„fahrt" geworden ist.

Der Tod

War der Tod eingetreten, so banden die Angehörigen ein Tuch um Kopf
und Kinn der Leiche, damit der Mund geschlossen blieb; gleichzeitig drückte
man ihr die Augen zu und faltete ihre Hände. In einigen Dörfern wurde dann ein
schwarzer Flor an die Haustür gehängt und die Nächstnachbarn (Näsnobbere)
benachrichtigt. Als weiteres äußeres Zeichen blieben die Blenden des Kran-
kenzimmers geschlossen. Die Blumen wurden von den Fensterbänken abge-
räumt. In Dörfern mit engen Nachbarschaften wurde am Abend nach dem Tod
eine Zusammenkunft anberaumt. Die Benachrichtigung erfolgte durch einen
Boten als Leichenbitter, der von Haus zu Haus ging, jedoch nirgendwo hinein-
ging, zweimal mit einem Stock anklopfte und sein Sprüchlein aufsagte – natürlich in Mundart – wer wann gestorben war und wann die Nachbarn sich im
Sterbehaus treffen sollten. „Liik beschwere" (= Leiche beklagen) nannte man
das hier. Diese Sitte ist in Gellep-Stratum, Nierst, Langst-Kierst, Ilverich und
Lank nachgewiesen. Aus Nierst ist folgendes Mustersprüchlein überliefert:
„Esch mööt de Liik beschwere koome; dä Düres es hüt morje jeschtorve on

wöd am Donnischdaach bejraave; merh koome hüt oovend öm aach Uhr beej dänne tesaame!" Der Sargschreiner wurde bestellt, um abzumessen, wie lang der Sarg werden sollte; „Liik uutmäete" nannte man das. Je kürzer der Sarg, um so billiger war er. Besonders bei ärmeren Leuten wurde der Verstorbene oft in einem zu kurzen Sarg mit angezogenen Knien und geneigtem Kopf eingesargt – wie Zeitzeugen glaubhaft bestätigen.

Die Leiche wurde meist mit Hilfe der Nächstnachbarin gewaschen und eingekleidet. Dafür gab es in einigen Dörfern für diese Nachbarin ein paar Schuhe. Da diese Arbeit nicht immer angenehm und noch viel weniger jedermanns Sache war, konnte man sich von dieser Obliegenheit loskaufen, indem man dafür eine Schwester des Krankenhauses bestellte. Dabei war es Brauch, den Obolus für die Schwester in Zeitungspapier eingewickelt zu übergeben. Der oder die Verstorbene wurde in ein Totenhemd gekleidet, das bei den Alten schon zur Aussteuer gehörte und bei der Heirat vorhanden sein mußte. Nach dem Zweiten Weltkrieg hatte es sich eingebürgert, die Verstorbenen im besten Kleid bzw. guten Anzug in den Sarg zu legen. Noch bis in die 50er Jahre wurden die Toten zu Hause aufgebahrt, entweder im Schlafzimmer, meist aber im besten Zimmer unter Kreuz und brennenden Kerzen bis zum Begräbnistag. Nur in Ausnahmefällen – wie bei beengten Wohnverhältnissen, ansteckender Krankheit, großer Hitze und in Lebensmittelbetrieben – wurden die Toten gleich ins alte Leichenhaus auf dem Friedhof gebracht, weil in solchen Fällen die Aufbahrung zu Hause unzumutbar war. Oft war in kleinen und engen Häusern keine Einsargung möglich, weil ein Sarg einfach zu groß war für enge Dielen oder steile Stiegen.

Bei der abendlichen Zusammenkunft wurde zunächst ein Gebet an der Bahre verrichtet, bevor die organisatorischen Fragen geklärt wurden: Wer von den Nachbarn das Läuten übernahm, denn das mußte ja noch von Hand getan werden; wer von den Nachbarskindern das Grabkreuz und die Kerze tragen sollte und wer den Trägerdienst übernahm. In Gellep-Stratum, Strümp, Ilverich und Lank geschah dies durch das Los, das sogenannte „Schtäkske träkke". Bei dieser Art Los zogen die anwesenden Männer verschieden lange Holzstäbchen, die für die einzelnen Dienste markiert waren. In Nierst und Ossum-Bösinghoven wurden diese Dienste aufgrund eines Notizbuches umlaufend verteilt. In Ossum-Bösinghoven bestimmte der Nächstnachbar, wer welchen Dienst übernehmen sollte. Wenn kein Leichenwagen zur Verfügung stand, mußte früher der Nächstnachbar Pferd und Wagen besorgen und den Sarg zur Kirche und zum Friedhof transportieren.

Aus Lank ist noch ein schriftlicher Bericht erhalten, daß bei dieser abendlichen Zusammenkunft auch eine Flasche Schnaps die Runde machte gemäß einem alten Sprichwort:

In Freud und Leid und im Verdruß
der Deutsche immer trinken muß.

Es versteht sich von selbst, daß – dem Anlaß entsprechend – hiervon nur sehr zurückhaltend Gebrauch gemacht wurde. Bevor man nach Hause ging, versammelten sich die Nachbarn wieder um den Sarg, um die Leiche noch einmal zu sehen und zum Abschied drei Vaterunser zu beten.

In den meisten Gemeinden wurde der Tod eines Mitmenschen beim Ave-Läuten mittags oder abends durch besondere Läutesignale verkündet. In Lank läutete dazu die große Stephanusglocke allein, die daher fälschlich als „Duedejlock" bezeichnet wird. In Ossum schlug man am Begräbnistag so oft das Glöckchen an, wie der oder die Verstorbene alt war. In Strümp läuten bis heute hin nach dem Ave-Läuten mittags alle Glocken. Bei der schweren Glocke in Lank, die abends vor dem Begräbnistag, morgens vor der Messe und auf dem Weg zum Friedhof von Hand geläutet werden mußte, waren mindestens zwei Männer nötig, weil die Glocke sonst nicht voll in Schwung kam. Während der Kriegsjahre, als die Männer eingezogen waren, mußte diese Arbeit von Frauen verrichtet werden; auch junge Burschen rissen sich um diesen Job, weil man sich während des Läutens wunderbar mit dem Seil bis zur Decke hochtragen lassen konnte. Den alten Lank-Latumern ist vielleicht „Dohme Maalsche" noch bekannt. Sie wohnte an der Kirche und war stolz darauf, die große Glocke alleine in Schwung bringen zu können.

An den Abenden, an denen die Leiche noch „über der Erde" lag, wurde am Sarg der Rosenkranz oder der Kreuzweg gebetet, wobei eine Nächstnachbarin vorbetete. Tagsüber kamen Verwandte und Freunde „de Liik kiike", um Abschied zu nehmen. Die Kondolenzbesuche sind bis heute erhalten geblieben, wenn auch meist nur für die engsten Verwandten und Freunde. Kinder legten ein Andachts- oder Gebetsbildchen auf die Sargdecke, ein Brauch, der weit verbreitet war. Der Sinn dieses Brauches: Kindergebet dringt durch die Wolken und wird am ehesten von Gott erhört; da Kinder die langen und schweren Gebete nicht aufsagen konnten, ersetzte das Andachtsbildchen das gesprochene Wort.

In Lank-Latum, Ilverich, Ossum, Langst-Kierst und Gellep-Stratum wurde früher an drei Abenden vor dem Begräbnis eine Totenandacht gehalten, entweder am offenen Sarg oder in der Kirche. Noch heute versammeln sich die Ossumer an drei Abenden in der Kapelle zum Totengebet. In Nierst wird heute an einem Abend noch eine Totenandacht in der Kirche gehalten. In den anderen Orten ist dieser alte Brauch schon lange ausgestorben.

Ein Trauerfall war auch damals schon eine kostspielige Angelegenheit. Im Gegensatz zu heute wurde damals noch viel Wert auf Trauerkleidung gelegt. Eine Witwe oder die Mutter eines verstorbenen Kindes trugen wie selbstverständlich schwarz, und zwar ein Jahr lang; die anderen Angehörigen wenigstens sechs Wochen lang, jeweils bis nach dem Sechswochenamt. Schwarze Blusen und Strümpfe bei den Damen oder der schwarze Anzug (im Leichenzug mit Zylinder) bei den Herren oder das schwarze Seidenband am linken Unterärmel des Mantels waren die äußeren Zeichen der Trauerzeit.

In Bösinghoven, Strümp und Langst-Kierst existiert heute noch eine sogenannte „Sterbelade", eine Kasse, in die die Nachbarschaft bei jedem Begräbnis einen festen Betrag einzahlt(e), um den Trauerfamilien dadurch finanzielle Belastungen zu erleichtern. Die Zahlung in diese Sterbelade war und ist eine Bringschuld. In Langst-Kierst wird die Mitgliedschaft sogar von Mitbürgern in ihrem Heimatort aufrechterhalten, selbst wenn sie dort schon lange nicht mehr wohnen.

Das Begräbnis

Bevor der Leichnam zur letzten Ruhe getragen wurde, nahm die Familie Abschied durch ein kurzes Gebet; dann wurde der Sarg verschlossen und durch die vorbestimmten Träger hinausgetragen. In Nierst wurde der Sarg an der Türschwelle noch dreimal kurz abgesetzt zum Zeichen des endgültigen Abschieds von zu Hause. Man achtete streng darauf, daß der Leichnam mit den Füßen zuerst das Haus verließ, andernfalls – so fürchtete man – konnte die heimgegangene Seele beim letzten Anblick des Hauses bewirken, daß bald noch jemand aus der Familie folgen würde. Das gleiche galt für den Fall, daß eine Leiche über Sonntag aufgebahrt war: „Sonndagsliik mäkt dr Kerkhoff riik". In der Mundart ist jeder Friedhof ein „Kerkhoff".

Der einzige Begräbnisplatz für den alten Lanker Amtsbezirk war der Friedhof an der Rheinstraße. Dieser Flurzipfel war von drei Wegen umschlossen (heute Rheinstraße und Kaiserswerther Straße) und lag ursprünglich außerhalb von Lank, zu einer Zeit, da die Nierster und Kierster Straße noch freies Feld waren. Das Areal hieß im Volksmund „Schötze Tömp", weil er ursprünglich zum Hofgut der Familie Schütz in der Webergasse gehörte. Dieser Name wurde in etlichen Redewendungen benutzt: Lag jemand im Sterben, so sagte man: „Dä es riip vör Schötze Tömp"; wollte ein Kind nicht essen, dann drohte die Mutter: „Desch brenge se bald noo Schötze Tömp;" wenn jemand einen

Bekannten vermißte, der schon längst begraben war, dann bekam er den Hinweis: „Dä es al lang op Schötze Tömp, dä kömt al bald wier."

Hier wurden auch die Toten der Außengemeinden bestattet, und die Leichenzüge nahmen stets die gleichen Wege. Die Lank-Latumer hatten es in dieser Hinsicht recht einfach, denn sie brauchten nur den Weg bis zur Kirche zurückzulegen und nach der Totenmesse bis zum Friedhof. Für Ilverich und die Issel war der Weg schon ungleich länger und beschwerlicher, da damals kaum jemand ein Auto hatte. Der Nächstnachbar stellte ursprünglich Pferd und Schlagkarre oder einen flachen Wagen zur Verfügung, bei dem die Seitenbretter abgenommen waren. Dann kam eine Lage Roggenstroh auf den Boden, auch „Schoof" genannt. Darauf kam der Sarg zu stehen, der dann mit einem schwarzen Tuch verhangen von allen Seiten sichtbar war.

Nun gab es innerhalb der Nachbarschaft früher auch schon einmal Reibereien und Streitereien, meist um Kleinigkeiten. Doch das eherne Gesetz der Nachbarschaftshilfe stand über jedwedem Zwist: So hatten sich einmal die Bauern der Nachbarschaft vor dem Sterbehaus eingefunden. Als der Sarg herausgetragen wurde, sagte der Nächstnachbar, daß es alle hören konnten: „Tja, Schäng, noou bösse doot, jetz hööt dat Schtriit schtooke en de Nobberschaf op. Mi Pääd on Waarel han esch desch trotzdem jejoove, dat du joot noom Kerkhoff kömms. Du kanns joo och nix doovüür, dat du so ne Nickel jewäs bös. Jott han desch sellisch!" Sprachs und schloß sich mit den anderen dem Leichenzug an.

Leichenzüge aus Ilverich zogen über den „Liikwääch" zur Kirche, begleitet vom Geläut des kleinen Glöckchens auf dem Schulhaus. Es war strenger Brauch, daß die Glocke der Lanker Kirche zur Messe läutete, während die Kinder in der Ilvericher Schule so lange für die Seele des Verstorbenen beteten, bis die Prozession an der Großen Gasse ankam. Von Nierst und Langst-Kierst zogen die Leichenzüge über die Straßen direkt nach Lank, die damals nur teilweise asphaltiert waren. Die Strümper nahmen ihren Weg über die heutige Uerdinger Straße und Gonellastraße. Die Bösinghovener, die den längsten Fußweg hatten, benutzten mit den Ossumern die alte „Liikschtroot" von Ossum durch den Herrenbusch zur Lanker Kirche. Die Gellep-Stratumer zogen über die Provinzialstraße und Mühlenstraße. Sobald in den Nebenorten ein geistlicher Rektor zur Verfügung stand, wurden die Totenmessen statt in Lank in den Rektoratskirchen gelesen.

Die Ordnung der Leichenzüge lag von Alters her fest. Zuerst kam der betreffende Verein oder bei Schulkindern die Klasse; dann folgten die Kinder mit Kreuz und Kerze; bei einem Frauenbegräbnis zwei Mädchen, bei einem Männerbegräbnis zwei Jungen aus der Nachbarschaft. Diese Kinder hatten oft Angst, direkt vor dem großen schwarzen Pferd zu gehen, das durch die schwarze Decke mit Trauersymbolen oder durch Schabracken und die Scheuklappen schon ein schauriges Aussehen erhielt. Es folgten der Leichenwagen und die Angehörigen, zum Schluß die Nachbarn und Freunde des oder der Verstorbenen. Nach der Messe in der Kirche reihten sich Meßdiener und Priester vor dem Leichenwagen ein.

In den Dörfern war es moralische Pflicht, daß jeder, der irgendwie abkömmlich war, an dem Begräbnis teilnahm. Darüber hinaus verstand es sich von selbst, daß alle schwarz gekleidet waren. Wurde eine unverheiratete Frau beerdigt, trugen die Klassenkameradinnen einen weißen Schleier. Kinder, Jugendliche und Unverheiratete wurden in weißen Särgen bestattet. Dieser Brauch verschwand nach dem Zweiten Weltkrieg.

Eine Ausnahmesituation besonderer Art konnte in den Rheindörfern entstehen: Waren Häuser in Langst, in Nierst „im Knupp" oder in Ilverich durch Rheinhochwasser abgeschnitten, so bereitete dieser Umstand für alle Beteiligten besondere Schwierigkeiten und zusätzliche Anstrengungen. Das war vor hundert Jahren, als der Damm noch nicht so hoch war wie heute, besonders problematisch. Die Schwierigkeiten begannen schon mit dem Besuch des Arztes oder des Priesters, die dann für 10, 20 oder 50 Meter meist den Gemeindekahn benutzen mußten, um das Haus zu erreichen. Die Bewohner solcher Häuser waren schon darauf eingerichtet, und die Nachbarschaft funktionierte einwandfrei. Jedes Mal bei steigender Flut zog man ins Obergeschoß. War jemand krank, vereinbarte man zu jeder vollen Stunde ein besonderes Zeichen vom Fenster aus, damit die Nachbarn sofort aktiv werden konnten, wenn sie gebraucht wurden. Dies galt beispielsweise auch für Frauen vor der Niederkunft. Das wurde auch praktiziert, wenn Gemeinden während eines langen und schweren Hochwassers oder Eisgangs mit Mensch und Vieh für kurze Zeit in höhergelegene Dörfer umsiedelten, beispielsweise die Nierster nach Gellep, die Langster ins höher gelegene Kierst. Ohne Nachbarschaftshilfe lief da überhaupt nichts.

Wie Wilhelm Toups herausfand, hatte sich in Lank bereits 1887 ein sogenanntes Fahrgeschäft Emmerichs etabliert, ein Vorläufer heutiger Speditionen. Dieses Fahrgeschäft übernahm nach dem Vorbild der früheren Boten die üblichen Transporte zu den umliegenden Märkten und wurde mehr und mehr auch bei Beerdigungen eingesetzt – vor allen Dingen bei Fahrten von den Nebenorten nach Lank. Die Firma Emmerichs spezialisierte sich schon früh auf diesem Gebiet, und den Alteingesessenen ist sicher noch „dä alde Liikewaarel" in Erinnerung, der von einem Pferd gezogen wurde mit Scheuklappen und schwarzer Pferdedecke. Noch in den fünfziger Jahren wurde der Sarg zunächst zur

Kirche gefahren, wo er während der Messe im Chor aufgebahrt war. Währenddessen warteten Pferd und Wagen am Turm – sehr zum Vergnügen der Kinder, die das Pferd mit Brotschnitten und Zuckerklümpchen verwöhnten.

Während der Messe erhielt jeder Kirchenbesucher beim Opfergang einen Totenzettel, der vom Pastor der Gemeinde geschrieben wurde. Er enthielt die hauptsächlichsten Lebensdaten und war mit einem Gebet oder Heiligenbild versehen. In der Kriegszeit war es üblich, das Bild gefallener Soldaten auf dem Totenzettel zu verewigen. Totenzettel der früheren Zeit als Sonderform der sogenannten Andachtsgrafik sind sehr aufschlußreich. Über dem Namen stand meist die Anrufung „Jesus! Maria! Josef!", dahinter der Name des Kirchenpatrons, für Lank St. Stephanus, für Langst-Kierst St. Martinus, für Ossum-Bösinghoven St. Pankratius, für Strümp St. Amandus und St. Vedastus und für Nierst St. Cyriakus und St. Laurentius. Man erkannte also die Herkunft des Verstorbenen meistens am Totenzettel.

Im Kreisarchiv Viersen befindet sich eine Sammlung von Totenzetteln mit biographischen und genealogisch interessanten Daten, die textlich, bildlich und ornamental sorgfältig ausgestattet sind. Todesursachen in der damals gebräuchlichen Umgangssprache wurden stets angegeben (Wassersucht, Auszehrung, Abnehmungskrankheit, Fallsucht), aber auch der Tod im Rhein durch Ertrinken wurde vermerkt. Das geflügelte Wort, daß nirgends so viel gelogen wurde, wie auf dem Totenzettel, kommt daher, daß so ein Totenzettel natürlich nur positive Seiten der Verstorbenen wiedergab, was manchmal als Schönfärberei empfunden wurde. Das Sprichwort der alten Römer gilt auch heute noch: „de mortuis nil nisi bene" – über Verstorbene sagt man nichts, nur Gutes. Heute ist der alte Brauch des Nachrufs auf dem Totenzettel ebenfalls erloschen, was den Totenzettel im Zeitalter der modernen Sachlichkeit überflüssig macht.

Die Seelenämter in der Kirche wurden bis nach dem letzten Krieg noch in lateinischem Choral zelebriert, deshalb wurden sie auch nach dem Anfangswort der Messe als Requiem bezeichnet. Doch selbst in die Kirche wirkte der Orakelglaube noch hinein: Begann der Gottesdienst um halb zehn, so konnte es passieren, daß um 10.00 Uhr das Wandlungsglöcklein geläutet wurde. Fiel dieses Glöcklein mit dem Stundenschlag zusammen, so sagte man, daß bei den Angehörigen der Trauerfamilie Streit über den Nachlaß entstehen würde.

Damals fuhr der Leichenwagen nur bis zum Friedhofseingang; von da aus mußten die Träger den Sarg bis zum Grab tragen. War der Weg zu lang oder der Sarg zu schwer, mußte unterwegs die Seite gewechselt werden. Heute werden die Träger durch die Bestattungsunternehmen oder die Friedhofsverwaltung bestellt und bedienen sich großenteils einer fahrbaren Bahre. Eine Ausnahme, bei der die Tradition noch stärker ist als die heute gängige Regelung, macht

Ossum: denn Ossumer werden nur von Ossumern getragen. Das ist bis heute noch so geblieben.

Am Grab selbst wurden damals keine Sträußchen verteilt wie heute, sondern alle warfen nach den Gebeten als letzten Gruß eine Schaufel Erde auf den Sarg: Erde zu Erde und Staub zu Staub. Auch bei dieser Gelegenheit hat der Aberglaube noch seine Anhänger: Dem Bösen scheint die Sonne, dem Guten regnet es ins Grab. Sicher gibt es aber auch noch andere Deutungen.

Früher gab es in der Leichenhalle keine Trauerfeiern, sondern man brachte den Sarg von der Kirche aus direkt zum Grab. 1967 wurde die neue Leichenhalle auf dem Friedhof an der Rheinstraße eingeweiht. Seitdem gilt die Vorschrift, daß Verstorbene nicht mehr zu Hause aufgebahrt und die Särge nicht mehr in die Kirche gebracht werden dürfen, so daß mehr und mehr die Leichenhalle für Trauerfeiern benutzt wird. Gleich, ob eine Beerdigung vor oder nach der Messe stattfindet, in jedem Falle wird eine kürzere oder längere Trauerfeier in der Leichenhalle gehalten. Bei Religionsgemeinschaften, die keine Totenmesse kennen, fanden früher die Totenfeiern am offenen Grab statt.

Heute sind die Leichenhallen ausgestattet mit Kühleinrichtungen, Orgel oder CD-Anlage, so daß bei der Trauerfeier die Lieblingsmelodien der Verstorbenen oder der Familie berücksichtigt werden können. Der Wunschbogen ist weit gespannt – von Kirchenliedern über Bach-Toccaten bis zum Musical und zum Schlager, wie „Time to say Goodbye" oder „Candle in the Wind". In unserem Bereich sind ausgesuchte Musikwünsche noch nicht so ausgeprägt wie in den Nachbarstädten. Als neueste Errungenschaft kann man heute im Internet Homepages anlegen, in denen auf einem „virtuellen Friedhof" Gräber registriert und lokalisiert werden können.

Nach der Beerdigung schaufelte früher „Plate Düres" (Theodor Platen) als Totengräber das Grab wieder zu und arrangierte die Blumengebinde und Kränze, während die Trauergemeinde sich in einem Lokal zum Begräbniskaffee einfand. Das war besonders bei Beerdigungen von auswärts wichtig wegen der langen Hin- und Rückwege. In manchen Fällen, so wurde aus Lank berichtet, konnte die Beerdigung aus bestimmten Gründen erst kurz vor Mittag stattfinden. In einem solchen Fall wurde ein Mittagessen, bestehend aus Schinken mit Sauerkraut, gereicht. Ein sogenannter Leichenschmaus mit opulentem Mahl, wie andernorts bekannt, war bei den Durchschnittsbürgern hier nicht üblich.

Nach dem Beerdigungskaffee ging die Familie noch einmal zum Friedhof, um zu sehen, wie schön der Totengräber mit seinen Helfern das Grab hergerichtet hatte. Nahm eine Gruppe Vereinskameraden und Nachbarn an den Trauerfeierlichkeiten teil, so blieben diese noch bis weit in den Nachmittag in der

Wirtschaft, um auf ihre Weise bei Bier und Korn Abschied vom Vereinsfreund zu nehmen. Die Leute sagten dann: „Die dont däm si Fell versuupe." Diese Unsitte wird heute noch als Brauchtum ausgegeben.

Aus Strümp wird noch berichtet, daß das Stroh auf der Karre, das unter dem Sarg gelegen hatte, von den Männern auf dem Rückweg zur sogenannten Düüvelskull am Lanker Bruch gebracht und dort verbrannt wurde – wobei man für den Verstorbenen ein letztes Vaterunser betete.

Nach-Gedanken

Wie in diesem Beitrag nachgewiesen, sind Brauchtum und Tradition durch die Auflösung der gewachsenen alten Nachbarschaften weitgehend untergegangen. Eine echte Nachbarschaft der kleinen Leute auf dem Lande ist mit Gold nicht aufzuwiegen, weil die Verwandtschaft bei auftretenden Schwierigkeiten oft versagt: Wenn Mutter tot ist, wer versorgt fürs erste die Kinder? Wer übernimmt die Küche? Wer macht die Wäsche? Wer kümmert sich um Hühner- und Schweinestall? Die Verwandten kamen, sahen die Arbeit und zogen wieder ab, man sah nur noch ihren Rücken (Buckel), daher das böse Wort von der „buckeligen Verwandtschaft".

Die Technisierung des täglichen Lebens durch Fernsehen, Radio, Telefon, Computer, Auto und Maschinen sowie die gesamte Elektroausstattung des Haushaltes in den letzten fünfzig Jahren haben die Nachbarschaftshilfe weitgehend überflüssig gemacht. Wir sind flexibler geworden und haben ungleich mehr Möglichkeiten, uns auf die Wechselfälle des Lebens einzustellen. Der Wohlstand ist im Vergleich zu früher in den letzten Jahrzehnten in einem ungewöhnlichen Maße gewachsen. Man muß sich fragen: Sind wir deshalb „menschlicher" geworden? Oder sind wir nicht auch ärmer geworden? Haben diejenigen recht, die behaupten, daß jeder Fortschritt mit einem Rückschritt an Mitmenschlichkeit bezahlt werden muß? Der Verlust eines ideellen Gutes wie der Nachbarschaft könnte dafür ein Beispiel sein.

Quellen:

Diese Ausführungen stützen sich zum großen Teil auf Zeitzeugengespräche. Der Verfasser dankt an dieser Stelle herzlich allen Informanten, die mit Interesse, Aufgeschlossenheit und Geduld seine zahlreichen Fragen beantwortet haben.

Stadtarchiv Meerbusch

Lank I 798

Literatur:

J. Dietz, Vom Eschenbäumchen bis zum Totenbrett, RWZ 16 (1969), S. 164-205

A. Döring, Begräbnissitten im Rheinland, Städte- und Gemeinderat 11 (1985), S. 411-414

A. Döring, Der vergessene Tod, Ergebnisse einer Bestandsaufnahme alter Sterbe- und Totenbräuche in Bonn und im Rheinland, in: W. Joch/U. Wallraf (Red.), In Bonn katholisch sein, Bonn 1989, S. 159-168

K. Gahlings, Sterben und Tod im niederrheinischen Brauchtum, Heimatkalender für das Klever Land auf das Jahr 1961, S. 143 f.

G. Janß, Christbräuchliches Begräbnis für einen Katholiken, Die Heimat, Krefeld 1981, S. 62

F. Heckmanns, Alt-Uerdinger Sitte und Brauch, Die Heimat (Krefeld) 1930, S. 158-169

N. Kyll, Tod, Grab, Begräbnisplatz, Totenfeier (Rheinisches Archiv, Bd. 81), Bonn 1972

A. Labisch, Tod und Totentanzsammlung, in: G. Kaiser (Hg.), Bücher für die Wissenschaft, München/New Providence/London/Paris 1994, S. 273-279

C. Lejeune, Leben und Feiern auf dem Lande, Bd. 2, St. Vith 1993

J. Mangold, Totenlade – „Falje" – Leichenschmaus. Die Beerdigung im Spiegel von Inventaren des 19. Jahrhunderts, Volkskultur an Rhein und Maas, 10 (1991), S. 3-10

Niederrheinische Totenbräuche, Niederrheinischer Heimatfreund 5 (1929), Nr. 10, S. 75 f.

L. Peters, Die Totenzettelsammlung im Kreisarchiv, Heimatbuch des Kreises Viersen 1981, S. 169-177

E. Schönberger/K. Gahlings, Sterben und Tod im niederrheinischen Volksleben, Kleve 1993

A. Siegel, Lichter am Lebensweg, Karlsruhe 1953

W. Toups, Boten in Lank und Latum III, Lanker Heimatblätter, 2. Mappe, Lank 1981, S. 25 f.

J. Thomassen, Eine Schulchronik als Geschichtsquelle am Beispiel Gellep-Stratum, Lanker Heimatblätter, 4. Mappe, Lank 1985, S. 102-124

H. Wolters, Beerdigungen auf dem Lande, Heimatbuch des Kreises Viersen 35 (1984), S. 98-103

Vgl. außerdem die Übersicht der mehrfach benutzten Literatur: Nr. 31.

„Dree Deel dorfste niet, dan stöet dech dr Oos!" Volkskundliche Betrachtungen einiger Nahrungsgewohnheiten im alten Amt Lank und Umgebung

Von Berthold Heizmann

Kleinräumliche Untersuchungen haben, wie so viele Dinge des täglichen und festlichen Lebens, gewisse Vor- und Nachteile: Einerseits beziehen sie sich auf eine überschaubare Region und können daher die Materialsuche erleichtern, andererseits gibt es nur wenige Phänomene, die sich auf solche begrenzte, klar umrissene Räume beschränken. Das tägliche Brot und der damit verbundene Trank gehören nicht gerade zur zweiten Kategorie – die oft gepriesene Regionalisierung oder gar Lokalisierung der Speisen findet nur unter Vorbehalt statt und tummelt sich häufig in einem größeren Umfeld als von kommerziellen Anbietern erhofft. Stark jedoch von Lokalkolorit geprägt sind zumindest die Bezeichnungen für bestimmte Gerichte: der westfälische Panhas wird zum niederrheinischen Balkenbrei oder gar zur Lanker Klappertüt.

Aus der Geschichte der rheinischen Mahlzeit…

Die Gründe für eine größerflächige Verbreitung von Speisen sind vor allem in der Vergangenheit zu suchen. Die frühneuzeitliche Ernährung im Rheinland war rohstoffbedingt von einer starken Monotonie geprägt, im ländlichen wie im städtischen Bereich: Breispeisen, gekochtes Gemüse, Eintöpfe bzw. „durcheinander gekocht" mit, wenn überhaupt, unterschiedlichen Fleischbeilagen und schließlich Schwarzbrot, das in der Regel aus ungebeuteltem Roggenmehl gebacken wurde. Weißbrot aus Weizenmehl galt als Delikatesse und kam nur sonntags oder zu festlichen Anlässen auf den Tisch. Im ausgehenden 18. Jahrhundert trat die aus Südamerika stammende Kartoffel, damals noch als exotisch betrachtet und ihrer Blüten wegen in Gewächshäusern gezogen, auch im Rheinland ihren Siegeszug an. Dieses Grundnahrungsmittel zeichnete eine Fülle von Vorteilen aus: Es war, trotz einer gewissen Anfälligkeit gegenüber Klima und Schädlingen, relativ robust, generell verfügbar, preiswert, recht gut lagerfähig, variabel in den Zubereitungsformen und nicht zuletzt in Hochprozentiges umsetzbar. Nicht von ungefähr zog die vielbeschrie(b)ene Trunksucht gerade im 19. Jahrhundert weite Kreise, wobei sie anfänglich ausgerechnet von Fabrikanten tatkräftig unterstützt wurde, die im Schnaps ein Stärkungsmittel für ihre Arbeiter und zur Erhaltung von deren Arbeitskraft sahen. Als sich die Folgeschäden immer deutlicher und auch ruchbarer zeigten, schwang das Pendel in die andere Richtung: Milchausschankhäuschen und Mineralwasserbuden schossen aus dem Boden.

Doch zurück zur Kartoffel. Nach ihrer Einführung und weiten Verbreitung bestimmte sie über viele Jahrzehnte hinweg den täglichen Speisezettel auf den meisten rheinischen Tischen – morgens, mittags und abends gab es sie in vielfältiger Form. Daneben bestimmten selbstverständlich auch wirtschaftliche Zwänge, was letztendlich gegessen werden konnte. Waren die Menschen im ländlich und landwirtschaftlich geprägten Raum Lank bei ihrer Ernährung in hohem Maße von der Eigenproduktion abhängig und dadurch freier in ihrer Mahlzeitengestaltung, so galt dies natürlich nicht für die neu entstandene Klasse der Industriearbeiter in den „Groß"-Städten. Diese waren insofern besitzlos, als sie normalerweise kein Land für die Eigenversorgung besaßen. Im Gegensatz dazu bewirtschafteten die Bergleute zumindest einen kleinen Gemüsegarten und hielten ihre Bergmannskuh.

Fast zeitgleich zur industriellen Revolution, die sich auch auf die Landwirtschaft und ihre Bearbeitungsformen auswirkte (künstliche Düngung, Mechanisierung und Fruchtwechselwirtschaft), vollzog sich im Ernährungsbereich ein tiefgreifender Wandel. Kunsteismaschinen, Trockensuppen und kurz darauf Bouillonextrakte, Dosenkonserven und nicht zuletzt seit den 1880er Jahren die Einführung der Bierflasche kennzeichneten vor allen Dingen die zweite Hälfte des 19. Jahrhunderts im Nahrungsmittelbereich.

… und was die Lanker daraus machten

Nicht alles davon schlug sich zunächst und unmittelbar in der agrarisch ausgerichteten Region um Lank nieder, wobei gesicherte und detaillierte Erkenntnisse zu den Novationsphasen bislang fehlen. Die archivalische Quellenlage ist eher dürftig; der erste aussagekräftige Beleg stammt aus dem Jahre 1861. (StadtA Meerbusch, Osterath 36: Statistik Osterath 1861) Der damalige Bürgermeister Cames beschreibt unter anderem die Nahrungsgewohnheiten: Daß in den letzten Jahren der Wohlstand gestiegen sei, zeige sich nicht zuletzt „in der gesunden, nicht selten reichen Nahrung [...]" Nach dieser allgemeinen, einführenden Bemerkung geht er ins Detail: „Die Hauptnahrungsmittel bestehen in Brod (Weiß- und Schwarzbrod), Victualien, Mehlspeisen und Fleisch. Von letzterem ist das Schweinefleisch dasjenige, was bei weitem am meisten genoßen wird. Man hat durchgehend einen guten Appetit und ißt bis zur eingetretenen Sättigung." Ähnlich schildert er die Ernährung der „niederen Volksklasse": „[...] besteht im Täglichen aus Suppe von Milch oder Buttermilch, aus Gemüse, Kartoffeln, Mehlspeisen, Brod und Kaffe – bis zur hinreichenden Sättigung. Fleisch wird weniger genossen." Daß ausgerechnet Schweinefleisch sich derartiger Wertschätzung erfreute, hing einerseits mit der Verfügbarkeit sowie der Lagerfähigkeit durch Konservierung zusammen, andererseits mit der fettbedingten hohen Kalorienzahl. Kaum verwunderlich also, daß Schweinefleisch im 19. Jahrhundert über lange Zeit hinweg deutlich teurer war als Rind- oder gar Kalbfleisch.

Das Gesinde aß nicht schlecht

Ausführlicher geht Cames auf die Beköstigung der Dienstboten ein: „Die Dienstboten erhalten als Beköstigung des Morgens eine Mehlsuppe und dann die bis zur Sättigung nöthigen Butterbrode; des Mittags Suppe, Gemüse und fünf Mal in der Woche ¼ bis ½ (Pfd.) Schweinefleisch; des Abends Suppe und Kartoffeln und zu diesen bei Sommertag als Zugabe Salat. Die Mägde erhalten überdies Nachmittags noch Kaffee mit Butterbroden; die Knechte bekommen solches nur zur Sommerzeit. An Freitag- und Samstag-Mittagen werden dem Gesinde, statt Gemüse mit Fleisch, Kartoffeln oder Buchweizen-Kuchen verabreicht." Die erwähnte morgendliche Mehlsuppe, meist „Papp,, genannt und im Gegensatz zu einer reinen Suppe von eher breiiger Konsistenz, war zumindest im 19. Jahrhundert noch eine durchaus übliche Standardspeise, die – regional unterschiedlich – um die Jahrhundertwende aus der Mode kam: zunächst in den Städten, dann aber mehr und mehr auch auf dem Land. Hellmich beschreibt zwar noch 1939 (1939, S. 374) ein Gesindefrühstück, zu dem „Papp" – bei ihm mehr im Sinne eines steifen Mehlbreis – oder Buttermilchsuppe mit eingebrocktem Brot gehören würden, mir jedoch scheint diese Datierung recht spät und eher reliktartig.

Auf den ersten Blick vielleicht erstaunlich der hohe Fleischanteil bei dem oben angeführten Speiseplan; allerdings handelte es sich bei der Bezeichnung „Dienstboten" weniger um städtische Hausangestellte, wie wir sie heute verstehen, als vielmehr um das Gesinde, das traditionell gut verpflegt wurde: Waren die Knechte und Mägde nämlich mit dem Essen nicht zufrieden, konnte es zu einer recht hohen Fluktuation kommen.

Die von Cames 1861 beschriebene Beköstigung war ganz offensichtlich zu der damaligen Zeit üblich, wie auch aus dem „Ortsstatut über das Verhältniß von Herrschaften und Dienstboten in den Gemeinden Osterath, Willich und Anrath" aus dem Jahre 1878 hervorgeht. In der Abteilung „Pflichten der Herrschaften" heißt es in § 5: „Morgens Kaffee mit Butterbrod oder Mehlsuppe und hernach Butterbrod, Mittags Suppe, Gemüse und Fleisch und Abends Mehlsuppe mit Kartoffeln. Außerdem erhält derselbe vormittags ein Butterbrod und nachmittags Kaffee und Butterbrod, welches er selbst mit zur Arbeitsstelle zu nehmen hat. An einzelnen Tagen kann die Herrschaft auch eine andere geeignete Kost verabreichen. An Tagen, wo den Katholiken keine Fleischspeisen gestattet sind, wird kein Fleisch gegeben." Und in § 6 wird näher ausgeführt: „Zum Belegen der Butterbrode wird vom 1. Juni bis 1. October Butter mit Rübenkraut oder Weichkäse gegeben, in der übrigen Zeit statt Butter Schmalz." (Ank, S. 200) Besonders § 6 zeigt zwei interessante Details: Rübenkraut war ein profaner, werktäglicher Brotaufstrich, wohingegen Apfel- bzw. Obstkraut den Sonn- und Feiertagen vorbehalten war. Zweitens gestattete dieses Ortsstatut maximal zwei Brotaufstriche, denn „Dree Deel dorfste niet, dan stöet dech dr Oos!" (NuS 50)

Erstaunlich weiterhin an den beiden Belegen von 1861 und 1878, daß ein Gericht überhaupt keine Erwähnung findet: die durchaus übliche und weit verbreitete Biersuppe. Bereits im „Niederrheinischen Kochbuch" von 1777 werden zwei verschiedene Grundrezepte präsentiert: „Halb Bier und halb Milch von jedem 1 Maaß, darein wird ein Viertelpfund fein Mehl geruehrt, und dann auf das Feuer gethan, und gekocht; während dem immer geruehrt, bis sie gahr ist, dann mit Muskatenblum und etwas Zucker angerichtet. – Die andere Manier ist dies: Zu einer Maaß Bier werden 4 Eyer gerechnet; wann das Bier kocht, so werden die Eyer mit ein wenig Mehl darein geruehrt, etwas Zucker, und Citronschalen etwas Butter darzu gethan; dann wird beym Anrichten wuerftlich geschnitten Weißbrod in die Schuessel gelegt, und die Suppe darueber angerichtet." (Niederrheinisches Kochbuch, S. 206 f.) Diese beiden Grundrezepte waren im gesamten Rheinland bekannt und hielten sich in allen Bevölkerungskreisen bis nach dem Zweiten Weltkrieg. Selbst die Gefangenen in den Rheinprovinzen bekamen zu Beginn des vorigen Jahrhunderts morgens zum Frühstück eine Biersuppe. (NW HStA, Oberpräsidium Köln 1402)

Für die Zeit bis zum Beginn des 20. Jahrhunderts fehlen wiederum aussagekräftige Belege zu den Nahrungsgewohnheiten speziell im Lanker Raum. Es ist aber zu vermuten, daß sich seit 1861 bzw. 1878 nicht viel verändert hat. Die bereits angeführten Veränderungen im lebensmittel- und konservierungstechnischen Bereich begannen hier erst später zu greifen: Kühlschränke, seit den 1920er Jahren seriell hergestellt und ab den 1930er Jahren im Rheinland verfügbar (wenn auch noch nicht weit verbreitet), waren auf den Bauernhöfen zunächst nicht notwendig – gab es doch meist kühle Lagerkeller und eine traditionsreiche Vorratshaltung. So kann es auch nicht verwundern, daß auf vielen Höfen nach dem Zweiten Weltkrieg erst Gefrierschränke angeschafft wurden und an zweiter Stelle Kühlschränke. Beide Neuerungen revolutionierten gleichsam über eine vereinfachte und daher weniger arbeitsintensive Vorratshaltung auch die täglichen Mahlzeiten.

Schlachttag = Festtag

Wie hat nun zum Beispiel ein Schlachtfest ausgesehen, bevor all diese Erleichterungen viele herkömmliche Methoden der Konservierung und Lagerung überflüssig werden ließen? Schlachttag war zweifelsohne ein Festtag, denn geschlachtet wurde, abhängig von der Hofgröße, nur bis zu fünf Mal im Winterhalbjahr. Also auch die einzige Möglichkeit, Frischfleisch – damals häufig „grünes Fleisch" genannt – zu genießen; ein weiterer Anlaß war die Kirmes (s. unten). Schlachten bedeutete einerseits Festtag, andererseits aber auch arbeitsintensive Tage, wog doch ein Schwein zwischen zwei und drei Zentnern. Willi Münks erzählt in seinen Lebenserinnerungen (S. 27 f.) sehr plastisch von diesem Ereignis: „Heute geht man hin und friert das meiste ein, wogegen früher das ganze Fleisch eingepökelt wurde. Das geschah in einem besonderen Fleischkübel mit sehr viel Salz. Auch wurde viel in Gläser eingekocht. Bei der Wurst gab es drei Standardsorten: Blut-, Leber- und Bratwurst. Die Bratwurst wurde viel frisch gebraten, jedoch ein großer Teil getrocknet. Dann war sie manchmal ein Jahr und älter und war meine Lieblingswurst. Blut- und Leberwurst wurde im Kessel gekocht. Übrig blieb dann die Wurstbrühe. Manchmal gingen auch Würste kaputt und die Brühe war besonders gehaltvoll. Die Brühe wurde zum Schluß, es war die letzte Handlung beim Wursten, aufgekocht. Mit einem langen Holzlöffel wurde dann gerührt, wobei Mutter gleichzeitig Mehl zugab, ein Drittel Buchweizenmehl und zwei Drittel Weizenmehl. Das Ganze ging so lange, bis der Rührlöffel darin stand. Das Ergebnis nannte man Panhas oder auf Platt Klappertüt. Der warme Panhas wurde in flache Schüsseln abgefüllt. Wenn er erkaltet war, konnte man ihn in Scheiben schneiden, die in der Pfanne gebraten wurden und eine Delikatesse waren. Abends gab es ihn anstelle von Fleisch. Für uns Kinder war immer das schönste, wenn der Panhas abgefüllt war, den noch warmen Panhaskessel auszukratzen. Wenn wir schon schlafen waren, wurden wir dafür geweckt."

Für die Aufbewahrung der Delikatessen gab es bei der Familie Münks (Lebenserinnerungen, S. 28) einen besonderen Ort: „Neben meinem Schlafzimmer war die Fleischkammer. Sie hatte ein Fenster nach Norden und war schön kühl. Dort hingen unter der Decke die ganzen Würste. Auch wurden Schinken in Leinensäcke verpackt, nachdem sie geräuchert waren."

Panhas oder Klappertüt, aus Wurstbrühe, Buchweizenmehl, Speckstückchen und Salz hergestellt, kam in vielen Familien als Ersatz für teureres Fleisch auf den Tisch. (Krefeld, NuS 114) Setzte man dem Panhas noch Blut zu, wurde er dunkel wie Blutwurst. (Willich-Votzhöfe, NuS 113)

Früher die fünfte Jahreszeit: Kirmes

Ein anderer Festtag mit reichlicher Tafel war die Kirmes, die für viele Rheinländer früher die eigentliche fünfte Jahreszeit bedeutete. In ihrer Wertschätzung war die Kirmes höher angesiedelt als jedes kirchliche Fest, und der soziale Faktor spielte grundsätzlich und überall eine entscheidende Rolle. Eine Vorstellung davon vermittelt 1914 eine Stellungnahme aus dem Jülicher Raum: „Auch haben die Kirmessen ohne Frage eine sociale Bedeutung und tragen dazu bei, daß die alten patriarchalischen Sitten, die mehr und mehr in Wegfall kommen, in den Gemeinden noch in etwa aufrecht erhalten werden. In unserer Zeit, wo die Familien des Erwerbes wegen oft so sehr auseinander gerissen werden, dienen die Kirmessen dazu, das Familienband vor Auflösung zu schützen, weil sie den Familien Gelegenheit zu gegenseitigem Besuchen bieten, wozu sie erfahrungsgemäß noch immer benutzt zu werden pflegen." (NW HStA, Landratsamt Jülich 463)

Die Lanker feierten zwei Mal im Jahr Kirmes. Die Frühjahrkirmes hatte untergeordnete Bedeutung, da viel Feldarbeit (Spargel, Erdbeeren etc.) anstand. Dafür wurde aber die Herbstkirmes umso ausgiebiger gefeiert, wie Willi Münks (Lebenserinnerungen, S. 34 f.) berichtet: „Die Vorbereitungen waren schon einige Tage vorher, mit Backen usw. Meistens wurde vor der Herbstkirmes noch geschlachtet. Der Montag- und auch Dienstagmittag waren für alle arbeitsfrei. Das Mittagessen begann mit einer kräftigen Rindfleischsuppe mit Markklößchen. Als zweiten Gang gab es Kartoffelsalat mit gekochtem Rindfleisch. Dann kam der Hauptgang mit Schweinebraten, Spargel, Erbsen, Salzkartoffel und Soße. Dazu ein Glas Wein. Der Nachtisch war meistens Pudding mit Himbeersaft. Das Ganze dauerte ca. bis 13.30 Uhr. […] Bevor es dann offiziell zum Kirmesplatz ging, gabs Kaffee und Kuchen in jeder Menge. […] Auch das Abendessen war warm mit Braten, Gemüse, Kartoffel und Soße. Als Nachtisch gab es abends Obst, meistens Birnen, davon hatten wir genug. Es war ein richtiger ‚Freßtag'. Ähnlich ging es auch montags zu." Ein sehr traditionelles rheinisches Festessen also, wie es auch u. a. beim Leichenmahl oder bei der Hochzeit üblich war (Heizmann 1984: bes. S. 151 f. und S. 159 f.): Rindfleischsuppe mit Einlage (Markklößchen, Beschütt, Reis etc.), als zweiten Gang das gekochte Rindfleisch (hier mit Kartoffelsalat, ansonsten mit „Zubehör" – eingelegte Gürkchen und Zwiebelchen), als Hauptgang der Braten mit verschiedenen Beilagen (als Besonderheit hier der Spargel) und schließlich die Nachspeise. Gängige Desserts konnten Obst sein, aber auch Reisbrei mit Dörrobst, Zimt und Zucker oder Grießmehlpudding mit Himbeersaft. Vor allen Dingen mußte der Nachtisch den Erwartungen entsprechen, wie ein Bericht aus Nettetal-Breyell (NuS 216 b) stellvertretend zeigt: „[…] und nach dem Essen mußte

Mutter einen großen Topf mit gekochten Backpflaumen in einer Sauce aus Zuckerwasser, Essig, Zitronen und Zimtstangen bereit haben. Das war lecker. Und ich erinnere mich noch, daß Mutter anstatt der Pflaumen einmal Pudding gemacht hatte, und wie da meine Patentante ganz spitz fragte: ‚Seid ihr am sparen?'" Eine überaus beliebte Nachspeise war auch „Puspas", ein Kompott aus Äpfeln, Birnen und entsteinten Pflaumen, wobei jede Obstsorte einzeln mit Stangenzimt gekocht und anschließend vermengt wurde. (Mönchengladbach-Neuwerk, NuS 206) Das Rheinische Wörterbuch (Bd. 6, Sp. 1230) schildert „Puspas" noch etwas detaillierter: „Gericht aus geschälten Äpfeln, Birnen (diese auch ungeschält) und Zwetschen, dazu einige Löffel Obstkraut, Zimt, Krautnägel, Zucker, im irdenen Topf [...] und bedeckt mit Kohlblättern, im Backofen geschmort, nachdem der Platz gebacken ist, meist zur Herbstkirmes zum Nachtisch gegessen."

Puspas, Stuppet und Memm – eine kleine Kostprobe

„Puspas' – und damit kommen wir zu einer abschließenden Betrachtung der mehr alltäglichen Speisen – konnte noch etwas ganz anderes sein, nämlich eine dicke, eintopfähnliche Suppe aus Gemüse: „Möhren gewürfelt, Kartoffeln gewürfelt, grüne Bohnen geschnibbelt, weiße Bohnen, Zwiebel, Salz, Muskat in Wasser gar gekocht, dann Buttermilch, mit Mehl verschlagen, dazugeben und ziehen lassen." (Meerbusch-Büderich, NuS 199; vgl. auch Rheinisches Wörterbuch Bd. 6, Sp. 1231) Von etwas anderer Konsistenz war „Mohrepuspas": Dazu kochte man nämlich weiße Bohnen und Möhren, gab Zucker, eine Butter-Mehlschwitze sowie Petersilie dazu und ließ das Ganze kalt werden – das Gericht soll puddingähnlich und schmackhaft gewesen sein. (Frdl. Auskunft Addo Winkels)

Aus der bereits erwähnten Quelle aus Meerbusch-Büderich (NuS 199) stammt eine Beschreibung der „normalen" Küche in der Zeit zwischen 1914 und 1930: „Täglich Suppe, Gemüse, Kartoffeln und Fleisch vom selbstgeschlachteten Schwein. Montags Reste vom Sonntag. Freitags Reibekuchen mit Kraut. Gebratener Fisch mit Kartoffelsalat oder dicke Suppe und Obstpfannekuchen hinterher. Dann wurde der Suppenteller leer umgekippt, und den Kuchen aß man von der Rückseite des Tellers." Im nahegelegenen Mönchengladbach-Neuwerk (NuS 206) galt, ebenfalls zwischen dem Ersten Weltkrieg und etwa 1930, ein konventioneller Speiseplan: „Montag: Aus dem Rest der Sonntagssuppe wurde mit Sellerie und Suppengrün eine Kartoffelsuppe (gekocht). Dienstag: Weißkohl- oder Sauerkrauteintopf. Mittwoch: Möhreneintopf mit gebratener Blutwurst. Donnerstag: Salzkartoffeln mit Specksoße, ½-1 Ei (je nach Alter) und Kopfsalat im Sommer, im Winter Endivien- oder

Abb. 84: Backhaus (sog. „Backes") aus dem 18. Jahrhundert auf dem Münkshof in Ilverich, 1972. Das Backhaus war bis 1930 in Funktion; es wurde 1980 abgerissen.

Abb. 85: Trina Mostertz aus Ilverich an ihrem alten Herd, um 1945

298

Abb. 86: Ruhepause nach der Apfelernte in Nierst (v.l.n.r.: Arnold Paas, Elisabeth Paas, Maria Faas, Peter Paas, Willi Paas, Peter Paas gen. „Pyp", um 1940

Abb. 87: Erdbeerernte bei Bauer Weyers-Irmen in Nierst (soweit bekannt v.l.n.r.: Lisa Vossen, Berta Hölters, Sibylle Steinfort, vorne sitzend: Helma Vossen, dahinter: Bauer Weyers, rechts: Luise Schrills), um 1940

Abb. 88: Spargelverkauf auf dem Seisthof in Nierst (soweit bekannt v.l.n.r.: Knecht, Haushälterin Spelten, Hofbesitzer Peter Kreutzer, Tagelöhnerin Christine Lück), um 1938

Abb. 89: Kaffeepause bei der Rübenernte in Nierst (v.l.n.r.: Heinrich Hahlen, Urenkel der Witwe Hubert Hahlen, M. Lambertz, Heinrich Hückels, E. Lambertz, Christine Lück, Anni Fischer), um 1935

Abb. 90: Kartoffelernte bei Bauer Johann („Hennes") Roos in Nierst (links neben ihm seine Frau Gertrud, geb. Frangen; stehend sein Bruder Josef), um 1930

Abb. 91: Karl Hermes aus Ossum mit Bienenstöcken, um 1910 (?)

Weißkrautsalat (Kappesschlat). Freitag: Buttermilchsuppe mit Trockenpflaumen und eingeweichten Schwarzbrotkrusten oder Graupen oder Stockfisch mit Salzkartoffeln und Senfsoße oder Pellkartoffeln in Specksoße mit eingelegten Heringen. (Die Kinder bekamen ½ Hering. Da gab es oft Streit, wer das Kopfstück oder das Schwanzstück bekam.) Samstag: Eintopfsuppe (Erbsen-, Linsen-, Möhren-), frische oder eingemachte Bohnensuppe mit Beilage: Rippchen und durchwachsener Speck. Zum Würzen: Pfeffer, Muskat, Nelken, Wacholder, Lorbeerblätter, Senfkörner, Maggi, Essig und Salz. Für Rindfleischsuppe Muskatblüte (Blomm)."

Hier ist also eine ganze Palette gängiger und mehr oder weniger beliebter Speisen genannt. Zu ergänzen wäre, ohne Anspruch auf Vollständigkeit erheben zu wollen, neben anderen Gerichten vielleicht „Stuppet": „Es bestand aus Buchweizenmehl, welches mit Wasser und Salz steif gekocht war. In der Mitte war mit einem Holzlöffel ein Loch darin gemacht, welches mit Rübkraut oder Butter gefüllt war." (Hellmich 1939, S. 374 f.) „Stuppet" galt in der Einfachversion (Mehl, Milch und Wasser) auch als ausgesprochenes Arme-Leute-Essen. In ähnlichem Ruch stand „Memm", wie in Meerbusch-Osterath (NuS 50) der Euter genannt wurde – zusammen mit Mangold (Mel) eine ausgesprochen notdürftige Speise. In Krefeld (NuS 114) gab es zum Euter Stielmus, „wobei das Euter vorher in Essig mit Zwiebeln und Gewürzen eingelegt wurde." In Osterath (NuS 52) hieß das Stielmus „Zündhütchen": „Im Faß wurde eingemacht [...] Stielmus [...] zusammen mit Stoppelrübenrippen und bei den ärmeren Leuten auch die Blätter. Die Stoppelrübenblätter wurden mit dem Messer abgezogen, die Rippen mit der Brotschneidemaschine in 5 cm lange Stücke geschnitten. Die Blätter (außer bei den Armen) und die Rüben als Viehfutter verwandt. Stielmus und Stoppelrübenrippen wurden abgekocht und im Faß eingesalzen wie die grünen Bohnen. Bei der Zubereitung mit Kartoffeln durcheinander gekocht."

Unter „Kappes-Schlaat" verstand man nicht nur in Krefeld (NuS 114) gekochten Weißkohl, mit gestampften Salzkartoffeln vermengt und mit heißer Specksauce übergossen; statt Weißkohl konnte die Köchin auch Endivien- oder Feldsalat verwenden. Die „doppelte Bohnensuppe" enthielt Buttermilch, weiße Bohnen, Möhren, Salz und Pfeffer (Willich-Votzhöfe, NuS 113), und „Gartenschinken" bezeichnete Salzkartoffeln mit aufgeschnittenen Zwiebeln (ebd.).

Am gesamten linken unteren Niederrhein bekannt und beliebt war „Stuhl und Bank", ein Eintopfgericht aus Möhren, manchmal Sellerie, weißen Bohnen, Kartoffeln, eventuell Suppengrün und Fleisch je nach Jahreszeit. Vielleicht erinnert sich manche Lankerin noch an das Rezept, wie es aus Kapellen